Ingrid Haslinger

»Rudolf war immer ein guter Sohn«

Mayerling war ganz anders

Ingrid Haslinger

»RUDOLF WAR IMMER EIN GUTER SOHN«

Mayerling war ganz anders

Mit 57 Abbildungen

AMALTHEA

Besuchen Sie uns im Internet unter
www.amalthea.at

Sonderproduktion 1. Auflage 2016

Umschlaggestaltung: Kurt Hamtil, verlagsbüro wien
Umschlagfoto: Abgedruckt mit freundlicher Genehmigung
der Universitätsbibliothek der Universität Wien,
die größte wissenschaftliche Bibliothek Österreichs,
www.ub.univie.ac.at, © Universitätsbibliothek Wien, Wien, 2007
Herstellung: studio e, Josef Embacher
Gesetzt aus der 12/14,5 pt Garamond
Gedruckt in der EU
ISBN 978-3-99050-042-2

Inhaltsverzeichnis:

Vorwort

»Möge das Jahr 1889 für uns Alle, kein All zu schlechtes sein« – diesen Satz schrieb Kronprinz Rudolf an den Journalisten Berthold Frischauer zum Jahresbeginn 1889. Diese wenigen Worte – wie der gesamte Brief, der im Kapitel *»Quellen« für die Nachwelt* vollständig abgedruckt ist – widerlegen wohl deutlich die gängige Ansicht, der Thronerbe hätte sich seit Mitte des Jahres 1888 permanent mit Selbstmordabsichten und Todesgedanken beschäftigt.

Zahlreiche »Beobachtungen«, denen zufolge sich der Kronprinz in den Jahren 1887 und 1888 völlig verändert hätte, apathisch geworden wäre und an nichts mehr Interesse gezeigt hätte, wurden erst nach seinem Tod laut. Selbst der angebliche Sturz vom Pferd im Herbst 1888, der Rudolf veranlaßt haben soll, wegen quälender Kopfschmerzen zu starken Medikamenten und Alkohol zu greifen, wurde erst nach seinem Tod in Zeitungen gemeldet.[1] Angeblich sei dieser Unfall auf Wunsch des Kronprinzen verheimlicht worden, um nicht von der Presse gemeldet zu werden. In Rudolfs Briefen aus jener Zeit finden sich keinerlei Hinweise auf einen Sturz vom Pferd. Über andere Verletzungen oder Krankheiten hatte er Freunden oder Bekannten wie Latour, Bombelles, Szögyényi und Szeps immer berichtet.

Wenn Rudolf wirklich in einen derartigen Abgrund schlitterte, von dem nach seinem Tod so viele gewußt haben wollten, dann wäre seiner näheren Umgebung Verantwortungslosigkeit vorzuwerfen, da sie nichts unternahm, um die Katastrophe zu vermeiden.

Die Autoren der in den vergangenen Jahrzehnten erschienenen Bücher über Kronprinz Rudolf und die Tragödie von Mayerling haben versucht, die Umstände um den Tod des vorletzten österreichischen Kronprinzen mit seiner angeblich problematischen Persönlichkeit zu erklären: »Selten hat ein Sterben Gedanken und Phantasie der Zeitgenossen und der Nachwelt in so hohem Maß erregt, wie der Untergang des Kronprinzen Rudolf, selten aber auch verloren sich im Deuten und

Dichten, in Klatsch und Übelwollen so gänzlich Mitfühlen und Mitleid und die Ehrfurcht vor dem Tode.«[2] Mit dieser Aussage hatte Oskar Freiherr von Mitis vollkommen recht. Die Einschätzungen der Person Rudolfs – sieht man von romanhaften und reißerischen Darstellungen ab – folgten seit dem Zusammenbruch der Habsburgermonarchie (1918) meist demselben Schema.

Der Hof setzte eine höchst effiziente Verschleierungstaktik ein, um die Öffentlichkeit in die Irre zu führen.[3] Sollten die angeblich noch existenten Taaffe-Papiere[4] – Eduard Graf Taaffe war österreichischer Ministerpräsident – jemals auftauchen, wäre eine Aufklärung der Umstände von Rudolfs Tod vielleicht möglich. Der Historiker Arthur Skedl dürfte diese Papiere gesehen haben. In seinem Buch berichtete er: »Ich bringe die aus dem Nachlasse des Grafen Taaffe herrührenden Akten möglichst vollständig, wenngleich nicht allen Schriftstücken die gleiche politische Bedeutung zukommt. Nur einige Dokumente, welche sich auf den tiefbedauerlichen Unglücksfall im Kaiserhause beziehen, der sich unter dem Ministerium Taaffe im Jahre 1889 ereignet hat, habe ich nicht veröffentlicht, entsprechend dem Wunsche des Grafen Taaffe, daß sie nicht der Öffentlichkeit übergeben werden sollen. Die den Tod des Kronprinzen betreffenden Akten hätten eigentlich im Ministerium des kaiserlichen Hauses hinterlegt werden sollen. Auf ausdrücklichen Wunsch des Kaisers wurden jedoch diese Akten dem Grafen Taaffe als dessen Vertrauensmann übergeben, damit sie nicht infolge eines unvorhergesehenen Ereignisses zur Kenntnis der Öffentlichkeit gelangen. Daher ist der Wunsch des Grafen Taaffe erklärlich und vollkommen begründet.«[5] – Was also durfte die Öffentlichkeit nicht erfahren? Zwischen Rudolf und Taaffe war das Verhältnis sehr gespannt. In seinen Briefen machte der Kronprinz keinen Hehl aus seiner Abneigung gegen den Ministerpräsidenten. Daher ist es interessant, daß Franz Joseph gerade Taaffe die Dokumente bezüglich Mayerling anvertraute.

Der Amateur-Historiker Fritz Judtmann schien dem Geheimnis bereits auf die Spur gekommen zu sein; er korrespondierte Mitte der sechziger Jahre des 20. Jahrhunderts mit Graf Edward Charles Taaffe, dem Enkel des Ministerpräsidenten, der ihm schrieb: »Leider habe ich feierlich versprechen müssen, jede Frage über den Kronprinzen oder alles was damit zu tun hat unbeantwortet zu lassen und jegliche diesbezügliche Auskunft zu verweigern ... Obwohl Sie sich so viel Mühe mit dem Falle gaben und so intensiv nachforschten, <u>darf</u> ich Ihnen nicht helfen ... da(ß) es sich nicht um meine Geheimnisse handle, sondern um solche, deren Aufbewahrung ich bloß als (erblicher) Treuhänder vollziehe.«[6] Sein Vater hatte 1937 folgende

Bemerkung gemacht: »Die Hintergründe des Falles von Mayerling sind viel ärger, als sich irgendjemand denkt.«[7]

Das vorliegende Buch ist mit dem Ziel entstanden aufzuzeigen, wie unrecht viele Biographen im Laufe der Jahrzehnte dem Kronprinzen mit ihren Äußerungen und Mutmaßungen über seinen Charakter taten. Nachvollziehen läßt sich diese Feststellung, wenn man Rudolfs Briefe an verschiedene Adressaten liest, die den Thronerben in einem anderen Licht erscheinen lassen.

Die Autorin nahm Einblick in mehr als eintausend Briefe von Rudolf an seine Frau Stephanie, Moritz Szeps, Sektionschef Szögyényi, Graf Bombelles und viele andere. »Der Kronprinz schrieb gern und viel, zuviel, zum Glück alles eigenhändig«[8], kommentierte der Diplomat Szögyényi die förmliche Schreibwut des Kronprinzen.

Die Auswertung dieser Briefe führte zu einer ganz neuen Sicht auf das Wesen des Kronprinzen und auf die Geschehnisse in Mayerling.

Manchmal war Rudolf bei seinen Äußerungen unbedacht und zu offen. Selbst Szögyényi, zu dem Rudolf grenzenloses Vertrauen hatte, soll Informationen, die er vom Kronprinzen erhielt, an die österreichische Botschaft in Berlin weitergegeben haben. Szögyényi hatte beste Kontakte nach Berlin und wurde später dort österreichischer Gesandter. Szögyényis Einstellung bei seiner Sichtung von Rudolfs schriftlichem Nachlaß läßt sich heute nicht mehr nachvollziehen; vermutlich vernichtete er politisch und privat brisante Papiere. Überdies hatte Rudolf intensiven Briefkontakt mit seinen Vettern, den englischen Prinzen Arthur Edward und Albert Edward. Diese Briefe Rudolfs wurden jedoch vernichtet.[9]

Interessant ist, daß zwar Teile des Briefbestandes von Rudolf-Forschern durchgesehen wurden, aber bei Zitaten aus Briefen immer nur jene Stellen ausgewählt wurden, die die gängigen Ansichten über Rudolfs Lebenswandel, seine angebliche Morphium- und Alkoholabhängigkeit und Geisteskrankheit – erstmals formuliert im *Berliner Börsen-Courier*[10] – unterstützten. Dieser überaus lange Artikel, dessen anonym gebliebenem Verfasser man enorme Kenntnis der Verhältnisse und ein Insiderwissen über den Kronprinzen zuschrieb, wurde zum Credo der Rudolf-Forschung. Auch Mitis schloß sich dieser Meinung an und wählte analog dazu Stellen aus Rudolfs Briefen aus, die von späteren Autoren übernommen wurden. Man sollte jedoch bedenken, daß der Kronprinz in Berlin – zu Recht – als Gegner des Bündnisses zwischen Österreich-Ungarn und Deutschland galt und für den Fall seiner Thronbesteigung mit tiefgreifenden Veränderungen, wenn nicht sogar dem Bruch des Bündnisses, gerechnet wurde. Rudolfs Tod war für Bismarck sicher eine Erleichterung.

Im Herbst 1888 hatte die Berliner Presse eine großangelegte Kampagne gegen den österreichischen Kronprinzen gestartet: »Seitdem es bekannt ist, daß eine sehr hohe Person – im Gegensatz zu Kaiser Franz Joseph – eine von Haß und Neid gespeiste geradezu krankhafte Abneigung gegen den Deutschen Kaiser bekundet, glaubt eine gewisse Gattung industriöser Journalisten in Wien ... ein gutes Geschäft machen zu können, indem sie einen Wechsel, dessen Fälligkeit die Geschichte bestimmt, schon jetzt diskontieren. In einer Verherrlichung des Kronprinzen Rudolf von Österreich berichtete dieser Tage der Pariser *Figaro* aus Wien, wie die Gestalt des Kronprinzen Rudolf sich seit einiger Zeit in Umrissen abhebe, welche allerseits Aufmerksamkeit und Sympathie wachrufen. Von ihm und mit ihm erwarte sich das österreichische Volk etwas ganz außerordentliches ... Kronprinz Rudolf sei für den Dualismus ohne Vorbehalt, aber er wolle kein Oesterreich, das der Vasall seiner Verbündeten sei.«[11]

Diese Kampagne in Berlin, die von deutschnationalen Blättern auch in Wien aufgegriffen wurde, ließ den Kronprinzen – wie so vieles andere – völlig kalt. An Szeps berichtete Rudolf: »Frischauer ... der sich fast scandalisirt hat über meine philosophische Ruhe; ich treffe es gar nicht mehr mich zu ärgern, über gar nichts, am allerwenigsten aber über Dinge, die mich betreffen ... Ich bin Franzosenfreund, bekannt und intim mit Journalisten und Zeitungen, und überhaupt nicht ein lohnendes Object, um gerade von diesen Kreisen angegriffen zu werden. Das heißt sich: In's eigene Nest schei...!«[12] Dieser etwas urwüchsige Brief hätte wohl ohne Mayerling kaum größere Beachtung gefunden; rückblickend interpretierte man jedoch in diese Zeilen eine allgemeine Interesselosigkeit Rudolfs an allen Dingen hinein.

Rudolfs plötzlichen Tod auf ein angeblich zerrüttetes Leben, Alkoholismus und Morphiumabhängigkeit zurückzuführen, spielte den Verfechtern der Politik Bismarcks und Kaiser Wilhelms II. in die Hände; man muß sich fragen, ob der anonyme Bericht im *Berliner Börsen-Courier* nicht in Berlin von einer Person aus dem Kreis um Wilhelm II. und Bismarck lanciert wurde. Für diese Version spricht die Meinung des intimen Rudolf-Kenners Szögyényi, der bis zu seinem Tod der Überzeugung war, am Kronprinzen keine drastischen Veränderungen bemerkt zu haben. Viele entscheidende Behauptungen zu Rudolfs Leben und Charakter wurden als gegebene Tatsachen hingestellt und weder mit einem Hinweis noch mit einer Fußnote versehen, auf welche Quellen sich der Verfasser dabei stützte. Selbst die Nachkommen der Familie Baltazzi/Vetsera mußten eingestehen, daß man keine Veränderungen am Kronprinzen bemerken konnte: »Der einunddreißigjährige Prinz war bis in die letzten Tage noch da und dort in der Öffentlichkeit erschienen, als ein stattlicher und selbstbewußter Mann, niemand hatte von irgendeinem Leiden des Prinzen gehört, nicht das geringste hatte auf ein so jähes Ende des Kaisersohnes hingedeutet.«[13]

Doch Rudolf hatte nicht nur in Deutschland Feinde; auch in der Monarchie hatten viele Personengruppen mit Unbequemlichkeiten zu rechnen, wenn der liberale Kronprinz den Thron besteigen würde. Für viele war Rudolfs Tod daher eine Erleichterung, zum Beispiel für den Adel in Prag: Es ist auffällig, »wie kühl sich die feudalen und klerikalen Gesellen allhier dieser erschütternden Katastrophe gegenüber benehmen. So lange der Verblichene am Leben war – namentlich während seines Prager Aufenthaltes krochen sie nur ihm auf dem Bauche – heute machen sie aus ihrer Freude, der Sorge vor einem liberalen Thronfolger ledig zu sein, keinen Hehl ... Das Ereignis ist ganz entsetzlich und wir sind überzeugt, daß die Meldung der Wiener Zeitung auch noch nicht die Wahrheit ist.«[14]

Zahlreiche Äußerungen des Kronprinzen selbst wurden außer acht gelassen. Somit waren es vor allem der Artikel des *Berliner Börsen-Couriers*, die Hoyos-Denkschrift und die spätere, als Verteidigung gedachte Autobiographie Stephanies[15], die das Rudolf-Bild bis in die Gegenwart entscheidend prägten und lange Zeit nicht hinterfragt wurden. Bereits 1948 schrieb Conte Corti an Wildon Lloyd über die geringe Zuverlässigkeit der Veröffentlichungen Stephanies: »Die Kronprinzessin hatte ein sehr schlechtes Gedächtnis. Sie hatte fast keine Erinnerung an die Zeit ihrer Ehe und wußte beinahe nichts über das Alltagsleben und die Aktivitäten ihres Gatten.«[16] Anfang des 20. Jahrhunderts wurden in einem Buch weitere »Enthüllungen« über Mayerling und den Kronprinzen veröffentlicht. Marie Freiin von Wallersee, verehelichte Gräfin Larisch, brachte 1913 in London ihr als Verteidigungsschrift konzipiertes Werk *My Past* heraus. Obwohl die Autorin von Historikern immer wieder als unzuverlässige Quelle angesehen wurde, floß ihre negative Ansicht über Rudolfs Charakter und Lebenswandel in die Rudolf-Forschung ein.

Das vorliegende Buch ist also keine Biographie im herkömmlichen Sinn, die Lebensdaten des Kronprinzen und seine Erziehung sind wohl allen mit dem Thema vertrauten Lesern hinlänglich bekannt. Weniger bewußt sind vielen Interessierten die Ungereimtheiten, die Rudolfs Bild über lange Jahre verzerrt haben. Rudolfs zahlreiche Briefe und andere Schriften, die hier in der Originalrechtschreibung abgedruckt sind, geben einen direkten Eindruck von der Persönlichkeit des Kronprinzen. Überdies wurden Briefe und Beurteilungen von Rudolfs Zeitgenossen herangezogen. Aus diesem Blickwinkel erscheinen viele Interpretationen, die nach dem Tod des Kronprinzen formuliert wurden, fragwürdig.

Die Ungereimtheiten

Oskar Freiherr von Mitis verfaßte nach dem Zusammenbruch der Monarchie die erste ernstzunehmende Rudolf-Biographie. Er verwies die vielen sensationslüsternen Mayerling-Enthüllungen ins Reich der Phantasie. Dennoch war auch Mitis von der Charakterisierung Rudolfs durch den anonymen Schreiber im *Berliner Börsen-Courier* überzeugt. Als ehemaliger kaiserlicher Beamter, der der Familie Habsburg loyal gegenüberstand, glaubte er an die offizielle Version des Selbstmords und an die im seltsam anmutenden Obduktionsgutachten konstatierte Geistesstörung. Überdies teilte Mitis in seinem Werk weniger mit, als er tatsächlich wußte. Er hatte von der kaiserlichen Familie Einblick in zahlreiche Unterlagen erhalten, publizierte aber aus Diskretion vieles nicht. Im Jahr 1948 schrieb Conte Corti an Wildon Lloyd, daß sich Mitits immer noch an sein Versprechen zur Geheimhaltung gebunden fühle.[17]

Die Briefe Kronprinz Rudolfs bis Jänner 1889 sprechen eine andere Sprache. Der gewaltsame Tod des Thronerben ist Faktum, eine Selbstmordmanie nicht nachweisbar. Auch der angebliche Selbstmordvorschlag Mizzi Caspar gegenüber ist mit Skepsis zu betrachten, denn es gab »viel Agententratsch um die Person des Kronprinzen und seine Umgebung«.[18] Überdies galt Mizzi als extrem diskret und verschwiegen in dieser Angelegenheit.[19] Vielleicht erlag der eine oder andere kleine Polizeiagent der Versuchung, sich durch besondere Mitteilungen in diesem tragischen Fall bei seinen Vorgesetzten wichtig zu machen. Als Beispiel sei folgender Konfidentenbericht erwähnt: »Er [Kronprinz Rudolf] glaubte übrigens, daß er am 22. 1. 1889 sterben werde, weil ihm dies eine Zigeunerin in Siebenbürgen vorausgesagt hatte. An diesem Tag verließ er sein Zimmer nicht.«[20] Rudolf, der angeblich schon etliche Monate lang Selbstmordabsichten hatte, verließ also an jenem Tag, für den ihm sein Tod prophezeit worden war, aus Angst sein Zimmer nicht? Dieses Beispiel zeigt, wie absurd manche Erklärungsversuche waren und sind.

Man kann annehmen, daß sich in Mayerling etwas völlig Unvorhergesehenes abgespielt hat. Ansonsten wären die wenigen angeblich authentischen Schilderungen von Hoyos[21], Loschek[22] und Slatin[23] nicht so unterschiedlich. Wieso reiste Prinz Coburg am Dienstagnachmittag überraschend aus Mayerling ab, ohne sich vom Grafen Hoyos zu verabschieden, was dieser in seiner wenig aussagekräftigen Denkschrift erstaunt vermerkt?[24] Philipp Coburg hätte ihm überdies erzählt, daß er mit dem Kronprinzen in heiterer Stimmung noch Tee genommen habe, bevor er nach Wien fuhr. Prinz Coburg machte sich mit diesen Aussagen eher verdächtig – was tat der Kronprinz an diesem Dienstagnachmittag? Er sagte zwar telegraphisch und angeblich über Coburg seine Teilnahme am abendlichen Familiendîner ab, die Sitzung im Arsenal wurde aber offenbar »vergessen«. War der Kronprinz am Dienstag überhaupt noch im Stande, ein Telegramm zu verfassen? Warum überließ es Prinz Coburg, der als Rudolfs Schwager eigentlich die Aufgabe gehabt hätte, dem Grafen Hoyos, die Hiobsbotschaft nach Wien zu bringen? Wieso faßte Hoyos seine Denkschrift so ab, als hätte er alles aus zweiter Hand, nämlich von Loschek erfahren? Es ist schwer vorstellbar, daß sich zwei Hofkavaliere auf die Information eines Hofdieners verließen.

Die Fragen häufen sich: War der Arzt Billroth bereits am Dienstag in Mayerling? In seiner Familie wurde immer wieder erzählt, er sei in Mayerling gewesen. Allerdings ging man nicht so weit, eine weitere Version zu verbreiten, sondern setzte diese angebliche Fahrt Billroths nach Mayerling auf die Nacht vom 30. auf den 31. Jänner 1889 fest.[25] Auch Billroth soll aufgrund des dem Kaiser gegebenen Ehrenworts in seiner Familie nie über das, was er in Mayerling sah, gesprochen haben.[26]

Und noch eine wesentliche Frage: Wenn die Selbstmordversion, die der Hof offiziell zugab und verlautbaren ließ, die richtige war, warum dann die Vertuschungen, warum die strenge Vereidigung aller näher informierten Personen, warum die lückenlose Bewachung Mayerlings bis zum Abschluß der Umbauarbeiten[27], warum der Versuch, Bratfisch ins Exil zu zwingen[28], warum Aktenvernichtung und Aktenübergabe an Graf Taaffe? Nur wegen der zugleich gefundenen Leiche Mary Vetseras, von deren Existenz unmittelbar nach der Entdeckung der Leiche(n) viele Personen bereits wußten?[29] Selbst Mitis, der loyale Diener des Kaisers, mußte zugestehen, daß »die Hypothese eines unvorhergesehenen Ereignisses in Mayerling selbst nicht mit absoluter Sicherheit auszuschließen sei«.[30] Und warum forderte der Kaiser, als man seine Frau an das Totenbett ihres Sohnes führte, daß man ihn *gut zudecken* sollte?[31] Welche Verletzungen wies der Kronprinz noch auf außer dem zertrümmerten Kopf, den man mit einem Verband abgedeckt hatte?

Auch die Korrespondenz nach Brüssel dürfte eine andere Version enthalten haben als die offizielle.[32]

Welcher Skandal verbarg sich hinter Mayerling, der das offizielle Österreich derart kopflos reagieren ließ? Was veranlaßte die unmittelbaren Zeugen nach 1918, ihr Geheimnis mit ins Grab zu nehmen, obwohl die Habsburgermonarchie bereits zusammengebrochen war? Während ihres Bestandes war dies noch erklärlich – die Beamten und Bediensteten standen und fielen mit dem Ansehen der Dynastie, aber nach 1918 hatte sich die Situation doch stark verändert. Zu den Irreführungen der Öffentlichkeit durch den Hof meinte Mitis: »Rücksichten verschiedener Art legten den maßgebenden Persönlichkeiten unmittelbar nach der Katastrophe weitgehende Zurückhaltung auf, Rücksichten, die zu verstehen man vielleicht eher geneigt wäre, wenn es zu irgendeinem späteren Zeitpunkt für gut befunden worden wäre, von dem geheimnisvollen Geschehen den Schleier abzuziehen, indes – es schwiegen auch die Überlebenden. Und heute immer noch die Frage nach der Wahrheit, immer noch das leere Nichts.«[33] Bereits am 6. Februar 1889 berichtete die ungarische Zeitung *Pester Lloyd*, daß es in Wien zu zahlreichen Verhaftungen gekommen sei; etliche Personen erzählten über den Tod Rudolfs etwas anderes oder mutmaßten, daß die offizielle Selbstmordversion falsch sei.[34]

Die polizeilichen Untersuchungen wurden nicht mit der gebotenen Intensität verfolgt. Der Wiener Polizeipräsident Baron Krauss versuchte die besorgte Baronin Vetsera zu beruhigen. Allerdings hätte Krauss der auffällige Kontakt der Baronin Larisch zu Kronprinz Rudolf Anlaß zu Untersuchungen bieten können. Die Cousine des Kronprinzen, die lange Zeit die favorisierte Verwandte Kaiserin Elisabeths war, hatte sehr engen Kontakt zu Helene Vetsera, die im Wiener Adel nicht sehr angesehen war. Krauss wiegelte ab und vermutete die Baronesse bei Heinrich Liechtenstein. Selbst Graf Taaffe, Rudolfs Intimfeind, wußte offenbar mehr. Krauss vermerkte in seinem Akt: »Im Saale ... nahm mich Graf Taaffe bei Seite und theilte mir mit, daß um 5 Uhr die Baronin Vetsera bei ihm gewesen sei. Er habe die Frage gestellt, ob denn niemand anderer betheiligt sein könne. Es müsse ja nicht gerade der Kronprinz sein. Als die Baronin fragte, wer denn das sein könne?, habe er z. B. den Fürsten Heinrich Liechtenstein genannt, worauf die Baronin blutroth geworden sei. Man habe nämlich in der Gesellschaft gesprochen, daß Fürst Heinrich ein sehr intimer Verehrer der jungen Vetsera gewesen sei, und daß der Kronprinz keine prima nox feiern könne.«[35]

Doch Krauss hatte kalte Füße bekommen und wollte Taaffe zu Handlungen bewegen. Dieser wollte jedoch nichts davon wissen. »Er halte dafür, daß vorläufig nichts zu veranlaßen ist«, notierte Krauss.[36] Taaffe gab sich völlig uninformiert – aber war er es auch? »Der Ministerpräsident halte es aber für angezeigt, daß von der Polizei ein Agent zur unauffälligen Erhebung ob die junge Vetsera in Meierling ist dahin gesendet werde, daß ferner constatirt werde, ob der Kronprinz wirklich von der Burg abwesend ist. Als ich dem Ministerpräsidenten bemerkte, daß heute Familiendiner in der Burg sei und der Kronprinz wol gekom̄en sein werde und daher wahrscheinlich mit ihm auch die junge Vetsera, sagte Graf Taaffe, daß ihm von einem Familiendiner nichts bekannt ist, und das er bezweifle.«[37] Die Entsendung des Polizeiagenten wurde Dienstagabends zwischen 18 und 19 Uhr Krauss empfohlen, wobei nicht ersichtlich ist, wann dieser von Wien abfuhr oder in Mayerling ankam. Die Haltung des Grafen mutet höchst merkwürdig an, ging es doch um den Sohn des Monarchen.

Eigenartig berührt überdies, was die Zeitgenossin Rudolfs und treffende Kritikerin des Hofs von Kaiser Franz Joseph, Edith Gräfin Salburg, über Rudolf schrieb: »Statt ihn früh einzuführen in die Regierungsgeschäfte, ist es den maßgebenden Leuten lieber gewesen, er unterhält sich. Das hat er dann getan, nach einem ganzen System; höfische Schufte haben ihm alles Schlechte zugeführt ... Er hat trotzdem auf die Politik der Zukunft, wie er sie sich gedacht, auf die Wissenschaften nie ganz vergessen. Und weil er eben anders war, anders als seine Vorfahren, und anders sein würde auf dem Thron, da fanden es vielleicht die maßgebenden Leute besser, daß er zugrunde gehe ... Es gibt Morde, die kann man nicht beweisen. Sie sind die ruchlosesten.«[38]

Im Jahr 1928 meinte Gustav Pollatschek, ein Mitglied der Untersuchungskommission, über die Vorgänge in Mayerling nach der Katastrophe: »Allein die Tatsache, daß Kaiser Franz Joseph den Abbruch der Untersuchung anordnete, die Protokolle an sich nahm und vernichtete, sollte Beweis genug dafür sein, daß sie Informationen enthielten, die dem Ansehen der Dynastie und der Würde der kaiserlichen Familie schadeten.«[39] Die Schwägerin des Grafen Hoyos, Lori, bezweifelte von Beginn an die Theorie der Liebestragödie, und vermerkte in ihr Tagebuch, »aus Liebe hat er sich nicht erschossen«[40]. Wenn man sich überdies die Persönlichkeit des Kronprinzen vor Augen hält, wie sie aus seinen Briefen entgegentritt, bleibt die Frage, ob er im Stande gewesen wäre, ein junges Mädchen so kaltblütig zu ermorden, wie man es ihm nachsagt. Die ganze Situation, wie sie unklar gemacht und verwaschen wurde, deutet auf eine Inszenierung hin. Interessant ist auch die Äußerung Franz Josephs, die er in einem Brief am Tage von Rudolfs Begräbnis an Katharina Schratt machte und die wohl bisher noch nicht genügend kritisch beurteilt wurde: »Heute wird mir noch eine schwere Aufgabe: den besten Sohn, den treuesten Untertan in die letzte Ruhestätte zu geleiten.«[41] Es mutet seltsam an, daß der Kaiser seinen Sohn als »Untertan« bezeichnet.

Das vorliegende Buch versucht, die Persönlichkeit des Kronprinzen ins rechte Licht zu rücken. Er war ein intelligenter, vielleicht hyperaktiver junger Mann. Solange er lebte, genoß er in der Bevölkerung hohes Ansehen, er war sogar überaus beliebt, weil er freundlich und leutselig war. Auszüge aus seinen Briefen an diverse Adressaten sollen über seine Ansichten, sein persönliches Denken, seine zahlreichen Aktivitäten, seine Beziehung zu Kronprinzessin Stephanie und seine Freizeitvergnügungen Auskunft geben. Die Briefe wurden, soweit auffindbar, vollständig für die vorliegende Arbeit herangezogen und transkribiert. Eine Auswahl zu treffen war notwendig, da ein vollständiger Abdruck der Briefe den Rahmen des Buches gesprengt hätte. Die Zitate sollen besonders den *privaten* Rudolf zeigen; über seine politischen Ideen ist schon oft von anderen Autoren geschrieben worden. Eine persönliche, genauere Einschätzung seines Charakters ist allerdings nur bei vollständiger Lektüre seiner Briefe möglich. Daher hat die Autorin auf die Erwähnung von Briefen rein politischen Inhalts und jenen, deren Inhalt bloß in Terminvereinbarungen bestehen, verzichtet. Die Briefe des Kronprinzen an den Diplomaten Szögyényi, der ihm wohl neben Latour und Szeps am nächsten stand, wurden für dieses Buch erstmals vollständig ins Deutsche übersetzt und für die Publikation herangezogen. Ebenso in ihrer Gesamtheit berücksichtigt wurden Rudolfs Briefe an Stephanie, die sich im Archiv der Erzabtei Pannonhalma befinden, sowie das Tagebuch der Freiin von Welden, das wichtige Auskünfte über den Gesundheitszustand des kleinen Rudolf gibt.

Nach Lektüre der Briefe des Kronprinzen kann man die Behauptungen zurückweisen, daß Inhalt und Schrift gegen Ende seines Lebens fahriger wurden – sie blieb bis zum Jahr 1889 gleich. Auch die Behauptung, Rudolfs leidenschaftliches Interesse an der Jagd habe gegen Ende seines Lebens stark abgenommen, ist anhand der Briefe leicht zu widerlegen. Bis in den Herbst 1888 korrespondierte Rudolf mit seinem Schwager Leopold über jagdliche Angelegenheiten; noch Anfang Jänner 1889 befand er sich in Mürzsteg auf der Jagd, es gibt sogar Belege, daß Rudolf noch während des Jänners etliche Male jagen war.[42] Schließlich hätte ja auch die Fahrt nach Mayerling ein Jagdausflug werden sollen. Auch die wissenschaftlichen Interessen des Kronprinzen waren nicht erlahmt.[43]

Faktum ist jedenfalls, daß sich Rudolf für die Zeit nach dem 30. Jänner 1889 Termine eingeteilt hatte, die eine Abgabe eines Aufsatzes für das *Kronprinzen-*

werk am 30. oder 31. Jänner versprach. Außerdem schmiedete er Pläne für das ganze Jahr 1889 und sogar noch für 1890.[44] Allerdings kann über die Existenz der Abschiedsbriefe nicht hinweggegangen werden. Beide im Wortlaut erhaltenen Abschiedsbriefe sind jedoch nicht datiert, was bei Korrespondenzen des Kronprinzen eher ungewöhnlich ist. Was die Authentizität von Rudolfs Briefen und Schriften anbelangt, ist ein Brief des Kronprinzen an seinen Lehrer Carl Menger bemerkenswert, indem er ihn um die Vermittlung eines Studenten bittet: »In Ihrer Stellung, als vielgesuchter und an Hörern reicher Universitätsprofessor kennen Sie sehr viele junge Leute und kommen mit denselben häufig zusammen.«[45] Rudolf suchte für seine zahlreichen Arbeiten einen *Famulus*; die erstaunlichste Bedingung, deren Erfüllung der Kronprinz forderte, war folgende: »Er muss geschickt sein im Nachahmen von Schriften, denn oft wird er meine Schrift so copiren müssen, um Briefe an meiner Stelle schreiben zu können.«[46] Ob seine Bitte erfüllt werden konnte, ist leider nicht nachvollziehbar.

Was die Kronprinz Rudolf nachgesagten Exzesse, Heurigenbesuche und sein Auftreten in zahlreichen einschlägigen Lokalen mit diversen Damen betrifft, sei darauf hingewiesen, daß Rudolf in seinem Tun und Lassen von der Presse genau beobachtet wurde. Näher beleuchtet wird diese Tatsache in den Kapiteln *Kronprinzlicher Haushalt und Wohnorte*, *Rudolf und die Presse* und *Wienerlied und Volkssänger*. Überdies bewältigte der Kronprinz ein enormes Arbeitspensum – allein die zahlreichen Briefe, die er nicht nur innerhalb der österreichisch-ungarischen Monarchie[47] an bekannte Personen schrieb, sondern auch ins Ausland verschickte, benötigten sehr viel Zeit.[48] Dazu kamen noch Audienzen, Truppeninspizierungen, diverse repräsentative Aufgaben etc.

Selbst die Behauptung Berta Szeps-Zuckerkandls, daß Rudolf nach dem Empfang bei Prinz Reuß mit seinem Vater eine überaus heftige Auseinandersetzung gehabt hätte, ist mit Skepsis zu betrachten. Die diesbezüglichen Aufzeichnungen ihres Vaters existieren nicht mehr. Der bayerische Botschafter Graf Bray-Steinburg hatte nach Mayerling ein Gespräch mit Franz Joseph, der sich folgendermaßen äußerte: »Für mich war Rudolf immer ein guter Sohn, und ich freute mich immer, wenn ich ihn sah. Es tut mir leid, daß, als wir uns Sonntag abends trennten, wir uns nichts mehr zu sagen hatten – dies wäre ein letztes *auf Wiedersehen* für mich gewesen.«[49] Überdies berichtete Prinz Reuß: »Während der Gesellschaft, die wir in der Botschaft zu Ehren Kaiser Wilhelms II. Geburtstag Sonntag abends gaben ... sprach Kaiser Franz Joseph mit dem Außenminister Graf Kálnoky. Bevor er Rudolf aus den Augen verlor, ging er auf ihn zu und schüttelte seinem Sohn die

Hand. Rudolf war durch die Aufmerksamkeit seines kaiserlichen Vaters geschmeichelt und verbeugte sich tief.«[50] Weiters erklärte der deutsche Botschafter, der Kaiser habe ihm mitgeteilt, während des Empfangs nichts Eigenartiges an Rudolf bemerkt zu haben, was ihn auf diesen Verzweiflungsakt hätte schließen lassen.[51] »Doch Rudolf war ein guter Sohn. Er war gescheit. Er war ein kluger Kopf. Ich hatte mich nie über ihn zu beklagen«, meinte Franz Joseph zu Prinz Reuß.[52]

Zur übrigen Quellenlage ist hinzuzufügen, daß auch in den *harmlosen* Beständen des Wiener Haus-, Hof- und Staatsarchivs Unterlagen über Rudolf skartiert, also aussortiert und vernichtet wurden. In den Beständen von Obersthofmeisteramt und Hofwirtschaftsamt finden sich kaum Unterlagen über Kronprinz Rudolf. Verschollen ist auch das Sekretariat des Kronprinzen, das sich noch Ende der 1920er Jahre im Besitz seiner Tochter Erszi befunden hat. Sie hatte es von Ploschkowitz[53] nach Schönau mitgenommen, als sie sich von ihrem Mann, Otto Fürst Windisch-Graetz, trennte. Diese Information erhielt Mitis als Antwort auf seine entsprechende Anfrage an Fürst Windisch-Graetz.[54]

»Quellen« für die Nachwelt

»Man sollte glauben, daß über den tragischen Tod meines Vaters schon genug geschrieben wurde. Immer aber finden sich Leute, die, obwohl sie darüber nichts bestimmtes sagen können, damit ein Geschäft machen wollen«, schrieb Erzherzogin Elisabeth Marie an Egon C. Conte Corti, als dieser im Auftrag Wildon Lloyds Recherchen zu Kronprinz Rudolf betrieb.[55] Vielleicht hätte Elisabeth Marie gerne Forschungsarbeiten erlebt, die positive Seiten ihres Vaters aufzeigten. Erszi, wie Rudolf sie nannte, hatte ihren Vater kaum gekannt, da sie bei seinem Tod erst fünfeinhalb Jahre alt war. Von den Menschen in ihrem Umfeld erfuhr die junge Erzherzogin vermutlich sehr wenig über ihren Vater und wahrscheinlich nur selten Positives. Der Kaiser sprach nach Rudolfs Tod beinahe überhaupt nicht mehr über seinen Sohn. Stephanie zürnte ihrem toten Gemahl, weil er sie ihrer Meinung nach um eine glanzvolle Zukunft betrogen hatte. So blieb der Tochter Rudolfs nur die Literatur, die nach dem Zusammenbruch der Monarchie über Rudolf erschien. Darunter vor allem das Werk von Mitis, der von zerrütteten Lebensumständen sprach.

Die meisten Verdächtigungen erschöpfen sich in dem gehässigen Artikel des *Berliner Börsen-Couriers* vom Februar 1889, der Mitis-Biographie und der Hoyos-Denkschrift. Den Quellenwert dieser Denkschrift zweifelte Emanuel Urbas kurz nach ihrer ersten Veröffentlichung mit sehr plausiblen Argumenten an. Hoyos, der väterliche Freund und treue Jagdgefährte Rudolfs, schrieb: »Unter den so unendlich heiklen Umständen sollte Loschek[56] allein sich von der Sachlage überzeugen.« Dazu meinte Urbas: »Die besonders heiklen Umstände sollten für die beiden Freunde des Prinzen und hohen Kavaliere des Hofes doch geradezu ein Grund sein, sich selbst von der Sachlage zu überzeugen und den Kammerdiener womöglich fernzuhalten. Auch psychologisch wäre es natürlich, daß diese beiden Herren, die dem Prinzen so nahe standen, in ihrer Erschütterung und ihrer Angst um das Leben des Prinzen, das ja vielleicht in diesem Augenblicke von einer sofortigen Hilfeleistung abhing, ohne Ueberlegung auf der Stelle in das Schlafzimmer eindringen. Es ist ganz unbegreiflich, daß man die Feststellung, ob der Kronprinz noch Zeichen des Lebens von sich gebe, dem Kammerdiener überläßt ... von den beiden Kavalieren wäre jedenfalls Philipp von Coburg als der Schwager Rudolfs der berufenere gewesen, die Trauerbotschaft an den Hof zu bringen. Das ist ein Detail, das ich nur deshalb erwähne, weil ich persönlich seit jeher unter dem Eindruck stehe, daß Philipp von Coburg in die ganze Geschichte viel mehr verwickelt war als man erfahren hat.«[57]

Bereits unmittelbar nach der Katastrophe von Mayerling wurden Stimmen laut, die daran zweifelten, daß die ganze Wahrheit jemals ans Licht kommen würde. Viele glaubten nicht an die offizielle Version und wußten, daß Rudolf mit seinen Ansichten verschiedenen Personenkreisen im Weg stand: »Daß wir darüber und namentlich über die Motive der Katastrophe etwas Authentisches erfahren werden, bezweifle ich sehr. Möglich daß von Ungarn oder dem Auslande her der Schleier gehoben wird ... das Mitleid und die Theilnahme, die wir vom Auslande her empfangen« geht über die Artigkeit nicht hinaus.[58]

Am 5. Februar 1889 berichtete Prinz Heinrich VII. Reuss an Bismarck: »Der päpstliche Nuntius hat mir von der großen Verlegenheit gesprochen, in welcher sich der Papst befunden hat, Seine Zustimmung zu dem kirchlichen Begräbnis des Kronprinzen zu geben ... *Mein amtliches Gewissen ist rein*, setzte der Nuntius hinzu, *ich brauche nur zu glauben, was der Minister des Äußern mir erzählt. Aber es ist wohl das erste Mal in der Geschichte, daß der päpstliche Nuntius in pontificalibus dem Begräbnis eines Mörders und Selbstmörders beiwohnt.*[59] Von dem Gerücht, daß der Verewigte an seiner Scheidung gearbeitet und deshalb an den Papst geschrieben hätte, wollte Herr Galimberti nichts wissen.«[60] Und wenige Tage später schickte Prinz Reuss weitere Informationen nach Berlin: »Wie ich an anderer Stelle heute zu melden mich beehrte, wird amtlich an der Version festgehalten, daß sich Kronprinz Rudolf erschossen habe, und dabei werden die aller Welt ungefähr bekannten Nebenumstände verschwiegen. Ich muß auf die Sache nochmals zurückkommen, weil von sehr ernsten Leuten auch hieran gezweifelt wird und man immer wieder auf das Gerücht zurückkommt, daß der Kronprinz sowie die auf seinem Bette gefundene junge Dame ermordet worden seien. Hierfür sprächen folgende Umstände: Man habe, nachdem die Angabe des Herzschlags nicht haltbar gewesen, den Selbstmord vorgegeben, um die Thatsache der Gegenwart einer weiblichen Leiche nicht einzugestehen und zwar nicht allein aus Schonung für die Kronprinzessin und aus Rücksicht für die öffentliche Moral, sondern auch weil man befürchtete, die Kirche könnte beim Begräbniß Schwierigkeiten machen. Der Beweis, daß der Ermordete im Konkubinat betroffen, hätte die kirchlichen Ehren ebenso schwierig, wenn nicht unmöglich gemacht. Wenn der Mord eingestanden würde, so hätte die öffentliche Meinung die Ermittlung des Thäters und dessen Bestrafung gefordert; hiezu sei aber eine genaue gerichtliche Erhebung der Umstände nöthig gewesen ... Unter dem Siegel der Verschwiegenheit hat er [Monsignore Galimberti] mir indessen Nachfolgendes mitgetheilt. Die Schußwunde des Kronprinzen sei nicht von rechts nach links gegangen, wie amtlich erklärt worden, und kein Selbstmord natürlich gewesen, sondern von links rückwärts hinter dem Ohr nach oben, wo die Kugel am Kopf wieder ausgetreten sei. Auch wären am Körper noch andere Wunden gefunden worden. Die Zertrümmerung der oberen Schädeldecke würde zwar dadurch erklärt, daß der Revolver ganz nahe an den Kopf gehalten gewesen wäre und die entweichenden Pulvergase diese Verwüstung anrichten konnten, indessen sei diese Wirkung fraglich.«[61]

Besonders wichtig im Zusammenhang mit dem Tod des Kronprinzen sind die Erinnerungen des Arztes Billroth: »Vor drei Tagen, am Abend des Geburtstages des deutschen Kaisers Wilhelm II. bei einer Soiree des deutschen Botschafters Prinzen Reuss trat der Kronprinz Rudolf auf mich zu und unterhielt sich mit mir in auffällig langer Weise. Er war freundlich und herzlich zu mir wie am ersten Tag unserer Begegnung in Prag auf dem Hradschin; er war immer so, wenn ich ihm irgendwo begegnete ... Er soll oft launisch so etwa gegen seine Umgebung gewesen sein; ich habe das nie empfunden und kann nur sagen, daß er mir stets treu und freundschaftlich, immer voller Achtung gegenüber war ... Ich für meine Person habe nie die Empfindung gehabt, daß Kronprinz Rudolf eine herzlose Natur gewesen sei ... Seine Sympathie und sein Wohlwollen war immer mit einer gewissen Anerkennung der Intelligenz verbunden und vielleicht immer dadurch unbewußt bedingt.«[62]

Fatal für den Ruf des Kronprinzen waren schließlich die Memoiren seiner Frau, die 46 Jahre nach der Katastrophe von Mayerling abgefaßt wurden und als Rechtfertigungsschrift anzusehen sind, weil Stephanie von Schuldgefühlen geplagt wurde. Marie Valerie notierte in ihrem Tagebuch über ihre Schwägerin: »Ich wurde nun zu Stephanie geschickt, sie herüberzuholen. Alles, alles hatte ihr Gräfin Tarouca gesagt, Unglückliches Weib! Sie bat uns immer wieder um Verzeihung, denn da fühlte sie wohl, daß ihr Mangel an Hingebung mitgewirkt, um Rudolf zu diesem Schauderhaften zu treiben.«[63]Als Beispiel für viele Unwahrheiten, die sich in Stephanies Buch befinden, möge folgende Episode dienen: In ihren

Memoiren schrieb Stephanie, sie habe nach ihrer Rückkehr von Abbazia 1887 den Kronprinzen »schrecklich verändert« vorgefunden. In einem Brief an ihre Schwester Louise Coburg aus demselben Anlaß bemerkte sie aber rund ein Jahr später, im Juni 1888, daß sie bei ihrer Rückkehr »die Kleine und Rudolf bei guter Gesundheit« angetroffen habe.[64]

In Stephanies Autobiographie finden sich viele unwahre Darstellungen, die das Buch als *Quelle* zum Leben des Kronprinzen sehr fragwürdig machen. Ein bezeichnendes Beispiel sei hier angeführt, das Stephanie in den Jänner 1889 datierte: »Anfang Jänner kam ich von Abbazia zurück nach Wien. Ein großes Programm von Festlichkeiten erwartete uns, das mit dem großartig vorbereiteten Ball der Polen seinen Anfang nahm. Im letzten Augenblick weigerte sich der Kronprinz zu erscheinen; ich mußte mit meinem Hofstaat allein dem Fest beiwohnen. Alle Herren waren in polnischer Tracht; man hatte die schönsten Paare ausgewählt, um die große Mazur zu tanzen. Es war alles darnach angetan, um dem Kronprinzenpaar eine große Huldigung zu bereiten. Sein plötzliches, unmotiviertes Fernbleiben erregte überall peinlichste Bestürzung.«[65] Stephanies Schilderung ist interessant – denn 1889 fand der Polenball in Wien gar nicht statt: »In der am 14. d. M. unter dem Präsidium des Grafen Potocki abgehaltenen Sitzung des Comités des seit 12 Jahren jährlich abgehaltenen Polenballes wurde nach eingehender Berathung beschlossen, diesen Ball im Carneval 1889 ausnahmsweise *nicht* abzuhalten und erst im Jahre 1890 wieder zu veranstalten. Zu diesem letzteren Zwecke wurde eine aus neun Mitgliedern bestehende Commission eingesetzt, deren Aufgabe es sein wird, im nächsten Jahre die Vorbereitungen zu einer glänzenden Wiederaufnahme dieses beliebten Balles zu treffen.«[66] Man könnte noch weitere falsche Darstellungen in Stephanies Autobiographie anführen, wie ihre Behauptung, sie sei nach Rudolfs Tod bei der Öffnung seines Schreibtisches in der Hofburg dabei gewesen. Auch diese Bemerkung von Rudolfs Witwe beruhte nicht auf den Tatsachen.[67] So viel zur Glaubwürdigkeit der Kronprinzessin-Witwe und späteren Fürstin Lonyáy.

Weiters hält die von mehreren Autoren geäußerte Behauptung, die Handschrift des Kronprinzen sei mit Fortschreiten seines angeblichen körperlichen und geistigen Verfalls unleserlich oder fahrig geworden, einer Überprüfung nicht Stand. Die Schrift in Rudolfs Briefen an alle Adressaten blieb bis zuletzt gestochen scharf; darunter waren Briefe an seinen Cousin Franz Ferdinand bis Oktober 1888, an seinen verehrten Erzieher Latour (der letzte Brief stammt vom 30. Dezember 1888), an

Bombelles, an Frischauer (letzter Brief vom 2. Jänner 1889), an Girtanner (16. Jänner 1889), an seine Frau (Jänner 1889) und andere Personen.[68]

Allerdings sind viele Mitteilungen über Rudolfs geistigen und körperlichen Zustand verwirrend und widersprüchlich. Lady Paget, die Gattin des britischen Gesandten, fand den Kronprinzen beim Empfang in der deutschen Botschaft traurig und niedergeschlagen. Eine weitere informative Quelle ist Rudolfs letzter Brief an Berthold Frischauer, als er in Mürzsteg auf Jagd war: »Lieber Frischauer! Innigsten Dank für Ihren Brief und für die guten Wünsche, die ich herzlichst erwiedere [sic!]. Möge das Jahr 1889 für uns Alle kein All zu schlechtes sein, möge es uns bewegte und intereßante Zeiten bringen; hoffentlich begegnen wir uns auch heuer wieder einigemale auf politischen Expeditionen. Mit besten Grüßen, Ihr Rudolf«[69].

Generell werfen die vielen Wahrnehmungen verschiedener Personen, die Rudolf kannten, mehr Fragen auf, als sie beantworten. Kaum scheint das Bild etwas klarer zu werden, tauchen wieder Ungereimtheiten auf. Besonders der *Berliner Börsen-Courier* trug zum negativen Rudolf-Bild nachfolgender Generationen bei. Inwieweit darf ein anonymer Artikel überhaupt Anspruch auf Gültigkeit als historische Quelle stellen? Daß der Artikel von einem österreichischen Intimus, der die Verhältnisse sehr gut kannte, von einem »Kaisertreuen« stammte, ist zu bezweifeln, denn der Anonymus sprach offen vom Tod Mary Vetseras. Gerade diese Tatsache wollte der Hof vertuschen. Der Autor könnte genauso gut in Berlin beheimatet gewesen sein und die preußischerseits eingeholten Geheimdienst- und Konfidentenberichte als Quelle benutzt haben. Daß die deutsche Presse dem Kronprinzen aufgrund seiner politischen Haltung nicht positiv gegenüberstand, ist bekannt. Ein negativer Artikel über Rudolfs Charakter und Lebenswandel kam Wilhelm II. und Bismarck zweifellos entgegen. Überdies gab es im November 1888 eine überaus scharfe Kampagne gegen Rudolf in den Berliner Zeitungen. Der Kronprinz war empört und schrieb an Szeps: »Eben vom Lande wiedergekehrt, finde ich in allen Blättern die Berliner-Zeitungscampagne gegen uns. Haben Sie ein Exemplar der Kreuzzeitung? Was ist da für pamphletartiges Zeug geschrieben. Können Sie mir nicht den Artikel verschaffen? Wenn Sie mich sprechen wollen, würde es mich sehr freuen, falls Sie mich heute um 11 Uhr einen Moment besuchen würden.«[70] Jedenfalls wurde auch der *Berliner Börsen-Courier* unter dem »Geruch der deutschen Intrigenschaft« von der Wiener Polizei konfisziert.[71]

Zum *Berliner Börsen-Courier* meinte der amerikanische Diplomat Wildon Lloyd: »Die Tatsachen jedenfalls widersprechen dem Artikel im Börsen-Courier. Alle, die

Kronprinz Rudolf während der letzten Wochen seines Lebens sahen, haben nie irgendetwas Ungewöhnliches an seiner geistigen Verfassung bemerkt ... In Wien behauptete eine Frau namens Karnauer, daß sie im Besitz einiger Briefe von Giesl sei, die beweisen, daß Kronprinz Rudolf ermordet wurde.«[72]

Das Tagebuch Marie Valeries ist, wie schon erwähnt, ebenfalls problematisch. Wurden Stellen, die nicht mit der offiziellen Meinung konform gingen, verändert oder eliminiert? Manche Passagen darin geben zu denken, viele Seiten wurden herausgeschnitten. Eigenartig mutet jene Stelle an, als Kaiserin Elisabeth Marie Valerie vom Tod Rudolfs unterrichtete und die Kaisertochter gesagt haben soll: »Hat er sich umgebracht?«[73] Gerade solche Aussagen könnten später in das Manuskript geschrieben worden sein, um die offizielle Version zu untermauern. Marie Valeries Bemerkung steht im krassen Gegensatz zu ihrer positiven Beurteilung ihres Bruders in seinen letzten Lebenswochen. Offenbar war Marie Valerie von der offiziellen Version und der darin festgestellten Geisteskrankheit nicht restlos überzeugt: »Übrigens ist auch sein am Tag vor seinem Tod an Mama in Mayerling geschriebener Brief vollkommen klar ... Aber je mehr ich über die verschiedenen Äusserungen nachdenke, desto mehr bin ich gerade durch den grellen Widerspruch derselben untereinander überzeugt, daß der uns bekannte Grund seines Todes weit davon entfernt war, der einzige zu sein ... Sehr merkwürdig ist es, daß Papa wieder sagt, es könne kein andrer Grund sein als der Bekannte. Glaubt er es wirklich oder will er sichs einreden?«[74] Auch Szögyényi sah in der *Affäre Mary* nur eine Nebensache.[75] Marie Valerie erwähnte weiters einen Abschiedsbrief Rudolfs an sie, in dem er von der Notwendigkeit zu sterben sprach; die Frage ist jedoch, inwieweit sie bewußt auf die Familienlinie einschwenkte: Sie mußte ja damit rechnen, daß ihr Tagebuch eines Tages zumindest von ihren Kindern oder Enkeln gelesen würde und hätte wohl kaum Franz Joseph und den Hof als Verbreiter von Unwahrheiten bezeichnen wollen.

Rudolf wurde nach seinem Tod in vieler Hinsicht ein Opfer von Verleumdungen, denn einem Toten konnte man alles Mögliche nachsagen: »Rudolfs Feinde trachteten, sogar mit gewissem Erfolg, ihm den Ruf eines *Schürzenjägers* mit zahlreichen Affären anzuhängen ... Bei näherer Betrachtung scheint es hingegen wahrscheinlicher zu sein, daß seine zahlreichen Feinde mit großem Eifer daran gingen, ihn aufgrund seiner bürgerlichen Interessen und Tendenzen, die für einen Prinzen unzulässig waren, zu diffamieren.«[76] Nie gab es ähnliche Berichte über Erzherzog Otto oder Erzherzog Franz Ferdinand, die Rudolf im »flotten Leben« vermutlich bei weitem übertrafen. Rudolf war nicht direkt in Skandale verwickelt wie seine Vettern.

Selbst der Historiker Adam Wandruschka meinte in der Mitis-Neuauflage, daß die Vernebelungstaktik des Hofes griff, daß es viel Agententratsch um Rudolfs Lebensweise und Tod gab.[77] Und was hatte Rudolfs Obersthofmeister Bombelles zu verbergen? Als er am 27. Juli 1889 starb, wurde über seine Papiere sofort eine gerichtliche Sperre verhängt.[78] Man sollte bei aller Vorsicht gegenüber sogenannter Zeugen des Geschehens in Mayerling und den Kennern von Rudolfs Persönlichkeit auch Zeitungen als Quelle akzeptieren, die nach 1918 erschienen. So gab es beispielsweise 1934 einen Bericht über Rudolfs Flügeladjutanten Giesl: »Der Flügeladjutant nahm nicht nur öfter die Mahlzeiten mit dem Kronprinzen und der Kronprinzessin ein ... aber was ihm die beste Gelegenheit bot, engeren Kontakt zu knüpfen, war, daß er ihn auf all seinen *tours* begleitete ... Trotz seiner unterschiedlichen Interessen war Rudolf ein sehr guter Soldat und zeigte nie Anzeichen von Lebensüberdruß.«[79]

Auch die Zeitungen, die der Hof im Zusammenhang mit der Berichterstattung über Mayerling sammelte, sprechen eine deutliche Sprache. Damals wurden alle Zeitungen überprüft und heikle Stellen mit Buntstift markiert; doch fielen nicht alle der Konfiskation zum Opfer. Unangenehm war dem Hof die Mitteilung der *Neuen Freien Presse* vom 30. Jänner 1889: »Man bestätigte, daß dem Kronprinzen ein schwerer Unglücksfall zugestoßen sei, doch wisse man noch nicht, welcher Art derselbe gewesen sei ... Man meldet, daß der Kronprinz im Jagdschlosse zu Mayerling heute Früh todt in seinem Bette mit einer Schußwunde im Körper aufgefunden worden ist.« Auch die Ausgabe vom folgenden Tag machte dem Hof keine Freude. Der Journalist konstatierte, daß »die Entwürfe, die in seinem Haupte reiften, weitab lagen von dem halb kirchlichen, halb aristokratischen Demagogenthum, welches unsere Tage beherrscht. Er hatte ein offenes und scharfes Auge für die Fragen der Zeit, seinem großmüthigen Herzen gingen die Gebrechen der Gesellschaft näher, als den meisten der blaublütigen Dilettanten, die zwischen einem Wettrennen und einem Ballet mit der socialen Frage spielen; aber der Unterbau seiner gereiften Ueberzeugungen ruhte auf einer liberalen Grundlage«.[80] Auch die Nachrichtensperre, die über das Geschehen verhängte wurde, kommentierte das Blatt scharf: »... alle Depeschen, welche die Version enthielten, daß der Kronprinz mit einer Schußwunde aufgefunden worden sei, wurden zur Beförderung nicht zugelassen ...«[81] Die Haltung der Hofbehörde war unverständlich und forderte die Kritik der Journalisten heraus, die die Wahrheit berichten wollten: »Die Behörden verweigerten jede Auskunft; auf dem Badener Telegraphenamte durfte man Telegramme über den muthmaßlichen Todesfall nicht aufgeben. Es war nur natürlich, daß in Folge dieser Maßnahmen Gerücht auf Gerücht auftauchte, von denen eines den anderen widersprach.«[82]

Der *Berliner Börsen-Courier* wurde immer wieder als hervorragende Quelle zu Rudolfs Charakter und Schicksal hingestellt, doch sollte man auch die Aussagen der konfiszierten Ausgabe der Zeitung *Schwarzgelb*, die das monarchische Prinzip vertrat und den Nationalismus ablehnte, berücksichtigen: »Auf aller Lippen schwebt die Frage, welche furchtbaren Conflikte, welche außerordentlichen Motive, welche verzweiflungsvolle Hoffnungslosigkeit müssen es gewesen sein, die den Kronprinzen in der Blüthe seines Lebens in den Tod getrieben haben? Und diese Frage wird nicht verstummen, bis sie eine deutliche und klare Beantwortung gefunden! ... Kronprinz Rudolf war die Conzentration der Blüthe der aufwachsenden Generation, der Träger unserer Hoffnungen, die Bürgschaft unserer Zukunft, dies beantwortet uns das obige Gutachten der drei Professoren keineswegs ... Manchen mag die Staatsraison den Mund verschließen und ihrer Todtenklage Einhalt gebieten. Den großen Massen der Bevölkerung aber kann Niemand verwehren, nach voller Klarheit betreffs der Motive wie betreffs der äußeren Umstände dieses furchtbaren Ereignisses zu forschen, das den Stolz aller Völker dieser Monarchie frühzeitig geknickt. Man versichert, daß der Kronprinz vor seinem Tode fünf Briefe geschrieben, an den Kaiser und an die Kaiserin, an die Erzherzogin Stephanie, an den Erzherzog Otto und an den Herzog von Braganza, und ein ungarisches Blatt hat bruchstückweise einen Brief mitgetheilt, welchen Kronprinz Rudolf an Sektionschef Szögyény als seinen Testamentsvollstrecker gerichtet ... Aber man muß fragen: Wann sind diese Briefe geschrieben worden und insbesondere wer hat sie geschrieben? Wahrlich, unsere dynastische Gesinnung wie die dynastische Gesinnung der Wiener Bevölkerung und der Bevölkerung von ganz Österreich ist über jeden Zweifel erhaben und gerade in dieser dynastischen Gesinnung und der grenzenlosen Liebe zu dem verewigten Sohn unseres Monarchen wurzeln die Zweifel, die sich uns Allen aufdrängen, wurzelt der entsetzliche Gedanke an die Möglichkeit, daß der Liebling unser Aller einem von langer Hand geplanten Verbrechen zum Opfer gefallen. Kann man Banknoten fälschen, warum soll man nicht Briefe eines Prinzen fälschen und die Schrift desselben täuschend nachahmen können. Das Gutachten der drei Universitätsprofessoren ist lückenhaft und schwankend. In Punkt 1 heißt es: Der Kronprinz ist *zunächst* an Zertrümmerung des Schädels und der vorderen Hirnparthien gestorben. Was bedeutet das Wort *zunächst*? In Punkt 3 heißt es: ein Schuß aus *einem Revolver mittleren Kalibers* war geeignet, *die beschriebene Verletzung* zu erzeugen. Warum sprechen sie unbestimmt von einem Revolver mittleren Kalibers? Ist ihnen denn der bei der Leiche des Kronprinzen angeblich vorgefundene Revolver nicht gezeigt worden? Und warum gebrauchen sie den Ausdruck *die beschriebene Verletzung*? Geben sie denn ihre gutächtliche Meinung nicht auf Grund der von ihnen selbst gesehenen Verletzung, sondern auf Grund der ihnen vorgelegten Beschreibung ab? Und ist es denn wahr, daß ein Revolverschuß mittleren Kalibers den Schädel und die vorderen Hirnparthien nicht nur perforieren, sondern geradezu zertrümmern kann? Was die im Punkt 6 ausgesprochene wissenschaftliche Hypothese betrifft, so ist sie nicht einmal eines Wortes der Widerlegung werth, nachdem bis in die letzten Tage kein Mensch an dem genialen Kaisersohne auch nur das leiseste Symptom einer Minderung oder Störung seiner geistigen Kräfte wahrgenommen hat, weil ja sonst gewiß seine Angehörigen und seine Umgebung die Akte nöthiger Vorsicht nicht unterlassen hätten.« [83]

Nicht alle Blätter in Österreich-Ungarn unterlagen derselben rigorosen Zensur. So schrieb die *Kaschauer Zeitung* Februar 1889, daß die Wiener Zeitungen »von einem *tödlichen Jagdunfall* und einem *entsetzlichen Mordattentat* sprachen. Die Wiener Abendblätter brachten diese Nachricht schwarz auf weiß und – wurden konfiszirt ... Das Vertuschungsystem kann jetzt nicht mehr von Dauer sein ... Jetzt nützt schon gar das Verschweigen nichts mehr ... Niemand kann sein Befremden unterdrücken, daß in dem veröffentlichten Obduktionsbefunde der Durchmesser der Ausschußwunde nicht angegeben ist ... Man erwartet übrigens mit Bestimmtheit nach dem Leichenbegängnisse eine *offizielle Verlautbarung*, welche diesen Punkt des Obduktionsprotokolls aufhellen wird. Die Annahme daß der geistreiche, thatkräftige und dabei soldatisch streng erzogene geliebte Kronprinz plötzlich *wahnsinnig* geworden sei ... Man ist allgemein nervös über das Vorgehen der offiziellen Kreise, welches noch immer den Eindruck macht, daß *Wesentliches verschwiegen wird*.«[84] Die Hoffnungen der damaligen Journalisten sollten sich keineswegs erfüllen, nichts Genaueres drang an die Öffentlichkeit. »*Das ausführliche Protocoll der Aerzte über den Obduktionsbefund wird im kaiserlichen Hausarchiv deponirt werden.* Mit diesem ist gesagt, daß die Bevölkerung davon nichts erfährt! – Dagegen werden in Wien zahlreiche Personen wegen Verbreitung von Gerüchten, die sie mit dem Tod den Kronprinzen in Verbindung bringen, verhaftet.«[85]

Das Kaiserpaar mit Erzherzogin Gisela und Kronprinz Rudolf, 1859

Die Umgebung des Thronerben

Rudolfs Kindheit

Wie vielen Kindern aus fürstlichen Familien war es Kronprinz Rudolf nicht vergönnt, seine Kindheit in einem innigen Familienleben zu verbringen. Im Gegensatz dazu, hatten sowohl Kaiser Franz Joseph als auch Elisabeth eine vergleichsweise angenehme Kindheit verlebt. Franz Joseph wurde als langersehnter Thronfolger von seiner Mutter Erzherzogin Sophie ständig umsorgt; er hatte auch ein gutes Verhältnis zu seinem Vater Erzherzog Franz Karl. Der gutmütige Erzherzog war aber kein Übervater, wie Kronprinz Rudolf seinen Vater erlebte. Obwohl sich Baronin Sturmfeder liebevoll um ihn kümmerte, verbrachte Franz Joseph täglich einige Zeit mit den Eltern, während Rudolf oft wochenlang vom Kaiserpaar getrennt war.[86] Andererseits unterschied sich Rudolfs Kindheit nicht wesentlich von der anderer adeliger Kinder. Die Eltern hatten keine Zeit für die Erziehung der Kinder und überließen diese Aufgabe vertrauten Personen. Zu diesen Menschen bauten die Kinder meist ein innigeres Verhältnis auf als zu den eigenen Verwandten. Auch Elisabeth hatte gemeinsam mit ihren Geschwistern unter der Obhut ihrer Mutter, Herzogin Ludovika in Bayern, eine unbeschwerte Kindheit, besonders wenn sich die Familie in Possenhofen aufhielt.[87] Obwohl ihr Vater, Herzog Max in Bayern, sehr oft von Gemahlin und Kindern getrennt war und zahlreiche Frauenbekanntschaften hatte, wurde er von den Kindern geschätzt.

Kronprinz Rudolf hatte in seiner frühen Kindheit jedoch in mehrfacher Hinsicht zu leiden. Zwar nahm sich Erzherzogin Sophie – gegen den Willen der Kaiserin – der »Kindskammer« an, in der Gisela und Rudolf aufwuchsen, und wurde den beiden eine hingebungsvolle Großmama. Aber gerade in jener Phase, in der Rudolf in seiner Entwicklung zumindest seine Mutter gebraucht hätte, machten seine Eltern eine schwierige Phase durch. Während der Kaiser vor allem durch Krieg sowie innen- und außenpolitische Probleme keine Zeit für den Nachwuchs hatte, bewältigte Elisabeth ihre Sinnkrise mit vermeintlicher Krankheit und Flucht vom

Wiener Hof. FML Grobben, der 1861 nach Funchal entsandt worden war, berichtete sehr positiv über die Kaiserin: »Ihre Majestät befindet sich sehr wohl, hustet sehr selten und wenn dies geschieht, ohne Anstrengung, vielleicht ist die Ursache des Hustens mehr in der Gewohnheit als in der Nothwendigkeit zu suchen.«[88] Als Elisabeth nach ihren Aufenthalten auf Madeira und Korfu endlich wieder nach Wien zurückkehrte, waren ihr die Kinder bereits entfremdet. Rudolf und Gisela hingegen hingen sehr stark aneinander. Waren sie für kurze Zeit getrennt, war die Wiedersehensfreude sehr groß: »Die Kinder freuten sich wirklich für ihr Alter unglaublich, sich wiederzusehen, sie umarmten und küßten sich in einem fort. Die ersten Tage ärgerte sich aber dann Rudolph doch öfter, wenn Gisela mit seinen Spielsachen spielte. Jetzt vertragen sie sich aber wieder vortrefflich«, schrieb Franz Joseph an seine Mutter, Erzherzogin Sophie.[89]

Beide Kinder hatte eine enge Beziehung zu Erzherzogin Sophie, die sie viel öfter sahen als die eigene Mutter. Inwieweit Gisela und Rudolf engeren Kontakt zu ihrem Großvater Erzherzog Franz Karl hatten, ist nicht bekannt. Rudolf bedauerte allerdings dessen Tod 1878 – sofern es sich nicht nur um höfliche Floskeln handelte – sehr: »Mein armer Großpapa war ein selten edler und wirklich mildreicher Mann, der nicht nur für unsere ganze Familie ein Centrum, und wahrer Vater wahr, sondern auch für alle Armen Wiens und der ganzen Monarchie ein Beschützer und Wohlthäter bis zu seinem Ende blieb. Auch eine echte Waidmannsnatur der früheren Zeit, der nicht nur für die Jagd um zu morden, sondern auch der Natur zulieb und aus Liebe zu den Thieren hegte und pflegte und bis zu Seinem Ende fleissig betrieb, ging mit ihm zu Grabe.«[90]

Als Gisela so früh mit Leopold von Bayern verheiratet wurde, brach für Rudolf eine Welt zusammen. Kaiser Franz Joseph berichtete seiner Mutter: »Mittwoch spät abends ist Leopold angekommen, Donnerstag sah er Gisela zuerst beim Frühstück, dann beim Essen und abends im Theater, und bald konnte man sich überzeugen, daß sie Gefallen aneinander finden. Gisela war wirklich recht lieb. Gestern bat er um die Erlaubnis, mit ihr zu sprechen, und nach dem Diner, während Sisi, Rudolph und ich noch mit Lili Walterskirchen in Sisis Zimmer beisammen waren, fand im Nebenzimmer die Deklaration statt. Es scheint, daß er bald Erhörung fand, worauf Umarmungen, Tränen und unendlich verblüfftes Gesicht Rudolphs, der merkwürdigerweise bis dahin nichts gemerkt hatte.«[91]

Wie sich das persönliche Verhältnis des Kronprinzen zu seinen Eltern gestaltete, läßt sich wohl nicht im Detail nachvollziehen. Sehr herzlich war es bestimmt nicht. Fürstenkinder wuchsen eben so auf wie Rudolf. Allerdings entwickelte

Rudolf einen enormen Respekt, sogar Angst, vor seinem Vater. Franz Joseph wollte in Rudolf einen guten Katholiken, Jäger und Militär zum Sohn haben.[92] Familienleben spielte sich meist nur zu Weihnachten ab, und das war nicht immer reibungsfrei, ebenso wie größere Familientreffen, die selten stattfanden. So schrieb Gräfin Fürstenberg aus Ischl: »Es war so ruhig hier, nun die ganze Familie beisammen ist, herrscht Ratlosigkeit und Ärgernis; und jedes ohne Unterschied freut sich in seines Herzens innerstem Winkel auf die allseitige Trennung und auf das Ausruhen vom Zwang, den ihm das Beisammensein mit seinen Lieben auferlegte.«[93] Dennoch bemühte sich der Kronprinz um Harmonie; er wollte alles immer richtig machen. In einem undatierten Büchlein notierte der junge Rudolf: »Papa u. Mama Hand küßen – danken für die Spielereien – wegen Schweißhund fragen, ob aus Gödöllö oder von mir – Wowo besuchen – Fritz zum Essen einladen.«[94]

Diese Konstellation veranlaßte Rudolf häufig, wie bei Hof üblich, Geschenke für den Kaiser von anderen besorgen zu lassen: »Ich bitte Sie, da ich es selbst unmöglich mehr thun kann, auf einen Sprung in das Künstlerhaus zu gehen und ein schönes Bild, für mich als Namenstagsgeschenk für Papa auszusuchen; Sie selbst wißen am besten wie groß der Preis sein darf.«[95] Allerdings unternahm er

Die kaiserliche Familie um 1860 (Erzherzog Franz Karl, Erzherzogin Sophie, das Kaiserpaar mit den Kindern, Ferdinand Max und Charlotte, Ludwig Viktor und Karl Ludwig)

für seine Mutter größere Anstrengungen: Von Weihnachten 1888 ist bekannt, daß sich Rudolf um Heine-Briefe für Kaiserin Elisabeth bemühte. Er beauftragte mit dem Ankauf seinen Freund Szeps: »Haben Sie die Heine-Andenken mitgebracht?«[96] Erleichtert war Rudolf, daß Szeps seinen Auftrag für das Geschenk an seine Mutter ausführen konnte: »Ich bitte die Briefe Heines abphotographieren zu laßen und mir dieselben erst dann zu übersenden.«[97]

Noch 1886 war Rudolf, wenn er seine Familie sehen wollte, an die Befehle des Kaisers gebunden, die kein inniges Verhältnis aufkommen ließen: »Wenn die Majestäten es erlauben, kommen wir am 16. in Ischl an; um einige Tage dort zu bleiben; im August wurde uns befohlen nicht zu kommen.«[98] Diese Bestimmung mutet sehr eigenartig an, wenn man bedenkt, daß der Kaiser am 18. August seinen Geburtstag feierte und sein Sohn davon ausgeschlossen war.

Schon ab dem Tag seiner lang ersehnten Geburt stand der kleine Kronprinz im Mittelpunkt der kaiserlichen Familie. Am 22. August, der junge Mann war gerade einen Tag alt, ließ Kaiser Franz Joseph folgenden Armeebefehl veröffentlichen: »Ich will, daß der durch Gottes Gnade Mir geschenkte Sohn von seinem Eintritt in die Welt an Meiner braven Armee angehöre, und ernenne ihn hiernach zum Oberst-Inhaber Meines 19ten Linien-Infanterie-Regiments, welches von nun an

Rudolf um 1863 in der Ponykutsche

den Namen *Kronprinz* zu führen hat.«[99] Überdies wurde dem Säugling sofort der Orden vom Goldenen Vlies verliehen.

Rudolfs Großmutter Herzogin Ludovika in Bayern

Von den übrigen Familienmitgliedern wurde Rudolf wegen seiner modernen Ansichten, seiner zahlreichen, für einen Habsburger unüblichen, Interessen und seiner Verehrung für die Wissenschaften und für das aufstrebende Bürgertum mißtrauisch beäugt. Auch sein Onkel, der Arzt Carl Theodor, beurteilte Rudolf ziemlich kritisch: »Wohl sei er ein bedeutender Mensch – ob allerdings in der That so hohen Ranges, wie er ihn für sich in Anspruch nimmt, das müsse sich erst erweisen. An seinem Charakter jedenfalls sei viel gesündigt worden. Rudolfs Umgebung habe seine guten Anlagen erstickt *und ihn zu einem unsympathischen, ja unheimlichen Menschen gemacht.*«[100] Bei den bayerischen Verwandten waren Rudolf und Stephanie als überaus arrogant angeschrieben.[101] Dies könnte allerdings darauf zurückzuführen sein, daß der Kronprinz die Familie nicht sehr schätzte und mit den bayerischen Verwandten wenig Kontakt hatte – mit Ausnahme seines Schwagers Leopold. Bei der Feier zum 80. Geburtstag von Herzogin Ludovika, Ende August 1888, zeigte sich Rudolf von seiner charmanten Seite, die viele Personen so an ihm schätzten: »Auch Rudolf, der sonst wohl stets ein wenig abseits bleibt, fällt in diesen Tagen keineswegs aus dem Rahmen der allgemeinen Harmonie. Frisch und munter, voller Einfälle, die man wohl nicht alle auf die Goldwaage legen darf, erklärt er selbst, seit seiner Studentenzeit habe er sich nicht mehr so wohlgefühlt.«[102] Carl Theodor war noch Ende des Jahres 1888 in Wien und konnte keine Veränderungen an Rudolf feststellen: »Die traurige Katastrophe, die sich in Wien ereignete, mußte begreiflicherweise diejenigen besonders erschüttern, welche der betreffenden Persönlichkeit nahe gestanden sind, und so ging es auch mir, der den jungen Prinzen erst einige Wochen früher, anscheinend in voller körperlicher und geistiger Gesundheit verlassen hat.«[103]

Rudolf entwickelte sich zu einem sehr intelligenten, charmanten jungen Mann. Graf Carl Kinsky berichtete Kálnoky aus London ganz begeistert: »Der Kronprinz ist fort – es lebe der Kronprinz! In physischer Beziehung bin ich froh ... Aber trotzdem habe ich mich nicht nur sehr gut unterhalten, sondern es hat mich auch sehr interessiert, den Kronprinzen kennenzulernen, denn ich kannte ihn nicht, oder jedenfalls doch nicht den Kronprinzen, der er jetzt ist, und ich kann Euer Exzellenz nicht genug sagen, wie angenehm ich berührt war zu sehen, wie sehr er sich zu seinem Vorteil geändert hat oder wie falsch vielleicht meine Anschauungen und Ideen über ihn gewesen sind. Er war überaus liebenswürdig mit Allen, sehr gut aufgelegt und hat sich allgemein, sowohl bei der Königin, dem Prinzen ... beliebt gemacht ... Die Verleihung des Hosenbandordens wurde hier als eine besondere Auszeichnung angesehen ... Der Kronprinz ließ alle diese Ehrenbezeigungen ruhig und mit würdevoller und natürlicher Bescheidenheit über sich ergehen und dankte durch seine Liebenswürdigkeit ... Und dann gab ich noch ein *souper* mit Damen im New Club mit Zigeunern ... was sehr ungezwungen war. Der Kronprinz war etwas choquiert über die Idee eines Soupers mit Damen. Er kannte sich da nicht recht aus aber unterhielt sich dann sehr gut ...«[104]

Graf Kinsky war sehr froh, den Kronprinzen besser kennengelernt zu haben. Er gewann einen sehr guten Eindruck von Rudolf und mußte seine bis dahin gefaßte Meinung von ihm völlig ändern, wie aus dem Brief an Graf Kálnoky hervorgeht: »Zwei Sachen besonders freute es mich zu bemerken. Erstens, daß er, was ich den *österreichischen Anstand* nenne, besitzt – wovon ich nicht ganz überzeugt war – zweitens, daß er sich ihn zum Vorbilde genommen hat ... Ich dachte eher ... seine Devise sei: Das Gegenteil um des Gegenteils willen ... warum er sich in Beziehung auf sein Verhältnis zur Journalistik gebessert hat. Mir kam vor, daß man ihm früher nichts gesagt und ihn von allem ferngehalten hat, er aber zweifellos Verstand und Wißbegierde besitzt, bei der Journalistik Information suchte und dieselbe auch, aber eben in journalistischer Tendenz, bekam. Als er sich Euer Exzellenz näherte, waren E.E. ihm gegenüber nicht verschlossen ... so daß er jetzt sein Wissen aus der richtigen Quelle schöpft ...«[105] Graf Kinsky definierte den »österreichischen Anstand« folgendermaßen: »Das ist die natürliche grandseigneurwürdevolle Bescheidenheit und Einfachheit, die den wahren edel gezogenen Menschen zeigt. Und ich war hocherfreut, dieses *Etwas* auch in ihm zu finden und es anerkannt zu sehen.« Allerdings erkannte er auch das, was Rudolfs Vater schmerzte – der Kronprinz war in mancher Hinsicht ängstlich: »Nur um Eines tut mir leid: *Er hat Nerven*. Die sind da. Ich wußte es von früher und bemerkte es auch hier. Das ist sein Unglück. Er bekämpft es, es ist aber da. Ich bemerkte es schon im Wagengedränge ...«[106]

Gutes getan hatten, freundschaftlich, ja zum Teil mit überschwenglichen Gefühlen verbunden. Immer wieder schrieb er ihnen, obwohl er ein gewaltiges Pensum an Korrespondenz zu bewältigen hatte. So meldete er im März 1880 seiner *Nono*: »Ich bin sehr glücklich und hoffe in Stephanie eine gute, liebende Lebensgefährtin, eine treue Untertanin Ihres Herrn und Kaisers, und eine warme Patriotin, eine ächte Oesterreicherin gefunden zu haben.«[113] Als *Nono* 1882 ihren Gatten verlor, schrieb ihr Rudolf sehr mitfühlend: »Liebe Nono! In den ersten Tagen nach dem schweren Unglück, das Dich getroffen, wollte ich Dich nicht stören, nicht durch einen Brief belästigen; es drängt mich aber Dir auch schriftlich zu sagen, wie sehr ich an Dich dachte; an Dein namenloses Elend; wenn man selbst so glücklich verheirathet ist, wie ich, versteht man es gut, was für einen unheilbaren Schmerz, für eine unersetzliche Lücke der Tod Dir beigebracht hat ... Nochmals Dich meiner innigsten Antheilnahme versichernd, bin ich mit den herzlichsten Grüssen, Dein dankbarer Rudolf«[114].

Wowo, die ihren Schützling seit August 1858 beinahe ständig unter ihrer Obhut hatte, mußte sich nach dem 21. August 1864 von Rudolf trennen, ihres Postens wurde sie endgültig am 17. Oktober 1864 enthoben.[115] Am sechsten Geburtstag des Kronprinzen traf Baronin Welden Rudolfs neuen Erzieher und vermerkte in ihrem Tagebuch. »... ich erneuere mit vielem Intereße u. Befriedigung die Bekanntschaft des Grafen Gondrecourt«.[116] Kurz darauf hielt sie traurig fest: »Den 1ten November die Übergabe – Der Tag bleibt mir in so schmerzlicher Erinnerung.« – Und ein knappes Jahr später: »Oberstlieutenant Latour u. Graf Palfi dem Kronprinzen zugetheilt.«[117] Damit endet *Wowos* Tagebuch. Auch nach der Trennung von Rudolf blieb *Wowo* um ihren Schützling besorgt und verwöhnte ihn mit Kleinigkeiten, die der Kronprinz von seinen Eltern nicht bekam: »... aber ich erlaube mir eine Chocolade Torte von Sacher zu schicken, die es in Salzburg wohl nicht gibt ...«[118] Kaiser Franz Joseph schrieb über diese so einschneidende Situation im Leben seiner beiden Kinder an seine Mutter, Erzherzogin Sophie: »Heute treten die großen Veränderungen bei den Kindern ein. Um ½1 Uhr reist die Welden ab und Rudolph hält dann sogleich seinen Einzug bei den Herren. Er ist bis jetzt sehr standhaft. Gisela weint schon etwas und wird wohl beim Abschied noch weicher werden. Die Welden hat sich sehr edel und standhaft benommen.«[119]

Gondrecourt, Latour und Bombelles

Über die Zeit mit dem Obersthofmeister Graf Gondrecourt ist aus der Feder Kronprinz Rudolfs nichts bekannt. Er war noch nicht sieben Jahre alt, als Graf Gondrecourt durch Graf Latour von Thurmburg abgelöst wurde. Die beiden Herren teilten sich die Sorge um den Kronprinzen jedoch seit ihrer Bestellung. Allerdings war der als Obersthofmeister eingesetzte Gondrecourt dem General-Major Latour von Thurmburg, »der zur Dienstleistung ... allergnädigst bestim̄te Oberstlieutenant und Flügel-Adjutant Seiner k.k. apostolischen Majestät«[120] vorgesetzt, der den Befehlen des neuen Obersthofmeisters zu gehorchen hatte.

Der liberale Politiker Plener meinte zu dieser bedrückenden Zeit für den Kronprinzen: »Seine erste Erziehung, die ein etwas beschränkter General Gondrecourt leitete, war sehr streng und durch übertriebene Abhärtungsmaßregeln für die Nerven des Kindes direct schädlich.«[121] Durch ihr berühmtes Ultimatum soll Kaiserin Elisabeth die Entfernung des Erziehers[122] erzwungen haben, der von Zeitgenossen als einer »der rücksichtslosesten Aristokraten, tyrannisch und roh« beschrieben wurde.[123] Doch auch diese, Elisabeth zugeschriebene Fürsorge für ihren Sohn scheint eine der zahlreichen Legenden rund um das österreichische Kaiserhaus zu sein. Dazu sei aus einem Brief Kaiser Franz Josephs an seinen in Ischl weilenden Sohn vom Juli 1865 zitiert: »... danke Latour für seine mich sehr interessierenden Berichte. Ich bin sehr glücklich, daß es Euch gut geht.«[124] Latour war schon im Juli 1865 für beinahe zwei Monate als federführender Mann mit Rudolf in Ischl und berichtete dem Kaiser über Leben und Fortschritte seines neuen Schützlings. Gondrecourt wurde am 27. Mai 1865 beurlaubt und ging nicht nach Ischl mit; er übertrug Latour *nolens volens* seine Dienstgeschäfte.[125] Es gibt keinen Hinweis, daß Gondrecourt noch einmal in Rudolfs Nähe kam. Was hätte also Elisabeths Ultimatum vom 24. August 1865[126]

Kaiserin Elisabeth um 1860

in Bezug auf Rudolf noch bewirken sollen, wenn Gondrecourt bereits entmachtet war? Oder fürchtete sie, daß der Kaiser, der persönliche Konflikte scheute, sich breittreten ließ, um Gondrecourt wieder Latour vorzusetzen? Erzherzogin Sophie notierte bedauernd in ihr Tagebuch: »Der Kaiser kam nach der Messe zu mir und sagte mir, daß der gute Gondrécourt Rudolf für den Sommer verläßt, er versteht nichts, das ist das Allerbeste für die gesundheitliche Betreuung.«[127]

Interessant ist allerdings, daß Latour erst 1870 zu dem ernannt wurde, was Gondrecourt offenbar nur knappe sieben Monate ausübte: »Lieber Fürst Hohenlohe. Ich verleihe dem General-Major Joseph Latour von Thurnburg, Erzieher Meines Herrn Sohnes Kronprinzen Erzherzog Rudolph die Würde eines geheimen Rathes mit Nachsicht der Taxen. Schönbrunn am 30ten April 1870, Franz Joseph.«[128] Mußte sich der Kaiser so lange durchringen, um einen vom Hof so akzeptierten Mann endlich offiziell durch einen anderen zu ersetzen?

Crenneville, der Gondrecourt als Erzieher vorschlug, berichtete, letzterer wollte vorerst diese Aufgabe nicht übernehmen, er schützte ein »banges Gefühl« vor. Als Crenneville ihn für seine Aufgabe gewonnen hatte, schrieb er dem neuen Erzieher: »Se. k. H. sind phisisch und geistig mehr als Kinder seines Alters entwickelt, jedoch eher vollblütig und nervös-reizbar, es muß daher die geistige Entwicklung beständig gedämpft werden, damit jene des Körpers gleichen Schritt halte.«[129] Gondrecourt stellte sich seiner Aufgabe und unterstrich sein Vorgehen: »Ich bin der Ansicht, daß der durchlauchtigste Kronprinz vor allem anderen, so wie jedes andere Kind, gehorchen lernen muß.«[130] Kronprinz Rudolf sah naturgemäß die Sache anders und berichtete in späteren Jahren seinem Freund Szögyényi über die Methoden Gondrecourts. Der Sektionschef jedenfalls überlieferte eine Mitteilung des Kronprinzen, wie die Zeit mit Gondrecourt aussah: »Es war eine wenig glückhafte Idee meines Vaters, mich überhaupt und schon vor dem sechsten Lebensjahr den Erziehungs-Methoden des Generals Graf Gondrecourt zu überantworten.[131] Er trieb es mit mir trotz meiner zarten Jugend wie mit dem letzten Soldaten. Sein *Drill* und seine *Abhärtungsmethoden* waren für mich wahre Folterakte ... Wie glücklich war ich als an seine Stelle mit meinem sechsten Lebensjahr[132] FML Latour trat, ein wahrhaft idealer Lehrer, mit dem mich später tiefe Freundschaft verband.«[133]

Nach Rudolfs Tod waren in den Zeitungen auch Berichte zu lesen, daß Graf Gondrecourt nicht der richtige Mann für eine Kronprinzenerziehung gewesen war. Die *Neue Freie Presse* wurde wegen ihrer diesbezüglichen Mitteilungen zwar nicht konfisziert, jedoch wurden besondere Stellen der Berichterstattung mit Farbstift gekennzeichnet, um hervorzuheben, was als bedenklich angesehen wurde: »Nachdem er sein sechstes Lebensjahr erreicht hatte, erhielt Kronprinz Rudolf als Erzieher den Generalmajor Grafen Gondrecourt, der aber seine Aufgabe zu streng militärisch auffaßte, den jugendlichen Zögling übermäßig abhärten und an militärische Disciplin gewöhnen zu müssen glaubte, ja ihm nicht einmal den im Kindesalter nothwendigen Schlaf gönnte.«[134] Man kann nicht nachvollziehen, ob und in welchem Maße diese wenigen Monate Rudolf psychisch schädigten. Ob man dies aus den Kinderzeichnungen des Kronprinzen herauslesen kann, in denen die Tötung von Menschen und Tieren als Sujet vorkommt – wie der Psychiater Salvendy dies behauptet – mag dahingestellt bleiben.

Unter Gondrecourts Obhut hatte Kronprinz Rudolf immer wieder zu Notlügen Zuflucht genommen, weil er die Bestrafung fürchtete.[135] Diesen Hang zu kleinen Unwahrheiten fand Latour rasch heraus; aber auch viel Positives wußte er über seinen neuen Schützling zu berichten. Im März 1868 meldete er dem Kaiser: »Was den Charakter Seiner Kaiserlichen Hoheit betrifft, so hat er ein gutes edles Herz, viel Ehrgeiz und gibt nicht zu, daß jemand anderer in seinem Alter etwas besseres leiste, neigt jedoch zu optimistischen Anschauungen und sucht womöglich das Unangenehme zu vergessen ... Er beobachtet die Menschen scharf, und seine Beurteilung ist oft treffend.«[136] Und neun Monate später meinte Latour: »Vor einiger Zeit habe ich Euer Majestät mündlich gemeldet, daß der Kronprinz wiederholt nicht direkte Unwahrheiten sagte, aber eine Ansicht über etwas aussprach, wo ich wußte, daß er einer anderen, wenn nicht ganz entgegengesetzten Ansicht sei. Dies war das einzige, warum ich Seine kaiserliche Hoheit mit sehr scharfen und sehr empfindlichen Worten angehen mußte.«[137]

Zu Latour faßte der Kronprinz großes Vertrauen; wie er selbst sagte, entwickelte sich eine tiefe Freundschaft und Vertrautheit. Der Mann wurde für Rudolf zum Vaterersatz; der Kronprinz schrieb ihm von seinen Problemen, während er zum Kaiser mit großem Respekt und mit Verehrung aufblickte, ihn aber auch fürchtete. Rudolfs Umgebung sah jedoch, daß der neue Erzieher viel besser war: »Später hatte er den General Latour, einen klugen und wohlgesinnten Mann, zum Erzieher, der einen guten Einfluß auf den Jüngling übte ... Es war sein Verdienst, daß dem jungen Prinzen ausgezeichnete Lehrer gegeben wurden.«[138] Rudolfs Lehrer waren liberale Männer, die sich um eine gute Ausbildung des Kronprinzen bemühten. Zu ihnen gehörten unter anderen Josef Zhisman, Carl Menger, Hyazinth Rónay, Anton Gindely, Dionysius Grün, Josef Krist, Ferdinand Hochstetter. Da Kaiser Franz Joseph der Ansicht war ein Mitglied der kaiserlichen Familie dürfe nicht durch einen bürgerlichen Professor beurteilt werden, blieb Rudolf der Gang zur Universität verwehrt. Dennoch bildete er sich ständig weiter und war vor allem auf das einigermaßen liberale Schulsystem in Österreich sehr stolz.

Der Angriff darauf in den 1880er Jahren machte ihm schwer zu schaffen: »Von all' den düstern Erfahrungen, die wir schon machen mussten, hat mich keine so sehr ergriffen, als dieser Anlauf gegen die liberale Schule, als dieses Zurückdrängen in längst vorüber geglaubte schlimme Zeit. Als Oesterreicher war ich stolz auf die so vorgeschrittenen, wahrhaft modernen Institutionen, die wir nach langen Kämpfen, in cultureller Beziehung erworben hatten, und stolz bin ich auf die Bildung, die ich selbst dem oesterreichischen Lehrer und Gelehrtenstande, der dieser Aera entstammte, zu verdanken habe.«[139]

Kaiser Franz Joseph hingegen dürfte sehr bald erkannt haben, daß ihm sein Sohn intellektuell weit überlegen war. Deshalb versuchte er, Rudolf von der Politik fernzuhalten, und umgab sich selbst nicht mit Beratern, die allzu deutlich seine eigenen Unzulänglichkeiten sahen: »Seine [Franz Josephs] Begabung war mittelmäßig und er wusste es ... So duldete er keine genialen Menschen unter seinen Ratgebern; er weigerte sich, übertroffen zu werden.«[140] Diese Haltung ist schon aus seiner Kindheit bekannt. Ob Kaiser Franz Joseph die politische Kaltstellung seines Sohnes nur mit dem Ausspruch, »Meinem Sohn soll die Jugend nicht gestohlen werden wie mir!« begründete, mag dahin gestellt bleiben.[141]

Bereits kurz vor seinem neunzehnten Geburtstag schlug für Rudolf die Trennungsstunde von seinem *Alterle*, wie er Latour liebevoll nannte.[142] Seine Erziehung war abgeschlossen, und er erhielt seinen eigenen Hofstaat. Die Trennung von Latour fiel ihm sichtlich sehr schwer. Traurig schrieb er ihm am 29. Juli 1877: »Lieber Latour! Zum ersten male, daß ich zur Feder greife, um Ihnen zu schreiben, bis jetzt waren wir seitdem ich überhaupt Briefe schreibe immer zusam̄en; es kommt mir so eigenthümlich vor, Sie nicht immer um mich zu haben, alle Augenblicke will ich Sie bitten laßen herüber zukommen, und erst langsam gewöhne ich mich an das neue Leben. Es ist keine Phrase, wenn ich Sie versichere, daß trotz der Selbstständigkeit, ich die ersten Tage hindurch sehr traurig war, der Abschied in Schönbrunn ging mir gar nicht aus dem Kopf; auf den Jagden giengen Sie mir sehr ab, und am Stande hatte ich viel Zeit an Sie und an verfloßene schöne Tage zu denken. Meine Reise hierher legte ich in einer ziemlich aufgeregten Stim̄ung zurück, die ich so viel es gieng zu bemeistern suchte ... Ihnen nochmals aus ganzem Herzen für Alles dankend, bin ich Ihr dankbarer Rudolf«[143]. Bis zu seinem frühen Tod sollte sich Kronprinz Rudolf stets in seinen Briefen an Latour als »Ihr dankbarer Rudolf« unterzeichnen. Auch Latour trennte sich äußerst schwer von Rudolf, den er überaus lieb gewonnen hatte: »Ich kann die Trennung von S. kais. Hoheit den Kronprinzen noch nicht fassen, sie ist mir so schmerzlich.«[144]

Für Latour war Rudolfs Tod sicher das schlimmste Erlebnis. Vom Grafen Paar, dem Flügeladjutanten des Kaisers, wurde er auf die Katastrophe vorbereitet: »Lieber Freund, es ist ein furchtbares Unglück geschehen, S. Majestät sind so erschüttert, Du wirst es auch sein. – S. Majestät haben mich beauftragt, Dich zu ihm zu bitten, er möchte mit Dir reden, sobald Du kañst. Paar.«[145]

Carl Albert Graf Bombelles, ein Veteran aus Mexiko, der Spielgefährte Kaiser Franz Josephs und seines Bruders Ferdinand Max[146], in deren Jugendtagebüchern *Camarad* und *Charlie B*[147] genannt, wurde Rudolf als Obersthofmeister für seinen Hofstaat zugeteilt. Der in der Literatur als übler und zügelloser Lebemann bezeichnete Bombelles – sollte Kaiser Franz Joseph sich in seinem Jugendfreund so getäuscht haben? – schien seine neue Aufgabe sehr ernst zu nehmen. In Deutschland war man über die Bestellung Bombelles besorgt, da er als überaus konservativ und *ultramontan* galt.[148] In Verbindung mit Graf Latour versuchte der neue Obersthofmeister das Vertrauen des Kronprinzen zu gewinnen, was anfänglich sicher nicht ganz einfach war. Mitte August 1877 schrieb Bombelles seinem *lieben alten Freund* Latour, um »Dir zu sagen, daß es Deinem Kronprinzen physisch und geistig wohl ergeht, daß er keine Gelegenheit vorübergehen läßt, um in dankbarer Anhänglichkeit Deiner zu erwähnen, der weisen Vorsicht, der hingebenden Liebe mit der Du seine Jugend geleitet enthusiastische Anerkennung zu zollen ... sein Herz öffnete sich gegen mich ... Gott gebe, daß es immer so bleibe.«[149]

Plener bezeichnete Bombelles zwar als aufgeklärten und gebildeten Mann, fand ihn aber persönlich oberflächlich und ohne besondere Autorität.[150] Dennoch ist der ihm später nachgesagte schlechte Charakter nicht ganz nachvollziehbar, war Bombelles doch im Gefolge Maximilians von Mexiko, den er bei dessen Untergang begleitete, und anschließend als Kammerherr Erzherzog Franz Carl zugeteilt.[151] Mit Bombelles unternahm Rudolf eine Art Kavalierstour, die auch dazu diente, einander besser kennenzulernen. Bombelles wurde sich dabei seiner schweren und verantwortungsvollen Aufgabe immer stärker bewußt. Aus seinen Worten, die er auf hoher See an Latour richtete, sprach auch die große Sorge, seiner Aufgabe nicht gewachsen zu sein und Fehler im Umgang mit dem Kronprinzen zu machen: »Es ist ein neuer Annäherungspunkt zwischen uns[152], der mich wieder freut – je mehr ich mich seiner Geschmacksrichtung nähern kann; desto vertrauter wird unser Umgang – und um so leichter wird es mir im gegebenen Fall Ihm mit meiner Ansicht mit meinem Rathe beizustehen – Gott helfe mir, daß mein Rath stets der richtige sei, oder daß wenn ich irre, kein Schaden daraus werde.«[153]

Bei besonders wichtigen Entscheidungen griff Bombelles immer wieder auf Latours Einfluß auf Kronprinz Rudolf zurück. Als Kaiserin Elisabeth fürchtete, Rudolf könnte bei den Reitjagden in England mitmachen, wurde Latour zu Rate gezogen: »Unser Kronprinz hat gestern, den Bitten der Kaiserin nachgebend, Ihrer Majestät versprochen, die Reitjagden in England nicht mitzumachen ... Ich kann Dir sagen daß Deine Worte bei dem Entschluße sehr schwer in die Wagschale fielen. – Mögest Du im̄er in ernsten Momenten mit Deinen ehrlichen, tüchtigen Rathschlägen Ihm zur Seite stehen.«[154] Doch die Meinungen über Bombelles gingen weit auseinander. Bombelles »sah seine Aufgabe einzig darin, den kronprinzlichen Haushalt reibungslos funktionieren zu lassen, maßte sich keine pädagogische Einwirkung auf den jungen Herrn an und würde wohl auch, da er für ziemlich nichtig und *klerikal* galt, keine große Autorität bei ihm genossen haben«.[155]

Wenige Vertraute

Obwohl Kronprinz Rudolf in der eigenen Familie wenig Rückhalt für seine Interessen fand, erhielt er Rückendeckung von Erzherzog Johann, dem späteren Johann Orth, der ähnlich wie er dachte, aber mit Rudolf selbst gelegentlich im Konkurrenzverhältnis stand. Anfang 1888 schrieb Johann, der wie Rudolf im wahrsten Sinn des Wortes »untergehen« sollte, über seinen Verwandten: »Der Kronprinz berechtigt zu den schönsten Hoffnungen. Er hat ein streng ausgebildetes Rechtsgefühl, das er wohl von seinem Vater geerbt hat, er besitzt eine feine Empfindung für alles Gute, Schöne und Edle, und er ist durch und durch konstitutionell, und zwar in ausgesprochen liberalstem Sinne. Ueber die Vorgänge im Inneren haben wir oft genug unsere Ansicht ausgetauscht ... Ich bewege mich in allen gesellschaftlichen Kreisen und kann Sie nur versichern, daß ich noch auf keine Persönlichkeit gestoßen bin, die konzilianter, liebenswürdiger und entgegenkommender wäre als der Kronprinz. Wer ihn nur einmal im Leben gesprochen, muß für ihn schwärmen. Was ich für meine Person am meisten an ihm schätze, ist die grenzenlose Pietät für seine Professoren und die hohe Achtung für die Männer der Wissenschaft und Kunst ...«[156] Und Billroth meinte dazu am 30. Jänner 1889: »Höchste Achtung vor der geistigen Arbeit und vor dem Talent! Das ist eine *große* Eigenschaft eines Prinzen! eine Eigenschaft, die der Majorität unserer Aristokratie abgeht und ihren Verfall zu Folge haben muß. Drum fand Kronprinz Rudolf auch keine eigentlichen sympathischen Freunde in der Aristokratie, unter den Erzherzogen nur Johann, wobei aber wieder eine Art Rivalität zum Vorschein kam, die das Freundschaftsverhältnis zuweilen störte trotz aller Sympathie.«[157]

Neben Bombelles und Latour baute Rudolf ein sehr enges Verhältnis zum Sektionschef im Außenministerium, Ladislaus Szögyényi-Marich auf; freundschaftlich verbunden war der Kronprinz bis zu seinem Tod mit dem Journalisten Moritz Szeps.[158] Mit diesen Personen konnte Rudolf seinem Intellekt entsprechend kommunizieren.

Graf Friedrich Szápary, der für Mitis 1922 den schriftlichen Nachlaß von Szeps sichtete, zeichnete folgendes Bild vom Kronprinzen: »Im übrigen lassen die von 1881-1886 laufenden Aufzeichnungen einen gewissen Einblick in die Entwicklung und das Wesen des Kronprinzen zu, wobei besonders der allmälige Übergang von der jugendlich-radicalen Identifizirung mit dem liberalen Mode-Credo und der in dieser Zeit in der Blüte stehenden deutsch-magyarischen Vorherrschaftstheorie zu realpolitischeren Auffassungen auffällt. Von Anfang an verraten jedoch die dem Kronprinzen zugeschriebenen Äusserungen Bildung, hohe Begabung und sehr bald auch Ernst der Auffassung, vollkommene Hingabe an das Vaterland und die oesterreichische Idee ... und bedingungslose Disziplin als Mitglied des Herrscherhauses und als Offizier, so daß die langen, oft recht scharfen innerpolitischen Diskussionen *nie* ein Wort der Kritik gegenüber dem kaiserlichen Vater enthalten, während die Kritik an seinen Ratgebern, selbst an ... Taaffe, stets als sachlich und massvoll bezeichnet werden kann.«[159]

Rudolfs Verhältnis zu seiner jungen Schwester Marie Valerie gestaltete sich überaus problematisch, doch Marie Valerie führte dies vor allem auf den Einfluß Stephanies zurück: »Christbaum ... jetzt steht Stephanie zwischen uns und jeder wahren Weihnachtsfreude – auch Rudolf ist anders, so kalt und höhnisch geworden«, befand die achtzehnjährige Marie Valerie.[160] Da sich seine Mutter fast nie wirklich um Rudolf gekümmert hatte, war er auf die *Einzige* ziemlich eifersüchtig und zornig. Er konnte diese Gefühle in ihrer Gesellschaft kaum unterdrücken. Dementsprechend besorgt war die junge Erzherzogin um ihre Zukunft: »Mama beschwor dann Rudolf nie schlecht gegen Valérie zu sein ... alles mystisch Unheimliche wirkt von jeher auf schwache abergläubische Seelen wie Rudolf ... Rudolf versprach es ihr ...«.[161] Manchmal scheint Rudolfs Eifersucht ziemlich arg durchgebrochen zu sein und man sah ihm offenbar an, was er sich dachte: »Als Mama Rudolf erzählte, ich wolle im März nach Ischl gehen, soll er ganz rot geworden sein vor Zorn und so böse und gehässig geblickt haben, daß sie meint, er wolle meine Einsamkeit in Wien dazu nutzen, um mich ... vielleicht mit jemanden bekannt zu machen, an den er mich gern verkaufen würde ... Mama meint, das Ganze sei Gehetz der infamen Luise Koburg, die Rudolf und Stephanie ganz unter ihrem Pantoffel hat und deren Absicht es ist, Clementine mit Franz zu verheiraten und mich aus dem Land zu bringen, damit das coburgsche Schwesternkleeblatt hier ungestört wirtschaften und Rudolf als Instrument gebrauchen kann ...«[162] All dies beruhigte weder Kaiserin Elisabeth noch die junge Erzherzogin. Beide sorgten sich um Valeries Zukunft, weil sie wußten, daß Rudolf Franz Salvator nicht schätzte: »Bei der Promenade in Schönbrunn sprechen Mama und ich von Rudolf als Mensch, als einstigem Kaiser, als möglichen Schwager von Franz. Mama meint, er würde Franz unterdrücken, ihn in seiner militärischen Laufbahn hindern ...«[163]

Immer wieder zeigten sich Friktionen zwischen den beiden Geschwistern. Im April 1888 schrieb Marie Valerie in ihr Tagebuch: »... ½4 Uhr in Hetzendorf von Papa freudig empfangen wie immer, leider aber auch von Rudolf und Stephanie. Wie peinlich und drückend das immer ist! Rudolf mustert uns, besonders Mama und mich mit Blicken so tiefen bittern Hasses, daß einem wirklich ein Gefühl der Bangigkeit überkommt. Sogar Gisela ... deren Liebe zu Rudolf immer zu beschönigen trachtet, gestand ... daß auch sie vor diesem Blick erschrack ... Dieser merkwürdige, unerklärliche Hass Rudolfs wirft einen trüben Schatten auf die Zukunft.«[164] Marie Valerie erwog sogar, daß sie und Franz Salvator unter Rudolf als Kaiser auswandern würden und er in die deutsche Armee eintreten solle. Dies wäre für den Kronprinzen allerdings ein fürchterlicher Schlag gewesen, weil er das Preußische an Deutschland haßte; Marie Valerie hätte es sich herbeigewünscht: »Franz ein Deutscher – hiesse das nicht auch leider ein Preusse, so wären ja damit meine schönsten Träume erfüllt!«[165]

Durch zahlreiche Reisen nach Bayern wurde Rudolf auch mit König Ludwig II. bekannt, der dem österreichischen Kronprinzen beinahe ebenso schwärmerische Bewunderung entgegenbrachte wie Kaiserin Elisabeth. Das Trauma von 1866 hatte auch die Bayern gegen die Hohenzollern aufgebracht. Ludwig vermied es peinlichst, Vertreter des Hauses Hohenzollern zu sehen, während er Rudolf höchste Zuneigung entgegenbrachte, was natürlich vermerkt wurde. Rudolf schrieb eine ganze Reihe von Briefen an Ludwig. Allerdings ist aus diesen herauszulesen, daß Rudolf dem eigenartig anmutenden Monarchen sehr unsicher gegenüberstand, seinen Respekt vor dem König jedoch nicht verbarg. Andererseits sind die Briefe Rudolfs an Ludwig ganz anders als seine anderen – aus ihnen spricht keine Unbefangenheit und Selbstsicherheit. Man hat den Eindruck als würde Rudolf den Kontakt mit Ludwig scheuen, aber aus bloßer Höflichkeit den Briefwechsel aufrechterhalten. Als Ludwig dem Kronprinzen 1874 durch Gisela einen Brief überbringen ließ, antwortete jener ein wenig schwülstig, gekünstelt und eckig: »Euere Majestät! Theuerster Vetter! Gerührt durch Deine so gnädigen und liebevollen Zeilen, die mir Gisela überbrachte danke ich Dir vielmals dafür, und spreche mein großes Bedauern aus, daß ich Dir nicht mündlich meine Verehrung und Freundschaft ausdrücken konnte; auch danke ich vielmals für die gnädige Absicht meine Schwester und mich ein Stück Weges zu begleiten; schade, daß ich durch die Ankunft des Deutschen Kaisers in München und seinen jetzigen Besuch in Ischl gezwungen war, Bayern früher zu verlaßen, als ich gedacht hatte, und so der Freude entgieng einige Stunden in Deiner Nähe zuzubringen; hoffentlich werde ich das nächste Mal glücklicher sein.«[166] Ganz offen schrieb Rudolf an Ludwig nur einmal, als er seine religiösen Grundsätze darlegte.[167]

Mit General Joseph von Philippovich hatte Rudolf in Prag engen Kontakt. Er schätzte den Militär sehr, der viele seiner Ansichten teilte. Wie mit allen Menschen, mit denen der Kronprinz positive Erfahrungen gemacht hatte, blieb er auch ihm immer dankbar verbunden. Als Rudolf endgültig von Prag nach Wien übersiedelte, schrieb er Philippovich einen herzlichen Brief: »Herr Feldzeugmeister! Dem Drange meines Herzens folgend, bitte ich Euer Excellenz die Versicherung entgegenzunehmen, daß es mir sehr schwer fällt aus dem Verbande des 8ten Corps zu scheiden, aus dem Kreise von Männern, die ich zu schätzen und zu achten Gelegenheit hatte und mit welchen ich 5½ glückliche Jahre verlebte. Eure Excellenz waren mir während dieser Zeit stets ein wohlwollender Vorgesetzter, ein weiser Lehrer, der sich die Hebung und Verbreitung der militärischen Tugenden und des militärischen Wissens in ausopfernder Weise zur Lebensaufgabe gestellt hat, Sie waren uns Allen, was Berufstreue, treueste Pflichterfüllung, Wissen, Leisten und Können betrifft ein leuchtendes Vorbild. Nehmen Sie daher für All' das segensreiche Wirken ... meinen tiefempfundenen Dank entgegen ...«[168]

Doch nicht jeder aus seiner Umgebung empfand es als positiv, daß Rudolf so zeitig und sich mehr oder weniger selbst überlassen nach Prag übersiedelt war. Ernst von Plener, der zum Kronprinzen in Prag erstmals Kontakt hatte, meinte, er sei »noch sehr jung, noch etwas scheu, aber recht liebenswürdig ... Es war vielleicht zu früh, ihn selbständig in Prag residieren zu lassen.«[169]

Rudolf und seine Vettern

Kronprinz Rudolf hatte ein sehr nahes Verhältnis zu seinen jüngeren Cousins Franz Ferdinand und Otto. Ab 1880 war er immer wieder mit Franz Ferdinand auf der Jagd. Er lud den Cousin häufig nach Wien ein, was Probleme beim Unterricht und im Militärdienst verursachte. Im Oktober 1883 schrieb Rudolf an seinen Cousin: »Heute sagte mir der Kaiser, daß Dein Papa bei Ihm war, und den Wunsch aussprach ich möchte Dich und Otto nicht mehr an einem Wochentage auf das Land einladen, da es Eueren Unterricht stört ... Könnt Ihr am Sonntag mit mir auf die Pürsch fahren?«[170]

Das Dreiergespann führte ein flottes Leben und war lieber in Wien als in der Garnison; Rudolf, der seinen Vater sehr gut kannte, war dabei jedoch eher vorsichtig und diensteifrig. Erzherzog Franz Ferdinand hingegen verließ offenbar recht oft seinen Dienst, was Kronprinz Rudolf zu der im November 1884 geschriebenen Warnung veranlaßte: »Ich halte es für meine Pflicht, Dich als Freund darauf aufmerksam zu machen, daß Sich hier eine Agitation in hohen militärischen Kreisen, leider vor Allem Allerhöchsten Ortes, geltend macht, die Sich gegen Deine zu vielen Urlaube und Dein zu häufiges nach Wien kom̄en, richtet ... Sei also vorsichtig.« Rudolf riet Franz Ferdinand, nicht nach Wien zu kommen, und schrieb etwas sehr Bezeichnendes über den Kaiser – seinen Vater: »Wenn der Kaiser sieht, daß Du jetzt seltener kömmst und das erfährt Er, denn Er weiss Alles, wird Er mit mir gewiss darüber reden und da kann ich sagen, daß Du früher eben mehr kamst, weil Du Zeit hattest ... Das stellt Ihn sicher zufrieden, denn Er ist froh, wenn Er es vermeiden kann, eine Rüge zu ertheilen ... ich kenne Ihn und Seine Abneigung gegen das streng sein so genau.«[171]

Rudolf hatte offensichtlich großen Respekt vor seinem Vater und hätte einen ruinösen Lebenswandel, den man ihm nach seinem Tod nachzusagen begann, sicher nicht vor dem Kaiser verbergen können. Die Erzählungen »von jenen merkwürdigen Exkursionen Rudolfs und seiner Freunde in die Vororte Wiens, nach Grinzing, Sievering, Nußdorf, um dort in den sogenannten Heurigenschenken sich bei Wein, Weib und Gesang sehr urwüchsig zu unterhalten«[172], sind daher ins Reich der Phantasie zu verweisen. Diese Ausschweifungen waren schon aufgrund der vielen militärischen Aufgaben, Audienzen, Repräsentation sowie Rudolfs reicher journalistisch-schriftstellerischer Tätigkeit und seiner Agenden als Herausgeber der *Österreichisch-ungarischen Monarchie in Wort und Bild* nicht möglich.[173]

Probleme bekamen die jungen Herren allerdings von Erzherzog Albrecht. Er war berüchtigt für seine Art, ihn fürchtete selbst der Kronprinz, der an Franz Ferdinand schrieb: »... er hat Freude am Schimpfen ... an intriguiren und schaden; denn er ist bös. Wenn er einen Fehler oder eine Blöße an einem Anderen entdeckt, ist das für ihn eine Wonne. Insbesondere gilt das für Dich, denn er kann es Dir nie verzeihen, daß Du im Range höher stehst[174], als wie er und da muss er es zeigen, wie trotzdem seine Macht eine Grössere ist. Auch ist er rachsüchtig und Du hast ihn durch Dein Wegfahren aus Dürnkrut verletzt ... so sucht er doch stets nach einer Gelegenheit, seinen olympischen Groll loszulassen, und diese Gelegenheit darfst Du ihm nicht geben, wenn Du ihn am meisten ärgern willst.«[175]

Rudolf schien mit seinen Ermahnungen Erfolg gehabt zu haben, denn im Februar schrieb Franz Ferdinand an ihn: »Daher ... gehe ich heuer, wie Du weißt, auf gar keine Bälle, damit gar kein Grund gegeben sei, daß man sagen kann, ich sei zu viel weg ...«[176] Rudolfs Verzicht aufs Vergnügen in jenem Fasching und möglicherweise Vorhaltungen Erzherzog Albrechts bewirkten, daß sich Franz Ferdinand ungerecht behandelt fühlte: »Übrigens mußt Du zugeben, daß da gegen Otto u. mich sehr ungerecht verfahren wird.«[177]

Franz Ferdinand liebte Lieder mit recht deftigen Texten, die er pflichtschuldig Rudolf übermittelte: »Du hast mir einmal erwähnt Du wünschest den Text meines berühmten Liedes – »Himmelkreuzsakrament« zu haben u. ich beeile mich Dir ihn zu schicken, nachdem es eigentlich zur allgemeinen Bildung gehört, dieses herrliche Lied zu kennen:

Himmelkreuzsakrament
Mir san von Regiment,
Mit dö Preußn hammer g'raft
Und ka Kugel hat uns gstraft
Und zwa Roß und an Wag'n
und a <u>Mensch</u> muß ma hab'n*
Und a Peitschen dann u. wan
Daß mar's aufmischen kann!«
** Das ist die Hauptsache! ...*
Eine wunderschöne Frau!!«[178]

Weder der Lebenswandel Franz Ferdinands noch jener Ottos, der von Syphilis zerfressen auf qualvolle Weise starb, war einer derart harschen Kritik unterworfen wie die Lebensweise des Kronprinzen. Besonders erzürnte Erzherzog Franz Ferdinand die toskanische Linie des Hauses Habsburg; mit scharfen Worten attackierte er insbesondere Leopold und Franz Salvator, deren Familie er despektierlich als »Salamistecher« und »Katzelmacher« bezeichnete. Er wußte aber auch, daß Kronprinz Rudolf diesen – eher verarmten – Zweig der Familie nicht besonders schätzte. Der Kronprinz war von den Eheplänen Franz Salvators mit seiner Schwester Marie Valerie nicht gerade begeistert: »Dieser Leopoldo aber hat Allen weisgemacht, daß er die Kriegsschule besucht – dort studirt; er lernt aber einen Dreck, tanzt u. rämmelt die ganzen Nächte durch, sitzt jeden Abend im Theater etc. etc. Der Francesco dagegen ist überhaupt gar nicht mehr beim Regiment, sondern treibt sich im Vollbewußtsein seiner Würde als Schwiegersohn in spe fort in Wien herum.«[179] Doch auch der von Franz Ferdinand so geschmähte Leopoldo unterhielt Briefkontakt mit dem Kronprinzen. – Welche Mordsorgie, über die Leopold Salvator an Rudolf schrieb, hatten der zwanzigjährige Rudolf und sein fünfzehnjähriger Vetter wohl in Paris veranstaltet?[180] Jedenfalls war der Umgangston der Erzherzöge untereinander damals recht locker.

In Orth ging es häufig sehr lustig zu. Rudolf schrieb an Erzherzog Franz Ferdinand: »In Orth war auch Fritz für eine Nacht und Trieb Teufelszeug mit Hungerl, Bratfisch etc. etc., in Mayerling waren wir auch recht lustig; Otto wird Dir davon Bericht erstattet haben auf der Gödinger Jagd.«[181] Rudolfs Briefe an Franz Ferdinand blieben bis 1888 – aus dem Herbst dieses Jahres stammen die letzten – im Tonfall immer gleich, doch schwingt trotz aller Jagdlust immer wieder das Pflichtbewußtsein mit: »Ich bitte Dich am 15ten etwas vor 3 Uhr nachmittag in Orth zu sein, um 3 Uhr speisen wir und dann ist Pürsche. Bis 18ten abends bleiben wir, wenn es Dir recht ist gewiß in Orth ... Heute ist Wales angekommen und da dürften wir einige sehr gehetzte Tage haben. Ich freue mich schon sehr Dich in Orth wiederzusehen.«[182]

Zur Problematik des *lockeren* Lebens schrieb Mitis in der *Neuen österreichischen Biographie*: »Wenn die Mitwelt über Rudolfs Jagdleidenschaft nicht mit Unrecht ungünstig urteilte und wenn sie hiezu um so mehr veranlaßt war, als die Öffentlichkeit über seine ernste Tätigkeit nicht erschöpfend unterrichtet war, so fehlte es auch nicht – namentlich in der sogenannten *exklusiven Gesellschaft* – an üblen Nachreden in anderer Richtung, an Hinweisen auf bedenkliche Entgleisungen im Privatleben des Thronfolgers. Einem gewissenhaften Biographen fällt es schwer, zu diesen Dingen Stellung zu nehmen, da sichere Belege für die Stichhältigkeit aller solcher Gerüchte derzeit nicht bekannt geworden sind und da nicht außer acht gelassen werden darf, daß Rudolf daheim erbitterte Feinde hatte und daß im Ausland manche Nachricht, die in Wirklichkeit ein anderes, durch Jugendstreiche bekanntes Mitglied des Kaiserhauses betraf, auf seine Rechnung gesetzt werden konnte.«[183] – Und das nicht nur im Ausland, denn diese Gerüchte wurden auch in österreichischen Adelskreisen ventiliert. Über die Erzherzöge Otto und Franz Ferdinand hörte man vergleichsweise wenig, da sie nicht wie Rudolf immer wieder die Stellung, den Nutzen und die Sinnhaftigkeit des Adels anzweifelten. Und welche ernsthafte Tätigkeit konnte man zu jener Zeit Rudolfs beiden Cousins nachsagen?

Kaiser Franz Joseph um 1865

Die Eskapaden Franz Ferdinands und Ottos führten zur sogenannten *Pernerstorfer-Affäre*. Der ehemals deutschnationale, später sozialdemokratische Abgeordnete Engelbert Pernerstorfer hatte aus gegebenen Anlässen folgende Rede in Richtung der jungen Erzherzöge losgelassen: »Mir ist eine Geschichte bekannt von einem sehr jungen und sehr hohen Herrn, der mit seinen Kameraden, lauter hohen Herren, auch sehr jungen Herren, nach einem wüsten Gelage diese seine Freunde in das Zimmer seiner Frau führen wollte. Weiter ist mir die Geschichte bekannt von einem sehr jungen, sehr hohen Herrn, der mit seinen Kameraden, lauter fürstliches Blut, dahinstürmte auf den Pferde auf einem weiten Felde, wo sie von fern einen Leichenzug sahen, den sie stillzustehen zwangen, und all dies edle Fürstenblut machte sich ein Vergnügen daraus, über den Sarg hinüberzuspringen. Da ist mir weiter eine Geschichte bekannt aus einer Stadt, die freilich keine Universität besitzt, aber eine Kavalleriekaserne, wo junge Herren etwas getan haben, was vielleicht dem Herrn Unterrichtsminister bekannt ist ... Wenn man diese beglaubigten Beispiele, die man in ganzen Kronländern weiß, vorführt, dann wird man mit Berechtigung von der Verrohung und der Verwilderung sprechen können;

das ist aber nicht die bürgerliche Jugend, nicht die Jugend des gemeinen Volkes, das ist eine sehr vornehme Jugend.«[184]

Für die Kasernengeschichte, bei der ein Unteroffizier unter ungeklärten Umständen starb, wurde Erzherzog Otto verantwortlich gemacht, die Sarggeschichte ging auf das Konto von Erzherzog Franz Ferdinand.

Pernerstorfer wurde zehn Tage nach dieser Rede im Abgeordnetenhaus herzhaft verprügelt. In der *Pernerstorfer-Affäre* hatte Rudolf bloß ausgeholfen und die Männer, die den Abgeordneten verprügelt hatten, in seinem Regiment versteckt. Dies führte zu heftigen Angriffen auf das Kaiserhaus. Rudolf berichtete daraufhin seiner Gemahlin am 5. März 1888 aus Wien: »Die Polizei hat mir schlechte Stunden bereitet; sie haben die Spuren entdeckt und auch das Regiment von welchem die Prügel ausgegangen sind. Die Leute konnten sie nicht finden, denn die haben wir den Einen in Süd-Ungarn, den Andern in der Hercegowina angebaut. Es hat meine ganze Frechheit und Findigkeit dazu gehört um mich und Bolla[185] aus Allem zu salviren; jetzt sind wir ganz in Sicherheit.« Ob dies mit Kronprinz Rudolfs Einverständnis geschah, oder ob er nach dieser Schlägerei bloß die beiden Offiziere schützen wollte, ist unklar.

Offenbar hatte Kronprinz Rudolf in seinen letzten Lebensmonaten Probleme mit Erzherzog Franz Ferdinand und seinem Lebensstil. Jedenfalls berichtete der deutsche Militärattaché Major Adolf von Deines an Bismarck: »Mit dem Kronprinzen war er [Franz Ferdinand] in letzter Zeit auseinandergekommen, weil er [Rudolf] verschiedene liderliche Streiche desselben nicht mitmachen wollte, die er für Unrecht hielt und erklärte.«[186] Auch aus der Beurteilung Leopold Salvators geht hervor, daß die Erzherzöge Franz Ferdinand und Otto eigentlich die Kritik verdienten, der man dann Rudolf unterzog. Leopold Salvator mußte Franz Ferdinand 1892 dienstlich auf seiner Weltreise begleiten und ließ kein gutes Haar am Thronfolger: »Er erzählte mir seine intimsten Erlebnisse. Dabei aber wurde ich schaudernd gewahr, daß er Lust an Härte und Grausamkeit hatte, die einem ausgeprägten Sadismus sehr nahe kam ... Immer seltener nahm ich an diesen Mahlzeiten Theil, und damit zog ich mir den Hohn FF's zu ... denn er liebte es mit seinem Gefolge die Nächte bei viel Wein und zügellosen Reden zu verbringen ... Wie in allem hemmungslos, war er es auch in seiner Schiesswuth ... Nach und nach kam er des öftern, angetrunken, mitten in der Nacht auf die Brücke, während ich Wache hatte und störte mich mit unsinnigem Gewäsch ...«[187]

Ludwig Salvator beklagt bei dieser Seereise auch heftig, daß Franz Ferdinand mit Schnellfeuergewehren auf alles schoß, was sich in der Luft oder im Wasser bewegte. Überdies ärgerte er sich über die Worte, die dem Erzherzog fast ständig über die Lippen kamen: »... wenn ich erst Kaiser bin ...«[188] Eine nicht höhere Meinung hatte Ludwig Salvator von Erzherzog Otto. Besonders hart ging er seinetwegen bezüglich der Ehe mit Maria Josepha ins Gericht. Nachdem sein Bruder Franz Ferdinand dankend bei der Sächsin abgewunken hatte, »wurde der joviale Lebemann Otto ... zum Lückenbüsser herangeholt, und führte er auch ohne Widerrede Josepha heim ... denn Otto lebte weiter, als ob er ledig wäre«.[189] Leopold Salvator spielte hier wohl an die sattsam bekannte Episode an, als Otto angeheitert seine Kumpane ins Schlafzimmer seiner Gemahlin führte, um ihnen eine »Nonne« zu zeigen.

Kronprinz Rudolf hatte ebenfalls Bedenken gegen die Ehe des flotten Otto bei dessen älterem Bruder Franz Ferdinand angemeldet: »Otto's Verlobung hat uns sehr intereßirt, erfreut kann ich nicht sagen, denn ich halte ihn noch für etwas zu jung, noch nicht genug gereist, nicht genug fertig, er hat das Leben ja noch kaum genoßen und da weiß ich nicht ob ihn die Sächsin für die Länge fesseln wird. Ich hoffe sie gleicht nicht ihrer Schwester, die ich kenne; sie kannte ich nur als kleines Kind. Die ganze Verlobung gieng so schnelle; er hätte noch einige andere ansehen können, warum diese Eile! Doch jetzt ist es zu spät für all' das. Gott gebe ihm Glück und Zufriedenheit.«[190]

Über Kronprinz Rudolf, den er 1876 oder 1877 in Salzburg kennengelernt hatte, urteilte Leopold Salvator wesentlich milder. Er hielt Rudolf für schüchtern und etwas nervös bei dieser Begegnung, »während ich darüber staunte, welches Wissen er in sich aufgenommen hatte ...«.[191] Auch über den erwachsenen Rudolf äußerte sich Leopold Salvator nicht abfällig, ganz im Gegenteil: »Im Sommer 1887 sah ich ihn zu letztenmal in Ischl ... Nie aber hörte ich Rudolf sagen: wenn ich einmal Kaiser bin ... Immer sprach er mit Ehrfurcht von seinen Eltern, merkwürdigerweise nannte er seinen Vater nur: *der Kaiser*, während er von Elisabeth nur als *Mama* sprach.«[192] Ludwig Salvator erwähnte bloß die große Anziehungskraft, die der Thronerbe auf Frauen ausübte.[193] Um 1879/80 hatte der Kronprinz aufgehört, in seinen Briefen an Dritte den Kaiser als »Papa« zu bezeichnen. Er schrieb nun »der Kaiser« oder »Er«, wenn er von seinem Vater sprach.

Von der Kindskammer zum eigenen Hofstaat

Schon als Baby und in den ersten Jahren seiner Kindheit war Kronprinz Rudolf gemeinsam mit seiner Schwester Gisela in der Kindskammer[194]. Sie bestand 1860 aus Aja (Caroline Freiin von Welden), Kammerfrau (Leopoldine Nirscher), Kindsfrau (Anna Kathrein), zwei Kindermädchen (Anna von Csaby, Marie Legrenzi), zwei Laiblakaien, einem Hausknecht und einem Kammerweib.[195] 1864 wurde Rudolf aus der Kindskammer ausgemustert und erhielt einen eigenen Hofstaat. Als Erzieher fungierte Leopold Graf Gondrecourt (gest. 1888), der dem Erzherzog im Mai dieses Jahres zugeteilt wurde; Graf Andreas Pálffy von Erdöd, Graf Wenzel Festetics de Tolna und Freiherr Maximilian Walterskirchen zu Wolfsthal gehörten ebenfalls dem Hofstaat an. Als Leibarzt fungierte Hermann Widerhofer. Weiters gab es einen Kammerdiener und zwei Kammertürhüter.

Im Obersthofmeisteramt wurden unter der Rubrik 87 die Agenden der Prinzenkammer registriert. Über die Prinzenkammer wurden Geschenke an die Kinder weitergegeben, die beispielsweise Kaiserin Elisabeth von ihren Reisen heimsandte, die Monarchin deponierte hier Geld, das der Gründung der Kammer des Kronprinzen zugute kam.[196] Hier wurden auch die sogenannten »Handauslagen« verwaltet. Das bedeutet, daß der Vorsteher der Prinzenkammer Vorschüsse erhielt, mit denen Almosen und Geschenke der Kinder an pensionierte Bedienstete bezahlt wurden. Aber auch Ortsveränderungen der Kinder wurden hier registriert. So übersiedelte beispielsweise Marie Valerie 1870 für einige Zeit ins Hietzinger Kaiserhaus, weil Gisela erkrankt war.[197] Zu den Agenden der Prinzenkammer gehörte die Kindsküche, die unter der Leitung der Hofköchin Susanna Buchmüller stand. Im Jahr 1864 erreichte sie die Übersiedlung der zu kleinen Lokalität in die sogenannte Prinzenküche bei der Kabinettsstiege. Mit der Neuorganisation der Kindskammer in zwei Abteilungen hatte die Hofmundköchin nun ein größeres Aufgabengebiet und benötigte eine männliche und eine weibliche Hilfe. Während bislang die Kinder mit *Wowo* und *Nono* speisten, erhielt Gisela eine neue Erzieherin, mit der sie speiste, Mademoiselle Alix de Surirey de St. Remy.[198] Darüber hinaus hatte die Hofmundköchin nun für Rudolf das Frühstück zu kochen und das *Déjeuner à la fourchette* für vier Personen (Rudolf, Gondrecourt, Latour, Spindler) zuzubereiten, ebenso das Dîner für vier Gedecke und das Souper für Rudolf.[199] Graf Gondrecourt, der für Rudolfs neue Kindskammer »einen angemessenen Betrag« für die Erziehung des Kronprinzen forderte, schaffte zu allererst Turngeräte an.[200]

Ende Mai 1865 übernahm Joseph Latour von Thurmburg die Erziehung Rudolfs. Ihm waren die Flügeladjutanten des Kaisers, Joseph Ritter von Eschenbach und Major Marcus Bakalovich, zugeteilt. Leibarzt blieb Dr. Widerhofer. Diese Konstellation war für Rudolf rund zehn Jahre lang bestimmend – er gewöhnte sich somit an den Umgang mit seinem *Alterle* Latour. Doch im Juli 1877 waren Rudolfs Studien beendet; der alte Hofstaat wurde aufgelöst und ein neuer für den Kronprinzen errichtet.[201]

Rudolfs neuer Hofstaat erhielt eine jährliche Dotierung von 200.000 Gulden; für eine eigenständige Haushaltung war dies jedoch viel zu wenig Geld. Rudolfs Hofhaltung wurde daher von der kaiserlichen nicht gänzlich getrennt – in einem solchen Fall wäre eine Dotation von mindestens 500.000 Gulden notwendig gewesen, die Franz Joseph offenbar nicht aufbringen konnte oder wollte. Die 200.000 Gulden waren für die Kammerauslagen und das Sekretariat bestimmt. Rudolfs Obersthofmeister und seine ihm zugeteilten Herren wurden aus der Hofdotation bezahlt; die Reisekosten des Kronprinzen übernahm die Hofreisedotation.[202] Als sich herausstellte, daß Rudolf für längere Zeit nach Prag gehen würde, wurde die Dotation auf 300.000 Gulden erhöht.[203] Im Jahr 1881 wurden die Geldmittel aufgrund der Vermählung des Kronprinzen abermals aufgestockt – für die Prinzenkammer wurden nun 400.000 Gulden flüssig gemacht.[204]

Als Obersthofmeister fungierte ab 1877 Graf Bombelles. Überdies benötigte der Kronprinz ein Sekretariat, in dem alle schriftlichen Angelegenheiten geregelt und Briefe, Bittschriften und sonstige Papiere, die den Kronprinzen betrafen, aufbewahrt wurden. Der Leiter dieses Sekretariats, dessen Bestände bis heute verschollen sind, war Heinrich Ritter von Spindler; als Offizial fungierte Carl Bohuslávek. In der Kammer waren die drei Kammerdiener Karl Nehammer, Josef Neubacher und Andreas Löw sowie der Saaltürhüter Karl Beck beschäftigt. In den folgenden Jahren umfaßte Rudolfs Kammer neben zwei Kammerdienern, einem Kammertürhüter und einem Saaltürhüter nun auch die beiden Büchsenspanner Rudolph Püchl und Franz Wodicka, den Hausdiener Franz Thorand und ein Kammerweib. Später kamen als weitere Leibbüchsenspanner Karl Loschek und Anton Rieder dazu.[205]

Ab 1881 schien der Leibarzt nicht mehr im kronprinzlichen Hofstaat auf. Im Jahr 1885 war im Hofstaat als *k.u.k. Leibarzt* Dr. Franz Auchenthaler angeführt, der später die traurige Aufgabe hatte, bei Rudolfs Autopsie anwesend zu sein.[206] Als Kämmerer fungierte Albert Graf Nostitz-Rieneck; zugeteilt war weiters Emil Edler von Wohlgemuth.[207] Im Haushaltsbereich arbeiteten Franz Strnad als Offizenaufseher, Hruschka als Kelleroffiziant, der Hoftafeldecker Sator, der Hofzuckerbäcker Geraus, der Tafelgehilfe Fuhrmann und die Offizendiener Martinek und Weihs.[208]

Der Hofstaat des Kronprinzen erfuhr später eine Erweiterung. Nach dem Erwerb der Insel Lacroma wurde ein *Custos* eingestellt, den Verwalter der Insel. Im Jahr 1886 erhielt er von Bombelles die Instruktion, die Insel und das Schloß in Stand zu halten. Die Insel sollte zügig von einem landwirtschaftlichen Kleinbetrieb in einen ansehnlichen Park umgewandelt werden.[209] Die Insel durfte nur unter Führung des Hafenkäpitans Millinkovich besucht werden; das Haus durften Touristen allerdings nicht betreten, und nach Sonnenuntergang war allen Fremden der Aufenthalt auf Lacroma verboten.[210] Von der Landwirtschaft auf der Insel blieb nur der Gemüsegarten; dem *Custos* war es erlaubt, zwei Schweine, eine Kuh und Geflügel zu halten – wegen der Geruchsbelästigung allerdings weit vom Haupthaus entfernt. »Jeder andere Wirthschaftsbetrieb ... ist ein für alle Mal strenge untersagt.«[211]

Die Vermählung Kronprinz Rudolfs mit Prinzessin Stephanie von Belgien im Mai 1881 erforderte einen eigenen Hofstaat für die Kronprinzessin.[212] Andreas Graf Pálffy von Erdöd wurde ihr Obersthofmeister, Sitta Gräfin Nostitz-Rieneck ihre Obersthofmeisterin und mütterliche Freundin. Auch Kronprinzessin Stephanie verfügte über ein Sekretariat, dem der Secretariats-Official Anton Perko vorstand.[213] Stephanies Kammer waren zwei Kammerdienerinnen, ein Kammerdiener, ein Saaltürhüter, sechs Leiblakaien, ein Hausdiener und ein Kammerweib zugeteilt. In den folgenden Jahren machten zwei Hofdamen bei der Kronprinzessin Dienst.

Die Geburt von Erzherzogin Elisabeth Marie erforderte die Einrichtung einer Kindskammer. Zu Lebzeiten des Kronprinzen bestand sie aus einer Kindsfrau, Antonia Tomaschek, einem Kindsmädchen, Rosa Tomer, einem Saaltürhüter, zwei Leiblakaien, einem Hausdiener und einem Kammerweib.[214] 1884 kam ein weiteres Kindsmädchen, Adele Hübner, dazu. Auch die anderen Personen sind namentlich angeführt: Anton Rieder als Saaltürhüter, die Leiblakaien Thomas Drozda und Vincenz Woiczik sowie der Hausdiener Thomas Juran.[215] Ein Jahr lang, vom 1. August 1883 bis Ende Juli 1884 flossen in die Kindskammer für diverse Anschaffungen zusätzliche 12.000 Gulden pro Monat.[216]

Kronprinzlicher Haushalt und Wohnorte

Kronprinz Rudolfs erste Wohnung befand sich in Laxenburg. War der *Séjour* dort zu Ende, übersiedelte die kaiserliche Familie in die Hofburg, wo Rudolf 1874 die ehemaligen Räume der Kaiserin Carolina Augusta erhielt. Doch jedes Jahr hielt sich die kaiserliche Familie auch einige Monate im Schloß Schönbrunn auf. Von seinen Kinderzimmern übersiedelte der junge Kronprinz 1864 in ein Appartement der sogenannten »Bergl-Zimmer«.[217] Als Rudolf am 1. August 1878 auf unbestimmte Zeit nach Prag übersiedelte[218], wurden diese Zimmer nicht mehr ständig bewohnt.

Im Jahr 1877 beabsichtigte der Kaiser, Rudolf in Prag zu stationieren. Dort sollte der Kronprinz sehr bescheiden und billig untergebracht werden. Jedenfalls hatte Obersthofmeister Hohenlohe die Instruktion, die Junggesellenwohnung möglichst kostengünstig und ökonomisch einzurichten. Nach einer Besichtigung in Prag berichtete er dem Kaiser: »Das Appartement, das ehemals von der Landgräfin Fürstenberg bewohnt wurde ... hätte manche Unbequemlichkeit, u. A. die, daß man auch bei nicht ganz großen Diners das erste Zimmer des ehemaligen Appartement's des Kaisers Ferdinand nehmen müßte. Ich glaube daß dieser Umstand und eine jedesmalige Anfrage bei I. M. der Kaiserin Maria Anna dem Kronprinzen gênant sein dürfte ... Das Appartement, welches Eure Majestät gewöhnlich hier in Prag bewohnen, im zweiten Stock, ist bequem, und würde bis auf die Auswechselung einiger Lustres und Neutapezirung eines kleinen Zimmers gar keine Adaptirungskosten erfordern ... Auf diese Art ließe sich die ganze zeitweilige Bequartirung des Kronprinzen in Prag mit ganz geringen Kosten bewerkstelligen.«[219] Für die Tafel des Kronprinzen wurden folgende Bestimmungen getroffen: »Da für die Küche Seiner kaiserlichen Hoheit ohnehin ein Chefkoch bleibend beordert ist, wird nur noch ein Hoftafel-Inspektor bleibend für die Dienstleistung bei Seiner kaiserlichen Hoheit bestim̅t. Das Personal zum Serviren wird aus dem vorhandenen Leuten fixirt. Bei außergewöhnlichem Bedarfe wird das erforderliche Aushilfs-Personale aus dem Personalstande der Hofoffizen genommen.«[220] 1880 war das Küchenpersonal folgendes: Tafelinspektor Nowak, Hofkoch 1. Klasse Martin, ein Hofkoch 2. Klasse, Hofzuckerbäcker Geraus, Hoftafeldecker Sator, Hofkellergehilfe Hruschka, Küchträger Rippel und Zuckerbäckereiträger Stöckl.[221]

In der Wiener Hofburg bewohnte Kronprinz Rudolf ein Appartement im Schweizertrakt, dessen Hauptzugang über die Säulenstiege erreichbar war. Nach der Hochzeit mit Stephanie wurde der Wohnbereich um Räume im Leopoldinischen Trakt erweitert, die Fenster sahen auf den äußeren Burghof hinaus. Das Appartement bestand nun aus einem rund 120 Quadratmeter großen Speisesaal (Ahnensaal), dem Türkischen Zimmer, dem ehemaligen Lernzimmer, Rudolfs Junggesellenschlafzimmer, dem Kavalierszimmer (hier wohnte Latour), einem Kabinett für den Kammerdiener, einem Billardzimmer mit Erker, einer Bibliothek, einer Küche sowie einiger Salons für Stephanie. Es gab ein gemeinsames Schlafzimmer, und ab 1883 wurden noch einige Räume für Elisabeth Marie dazugenommen.[222]

Als sich Rudolf 1880 mit Stephanie von Belgien verlobte, wurde das Appartement im Hradschin vergrößert. Der Kronprinz wollte es auch gemütlich einrichten. Offenbar war dafür seitens des Hofes eine bestimmte Summe vorgesehen; allerdings hatte Rudolf kein allzu großes Vertrauen in den Hof bzw. in Obersthofmeister Hohenlohe. Rudolf wollte selbst bestimmen, wie seine zukünftige Wohnung auszusehen hatte: »Bombelles wird Ihnen diesen Brief überbringen. Er ist nach Wien gereist ... um mit Ihnen die Geldangelegenheit zu besprechen. Er ist in voller Kenntniß aller meiner Intentionen und so bitte ich alles was er sagt, als meine Worte zu betrachten. Ich wäre sehr froh, wenn ich die Geldsum̄e für die Einrichtung der hiesigen Wohnung bekom̄en könnte, um mir dieselbe selbst einzurichten.«[223] Rudolf hatte genaue Vorstellungen von der Anordnung der Zimmer und offenbar auch davon, wie sie eingerichtet werden sollten.

Die Ausstattung für das junge Ehepaar in Prag besorgte August Portois: Runde 120.000 Gulden investierte der Hof in das neue Appartement, das Rudolf und Stephanie knapp drei Jahre lang als Wohnung dienen sollte. Es ist nicht klar, wie Rudolf auf Portois kam; vermutlich hatte er Einrichtungen des Franzosen bei Ausstellungen gesehen. Jedenfalls freute sich Rudolf bereits auf sein neues Heim: »Der Burghauptmann sehnt sich sehr nach Portois, er möchte gerne mit den Arbeiten beginnen, doch fehlen ihm noch die Pläne.«[224] Die Wiener Presse griff diesen Auftrag in kritischer und polemischer Weise auf und behauptete, daß dadurch die österreichisch-ungarische Industrie sowie das einheimische (Kunst-) Gewerbe in höchstem Maße geschädigt würde.[225] Dem Kronprinzen vergällte diese scharfe Kritik die Freude auf das erste Heim. Graf Taaffe berichtete Kaiser Franz Joseph über diesen Vorfall: »Im Anschluße daran begann in gewissen oppositionellen Organen der Hinweis auf die glänzenden Erfolge der niederösterreichischen Gewerbeausstellung, denen in tendenziöser Weise die Tatsache gegenüber gestellt wurde, daß in Paris die Einrichtung für Appartements S. k. H. ausgeführt und ausgestellt wurde ... Klage über Nichtberücksichtigung der heimischen Industrie ... August Portois im Betrage von 120.000 Fl für Prag übertragene Lieferungen ... daß Portois erst nach Erhalt der Lieferung das österreichische Staatsrecht erworben habe ...«[226] Doch die Zeitungen lenkten langsam ein. Die *Wiener Abendpost* berichtete schließlich lapidar: »Die Einrichtung der Wohnung des kronprinzlichen Paares auf dem Hradschin in Prag wurde dem hiesigen Tapezierer August Portois um den Betrag von 120.000 fl übergeben ... Überdies wurde Herr Portois angewiesen, sich bei allen Anschaffungen an hiesige Firmen zu wenden.«[227]

Doch nicht nur in den Zeitungen und in Geschäftskreisen ließ die Beauftragung Portois' die Wogen hochgehen. Auch im Wiener Gemeinderat kam es zu turbulenten Szenen und Unmutsäußerungen; man drohte dem Hof mit der Absage des Opernballs, der zu Ehren der Vermählung des Kronprinzen mit Prinzessin Stephanie veranstaltet werden sollte. Der Kaiser kam dieser Beleidigung zuvor: »Soeben befahl mich S. M. der Kaiser zu Sich und sagte mir, Er würde das Fest der Stadt Wien, den Opernball, ablehnen und sich ebenfalls mit 20.000 fl an einem wohlthätigen Werke betheiligen, für welches das Geld verwendet werden soll, das man auf die Kosten des Opernballes gebraucht hätte. Ich bitte nun, an demselben Tag, wo die Spende des Kaisers übergeben wird, auch von mir aus 20.000 fl, zu übergeben. Meiner Ansicht nach ist dies eine vortreffliche und zugleich vornehme

Schloß Schönbrunn um 1890

Lektion, die man der guten Stadt Wien, giebt.«[228] Woher Rudolf, der finanziell nicht glänzend dotiert war, diese Summe nahm, ist unklar.

Stephanies Biographin Irmgard Schiel schätzte den Haushalt, den Stephanie und Rudolf in Prag führten, als bürgerlich ein: »Der Kronprinz, von seinen militärischen Pflichten stark in Anspruch genommen, kam meist erst gegen drei Uhr nachmittags aus der Kaserne nach Hause. Nach dem gemeinsam mit Stephanie eingenommenen Essen ritt Rudolf aus, arbeitete mit den Herren seines Stabes oder widmete sich seinen wissenschaftlichen oder schriftstellerischen Arbeiten. War er zu Hause, hatte er Stephanie gerne um sich. Sie saß, mit einer Handarbeit oder zeichnend im Zimmer, wenn er Offiziere, Journalisten oder Künstler empfing.«[229]

Das gemütliche Heim und der kleine Haushalt der jungen Leute wurden immer wieder als Plattform für Zank und Intrige mißbraucht; dem Kronprinzen wurden solche Nichtigkeiten sofort hinterbracht. Einmal war Rudolf zornig und beschwerte sich bei seinem Obersthofmeister Bombelles in einem langen Brief, der sehr gut zeigt, wie offen Rudolf oft angefeindet wurde: »Lieber Bombelles! Heute muß ich Ihnen einen Brief schreiben, der Sie unangenehm berühren wird. Den 2ten kam Pálffy zu mir, um mir ganz feierlich zu melden, er hätte den Koch kommen lassen, um denselben sehr auszuzaußen; da Mittrowsky sich beklagt hätte über eine nicht anständig servirte Speise.

Ich frug Spindler über den Sachverhalt und dieser sagte mir, es sei in der That ein Fehler geschehen; zu erklären ist diess vielleicht damit, daß wir uns auf der Otterjagd verspäteten. Um 6 Uhr war Diner, wie gewöhnlich; ich speiste beiläufig um 7½ in meinem Zimmer, zu gleicher Zeit Mittrowsky in dem seinigen und da bekam er diese unanständig servirte Speise, die er gleich zu Spindler schickte; auch Pálffy bekam dieses Corpus delicti zu sehen. Spindler entschuldigte sich bei Mittrowsky und so war die Sache in Ordnung. Doch Pálffy benützte diesen Moment, um mir zu sagen der Koch sei so schlecht und koche so eckelhaft, daß man gar nichts mehr essen könne.

Er erzählte, daß Mittrowsky es fürchterlich schlecht finde, auch die Damen, daß alle an ihren freien Tagen trachteten in der Stadt zu speisen, nur um unserer eckelhaften Kost auszuweichen; daß alle darüber schimpfen, selbst in der Stadt die Leute darüber Witze machen und sprechen.

Er gebrauchte die Worte *Schlangenfutter* etc. etc.; und bemerkte es müsse etwas geschehen, da die Suiten das Recht haben eine geniessbare Kost zu verlangen. Ich erwiderte ihm, wir seien zufrieden mit dem Koch, Sie auch, und ich glaube, daß wir drei vom Essen auch so viel verstehen, als er und Graf Mittrowsky, darauf bemerkte er, er könne nicht begreifen, wie Sie diesen Koch halten und auch seine Kost essen und gut finden können, und meint man solle ihn fortschicken und einen anderen nehmen.

Ich erwiederte darauf, es sei davon keine Rede, doch werde ich Ihnen gleich über die ganze Angelegenheit schreiben und dann, wenn etwas zu thun wäre, nur mit Ihnen, als dem einzigen unter dem das Haus steht, Rücksprache halten; dies schien ihm nicht ganz angenehm zu sein. Merkwürdig ist, daß Strnat, auch bei Pálffy war über den Koch klagen und ihm zu sagen, es gehe in der Küche so unrein und schmutzig zu; unangenehm genug, daß Pálffy Strnat kom̄en lässt oder überhaupt mit ihm intriguirt.

Mir sagte er noch, ich solle nicht den Koch zu mir kom̄en lassen, wenn ich mit ihm etwas zu besprechen hätte, denn das verdirbt ihn, und gab mir die gute Lehre: es sei dies eigentlich nicht schicklich und kein hoher Herr thue diess.

Der Franzensplatz der Wiener Hofburg

Es ist fast unterhaltend, wie er immer bestrebt ist mich zu erziehen; und jedesmal den Moment ausnützt, wenn Sie abwesend sind, um mit einer anderen Intrige zu kom̄en. Darüber darf man sich keine Illusionen machen, daß die ganze Geschichte viel weniger gegen den Koch, als wie gegen Sie und mich gerichtet ist, und daher wird es gut sein auf eine radikale Art Ordnung zu machen, doch auch darüber erst mündlich, wenn Sie zurückkom̄en; bis ich Sie nicht gesprochen habe, bitte ich gar nichts davon merken zu lassen und zu thun, als wüssten Sie von der ganzen Geschichte nichts.

Ich repräsentire eine Richtung, die allen diesen Herrn ein Gräuel ist; Sie fürchten ich könnte aus der gewöhnlichen, bequemen Schablone herauswachsen und anders werden, als die meisten meiner Verwandten. Von Ihnen wissen Sie, daß Sie auch avancirte Idéen haben und mit mir sehr übereinstimmen, daher muss dagegen angekämpft werden, da ja vielleicht an mir noch etwas zu bessern ist. Pálffy ist sehr beschränkt, sehr ambitios und das Werkzeug anderer Leute; Mittrowsky ein Hetzer, von einem bodenlosen aristokratischen Stolz, selbst Officieren gegenüber und fühlt sich berufen da Alles zu bessern.

Sehr loben muß ich Nostitz, der sich immer mehr und mehr von Pálffy und Mittrowsky zurückzieht, viel zum Spindler kommt; und mit ihm ganz ungenirt über diese Dinge spricht; auch ist er artig mit allen Leuten und fühlt sich ganz Soldat.

Meine Frau ärgert sich sehr über diese Geschichte mit dem Koch[230], und will von einer Entlassung desselben nichts wissen.

Hoffentlich haben Sie angenehmes, warmes Wetter im Süden und fühlen sich recht wohl. Mit den herzlichsten Grüßen von meiner Frau und mir, an Sie und Ihre Mutter, bin ich Ihr treuer Rudolf«[231]. Selbst in Fragen seines Haushalts war Rudolf also mit heftiger Kritik konfrontiert. Es ist fraglich, welcher Koch damit gemeint war. Martin war der Sohn eines eingewanderten Franzosen. Als Rudolfs Hofstaat 1889 aufgelöst wurde, fanden sich folgende Köche: Chefkoch Etienne Jehl[232] und die Köche Constantin Verhaegher, Julius Bürger, Paul Sulpice und Robert Pirchan.[233]

Als seine Frau schwanger wurde, bemühte sich Rudolf um eine Übersiedlung nach Wien. Doch nicht nur das war der Grund; der ursprünglich slawenfreundliche Rudolf sah große Probleme kommen – die Slawen, sowohl im Norden als auch im Süden, waren für den russischen Panslawismus sehr empfänglich. Jedenfalls kam das Kronprinzenpaar vor Stephanies Entbindung nach Laxenburg. Und hier gedachte Rudolf auch seinen Sitz zu behalten. Bei Hohenlohe erkundigte er sich, ob eine Bewohnung Laxenburgs von längerer Dauer sein könnte: »Lieber Fürst! Sie sagten mir unlängst, es bestehe der Plan uns Laxenburg ganz zu überlassen; so zwar daß wir dort auch in der Einrichtung der Zimmer Veränderungen vornehmen könnten. Nun, wäre ich Ihnen sehr dankbar, wenn Sie mir mittheilen würden, ob es Schwierigkeiten unterliegen würde, falls ich jetzt beginnen könnte mit Ausschmückung der Gänge ... Ich erwarte eine Antwort von Ihnen, bevor ich den Kaiser dann direct um Erlaubnis bitte.«[234] Dem Kronprinzenpaar wurde Laxenburg tatsächlich zur Gänze überlassen, und wieder wurden die Räume von Portois ausgestattet. Rudolf und Stephanie führten ein großes Haus, empfingen Gäste und gaben Déjeuners, Dîners und Soupers.

Doch Laxenburg konnte nur *ein* Wohnsitz des Kronprinzenpaares sein, dort hielten sich Rudolf und Stephanie meist zwischen Mai und Dezember auf. Auch in Wien benötigten sie ein Appartement, das sich in der Mitte des Südtraktes der Hofburg befand. Daran schloß sich das ehemalige Appartement des Junggesellen,[235] das aus Speisezimmer, Salon und Lernzimmer bestand. Darüberhinaus verfügte der junge Prinz noch über einen kleinen Salon, ein Schlafzimmer, ein Dienerzimmer, eine Küche, ein Vorzimmer, die Bibliothek, Studier- und Sammlungszimmer, wo seine Sammlungen untergebracht wurden. 1877 kam ein modernes Badezimmer neben dem Schlafzimmer dazu.[236] Als das Kronprinzenpaar nach Laxenburg übersiedelte, ließ sich Rudolf in der Hofburg neben dem als Ahnensaal gestalteten Speisezimmer das *Türkische Zimmer* einrichten, das er mit Erinnerungsstücken an seine Reisen im Orient ausstatten ließ.

Über den Haushalt des Kronprinzenpaares und dessen Vorlieben bei Essen und Trinken ist wenig bekannt. Im Nachlaß des Kronprinzen fand sich folgendes Tafelgerät: Ein Glasservice, ein Porzellanservice, ein Silberservice für 36 Personen sowie weiße und färbige Tafelwäsche. Extra erwähnt werden 400 Damastservietten mit Monogramm und 200 Dessertservietten, ebenfalls mit dem Namenszug. Möglicherweise wurde für die Repräsentation des Paares in der Prager Burg Geschirr aus der Silberkammer zur Verfügung gestellt. Die Akten des Hofwirtschaftsamts zum Prager Haushalt wurden offenbar aussortiert und vernichtet. Es finden sich darin bloß Unterlagen zur Kommandierung von Personal bzw. Rechnungen für die Dienstlivreen der Hofbeschäftigten. In seinen übrigen Wohnsitzen (Laxenburg, Mayerling, Reichstadt, Görgeny Szent Imre) benötigte der Kronprinz für größere Gesellschaften Objekte aus der Silberkammer, bei Aufenthalten in der Wiener Hofburg und in Schönbrunn war die nötige Ausstattung jeweils an Ort und Stelle vorhanden.

Allerdings war bei der Einrichtung des endgültigen Hofstaats des Kronprinzen festgelegt worden, daß dieser nicht völlig aus der kaiserlichen Hofhaltung herausgelöst werden sollte.[237] Kostengründe sprachen dagegen: »Außerdem hätte die Anschaffung des eigenen Services – Silber, Porcellain, Glas, Wäsche etc. – eine weitere Baarauslage von 500.000 Gulden erheischt.«[238] Da er in der Hofburg blieb, wurden ihm ein Chefkoch und ein Tafelinspektor zugeteilt. Bei allfälligen größeren Dîners wurde auf die Bestände der Silberkammer zurückgegriffen; das Personal zum Servieren wurde aus den bei Hof angestellten Leuten rekrutiert.[239]

Im März des Jahres 1881 lieferte der Hofsilberwarenfabrikant J.C. Klinkosch ein umfangreiches Tafelbesteck an den kronprinzlichen Haushalt in Prag. Das mit dem erzherzoglichen Wappen versehene Besteck bestand ursprünglich aus 100 Löffeln, 160 Gabeln, 160 Messern, 2 Suppenschöpfern, 8 Ragoûtlöffeln, 60 Kaffeelöffeln, 2 Milchlöffeln, 20 Salzlöffeln, 80 Dessertlöffeln, 80 Dessertgabeln, 80 Dessertmessern mit Silberklingen, 80 Dessertmessern mit Stahlklingen, 4 Paar Salatbesteck, 4 Spargelhebern, 4 Gefrorenschaufeln, 4 Fischvorlegemessern, 4 Tortenmessern, 4 Zuckerzangen, 40 Mokkalöffeln, 4 Zuckerstreulöffeln, 40 Austerngabeln, 16 Saucenschöpfern, 8 Senflöffeln, 8 Pfefferlöffeln und 2 kleinen Suppen-

Die Kaiservilla in Ischl

schöpfern. Hiezu wurden »4 beschlagene Holz-Cassetten« geliefert. Für Besteck für kleinere Dîners in Prag war gesorgt. Alle Gegenstände waren mit Wappengravierung (d.h. mit Erzherzogshut und Erzherzogswappen) versehen. Nach dem Tod des Kronprinzen wurde das Besteck von Erzherzogin Elisabeth Marie verwendet, und das Besteckmuster erhielt bei Klinkosch den Namen *Windisch-Graetz*. Überdies verfügte der Kronprinz über ein umfangreiches Jagdsilber. In einer Kassette aus Korbgeflecht fanden sich vier eckige Fleischbüchsen (aus Britannia-Metall), 6 Teller, 6 Löffel, 6 Messer, 6 Becher, eine Pfefferbüchse, zwei Salzlöffel, zwei Salzbüchsen, ein Stoppelzieher und eine Stahlzange zum Öffnen von Champagner.[240]

Anhand der bescheidenen Ausstattung Rudolfs ist die Sparsamkeit des Monarchen zu erkennen. Überdies hatte der Kronprinz eine relativ geringe Apanage und mit dieser mußte er wirtschaften. Geldgeschenke, die er zu besonderen Anlässen erhielt, waren für ihn sehr wichtig: »Sage Bombelles, daß ich gleich Nachricht darüber erhalten will was mit den 1000 fl geschehen ist, welche mir die Majestäten zu meinem Geburtstag schenkten. Bombelles bat mich damals Spindler zu sagen, er werde ihm das Geld gleich senden. Nun wartet Spindler mit größter Ungeduld auf diese 1000 fl, die nie kommen; ich möchte wißen, was damit geschehen ist? ich brauche das Geld, da das heurige Jahr sehr teuer ist.«[241]

Auch im ungarischen Görgény Szent Imre richtete sich der Kronprinz ein kleines Jagdrefugium ein. Stephanie hielt sich dort ebenfalls gerne auf: »Wir hatten uns bemüht, das Schloß Görgény Szent Imre, welches der Kronprinz als Jagdhaus gekauft hatte, so bequem und gemütlich als möglich einzurichten, um unsere stets zahlreichen Gäste empfangen zu können. Der Kronprinz verbrachte viele Tage auf der Jagd. Der Schwierigkeit und Gefahren der Bärenjagd halber konnte ich ihn nicht begleiten.«[242] Das Haus war ebenfalls mit Möbeln von Portois ausgestattet. Weiters fanden sich zahlreiche Tafelgeräte der Berndorfer Metallwarenfabrik, ein Speise-, Tee- und Kaffeeservice aus englischem Porzellan für achtzehn Personen, Glasservice, Bestecke mit Rehgeweihgriffen, ein Reisekorb mit Jagdsilbergegenständen, eine Kassette mit Silberbesteck, ein Jagddessertsilber und ein Vermeilbesteck.[243]

Der Kronprinz dürfte gutes Essen geschätzt haben. Zu seiner Hochzeit mit Prinzessin Stephanie schickte ihm ein Händler kroatische Solokrebse, und von der Firma Kleinoscheg erhielt das Paar 24 Flaschen *Steiermärkischen Champagner-Weines.*[244] Das Essen beim Manöver schmeckte Rudolf nicht immer; in einem Brief an Erzherzog Franz Ferdinand bezeichnete er es einmal scherzhaft als »Helden-Schlangenfutter«[245]. Die Weinauslagen Kronprinz Rudolfs beliefen sich auf 1.000 bis 2.000 Gulden pro Monat.[246] Im Keller fanden sich Ofner, österreichische Weine, Madeira, Sherry, Malaga, Muskat, Marsala, Capwein, Paxaret, Ximenes, englischer Sherry, Samos, Refosco, Sekt, Champagner, Bordeaux, Sauternes, Rheinweine, Moselweine, Montrachet (Burgund), Chablis (Burgund), einfacher Burgunder, Patros rouge, Muscat aus Zypern, Tokayer, Riesling und Tiroler Weine.[247]

Bei seinen großen Reisen war die Verpflegung nicht immer nach Rudolfs Geschmack. Von der *Orientreise* berichtete er über gewisse unzulängliche Mahlzeiten, wie jene bei Fajum, dort wurde »nahe vom Ufer ... ein frugales Frühstück, bestehend aus kaltem Fleisch, Brot allen möglichen, in der Hitze mehr oder weniger ungenießbaren Conserven und fader Limonade, eingenommen«.[248] Gelegentlich gab es in einem Gasthof ein gutes Souper, man erhielt auch gute Schokolade, mußte sich aber auch mit »fader Limonade und Mandelmilch« zufriedengeben.[249] Doch die Jäger, die die alten Konserven nicht mehr riechen konnte, sorgten für sich selbst, vor allem dann, wenn sie Wachteln für die Küche erbeuteten.[250]

Aus einigen Stellen in Briefen des Kronprinzen geht hervor, daß er sich persönlich um die Mahlzeiten kümmerte, sich über die Menüzusammenstellung Gedanken machte bzw. seine Frau mit der Vorbereitung beauftragte, vor allem wenn er Gäste hatte. Im April 1883 schrieb er seinem »Theuersten Engel«: »Sage Spindler, daß am Donnerstag abends 8 Uhr ein sehr gutes Souper dinatoir für drei Personen bereit sein muß ... Für Freitag muß ein sehr gutes Diner vorbereitet werden.«[251] Für Prinz Leopold von Bayern, Ferdinand Großherzog von Toscana und Philipp und Louise Coburg bestellte er bei Stephanie ein »sehr gutes Menu – eine gute Suppe, Austern mit Langouste etc. etc. Als Weine: Den neuen weißen Burgunder mousseux und wenn der noch nicht da ist, dann Burgunder. Außerdem unter jedem Fall neuen Bordeaux, Cherry[252], Chrystal Champagner – Cognac mousseux, türkischen Caffée.« Wenn er Minister Kálnoky zu Gast hatte, kümmerte sich Rudolf ebenfalls persönlich um die Mahlzeiten: »Für morgen 2 Uhr habe ich zum Diner nach Laxenburg Kálnoky eingeladen. Ich bitte Dich bestelle ein sehr gutes Diner, mit den Suiten.«[253]

Besonders angelegen ließ sich Rudolf die Speisen sein, als Prinz Wilhelm von Preußen mit seiner Gemahlin 1885 nach Wien kam: »Innigsten Dank für Telegramm. Ich bin ganz desparat über diese neue Trennung und sehne mich schon sehr nach dem Freitag abend. Bestelle für den 10. um 11 Uhr vormittags einen Aspang-Extrazug ... Um 12 Uhr ein Dejeuner bei uns für uns, die preußische

Menage und Franzi[254], also fünf Personen, sehr gut, kleine Speisen, zwei Fleischspeisen, Mosel mousseux, Bordeaux, Sherry ... Um sechseinhalb Diner gemeinschaftlich mit Suiten; bestelle sehr gutes Diner mit Austern, Langousten und sehr guten Weinen. Von Rheinwein, Cognac mousseux, Punch auch ... am 9. abends ... Bestelle das Souper vom Sacher.«[255] Nach Franzensbad, wo Stephanie zur Kur weilte, schrieb ihr Rudolf über seinen Ausflug nach Baden: »... speiste um drei Uhr bei Onkel Wilhelm ... Das Diner war recht gut, nur die Getränke nicht kalt genug, worüber ich sehr gekränkt war«. Doch es gab auch Gelegenheiten, bei denen der Gourmet offenbar zufrieden war: »Gestern hatten wir das Diner bei Onkel Albrecht, recht hübscher Toast, sehr animirte Stim̃ung, und ein guter Champagner gaben der Sache einen angenehmen Typus.«[256]

Das *Sacher* frequentierte der zeitweilige *Junggeselle* ebenfalls: »... dann speise ich sehr gut und viel (der Sacher ist heuer viel besser).«[257] Gelegentlich waren auch Personalprobleme daran Schuld, daß Rudolf seine Mahlzeiten im Sacher in Wien und auch im Helenental einnahm: »Morgen habe ich hier in der Stadt viel zu thun; übermorgen will ich wieder für einige Stunden nach Laxenburg. Für die Mahlzeiten bin ich an meinen Sacher gebunden, denn ein Koch ist krank, und zwei sind nach Görgény und die Diners von der Köchin schmecken mir nicht.«[258] In den Sommermonaten besuchte der Kronprinz (auch mit Stephanie) gelegentlich den Sacher-Garten im Prater, der sich in der Nähe der Krieau befand. Unterwegs verpflegte sich Kronprinz Rudolf häufig in Offizierskasinos; oft war er auch bei Schwager und Schwägerin, Philipp und Louise Coburg, eingeladen. Aus Budapest meldete er seiner Frau: »Károlyi Pista und Szechényi Bela sind nicht hier, daher war ich auch nicht im Casino. Den ersten Tag speiste ich bei Philipp, gestern gab ich ihnen hier im Hotel ein Diner, heute speise ich wieder bei ihnen.«[259]

Rudolfs letzte Mahlzeit am 29. Jänner 1889 in Mayerling beschrieb Hoyos in seiner Denkschrift: Hoyos betonte, daß Rudolf zwar mit gutem Appetit aß, aber dem Wein kaum zusprach.[260] »Das Frühstück verlief ganz heiter ... Auch über die Küche sprach der Kronprinz und frug ob ich die Kost nicht gut fände, die zwar einfach, aber wohl viel gesünder sei, als die er gewöhnlich habe. Es wurde diesmal nur von einer Köchin gekocht und diese sei noch lange nicht so gut als die seines Töchterchens ... Das Menu war besonders bescheiden: Suppe, [Gansleber]Pastete, Roastbeef, Rehbraten und Mehlspeise.«[261] Man fragt sich, warum Rudolf kurz vor seinem angeblichen Selbstmord, den er von langer Hand geplant haben soll, über gesunde Speisen sprach, die er normalerweise nicht genießen konnte, und über die

Qualitäten einer Köchin, die offenbar in ihren Fähigkeiten an die Köchin seiner Tochter Elisabeth noch nicht herankam.

Auch Kronprinzessin Stephanie war eine Feinschmeckerin. Ihr gefiel Vieles nicht an der Wiener Hofküche. Angeblich ging die Initiative, einen französischen Koch zu engagieren, auf sie zurück; jedenfalls erwähnte sie dies in ihren Memoiren. Selbst in ihrer späteren Ehe mit Fürst Lonyay hielt sie an Gourmandisen fest. Ihr ungarischer Gatte konnte nur dann sein geliebtes Gulasch verzehren, wenn Stephanie nicht auf Oroszvár weilte.

Kronprinz Rudolf jagte sehr gerne im Wiener Wald. In Alland bewohnte er das Försterhaus Kirchengasse 14 oder das Gasthaus *Zum goldenen Löwen*.[262] Doch im Jahr 1886 beschloß er, sich bei Alland anzusiedeln und erwarb das Gut Mayerling, das er durch Tausch und Ankauf von Grundstücken zu arrondieren suchte: »Ich kaufe und verkaufe kleine Güter und Höfe, um mich da allmählich als Grundbesitzer anzusiedeln; mit dem Kloster Heiligenkreuz habe ich viel zu thun, die Mönche sind in Geschäften durchgetriebener als der ärgste levantinische Armenier.«[263]

Das Gut in Mayerling gehörte zu der Zeit, als der Kronprinz Interesse dafür entwickelte, Graf und Gräfin Leiningen. Die ehemalige Tanzsoubrette, die unter dem Künstlernamen Mina Pick auftrat, war angeblich Rudolfs Geliebte gewesen, ehe sie den Grafen ehelichte.[264]

Die Ausstattung Mayerlings übernahm wieder zu einem Teil August Portois: »Falls ich von hier loskomme, möchte ich Samstag nach Alland fahren und werde da vielleicht mit Portois Mayerling ansehen.«[265] Wieso außer Portois noch eine weitere Ausstattungsfirma beauftragt wurde, ist nicht mehr nachvollziehbar – vielleicht wurde Rudolf aus ökonomischen Gründen dazu veranlaßt. Allerdings war der Kronprinz nicht besonders zufrieden: »Am Montag war ich in Mayerling. Das obere Schloß gefiel mir sehr gut; die von Michel eingerichteten unteren Häuser desto weniger, doch jetzt ist daran nichts mehr zu ändern; ich habe es ohnehin im voraus gewußt, und mir nicht anders erwartet. Guten Geschmack hat hier nur Portois. Ich habe Alles mit Portois angesehen und war mit allen seinen Vorschlägen einverstanden; das Marmor-Gebäude gefällt mir sehr gut, ich habe es auch angesehen. Die Lampen und die vielen Gegenstände, welche ich für Mayerling in den letzten zwei Jahren gekauft habe, hat Portois mit mir hier in Wien besichtigt und theilweise zu sich genommen; in den nächsten Tagen wird er nach Laxenburg fahren, um auch dort noch einiges anzusehen, was heuer im Frühjahre unnützer Weise von den Leuten herausgenom̃en wurde.«[266]

Lacroma

In Laxenburg griff Portois ebenfalls beratend ein, da Rudolf in Geschmacksfragen zu ihm offenbar volles Vertrauen hatte: »Wegen der großen Aquarell-Sammlung war Portois gestern bei mir; wir zählten die Bilder und überzeugten uns davon, daß in Mayerling absolut kein Platz für so viele Aquarelle zu finden wäre und die Sammlung zerreißen gienge absolut nicht; ich laße die Bilder jetzt alle einrahmen und möchte sie in Laxenburg in dem großen Speissaal, wo im gewöhnlichen Leben die Lakaien immer sitzen, aufhängen, dort ist es licht, viel Raum und vor allem hat man dann einen guten Grund die Bilder nicht zu Ausstellungen zu schicken, wenn man darum gebeten wird.«[267] Trotz aller Anfeindungen blieb Rudolf Portois treu. Auch in Lacroma hatte er offenbar die Einrichtung vorgenommen: »Beiliegend sende ich Ihnen die Schilderung Lacroma's; ich finde dieselbe recht hübsch; nur eine Stelle habe ich bezeichnet und halte es für gerathen den Namen des hier in Wien vor Jahren wegen mir so angefeindeten Portois auszulassen.«[268]

Beziehungen zu Frauen

Von Bernhardine bis Mary Vetsera

»Alles gute nicht möglich, wegen verschiedener Verhältnisse, nur eine Blondine angepirscht, von Ehre sie gesprochen, um mehr als 5 fl, um mir heraus [aus dem Fenster] zu deuten, ich nicht eingegangen, abgeschloßen. Sport auf ein anderes Blondes Fräulein, viel Schneid, wahrscheinlich 20 fl theuer. Heute Abends 24. am Beginn der Kastanienallee blondes Fräulein lang gesprochen, sie endlich angepackt, sie mir entwischt ... etc. 5 fl ihr heute geschickt, sie für morgen ½8 abends wieder vor den Stall bestellt morgen für 20 Gulden thut sie alles.«[269] Diese undatierte Notiz findet sich in einem kleinen Büchlein des Kronprinzen und wirft ein schlechtes Licht auf seine Einstellung zu Frauen. Allerdings war man bei Hof über die frühen intellektuellen Anlagen Rudolfs bestürzt, die man aus damaliger Sicht für seine körperliche und psychische Entwicklung schädlich hielt. Erotische Abenteuer wurden daher als Ablenkung von zu viel geistiger Tätigkeit angesehen. Der junge Mann fand offenbar Gefallen an den neuen Reizen, die ihm geboten wurden.

Die ehrenvolle Aufgabe, den dreizehnjährigen Rudolf aufzuklären, fiel seinem Lehrer Josef Krist zu. Bei einem Aufenthalt in Salzburg wurde in einer Fischzuchtanstalt Anschauungsunterricht genommen. Krist berichtete befriedigt an Latour: »Se. kaiserliche Hoheit verfolgten die ganze Procedur der künstlichen Befruchtung, der Entwicklung und Versendung der Fischeier, so wie die einfachen, klaren Erörterungen des Directors der Anstalt mit gespannter Aufmerksamkeit ... Schließlich wurde hinzugefügt, daß über den eigentlichen Vorgang der Fortpflanzung der Thiere noch große Unklarheit herrscht und daß man über denselben als einem der tiefsten und wunderbarsten Geheimniße der Natur stets mit heiliger Scheu denken und sprechen soll.«[270]

Als Fünfzehnjähriger sah Kronprinz Rudolf in der Nähe von Wien ein Mädchen, das schwärmerische Gefühle in ihm erweckte und dem er überschwengliche Zeilen widmete: »... Da sah ich bei Wien ein Mädchen, Bernhardine! und die entzückte mich, die Sehnsucht rieb mich förmlich auf, leider mußte ich fort ... doch meine Stellung vernichtet jedes Verhältnis zu einer Plebejerin.«[271]

Offenbar zeigte Rudolf schon früh Anzeichen, in manchen Bereichen zu übertreiben und zu viel des Guten zu tun. Dies geht aus einem Schreiben seines alten Lehrers Max von Walterskirchen hervor: »Sie haben eine schöne, freudenvolle Jugendzeit hinter sich; Sie haben nicht Noth, den Becher des Lebens mit Hast – einem lange Dürstenden gleich – hinunterzustürzen. Genießen Sie die Freude des Daseins mit Maß. Sie haben ein Recht dazu. Und lassen Sie sich durch trübende Spekulationen, deren Spuren ich ebenfalls aus den Augen Ihres Porträts zu lesen glaube, die Lebensfreude nicht vergällen. Daß Sie im Strudel der Vergnügungen nicht untergehen werden, dafür bürgt mir Ihr auf Höheres gerichtetes Streben.«[272]

Als Rudolf Stephanie kennenlernte, war er kein unerfahrener Jüngling mehr. Ob er allerdings seine junge Gemahlin in der von ihr als »widerwärtig« bezeichneten Weise zur »Frau« machte, mag dahin gestellt bleiben. »Es erscheint schwer verständlich, daß der in Liebesdingen so erfahrene Rudolf seine blutjunge Frau nicht durch Geduld und Zärtlichkeit gelöst und sich zugetan gemacht hat.«[273] – So die Meinung der Biographin Stephanies, die plausibel erscheint. Rudolf wußte wohl genau, wie man Frauen behandelte; daß er dies gerade in einer so heiklen Situation außer acht gelassen hätte, durch die ja sein weiteres Privatleben bestimmt wurde, scheint wenig wahrscheinlich. Hartnäckig hielten sich Gerüchte, daß der Kronprinz den Vollzug seiner Ehe mit Stephanie möglicherweise aufgrund einer vermeintlichen Geheimehe mit Maria Antonia von Toskana hinausschob; aus dieser Ehe sollte angeblich ein Sohn entsprungen sein, der – dem Gerücht zufolge – rund ein halbes Jahr vor der Kronprinzentochter Elisabeth an der Côte d'Azur geboren wurde.

Auch Laxenburg als Flitterwochenort war wohl nicht so schlimm, wie ihn Stephanie später beschrieb; die Einrichtung war allerdings nicht verändert worden. Kurz nach der Hochzeit wurde berichtet: »Die Gemächer des Schlosses haben unverändert ihre Einrichtung behalten. Da Prinzessin Stefanie eine große Blumenfreundin ist, wurden alle Räume auch mit Blumen und Pflanzen dekorirt. Das ist die einzige Neuerung im Laxenburger Schloß. Die Prinzessin hat ein lebhaftes Interesse für die Familienporträts des Kaiserhauses und widmet deren Besichtigung manche Viertelstunde.«[274] Überdies wurde vermerkt, daß aufgrund des schlechten Wetters, das damals im Mai herrschte, die Zimmer beheizt wurden. Dazu schrieb Stephanie in ihren Erinnerungen: »Unsere Räume, zu denen wir sogleich geführt wurden, lagen im Blauen Hof, gegenüber der Schloßkirche. Ich erwartete schöne, freundliche Appartement ... Als wir in die für uns vorbereiteten Gemächer traten, schlug uns eine modrige, atembenehmende eisige Kellerluft entgegen. Nicht eine blühende Pflanze, keine Blume, um meine Ankunft zu feiern, um etwas Freude und Heiterkeit in diese ungenügend erleuchteten Zimmer zu bringen!«[275]

Wenn Rudolf Abwechslung suchte, dann konnte das nur in den Wohnungen der Damen und in der Hofburg passieren. Daß er mit ihnen, insbesondere mit Mizzi Caspar, zahlreiche Heurigenlokale besuchte, ist sehr schwer vorstellbar. Dies wäre dem Kaiser sofort hinterbracht worden und hätte wohl zu einer ernsten Auseinandersetzung zwischen Vater und Sohn geführt. Der Monarch hätte eine solche Freizeitgestaltung seines Sohnes, die zu Berichten in diversen Zeitungen geführt hätte, nicht geduldet. Überdies hätte der Kronprinz, der bei jeder Kleinigkeit den Vater um Erlaubnis bitten mußte, dies wohl nicht gewagt.

Die Affären Rudolfs mit Mizzi Caspar, die angeblich 1887 oder 1888 durch die Kupplerin Wolf vermittelt wurde, und mit Mary Vetsera sind bekannt. Wann man den Kronprinzen in die »Umstände des Lebens« einweihte, kann heute nicht mehr genau gesagt werden. Jedenfalls scheinen seine Frauenbeziehungen sehr früh und intensiv eingesetzt zu haben. Für Ärger in der Familie sorgte seine Schwärmerei für die um drei Jahre ältere Tante Erzherzogin Marie Therese von Braganza, die Frau Erzherzog Karl Ludwigs, der entsprechend eifersüchtig war. Rudolf, der seine Tante aufrichtig bedauerte, weil sie mit einem um zweiundzwanzig Jahre älteren Mann verheiratet war, schenkte ihr einen Dachshund, Zigarettendosen und Schirme und besuchte sie häufig, wenn sein Onkel abwesend

Mary Vetsera um 1888

war.[276] Ob der folgende Brief der Erzherzogin eine versteckte Warnung an Rudolf war? »Du wirst begreifen lieber Rudolf, daß ich Dir nicht mehr schreiben kann. Von mir habe ich kein neueres Bild, ich werde Dir aber nächstens eines schicken oder geben.«[277] Es stellt sich hier die Frage, ob dieses »nicht mehr« das Ende des Briefwechsels bedeuten sollte oder einfach, daß ihr Brief kurz ausfiel.

Anschließend betete Rudolf eine Fünfzehnjährige an, die er nur vom Sehen kannte. Die Burgschauspielerin Johanna Buska, elf Jahre älter als der Kronprinz, soll seine Geliebte gewesen sein. Auch bei seinem Aufenthalt in England 1878 hatte Rudolf die Zuneigung einer Frau gewonnen. Erzherzog Leopold Salvator schrieb ihm am 25. Februar von Windsor Castle: »Die arme Langtry wird viele Thränen vergießen, fürchte ich, beim Abschied. Lasse Dich nur nicht ertappen.«[278] Im März desselben Jahres hatte Rudolf sich eine *Lazarina* in Paris auserkoren. Zur selben Zeit bat ihn Erzherzog Leopold nach Nizza zu kommen, weil »es da viele schöne Frauen nach Deinem Geschmack gibt«[279]. Der Kronprinz kehrte jedoch nach Wien zurück, wo er sich in dieser Hinsicht schadlos gehalten haben dürfte. Nicht ohne Grund schrieb Rudolf in sein erstes Testament (1879) den scherzhaften Satz: »Ein letzter Abschiedskuß in Gedanken allen schönen Frauen Wiens, die ich so sehr geliebt.« Nina Pick, eine Badener Soubrette und spätere Gräfin Leiningen, soll ebenfalls seinem Charme erlegen sein.

Nicht nur in Wien fand Rudolf anziehende Frauen, sondern auch in Prag. Die Geschichte mit dem Judenmädchen, das angeblich Böhm hieß, setzte dem Kronprinzen heftig zu. Er verehrte das Mädchen sehr und hat sie möglicherweise auch besucht oder zu sich eingeladen. Das Mädchen war, um es außer Gefahr zu bringen, von seinen Eltern aufs Land gebracht und mit einem Greißler verlobt worden. Es starb kurz darauf an Nervenfieber, was Rudolf etwas aus der Fassung brachte. Im Studio des Malers Canon lernte er den Neurologen Moritz Benedikt kennen, der den Kronprinzen angeblich wieder ins seelische Gleichgewicht brachte. Was Benedikts Tochter allerdings über den Zustand Rudolfs berichtete, ist wohl stark übertrieben, da man weiß, wie wenig emotionales Engagement der Kronprinz bei seinen Frauengeschichten an den Tag legte: »Der Prinz kam natürlich nicht zum Begräbnis, aber um Mitternacht schleicht er an ihr Grab ... Verzweifelt und voll Geisterglaubens vertraute er sich dem Maler Canon an ... In seinem Atelier veranstaltete Canon mehrere lange Zusammenkünfte des Prinzen mit meinem Vater, der bei diesen unabsichtlichen Zusammenkünften den Kronprinzen wieder einigermaßen beruhigte.«[280]

Und im Jahr 1887 beichtete Rudolf Bombelles ein Verhältnis mit Lina Stern, von dem er behauptete, es im Dezember 1878 beendet zu haben. Jedenfalls versuchte die Dame, die inzwischen den englischen Oberst Bowyer-Lane geheiratet hatte, ihn zu erpressen: »Lieber Bombelles! Beiliegenden Brief fand ich heute bei meiner Rückkehr aus Siebenbürgen. Erst nach langem Nachdenken entdeckte ich von wem er stammt. Die erste Lüge, wo sie sagt, ich wäre von 1878 bis 1880 mit ihr genesen brachte mich auf die falsche Fährte. Im October 1878 gieng das Verhältniß eigentlich auseinander, dann sah ich sie noch einigemale; seit December 1878 aber, das sind fast neun Jahre her, habe ich sie mit keinem Auge erblickt, nicht einmal auf der Gaße begegnet. Ich halte die Sache für eine gemeine Erpeßung. Immerhin bitte ich Sie, sich unter der Hand, vielleicht auch in England zu erkundigen ob etwas Wahres an dem Inhalt dieses Briefes sei. Ich kann nichts thun; von der hiesigen Polizei kenne ich jetzt schon lange niemand mehr gut genug und will auch nicht der ganzen Angelegenheit zu viel beilegen.«[281] Rudolf tat die Sache als plumpen Erpressungsversuch ab – wie die Affäre aus der Welt geschafft wurde, ist nicht bekannt.

Der Journalist Frischauer wurde ebenfalls in Rudolfs Dameninteressen eingespannt. Am 11. Februar 1887 gab er dem Kronprinzen folgende Nachricht: »Die schoene Amerikanerin heisst Mrs. Baddleford und wohnt in der Heugasse auf der Wieden.«[282] Besonders große Wogen verursachte sein Nahverhältnis zur Familie Kuranda beim Abbaziaaufenthalt 1888. Man sagte dem Kronprinzen ein Verhältnis mit Frau Kuranda und deren Schwester nach. Am 4. April 1888 schrieb Rudolf an Graf Bombelles: »Weder Fritz [Erzherzog Friedrich], noch ich haben mit Madame Kuranda und Schwester einen Fehltritt begangen, das kann ich mit meinem Wort verbürgen. Mit hochgehobener Stirn und meinem alten Selbstbewußtsein werde ich in wenigen Tagen nach Abbazia kommen. Sowohl Stéphanie, als auch Isabelle wissen jeden Schritt, den wir damals mit den Kurandas gemacht haben und lachten uns viel aus ...«[283] Die Kurandas waren jedoch offenbar Stephanie die einzige Erwähnung einer Frau in Rudolfs Leben wert: »Eine der Blumen ist Emmy Kuranda ... eine schöne amerikanische Kokotte mit Leib und Seele, die Flamme Rudolfs, dem ich zu seinem außergewöhnlich guten Geschmack gratuliere.«[284]

Als die Kurandas zugleich mit dem Kronprinzen im August 1888 in Ischl waren, legte ihm Anni Kuranda nahe, sie nur zu besuchen, wenn ihr Gatte anwesend war; dessen Abwesenheit würde bemerkt werden. »Mein Mann ... koennte aber am 19ten wieder nach Ischl kommen, was ich mir desshalb mitzutheilen erlaube, weil es Kais. Hoheit vielleicht aus naheliegenden Gruenden diessmal besser passen duerfte bei eventueler uns so sehr ehrender Auszeichnung daß mein Mann in Ischl sei als gerade abwesend von hier; was vielleicht Anlass geben koennte zu unnützen Ihnen unliebsamen Gespraechen.«[285] *Je länger, je lieber* sollte Rudolf nach Aussagen Anni Kurandas in Ischl verbleiben.[286]

Außereheliche Verhältnisse waren im Wien jener Zeit keine Seltenheit. Männer unterschieden penibel zwischen familiärer Gemütlichkeit und aufregenden erotischen Abenteuern. Deswegen war noch lange nicht das Verhältnis mit den Ehefrauen getrübt. Möglicherweise war es auch bei Rudolf so. Jedenfalls berichtete Bratfisch dem Polizeipräsidenten Krauss bei seiner Einvernahme nach der Katastrophe von Mayerling, »daß er ähnliche diskrete Aufträge wiederholt seit Jahren erhalten[287] und durchgeführt hat und auch während der Bekanntschaft mit der Baronesse Vetsera verschiedene Damen bei Tag und bei Nacht, in die Hofburg brachte«[288]. Die Gerüchte um ein Verhältnis mit Anni Kuranda verstummten nie. Nach der Katastrophe in Mayerling schrieb Eduard Strauss an seinen Bruder Johann – beide rätselten über die unverständlichen Vorgänge: »Wenn man bedenkt, daß er doch zu gleicher Zeit mit Fr. v. Kuranda in Abbazia, mit Frl. Stein [Stern[289]] u. mit noch andern Beziehungen pflegte, so ist ja dieser Entschluß, mit dem Mädel zu sterben und seiner Krone zu entsagen, räthselhaft! Über seine nächsten Freunde und Umgebung wird fürchterlich geschimpft.«[290] Eduard Strauss war völlig verstört. Wenige Tage später schrieb er seinem Bruder: »Aber wenn man so ein großes Herz hat – und dazu zu gleicher Zeit so viele, warum dann zu solcher Gräuelthat schreiten? ... Die Madame Blaschke sagt: sie glaubt das u. das nicht!«[291] Darüber hinaus war Eduard Strauss nicht gerade über seine locker lebenden Söhne erfreut. Josef hatte sich mit Mizzi Caspar eingelassen, wie Eduard im März 1889 seinem Bruder empört berichtete.[292] Doch Eduard Strauss' Behauptung entsprach der gängigen Praktik jener Zeit, man lastete so manche Affäre anderer Erzherzöge – absichtlich oder unabsichtlich – Rudolf an: »Dagegen sprach auch die Tatsache, daß er, wenn er auf Reisen war, jeden zweiten oder dritten Tag an Stephanie schrieb. Er sprach in diesen Briefen von Liebe und Sehnsucht, davon, daß er ihre Gesellschaft vermisse, und erkundigte sich nach ihrem Wohlbefinden.«[293]

Wie in vielen Lebensbereichen Rudolfs, wurde auch in diesem maßlos übertrieben. Natürlich gab es Affären, aber die waren damals nichts Ungewöhnliches. Allerdings war Rudolfs Leben derart dicht gedrängt und überwacht, daß er sich nicht so häufig in amouröse Abenteuer stürzen konnte. »Die Wirklichkeit war sicher viel bescheidener, schon weil Prag damals noch eine verhältnismäßig kleine Stadt war, in der es nicht viel Geheimnisse geben konnte; und auch in Wien war Rudolf stets so weit beobachtet, daß er auf verhüllende Anonymität kaum sehr rechnen konnte. Immerhin war möglich, daß sein Wagen sehr lange vor dem Hause hielt, in dem eine hübsche Schauspielerin wohnte, und Aufsehen bei den Pragern erregte.«[294]

Daß der Tonfall unter den Erzherzögen bezüglich Frauen recht locker war, belegt eine Briefstelle aus einem Schreiben Erzherzog Franz Ferdinands an Rudolf: »... u. stoße mit Dir an auf das Ehrenwohl von M. u. der meinigen. Unsere kleinen sinnigen Privat-Toaste beim Diner u. beim Bahöll waren sehr fesch«.[295] Der Kronprinz war ebenfalls nicht zimperlich, wenn er eine Dame verabschiedete: »Theuere Freundin! Ich war keinen Abend mehr Herr meiner Zeit und war auch für zwei Tage weg von Wien; konnte Sie daher nicht mehr sehen. Mit diesem beiliegenden Betrag kaufen Sie Sich etwas hübsches als Erinnerung an Ihren ersten Freund; den Ring tragen Sie als Andenken an denjenigen, dem es vergönnt war Sie einzuführen in das Zauberreich der Liebe. Hoffentlich werden Sie glücklich und zufrieden, und denken manchmal an Ihren ersten Roman. Ich verlasse Wien und kehre an meinen Posten zurück. Mit vielen Grüßen, Ihr alter Freund«[296]. Nach Schrift und Orthographie zu schließen, könnte der Brief aus der Zeit zwischen 1880 und 1882 stammen.

Rudolf, der angeblich von sich selbst meinte, daß ihm keine Frau widerstehen könnte, wurde auch von Marie Larisch sehr verehrt; als bevorzugte Nichte der Kaiserin machte sie sich vielleicht – vor ihrer unfreiwilligen, unglücklichen Heirat mit Graf Larisch – Hoffnungen, als enge Verwandte selbst den Kronprinzen ehelichen zu können. Aus dieser Enttäuschung heraus wären manche ihrer späteren Schritte gegen Rudolf und das Kaiserhaus plausibler. Baronin Helene Vetsera soll Rudolf förmlich nachgelaufen sein und ihn bedrängt haben. Nach den Notizen von Gräfin Festetics soll sich Kaiser Franz Joseph über Helene Vetsera reichlich verärgert geäußert haben: »Was diese Frau mit Rudolph treibt, ist unglaublich. Reitet ihm auf Schritt und Tritt nach. Heute hat sie ihm sogar was geschenkt.«[297]

Wie aus den Ausführungen Hermann Swistuns hervorgeht, war Mary Vetsera sehr schwärmerisch veranlagt[298]; dies belegt auch ihr Briefwechsel mit Hermine Tobis.[299] Doch sie bedeutete Rudolf nicht mehr als alle anderen Frauen, sie war keinesfalls seine große Liebe; er schien ihrer Zuneigung bereits überdrüssig zu werden. Jedenfalls dürften die *zärtlichen Briefe* Rudolfs, die Mary erwähnte, nicht exitiert haben. Nach Konfidentenberichten soll der Kronprinz seine letzte Nacht in Wien mit Mizzi Caspar verbracht haben. Caspar hatte Rudolf angeblich auch auf militärischen Reisen begleitet, wie Graf Orsini-Rosenberg erzählte.[300]

Es stellt sich die Frage, ob Rudolf überhaupt wußte, daß Mary zu seinem Jagdausflug kommen würde, und warum Gräfin Larisch sich das Manöver einfallen ließ, Mary abzuholen und nach Mayerling fahren zu lassen. Die meisten Informationen zur Fahrt des Kronprinzen und Marys nach Mayerling stammen aus der Feder der Gräfin Larisch.

Larischs Auftreten bei Polizeipräsident Krauss und ihre Zeilen an ihn sind jedenfalls für Außenstehende verwirrend: »Es ist nicht zu vermeiden, der Zukunft nachzuforschen, aber es ist der Wunsch, daß die Vergangenheit so viel als möglich unergründet bleibt, bitte also, darin Ihr Möglichstes zu thun, – die vergangenen Vorfälle nützen ja auch nichts – und für die zukünftigen Ereignisse bleibt nichts übrig, als den gewöhnlichen Weg zu gehen! – Meine Bitte betrifft nur die Angelegenheit bis zum heutigen Tage schonend zu behandeln! Weil nicht gewünscht wird, daß viele unschuldige Leute verwickelt werden! – Ich setze mein ganzes Vertrauen in Sie, lieber Baron! Ich handle nicht in meinem Auftrag! Ich hoffe, Sie Ende der Woche zu sprechen! Mit bestem Gruß Ihre ergebene Gfin. L.«[301] Was bezweckte die Gräfin mit diesem Schreiben, das den loyalen Polizeibeamten nur völlig überfordern konnte? In *wessen* Auftrag handelte Gräfin Larisch wirklich? Die »schonende Behandlung bis zum heutigen Tag« – dachte die Gräfin, durch ihre Abreise nach Pardubitz irgendetwas zu gewinnen?[302] Das Schreiben mutet überaus seltsam an. Darüber hinaus, behauptete später Baronin Vetsera in ihrer Denkschrift, daß Mary sicher nicht Selbstmord begehen wollte und auch den Kronprinzen niemals dazu überredet hätte.[303]

Die Ehe des Kronprinzenpaares

»Ich bin so aufgeregt, daß ich kaum Gedanken fassen kann ... Nazi der Bub, der Nazi der vor wenigen Jahren selbstgeschossene Gimpel zum Gabelfrühstück ass, der Nazi, der mich so oft sekirte, der ist ... ist - - ich kann das Wort nicht aussprechen ... halt er ist - - ist - - - er verlobt, ja verlobt ist!!! Nein !!! ich kann es nicht glauben, ich lache in einem fort, und wollte anfangs weinen.«[304] So kommentierte Rudolfs kleine Schwester Marie Valerie die Nachricht von der Verlobung ihres Bruders.

Es ist kaum anzunehmen, daß sich Kronprinz Rudolf am Beginn seiner Prager Zeit – er war gerade zwanzig Jahre alt – Gedanken über seine Verehelichung machte. Im Jänner 1879 schrieb er seinem Erzieher: » Ich habe viel zu thun, es geht mir gut, besonders da ich nicht Bräutigam bin und es auch noch lange nicht sein werde. Mein Dienst ist streng ... doch das ist mein Element und je mehr ich zu thun habe, desto beßer geht es mir.«[305] Doch bereits Anfang des nächsten Jahres mußte sich Kronprinz Rudolf dem Willen seines Vaters fügen und sich verloben, obwohl Kaiserin Elisabeth gegen diese Verbindung mit dem Haus Coburg war. Als sie dann ihre Schwiegertochter in spe, Stephanie, sah, bezeichnete sie diese recht kritisch als »unförmiges *flämisches Trampeltier*«.[306] Zahlreiche Leute bei Hof teilten die abfällige Meinung der Monarchin über ihre Schwiegertochter. »Stephanie ist sehr mager, eckig, mit sehr hellem Haar, blasser, ungesund aussehender Haut, schlaksigen Bewegungen und bar jeglicher weiblichen Grazie. Sie ist langweilig und engstirnig, eine komische Mischung aus Bigotterie und Koketterie, sie ist bockig, ihr Temperament erinnert an einen störrischen Esel«[307], lautet das kritische Urteil eines Anonymos. Doch schon nach kurzer Zeit in der Ehe fand die belgische Botschaftersgattin de Jonghe Stephanie »reizend, bedeutend gewachsen und sehr verschönt«. Der belgische Botschafter de Jonghe konstatierte, daß Stephanie »viel vornehmer als ihre Schwester Louise« sei.[308]

Verlobungsbild in Brüssel

Die unbeschwerten Briefe des Kronprinzen an Latour endeten am 2. Februar 1880, als Rudolf seiner Bezugsperson, der er seit seinem siebenten Lebensjahr ungeschmälertes Vertrauen entgegenbrachte, Folgendes schrieb: »Ein neues Leben fängt für mich bald an und ich kann nicht läugnen, daß es mir noch einigermaßen unheimlich ist.« Schon am 7. März 1880 benachrichtigte er

Prinzessin Louise von Coburg

Latour, daß er sich mit Stephanie verlobt hatte.[309] Jedenfalls verständigte Rudolf zahlreiche Personen von seiner Verlobung, die er positiv aufzunehmen schien. Selbst an Brehm schrieb der Kronprinz: »Was sagen Sie dazu, daß ich Bräutigam bin. Ich habe einen wahren Engel in Stephanie gefunden und fühle mich überglücklich und zufrieden. Es ist doch das einzige wahre Glück, und es ist besser bei den vielen Arbeiten, Sorgen und Unannehmlichkeiten des Lebens eine treue Gefährtin zur Seite zu haben.«[310] Auch Girtanner hörte von Rudolfs Glück: »Innigsten Dank für Ihren Brief und die Glückwünsche. Ich bin sehr glücklich und zufrieden, und hoffe das einzige und wahre Glück für das Leben gefunden zu haben.«[311]

Neben der Kaiserin hatte auch ihr Bruder Karl Theodor – den seine Geschwister liebevoll *Gackel* nannten – Bedenken, ob diese Heirat für Rudolf von Vorteil war. »Dieser frühreife, geistig ungewöhnliche junge Mensch und eine erst fünfzehnjährige Koburgerin«, war alles was Karl Theodor zur Ehe seines Neffen zu sagen hatte.[312] Auch seine Lehrer unterrichtete Rudolf über seine Verlobung. An Krist schrieb er: »Innigsten Dank für Ihren Brief und die Glückwünsche. Ich bin in der That sehr glücklich und zufrieden, und froh zu sehen, wie von allen Seiten alles Theil nimmt an meinem Glücke.«[313] Der Verlobung des Kronprinzen gingen Turbulenzen voraus. Angeblich wollte Rudolf diese Verlobung verhindern und führte im Reisegepäck seine Geliebte, die Tanzsoubrette Mina Pick, mit sich. Andere Quellen sprechen von dem *schönen Fräulein Fischer,* einer gefeierten Wiener Schönheit, als Begleiterin.[314] Die Tatsache soll publik geworden sein, und Graf Chotek, der österreichische Gesandte in Brüssel, hatte alle Hände voll zu tun, um die Wogen zu glätten.

Als die Verlobung dennoch glatt über die Bühne gegangen war, kam das nächste Problem: Die Prinzessin war mit noch nicht ganz sechzehn Jahren ein Kind – am 19. Februar 1880 schrieb König Leopold II. an Kaiser Franz Joseph, nachdem der

Kronprinz einmal vorgefühlt hatte, daß »Unser teures Kind, das in Kürze 16 Jahre alt wird, nicht ganz ausgeformt für sein Alter ist«.[315] Kronprinz Rudolf fuhr einige Male nach Brüssel, um seine Braut besser kennenzulernen. Offenbar war er bei seiner Braut in Brüssel glücklich: »Mir geht es hier sehr gut, ich schwelge in Glück und Zufriedenheit.«

Doch die Hochzeit mußte aufgrund der Unreife Stephanies immer wieder verschoben werden. Der nächste geplante Hochzeitstermin war der Februar 1881. Im Jänner war Rudolf wieder in Brüssel und berichtete an Latour: »Von hier kann ich Ihnen nicht viel Neues und leider auch nichts Erfreuliches mittheilen ... Die lang ersehnten Erscheinungen sind noch nicht eingetreten. – Der Arzt sagt, daß die Bälle es sehr verschnellern werden ... Der König empfieng mich überaus freundlich, aber sichtlich verlegen, noch Konfuser [sic!] war die Königin. Als ich auf eine bestim̄te Antwort drang, hieß es, daß es beßer sei, keinen Termin zu bestim̄en, weil man sonst vielleicht noch einmal verschieben müßte ...«[316] Der geplante Termin (15. Februar) konnte nicht gehalten werden. Schließlich fand die Hochzeit am 10. Mai 1881 statt.[317]

In Wien war niemand vom Aussehen der noch kindlichen Stephanie besonders beeindruckt. Fürst Khevenhüller brachte die Sache auf den Punkt: »An der Kron-

Leopold II. von Belgien und seine Gemahlin Marie Henriette

prinzessin ist nicht viel dran, fadblond, Gesicht ohne Ausdruck, lange Nase.«[318] Er war nicht der einzige, der so über die Gattin Rudolfs urteilen sollte. Zur Hochzeit des Kronprinzen entfaltete der Wiener Hof jedoch seine ganze Pracht. Die Galatafel am 9. Mai wurde mit dem *Grand Vermeil* und dem *Wiener Hoftafelsilber* eingedeckt. Die Tafelmusik dirigierte der Hofballmusikdirektor Eduard Strauss, der neben dem *Myrthenblütenwalzer*, den sein Bruder Johann für die Hochzeit komponiert hatte, mit einem eigenen Werk für diesen Anlaß aufwartete – dem Walzer *Schleier und Krone*. Aus der Hofküche und Hofzuckerbäckerei wurde folgendes Galadîner serviert[319]:

Potage à la reine
Petites croûtes aux mauviettes
Truites, sauce hollandaise
Pièce et filet de bœuf
Timbale de bécasse à la financière
Escalopes de homard à la Maintenon
Sorbet
Poularde à la polonaise, salade, compote
Asperges en branches
Pouding à la chipolate
Moscovite aux oranges
Fromage national et Chester
Glace aux griottes et fromage de dames
Dessert

In ihren Memoiren beschrieb Stephanie die Qualität der Wiener Hofküche, die sich bei solchen Festen durchaus nach französischem Muster hielt, als mangelhaft und geschmacklich nicht nach ihren Vorstellungen, was sie angeblich dazu veranlaßte, bei ihrer Übersiedlung von Prag nach Laxenburg einen französischen Koch zu beschäftigen: »Unsere Küche befand sich im selben Stockwerk, nur durch einige Räume von unseren Wohnzimmern entfernt, in die ständig der Speisengeruch eindrang. Das Essen war derb und sagte mir keineswegs zu, aber es gab eine ziemliche Revolution, als ich mir einen französischen Koch engagieren ließ.«[320] Stephanies Meinung erscheint angesichts der Ausrichtung der Wiener Hofküche allerdings etwas übertrieben.[321]

Rudolf war offenbar überwältigt von seinem Ehestand und schrieb an Brehm: »Innigsten Dank für Ihren lieben Brief und die guten Wünsche, die mich sehr

Die Familie bei der Vermählung (das österreichische Kaiserpaar, das belgische Königspaar und das Kronprinzenpaar)

freuten. Ich bin so glücklich und zufrieden, daß ich es gar nicht fassen kann, und wäre froh, wenn ich mein Glück ruhig geniessen könnte, doch leider ist eben jetzt durch Feste und herzliche und gut gemeinte Ovationen für meine Frau und mich eine recht mühsame und bewegte Zeit.«[322] Selbst Rudolfs junge Schwester Marie Valerie war anfangs von der Schwägerin begeistert: »Stephanie kam auch, und wir turnten und schaukelten ihr vor; sie spielte sogar Reif mit Puttl. Sie ist so lieb und kindisch.«[323] Allerdings mokierte sie sich über das Verliebtsein des jungen Paares: »Wärenddem kamen Rudolf und Stephanie –. Papa erzählte mir vor einigen Tagen, daß Rudolf nicht auf die Gödinger Jagd will, weil da Stephanie nicht kann! Sie geht nämlich neuester Zeit auf Schiessjagd! Ich finde die Liebe das schönste auf der Welt, aber das ist lächerlich.«[324]

Doch recht bald sollte Marie Valeries Meinung über Stephanie zu jener ihrer Mutter überschwenken. Sie bezeichnete ihre Schwägerin als »wanderndern Turm mit Juwelen behängt«[325]. In ihrem Tagebuch äußerte sich Marie Valerie einmal überaus heftig über Stephanie als Mutter und Gattin: »Wie kann es Stephanie nur so ruhig hinnehmen, daß dieses herzige Kind Toni lieber hat als die eigene Mutter!« und »Wie kann Rudolf diese kalte, höhnische, weltliche Frau so lieben? Mama fürchtet, daß sie, statt von ihm gehoben zu werden, ihn mehr und mehr hinunter zieht zu sich.« [326] Nach einer Aussage Kaiserin Elisabeths soll Stephanie »aufsässig und eigensinnig« gewesen sein.[327] Schon 1882 fand Marie Valerie etliches an ihrer Schwägerin auszusetzen. Sie waren bei demselben Dîner zu Gast: »Stephanie war wieder zu lächerlich. Sie und Rudolf sehen sich immer an und dann spricht sie, als ob sie wenigstens schon ihre silberne Hochzeit gefeiert hätten. Tante Marie José ist das gerade Gegenteil, neben ihr ist Stephanie fast garstig. Als ich sie so ansah in ihrem schwarzen Kleid, Rehaugen und lustigem kleinen Gesicht, dachte ich mir, ob Rudolf den Onkel nicht um diese liebe schöne Frau beneide? Stephanie war neben ihr ein Thrum. So gross, dick, gelb und blond und in einem grauslichen weissen Atlaskleid.«[328]

Auch Erzherzogin Marie Valerie erkannte, daß Stephanie sehr unter Stimmungsschwankungen litt. Nach einem Winter, in dem die beiden offenbar nicht besonders gut auskamen, bemerkte die junge Erzherzogin: »Stephanie war noch nie so natürlich und schwesterlich mit mir ... Stephanie liess ihren Ponywagen anspannen und kutschierte mich im ganzen Park herum ... sie war so lieb, daß ich gar nicht wusste, wie ich daran sei, sagte, sie möchte mich besser kennen lernen, ich solle sie als treue Schwester und Freundin betrachten und mich in allen Schwierigkeiten an sie wenden ... Kann das Stephanie von diesem Winter sein?«[329]

Kaiserin Elisabeth um 1854/55

Kronprinz Rudolf fühlte sich in seiner Ehe offenbar sehr wohl. Im April 1885 besuchten er und Stephanie die Schwiegereltern in Brüssel. Der österreichische Botschafter dort, Graf Chotek, war von der Entwicklung des Kronprinzen begeistert: »Das seit vier Jahren männlich gekräftigte Aussehen des Kronprinzen, besonders aber die strahlend-verschönte, erhabene Erscheinung der Frau Kronprinzessin haben Allseits die bewunderndsten ... Eindrücke erweckt.«[330]

Marie Valerie äußerte sich zunehmend kritischer und ärgerlich über die *Menage* ihres Bruders, der sich abfällig über ihren zukünftigen Verlobten, Franz Salvator, und dessen Familie aussprach. Elisabeth hatte nämlich ihrer Tochter von einem Tischgespräch mit Rudolf erzählt, bei dem er fragte, ob an den Gerüchten einer Verlobung etwas dran wäre. Rudolf hätte sich folgendermaßen geäußert: »Er rückte mit einem Schwall von Vorstellungen heraus; wie gemein Onkel Nino, wie verachtet seine ganz Familie sei, sie seien alle berechnende, falsche Italiener ... Franz sei stolz, berechnend, geizig, ungebildet und gewiss kränklich ... Der einzige Mann für Valérie wäre Eugen.«[331] Allerdings gab Marie Valerie vor allem Stephanie die Schuld an Rudolfs Entwicklung, was ihr auch Mère Mayer, eine Lehrerin im Sacré Cœur, bestätigte: »Rudolf als Knabe so lieb und gutherzig, Zug zur Frömmigkeit, wie ihn aber Stephanies verderblicher Einfluß umgewandelt ... Sie ist kalt, war schon öfters hier, zeigte eine ungemütliche Liebenswürdigkeit ... Gefühl, es sei bei ihr alles angelernt ... eine Repräsentationspuppe ...«[332]

Begegnungen mit Rudolf empfand Marie Valerie nur als angenehm, wenn Stephanie *nicht* dabei war: »Frühstück bei Rudolf, fand ihn von ganz unnormaler Freundlichkeit. Stephanie war nachmittags von Laxenburg hereingekommen und recht unsympathisch ... es war natürlich sehr ungemütlich.«[333] Besonders belastete Marie Valerie ihre Verlobung. Doch Rudolf dürfte sich schließlich mit dem *Italiener* abgefunden haben: »Unfreundlich war er aber keineswegs und so fühlte ich mich ermutigt, zum ersten Mal in meinem Leben die Arme um seinen Hals zu werfen ... Armer Bruder, er hat doch auch ein warmes, liebesbedürftiges Herz ... und sehe klar, daß es wirklich so ist, wie ich immer dachte und daß nur Stephanies Kälte und Mangel an Herz der Grund ist, daß Rudolfs schwacher, aber im Grunde warmer lieber Charakter verbittert wurde ... er sagte auch weder über Franz noch seine Familie ein höhnisches Wort ...«[334] Ganz so wie Marie Valerie die Lage einschätzte, war es nicht. Man darf nicht vergessen, daß 1872 Erzherzogin Sophie gestorben war, im selben Jahr Gisela mit Leopold von Bayern verlobt wurde und ein Jahr später als dessen Gattin Wien verließ. Somit waren die beiden engsten Bezugspersonen Rudolfs plötzlich nicht mehr da. Auf seine Mutter konnte der Fünfzehnjährige sich nicht stützen, weil sie sich bloß um Marie Valerie kümmerte und lange Zeit auf Reisen war; sein Vater hatte für den Sohn ebenfalls keine Zeit und interessierte sich allenfalls für dessen Jagderfolge und den dazu erforderlichen Mut. Daher konnte Rudolf eine gewisse Abneigung gegen seine Schwester Marie Valerie, die aus seiner Eifersucht entstand, nicht immer verbergen.

Elisabeths panische Sorge um die Gesundheit ihrer jüngsten Tochter änderte sich auch nicht, als Rudolf bereits verheiratet war. Jede Erkrankung der kleinen Elisabeth Marie versetzte die Monarchin in Angst und Schrecken, weil sie fürchtete, Marie Valerie könnte sich anstecken. Im Jahr 1884 war Rudolf mit seiner Familie wieder unter strengster Quarantäne. Diesmal waren jedoch auch die *Majestäten* über die lange Dauer dieser Maßnahme erstaunt. Deshalb richtete Rudolf ein Schreiben an Dr. Widerhofer: »Nun, wir wünschen nichts sehnlicher, als ein Ende dieser Zeit und vielleicht könnten Sie morgen, bevor Sie zu uns kommen, bei Valerie Gelegenheit finden die Majestäten zu sprechen und Sie darüber zu befragen; die Quarantaine ist ja doch für Sie & Valerie, wenn Sie es also selbst nicht mehr wünschen, dann könnte dadurch uns geholfen sein ...«[335] Die übertriebene Sorge um Marie Valerie und das Bewußtsein, selbst von seiner Mutter mehr oder weniger unbeachtet gewesen zu sein, führte zu Rudolfs ablehnendem Verhalten der jüngeren Schwester gegenüber, was sie in ihren Tagebüchern häufig beklagte.

Der junge Hausstand

Nach dem Aufenthalt in Laxenburg und einer Ungarnreise ließen sich die Neuvermählten in Prag nieder. Rudolfs Annahme, daß Stephanie bereits im Juni »guter Hoffnung« sei, stellte sich als unrichtig heraus. Rudolf fühlte sich dennoch wohl und schrieb im September 1881 an Latour: »Wir leben hier sehr ruhig und angenehm ... nachmittags bin ich fast immer zu Hause und arbeite an meiner Orientreise ... Das Leben hier ist so angenehm und ruhig, und ich habe mich schon

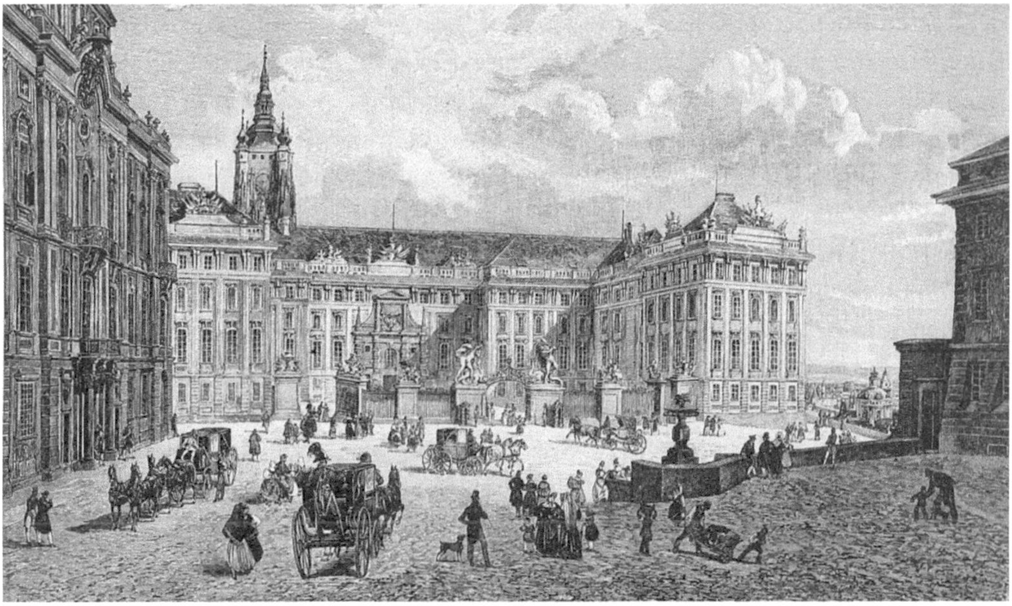

Prag um 1880

deswegen so an das Verheirathetsein gewöhnt, daß ich mich eigentlich vor der Abreise am Samstag und der Treñung durch 8 Tage fürchte ...«[336] Als Rudolf 1883 nach Berlin reisen mußte, plagte ihn wieder die Sehnsucht nach seiner Frau: »Mit Sehnsucht erwarte ich einen Brief von Dir. Ich umarme Dich aus ganzem Herzen, denke fort nur an meine Coceuse! denke auch manchesmal an Deinen Dich innigst liebenden Coco«[337]. Als ihm dann Stephanie telegraphierte, daß sie sich schwanger fühlte, war Rudolf überglücklich: »Innigsten Dank für Dein Telegram̄. Ich bin froh über die guten Zeichen ... Ich denke fortwährend an Dich, sei vorsichtig und gebe Acht auf Dich.«[338]

Inwieweit Rudolf seine Verlobung anfangs als Glück empfand, mag dahingestellt bleiben. Er unterschied recht deutlich zwischen erotischen Abenteuern und Häuslichkeit – letztere war ihm selbst als Kind aber nie zuteil geworden. Auch Stephanie blickte auf keine gerade glückliche Kindheit zurück, in der ein harmonisches Familienleben und die Liebe der Eltern, vor allem des Vaters, fehlten, und die Mutter verbittert war. Doch anfangs fühlte sich auch Stephanie in der Ehe recht wohl.

Wie die kaiserliche Familie Rudolfs Verehelichung und seine Entwicklung als Ehemann sah, ist nicht bekannt. Die anfängliche Verliebtheit des Kronprinzen schien sich abzukühlen. Jedenfalls schrieb Marie Valerie, als sich die Beziehung der beiden Ehepartner etwas veränderte, in ihr Tagebuch: »Der Kaiser glaubt, daß Rudolf und Stephanie sich jetzt nicht mehr so gut verstehen, weil sie so einen schwierigen Charakter hat. Jedenfalls habe das eine positive Auswirkung auf Rudolf, er sei jetzt viel selbständiger, gerade wie in den Tagen vor seiner Heirat.«[339]

Rudolf vergaß jedoch nie seine Verpflichtung seiner Frau gegenüber, benahm sich – zumindest nach außen hin – ritterlich ihr gegenüber und sorgte sich um sie. Im März 1888 schrieb er an Bombelles: »Stéphanie schreibt mir, daß sie einen Ausflug nach Pola machen will. Ich habe nichts dagegen, nur bitte ich Sie wegen des Wetters sehr acht zu geben, da dieser Dampfer Sybille ein höchst unsolides Fahrzeug ist; bei schlechten oder zweifelhaften Wetter wäre die Eisenbahnfahrt vorzuziehen.«[340] Auch Latour war immer wieder Zeuge seines häuslichen Glücks: »Innigsten Dank für Ihren Brief und die guten Wünsche zu meinem Namenstage, die mich sehr freuten; möge ich stets so glücklich bleiben können als ich es jetzt bin mehr darf ich nicht wünschen; denn mehr ist unmöglich ... Stéphanie geht es unberufen sehr gut und unsere Hoffnungen sind zur Gewissheit geworden ...«[341] Nie beklagte sich Rudolf über Stephanie, und die Hochzeitstage empfand er als etwas Angenehmes: »Herzlichen Dank von meiner Frau und mir für die guten Wünsche zum heutigen Tage. Es ist für mich jedesmal ein schönes Fest; Gott gebe, daß Alles so bleibe, gesund und frisch; nach diesem bösen Winter bin ich ängstlich geworden.«[342] Immer wieder genoß Rudolf ein paar freie Tage, die ihn seiner zahlreichen Pflichten entledigten, an der Seite Stephanies: »Wir sitzen hier in einem Lorbeerhain, genießen hie und da Wärme, noch mehr Kälte, doch wenigstens ohne Frost und Schnee. Die gewärmten Seebäder und das ganze brillant gehaltene Etablissement, sind sehr angenehm; die Gegend ist wundervoll und die Luft vorzüglich ... mit Schonung meiner, noch immer kranken Hand ...«[343] Rudolf war sich offenbar der Wirkung warmer Bäder bewußt und achtete auf seine Gesundheit.

Rudolf als Vater

Obwohl das erste und einzige Kind des Kronprinzenpaares lange auf sich warten ließ und »nur« ein Mädchen war, war Rudolf über die Geburt seiner Tochter Elisabeth Marie begeistert. Aus den Briefen des Kronprinzen spricht keinerlei Enttäuschung. Während der Schwangerschaft war er rührend um das Wohlergehen seiner Gemahlin besorgt. Aus Wien schrieb ihr Rudolf hocherfreut: »Theuerster Engel! Innigsten Dank für Deinen lieben Brief und die Telegramme. Der

Kaiser läßt Dich vielmals grüßen und Dir gratulieren, er hat eine fürchterliche Freude; Mama habe ich nach Baden-Baden geschrieben. Ich konnte Dir unmöglich früher schreiben, kein Augenblick freie Zeit blieb mir übrig ... Gebe sehr gut acht auf Dich und den Waclaw[344] sei sehr vorsichtig und denke an mich.«[345] Auch Latour verständigte er von den anderen Umständen seiner Frau: »Hier ist alles in Ordnung. Stephanie geht es unberufen sehr gut und unsere Hoffnungen sind zur Gewissheit geworden, doch sprechen wir noch nicht davon, bevor nicht die Publicirung wahrscheinlich Ende dieses Monates erfolgt.«[346]

Der Kronprinz war sehr erfreut, doch Stephanie behauptete, daß er sie während der Schwangerschaft gemieden hätte: »Dem Kronprinz gab mein Zustand zunächst Anlaß, sich soviel wie möglich zu entfernen. Jagd und Militärdienst gaben dazu den Vorwand. Sein Hang zu unbeschränkter Selbständigkeit, seine Neigung zu rastlosem Leben konnten sich ungehemmt entfalten.«[347] Ganz im Gegensatz dazu steht die Ansicht Rudolfs, der seine kleine Häuslichkeit sehr schätzte[348], wie eine Stelle eines Briefs an Latour belegt: »Bei meiner Division wird fleissig gearbeitet ... Sonst bin ich viel zu Hause. Sehr viel am Schreibtisch ... Jagdlich lässt sich wenig berichten. Durch die Trauer[349] kann ich nicht hinaus, trotzdem die Auerhähne brillant melden.«[350]

Rückblickend dürfte Kronprinz Rudolf der bessere und fürsorglichere Elternteil bei Elisabeth Marie gewesen sein, obwohl auch Stephanie anfangs über die Kleine recht glücklich war.[351] Er freute sich sehr über ihre Geburt und berichtete ganz aufgeregt an Szeps: »Ich muss meinen Brief schliessen, da ich wenig Zeit habe; das Ereigniss scheint heranzurücken!«; und nach der glücklichen Geburt: »Lieber Szeps! Innigsten Dank für Ihren Brief, der mich sehr freute und die guten Wünsche. Stéphanie lasst Ihnen vielmals danken. Gott-Lob Alles geht sehr gut, Mutter und Kind sind sehr wohl. Stéphanie sieht so aus, als wäre gar nichts vor sich gegangen, blühend wie immer, und die Kleine ist ein Mords-Mädel, 7 Pfund schwer, vollkom̄en gut und kräftig ausgebildet, mit viel Haaren am Kopf, sehr lebendig, schreit fürchterlich und trinkt sehr viel und ohne den geringsten Anstand.«[352]

Rudolf hätte sich sehr verstellen müssen, wäre er so enttäuscht gewesen, wie es seine Witwe später schilderte. »Die Bestürzung des Kronprinzen war eine schmerzliche ... Meine teure Mutter ... erfaßte sofort die peinlich werdende Situation und verhinderte mit großer Gewandtheit jedwede Vorwürfe. Sie reichte mir selbst meine Tochter mit den Worten: *Gott segne Dein Kind, wie ich Euch beide aus vollem Herzen segne.*«[353] Rudolf machte sich offenbar noch keine Sorgen um einen männlichen Erben, schließlich war seine Frau um sechs Jahre jünger als er. In keinem der zahlreichen Briefe Rudolfs finden sich Andeutungen, daß er sich Gedanken um die Geburt eines Sohnes machte oder seiner Frau diesbezüglich etwas vorwarf.

Nach dem freudigen Ereignis beeilte sich Rudolf, seinen Freunden von seiner kleinen Tochter zu berichten: »Innigsten Dank für Ihre warmen Freundesworte die von Herzen kommenden und zu Herzen sprechenden Glückwünsche, die mich sehr freuten. Gottlob geht alles sehr gut. Meine Frau ist vollkommen wohl, sieht blühend aus, und die Kleine, ein auffallend kräftiges Kind bereitet uns sehr viel Freude.«[354] Mit diesen Worten informierte der Kronprinz Brehm über seine neue Vaterrolle. Selbst wenn der Kronprinz auf der Jagd war, die ihm so viel bedeutete, sehnte er sich spürbar nach seiner jungen Familie: »Die Jagdgesellschaft geht Sonntag von hier noch nach Eisenerz, doch ich habe genug, sehne mich schon zurück zu Frau und Kind.«[355]

Immer wieder erwähnte Rudolf in seinen Briefen *die Kleine*, wie er Elisabeth Marie immer nannte. An Latour schrieb er im November über Erszi: »Innigsten Dank für zwei liebe Briefe, die mich sehr freuten, und für die guten Wünsche zum Namenstag unserer Kleinen. Gott-Lob geht es ihr und auch Stéphanie sehr gut.«[356] Auch seinem Ornithologen-Kollegen Girtanner berichtete Rudolf über seine Vaterfreuden und freute sich immer wieder über Glückwünsche zum Geburtstag der *Kleinen*: »Innigsten Dank für Ihren Brief und die Glückwünsche ... Gott-Lob geht es meiner Frau und Tochter vollkommen gut; letztere ist ein sehr starkes und gesundes Kind.«[357]

War Stephanie auf Reisen, kümmerte sich Rudolf immer wieder um Erszi und besuchte sie in Laxenburg. Bei den ärztlichen Konsultationen war er immer dabei und berichtete Latour über eine Impfung: »Besten Dank für Ihren Brief, den ich noch nicht genau beantworten kann. Bei der Kleinen sind nähmlich die Impfungsblattern noch nicht hervorgetreten, was ein Beweis ist, für das ganz gut aufgenom̄en werden des Impf-Stoffes; bei mir sind schon gestern die Pusteln aufgebrochen, was zeigt, daß nichts mehr angreift; zu altes Leder.«[358] Latour schrieb er 1886 folgende Zeilen: »... jetzt fahre ich nach Laxenburg, um den Abend mit der Kleinen zuzubringen ...«[359] Natürlich erhielt Elisabeth Marie viele Geschenke, auch von Rudolfs Freunden, die ihn auf besondere Spielsachen aufmerksam machten. Latour erwähnte ein Puppenzim̄er: »Besten Dank für Ihren Brief; die Kleine hat schon ein Puppenzimer und überhaupt so viele Spielereien, daß man sich kaum mehr rühren kann; deshalb werden wir dießmal diesen Puppensalon nicht kaufen.«[360]

Die kaiserliche Familie und die übrigen Mitglieder des Herrscherhauses überschütteten die *Kleine* förmlich mit Geschenken; doch Rudolf achtete darauf, daß auch sinnvolle Dinge gegeben wurden – so beim fünften Geburtstag Elisabeth Maries: »An zahlreichen Geburtstags-Geschenken fehlte es nicht, da sich außer dem Kaiser- und Kronprinzenpaar fast sämmtliche Mitglieder der kaiserlichen Familie eingestellt hatten. Unter denselben befinden sich auch eine ganze Collection von landwirthschaftlichen Geräthen, da die kleine Prinzessin eine besondere Vorliebe dafür hat, im Garten eigenhändig neue *Anlagen* zu schaffen. Große Freude bereitete der Prinzessin der ihr von der Kronprinzessin zum Geschenk gemachte *sprechende* Amazonen-Papagei und – zum Lobe der kleinen Frau sei es erwähnt – nicht minder vielleicht auch die ihr von Papa präsentirten Schulbücher für die erste Normalclasse.«[361]

Seiner Frau berichtete Rudolf pünktlich über die *Kleine:* »Der Kleinen geht es unberufen sehr gut.«[362] Als sich Rudolf am 28. Jänner 1889 von seiner Frau verabschiedete und noch seine Tochter sehen wollte, bevor er nach Mayerling fuhr, ließ nichts in seinem Verhalten den Schluß auf eine nahende Katastrophe zu. Stephanies Kammerfrau, Sophie von Planker-Klaps, berichtete über diese Szene: »Am 28. Januar gegen 11 Uhr vormittags, ich war eben im Zimmer der Kronprinzessin, kam der Kronprinz im Jagdanzug herüber, um sich vor der Fahrt nach Mayerling zu verabschieden. Er wollte auch noch die kleine Prinzessin Elisabeth sehen, kam aber gleich wieder aus der Richtung des Kinderzimmers zurück. *Zu dumm*, sagte er ein wenig ärgerlich, *die Aja hat mich nicht hineingelassen, weil Erszi am Thron sitzt.*« Planker-Klaps berichtete weiter: »Ich kann mich nicht erinnern, daß er besonders ernst oder aufgeregt gewesen wäre, doch fiel mir sofort auf, daß er auf meinen Gruß beim Gehen nicht wie sonst immer *Auf Wiedersehen!* antwortete, sondern *Leben Sie wohl!*«[363]

Wie Marie Valerie war auch Erzherzog Karl Ludwig über Stephanies Gefühlskälte ihrer kleinen Tochter gegenüber verärgert. Hübner teilte er 1891 mit: »Was ich ihr nicht verzeihe ist, daß sie keinerlei Zärtlichkeit für die kleine Erzherzogin Elisabeth, ihre Tochter, zeigt.«[364]

Erzherzogin Elisabeth Marie erfreute sich größter Beliebtheit in der kaiserlichen Familie und wurde zu den Festtagen reichlich bedacht – natürlich auch zu Weihnachten. Die Vorbereitungen für das große Fest waren umfangreich. Neben dem Baum im Appartement Kaiserin Elisabeths in der Wiener Hofburg wurde auch ein solcher im Kronprinzen-Appartement für die kleine Erzherzogin aufgestellt: »Kronprinzessin Stephanie besorgt persönlich das Behängen des Christbaumes in einem Salon, welcher sorgsam abgeschlossen ist. Die Hof-Zuckerbäckerei hat prächtige Figürchen aus Tragant, Zuckerschaum und Patience-Bäckerei geliefert. Vom Kaiser und der Kaiserin sind gleichfalls schon die Weihnachts-Geschenke für die kleine Prinzessin aufgestellt. Dieselben haben gestern eine Bereicherung durch ein – lebendes Weihnachts-Geschenk erfahren. Die kleine Prinzessin wünschte schon lange zu ihrem *Paperl* auch einen Vogel, der singen kann. Gestern Vormittags wurde von dem bekannten Thierhändler Gudera, ohne daß es die Prinzessin merken durfte, ein Gimpel in die Hofburg gebracht und an die Kammer der Kronprinzessin abgeliefert.«[365]

Die späteren Ehejahre

Stephanies Biographin Irmgard Schiel gibt der Kronprinzessin keinen geringen Anteil an der Verschlechterung der Ehe. Die Probleme sollten auch auf die zunehmende Gefühlskälte der Kronprinzessin ihrem Gatten gegenüber zurückzuführen sein, die dem Adel nahestand und in repräsentativen Aufgaben aufging. Überdies hatte sich Stephanie sehr unvorteilhaft verändert. Die Gemahlin des belgischen Gesandten in Wien, Gräfin de Jonghe, schilderte diese Entwicklung: Während sie Stephanie im Frühjahr 1886 noch als »frisch und lächelnd, wie eine Rose und wirklich sehr lieb« beschrieb, fand sie die Kronprinzessin im Juli »sehr verändert und hässlich« und im Oktober stellte sie schließlich fest, daß Stephanie »enorme Ausmaße annimmt und vor Fett platzt«[366]. Möglicherweise suchte Rudolf aus diesem Grund verstärkt anderwärts Trost. Ob dies schließlich dazu führte, daß Stephanie aus Eifersucht ihrem Gatten die ehelichen Rechte verweigerte, kann natürlich nicht mehr nachvollzogen werden. Jedenfalls war Rudolf immer um ein gutes Einvernehmen mit seiner Ehefrau bemüht, auch wenn Stephanie dies in ihrer absolut unzuverlässigen Autobiographie leugnete.

Um dem Kronprinzen in seiner ehelichen Situation zu Hilfe zu kommen, griff Königin Marie Henriette – Stephanies Mutter wußte offenbar um Schwierigkeiten in der Ehe – im August 1887 direkt ein und schrieb an Rudolf: »Auch bitte ich Dich in dem Falle Stéphanie zu uns kömmt, mir *genau* zu schreiben in welchem Sinne ich mit ihr zu sprechen habe? So wie Du mich in London darum gebeten habe ich weder Louise noch ihr gegenüber dergleichen gethan, mit Dir gesprochen zu haben. Also bitte mir so klar wie möglich anzudeuten was Du wünschest, es wird nie jemand einen gewissenhafteren Advocaten haben, um Deinen Wünschen zu entsprechen.«[367] Tatsächlich fuhr Stephanie nach Brüssel. Was die Mutter mit ihr besprach, wurde nie bekannt. Aber Stephanie beklagte sich bei ihrer Schwester Louise, daß Marie Henriette ihr gegenüber ungerecht sei.[368] Offenbar hatte ihr die Mutter eine Strafpredigt gehalten, denn der undatierte Brief aus Laxenburg könnte die Reaktion auf die Worte ihrer Mutter sein; oder hatte sich Rudolf 1888 bei Königin Marie Henriette wieder über seine Frau beschwert? Jedenfalls klingt Stephanies Brief an ihre Schwester Louise ziemlich bitter: »Ich habe mich entschlossen, einen Brief an Mama zu schreiben, in dem ich ihr mitteile, daß sie ungerecht ist und daß ich die Vorwürfe nicht verdiene, die mich so sehr verletzt haben, und daß, so lange mein Kaiser und Herr, mein Gemahl mich ihrer Gunst, ihrer Liebe und ihres Vertrauens für würdig erachten, ich mir nichts vorzuwerfen habe. Ich füge hinzu, daß ich mir nichts anderes wünsche als ihre Zustimmung; das Getratsche und die Stimmen im Ausland oder anderes schlechtes Gerede lassen mich kalt. Umso mehr als ich nur auf die Liebe meines Landes wertlege, die ich zu besitzen glaube ...«[369]

Wie auch immer Stephanie selbst ihr Leben und ihre Haltung dem Ehemann gegenüber einschätzte – ein Biograph fand dafür nüchterne Wort, denen man in Kenntnis vieler Briefe Rudolfs an Stephanie kaum Wahrheit absprechen kann: »Der anhaltenden Liebe ihres Gatten und seines sexuellen Interesses an ihr sicher, zog Stephanie die Schlußfolgerung, daß sie nun genügend Einfluß auf ihren Mann errreicht hätte, um ihrerseits in Ehefragen keine Kompromisse mehr machen zu müssen.«[370] Doch Rudolf hielt an seiner Ritterlichkeit fest. Jedes Jahr, wenn Stephanie für einige Wochen nach Abbazia reiste, fuhr der Kronprinz mit ihr mit und besuchte sie zwischendurch, wenn es seine Zeit erlaubte: »Morgen abends reise ich nach Abbazia, um meine Frau dort zu établiren.«[371]

War im Jahr 1887 eine Verschlechterung in der Beziehung des Kronprinzenpaares eingetreten? Stephanie war im September auf Jersey. Rudolf schrieb ihr über sein Leben daheim: »Es geht mir sehr gut; ich unterhalte mich famos und führe ein sehr angenehmes Leben. Ich bin froh zu hören, daß Dir die Insel Jersey gefällt; hoffentlich schlagt Dir der Aufenthalt dort gut an.«[372] Dennoch quälten Rudolf immer Sorgen um Stephanie, wenn sie nicht in seiner Nähe war. In seinen Briefen an Bombelles wünschte er ständig Neuigkeiten. Bombelles kam den Aufforderungen Rudolfs stets nach: »Von hier habe ich zu melden, daß der Aufenthalt Ihrer K. Hoheit außerordentlich zuzusagen scheint. Das Leben ist sehr ruhig. Den Vormittag bringt die hohe Frau auf der *Plage* und in Ihrem Garten zu. Nachmittags wird beinahe täglich eine längere Spatzierfahrt in einem Charâbanc's[373] unternom̄en mit den 2 Damen, dem Doctor u. mir ... Daß ich dabei die größte Vorsicht walten laße und stets einen erfahrenen Local Piloten zu rathe ziehe, wollen Eure K. Hoheit überzeugt sein.«[374]

Auch Rudolfs Frau scheint immer noch um seinen Gesundheitszustand besorgt gewesen zu sein: »Bombelles, der zu mir kam, brachte mir von Dir gute Nachrichten. Ich zweifle nicht, daß die Augenentzündung, an der Du leidest ... so schnell vergangen ist ... Ich bin froh, daß Du mit der Wahl der Insel Jersey zufrieden bist, weil ich glaube, daß sie meine Wünsche erfüllt ... Ich beneide Louise und Philipp, die heute abend mit Dir speisen. Ihre Abreise schmerzte mich, weil ich jetzt wieder von Neuem alleine bin.«[375]

Rudolfs Briefe an Stephanie im Jahre 1888 sind vielleicht nicht mit gleicher Wärme geschrieben wie die früheren. Dennoch führten die Ehepartner einen regelmäßigen Briefwechsel. Rudolf gab Stephanie Aufschluß über seinen Tagesablauf, über seine Jagden, über seine häufigen Besuche bei der *Kleinen* und über seine möglichen Begegnungen mit Stephanie. Seine Briefe enden immer mit derselben Grußformel, die er während all der Jahre seiner Ehe gebrauchte: »Aus ganzem Herzen Dich umarmend bin ich Dein Dich innigst liebender Coco«[376]. Die Ehepartner tauschten zu diversen Anlässen weiterhin Geschenke aus, die nicht nur auf eine bloße Gewohnheit schließen lassen. Im April 1888 fragte Stephanie Rudolf, was sie ihm zum Namenstag schenken sollte. Darauf antwortete ihr Rudolf: »Herzlichsten Dank für zwei Briefe; ich bitte Dich mir zu meinem Namenstag zu schenken, was Du willst; ich habe keinen bestimmten Wunsch; gebe mir nur nicht viele und theuere Sachen, da die Finanzen ohnehin leidend sind.«[377] Die Gesundheit seiner Gemahlin war Kronprinz Rudolf immer ein Anliegen; er sorgte sich um sie, insbesondere wenn ein Klimawechsel bevorstand: »Es ist ganz gut, wenn Du nach dem 20ten nach Wien kommst, nur solltest Du Dich nicht an einen bestimmten Tag binden und die Rückreise nach der Witterung in Wien einrichten, sonst verkühlst Du Dich, so wie es mir jetzt gelungen ist.«[378]

Selbst für Stephanies ständige Wünsche nach einem Schiff, um in der Adria Ausflüge machen zu können, hatte Rudolf immer ein offenes Ohr, obwohl es für ihn nicht immer einfach war, die Absichten seiner Gattin beim Kaiser durchzusetzen. Er verstand die Naturliebe seiner Gemahlin – etwas, das sie beide verband –, konnte jedoch nicht selbst über die Benützung der kaiserlichen Yachten oder von Schiffen des österreichischen Lloyd verfügen: »Ich werde wegen des Greif morgen den Kaiser bitten, doch ich glaube Er wird es nicht sehr gut aufnehmen; die Officiere müßten alle gewechselt werden und die ganze Sache würde Sterneck viele Scherereien bereiten; versuchen werde ich es unter jedem Fall, weil es Dir Spaß macht.«[379] Offenbar merkte auch der Kaiser nichts von einem gravierenden Ehezerwürfnis. An Hohenlohe schrieb der Kaiser im Februar 1888: »Wir werden heute um 5 Uhr mit Rudolph und Stéphanie en famille speisen, daher 5 Personen ...«[380] Rudolf und Stephanie unternahmen weiterhin gemeinsame Reisen, nicht nur offizielle, sondern auch private: »Wir genießen sehr den herrlichen Süden und freuen uns der ruhigen Tage an dieser schönen Küste«, schrieb Rudolf erfreut an Szeps.[381]

Ständig war der Kronprinz um Harmonie mit seiner Gattin bemüht. Nach den gemeinsamen Tagen in Abbazia im Dezember 1888 schrieb ihr Rudolf – da Stephanie noch ein wenig länger blieb – zum neuen Jahr am 31. Dezember 1888: »Liebe Stephanie! Zum Jahreswechsel wünsche ich Dir alles erdenklich Gute, Gesundheit und angenehme Tage, frohe Zeiten und alles, was Du Dir wünscht, soll in Erfüllung gehen. Hier ist es nicht kalt, aber nicht so warm wie in Abbazia, dabei leiden wir unter fortwährendem Nebel und Nässe. Die Kleine hat Schnupfen, aber Gott-Lob ohne Halsweh, ist dabei lustig und sehr ausgelassen. Onkel Ludwig hat gestern sterben wollen. Der Burgpfarrer hat ihn versehen und die nähere Familie den Kaiser an der Spitze war am Sterbebett versam̄elt; ich glänzte durch meine Abwesenheit, da wie es scheint man nicht recht wußte, ob ich schon in Wien sei und wo und ob man mich überhaupt findet; daher erfuhr ich diese Tragödie die aus coloßalen Eruptionen nach zwei Richtungen zusam̄engesetzt war, erst heute früh. Ich fuhr gleich an das Schmerzenslager und fand ihn in einem eleganten Schlafcostume in einem parfümirten Zimmer, wie eine alternde Cocotte aufgebahrt, Wiederhofer und den Burgpfarrer bei ihm; er sieht schwach aus, bis auf die Zunge, die hat keine Diarrhöe gehabt, sondern hat noch die Sprechruhr. Wiederhofer findet ihn außer aller Gefahr; morgen steht er auf und übermorgen dürfte er mit gewöhnlichem Appetit diniren. Jetzt muß ich mit Pausinger auf den Adler fahren. Meine Glückwünsche wiederholend und Dich umarmend, Dein Dich liebender Coco«[382]. Dieser Brief läßt ebenfalls nichts von einem Zerwürfnis der Ehepartner erkennen, selbst der neueste Familientratsch war darin enthalten. Besonders der erste Satz dieses Briefes wurde immer als zynisch-gehässig der Kronprinzessin gegenüber angesehen. Manche Biographen meinten, daß Rudolf in seiner angeblichen Selbstmordmanie seine Gemahlin durch diese Zeilen noch einmal tief verletzen wollte. Allerdings wurde der restliche Inhalt des Briefs häufig unbeachtet gelassen, der einen gar nicht depressiven, weltverachtenden Eindruck macht. Im Gegenteil, Rudolf witzelt in gewohnter Art – wie in vielen seiner Briefe – und spielt in diesem Fall auf seinen Onkel Erzherzog Ludwig Victor an.

Rudolfs Briefe an Stephanie aus den Jahren 1887 und 1888 lassen deutlich erkennen, daß er trotz seiner Affären das sexuelle Begehren an seiner Frau nicht verloren hatte. Aus Potsdam schrieb er ihr: »... ich freue mich auch schon sehr auf etwas Ruhe, die ich notwendig brauche – am 26. früh bin ich in Abbazia. Wenn es Dich auch etwas genirt, ich kann Dir nicht helfen, ich werde einige Zeit unten bleiben; wie lange kann ich noch nicht sagen; es hängt ab, wie rasch ich mich erhole, momentan geht es mir gar nicht gut. Denke manchmal an mich ...«[383] Vierzehn Tage später deutete er ihr abermals seine Sehnsucht an: »... wie gerne möchte ich mit Dir in ein gutes, warmes Bett kriechen, statt so allein herumzuliegen ...«[384] Und kurz bevor Rudolf nach Abbazia kam, schrieb er an seine Frau: »Ich möchte Dich bitten, daß Du mir sofort nach Erhalt dieses Briefes per Telegramm die Daten durchgiebst, für die Du Deine nächste Regel erwartest«.[385] Der Kronprinz instruierte seine Gemahlin, wie sie diese Nachricht diskret chiffrieren konnte. Ein paar Tage nach der Zusammenkunft in Abbazia gestand er ihr: »Ich war recht traurig, als ich Abbazia verließ, und ich hoffe schon, daß dieses Strohwitwerdasein bald ein Ende haben wird; es ist mir so langweilig, allein zu Hause sein zu müssen.«[386] Ein Brief aus dem Jahr 1888 ist ebenfalls ganz eindeutig: »... ich glaube wir sollten diese eine Nacht in Abbazia zusammen schlafen ... es wäre nett, wenn wir uns im Bett wieder aneinander kuscheln könnten.«[387] Und am Karsamstag schrieb er ihr nach Abbazia: »Liebe Stéphanie! Herzlichsten Dank für Telegramme. Diesen Brief bringt Dir Beck mit, der auch die Kabinen einrichten wird. Am Ostermontag möchte ich zum Diner in Abbazia einladen: außer unseren Suiten Franzi[388], Pausinger, Otto mit Frau und Suiten, Pater Racic und Weilen. Alles in Civil (Bonjourl). Ich finde wir könnten diese eine Nacht in Abbazia zusammen schlafen; es macht sich gut, dann geht man ohnehin wegen dem Beichten und Kommunizieren früh schlafen, und es wäre auch recht hübsch, wieder einmal im Bett zusammen herumzunutscherln. Hoffentlich kann der Greif am Ostermontag bei meiner Ankunft schon in Abbazia sein; wenn das Wetter es nicht erlaubt, so soll der Commandant da sein, da ich ihn sprechen muß. Ich schließe meinen Brief, um mich anzuziehen für die Auferstehungsprozession, die heute bei ziemlich kühlem und grauem Wetter stattfinden wird. Aus ganzem Herzen Dich umarmend, Dein Dich innigst liebender Coco«[389].

Diese eindeutigen Briefe sind nicht mehr im Archiv Pannonhalma vorhanden, wo sie ja eigentlich sein müßten. Es existieren nur mehr die Abschriften von Gräfin Stockhausen. Wo die Briefe sind oder ob sie vernichtet wurden, ist bislang ungeklärt. Sie zeigen jedoch recht deutlich, daß Rudolfs und Stephanies Ehe nicht so schlecht war, wie immer behauptet wird. Graf Hoyos trug mit seiner Bemerkung, daß in den letzten beiden Jahren »eine Trübung des zärtlichen Verhältnisses« eingetreten sei, viel zur Legendenbildung bei.[390]

Interessant im Zusammenhang mit der angeblich so zerrütteten, faktisch nicht mehr existierenden Ehe ist auch der letzte datierte Brief des Kronprinzen an seine

Frau vom 2. Jänner 1889 – neun Tage später kehrte Stephanie von Abbazia nach Wien zurück: »Liebe Stéphanie! Die Skambis, sind drei Tage auf der Post, oder weiß Gott wo herumgekugelt und kamen ungenießbar, stinkend an. Ich bitte Dich schicke welche am 6ten oder 5ten Abends weg, so daß sie sicher gut ankommen, man müßte sie einem Conducteur übergeben. Gestern hatten wir noch ganz mildes Wetter, spät Abends einige Grade Wärme, heute früh wachten wir bei Hundekälte 6 Grad unter Null in der inneren Stadt auf. Hier trafen wir bei Schandwetter ein; es heult der Sturm und beginnt dabei zu schneien. Ich glaube aber an keine große Kälte mehr; vorgestern sah ich noch Wildgänse an der Donau und das ist ein sicheres Zeichen für warmes Wetter. Wenn es so kalt bleibt, solltest Du etwas länger wie bis zum 7ten in Abbazia bleiben, sonst verkühlst Du Dich so wie vor 2 Jahren; es ist nur eine Sache von einigen Tagen, denn lange dauert eine Kälte die erst im Jänner beginnt nicht; ich werde Dir telegraphieren. So wie es jetzt ist, würdest Du Dich auf der Reise und dann auch in Wien unfehlbar verderben; ich habe heute elend gefroren; über die Jagden bin ich eigentlich desperat; nur frieren von früh bis Abends und wenig schießen, dabei nur Thiere, das ist nicht sehr erfreulich. Der Kleinen geht es Gott-Lob mit dem Schnupfen beßer, nur darf sie bei der infamen Temperatur nicht hinaus. Onkel Ludwig ist wieder ganz wohl und beabsichtigt fort zu leben. Gestern war eine mühsame, erfolglose Sitzung, dann ein miserables Familiendiner bei Onkel Albrecht. Aus ganzem Herzen Dich umarmend, bin ich Dein Dich liebender Coco«[391]. Rudolf sorgte sich wie immer um die Gesundheit seiner Frau, der er das kalte und schlechte Wetter in Wien nicht zumuten wollte.

Folgendes Zitat aus einem Brief, der auch aus dem Jänner 1889 stammen soll, läßt ebenfalls nicht auf ein Zerwürfnis zwischen Rudolf und Stephanie schließen: »Pausinger komt um 7½ zum Diner, wenn ich nicht da bin bitte ich anzufangen, ich werde entweder nach speisen oder dann allein eßen; wahrscheinlich aber komme ich wegen des Nebel, der die Adlerjagd unmöglich machen wird, schon um 6 Uhr nach Hause.«[392] Dieser undatierte Brief Rudolfs an Stephanie ist mit dem späteren Vermerk »vermutlich Jänner 1889« versehen. Auch aus diesem Schreiben ist ersichtlich, daß Rudolf – im Gegensatz zu späteren Behauptungen von Zeitgenossen, Biographen und den Erinnerungen seiner Frau – bis zu seinem ungeklärten Ende das Interesse an der Jagd nicht verlor. »Entgegen früheren Ansichten hatte das Paar jedoch nicht jede Beziehung abgebrochen .... Trotz allem aber ist sie [Stephanie] nicht glaubwürdig, wenn sie behauptet, daß Rudolfs Liebesbeteuerungen und tatsächliches Benehmen in krassem Widerspruch zueinander standen. Sie hat keine überzeugende Erklärung für seine zahlreichen Liebesbriefe zu bieten ...«[393]

Aussagekräftig ist die Brieffrequenz, die sich heute anhand der erhaltenen Stücke nachvollziehen läßt. Schreibt ein Ehemann, dessen Ehe als gescheitert gilt, seiner Frau jeden zweiten bis dritten Tag und telegraphiert er ihr, wenn er keine Zeit zum Schreiben hat? Dazu ein paar Briefstellen: »Verzeihe, wenn ich Dir nicht genug schreibe, aber ich bin immer unterwegs, nirgends zu Hause, einmal da, einmal dort, und so komme ich nur selten in die Nähe eines Schreibtisches.«[394] – »Schreibe mir, wann Du nach Ischl kömmst, wenn Du am 14. & 15. dort bist kann ich vielleicht auf einige Stunden hinkommen.«[395] – »Hoffentlich bekom̄e ich bald eine gute Nachricht, daß Du am 14ten in Ischl bist.«[396] – »Innigsten Dank für Dein Telegram̄; es hat mir sehr leid gethan Dich nur so schnell und kurz zu sehen.«[397] – »Denke manchmal an mich.«[398] – »Ich bin sehr froh, daß Dir Deine Reise so gut gefällt und daß Du Dich gut unterhältst; mir geht es famos und ich führe auch ein sehr angenehmes Leben, zwischen Maneuvers, Jagden und Excursionen in die Umgebung.«[399] – »Es geht mir sehr gut; ich unterhalte mich famos und führe ein sehr angenehmes Leben. Ich bin froh zu hören, daß Dir die Insel Jersey gefällt; hoffentlich schlagt Dir der Aufenthalt dort gut an.«[400] Und noch im Jahr 1888 entschuldigte sich Rudolf bei seiner Gemahlin, wenn er nicht oft genug an sie schrieb: »Verzeihe, daß ich Dir zwei Tage nicht geschrieben habe, doch ich war eigentlich nie zu Hause.«[401]

Der Maler Pausinger, der angeblich noch im Jänner 1889 mit Rudolf auf die Jagd ging, war es auch, der nach Rudolfs Tod über die Ehe des Kronprinzenpaares Folgendes erzählte: »Ich hatte auch wiederholt das Glück, Zeuge seines poetisch zu nennenden Familienglückes zu sein, und kann nur sagen, daß mich nichts so sehr empört, als wenn ich Gerüchte höre, welche von dem Gegentheile wissen wollen. Derlei ist einfach erfunden.«[402] Man kann bei solchen Aussagen eine gewisse Pietät und Beschönigung natürlich nicht ausschließen, wie es eben nach dem Tod eines verehrten, geschätzten Mannes vorkommt. Andererseits waren die Aussagen Pausingers, der noch am 31. Dezember 1889 mit Rudolf jagte, der offiziellen Hofversion entgegengesetzt.[403]

Die Behauptung von Rudolf-Biographen und von Stephanie, daß das Kronprinzenpaar in den letzten beiden Lebensjahren Rudolfs nur mehr im Beisein Dritter verkehrte, ist ebenfalls unrichtig: »Am 7ten steige ich nicht in Wien, sondern schon in Himberg aus, sodaß das Diner für uns Allein schon etwas früher sein kann. Wenn Du von wem auch immer, auch von den Majestäten eine Einladung für den 8ten oder 9ten bekommst, so sage oder schreibe daß ich mit Dir am 8ten nach Mayerling fahren will, um etwas Ruhe zu haben.« So schrieb Rudolf an seine Gemahlin noch im Mai 1888.[404] Soweit die Tagebücher des Flügeladjutanten des Kronprinzen vorliegen (von 1854 bis Februar 1888), fanden von 1887 bis Anfang 1888 an fast allen Tagen gemeinsame Dîners des Kronprinzenpaares statt. Manchmal speisten sie mit Gästen, sehr oft ganz intim *à la camera*, also nur Stephanie und Rudolf. Auch an Familiendîners nahmen die beiden regelmäßig teil, häufig waren sie bei den Coburgs geladen.[405]

Stephanies Autobiographie enthält – was ihre Beziehung zum Kronprinzen betrifft – viele falsche Darstellungen, in denen sie ihre Rolle im Leben Rudolfs verharmlost und Unwahrheiten schreibt, um seinen geradlinigen Weg in den Untergang nachzuweisen.

Stephanie als Kronprinzessin

»Sie ist ein Schatz, das liebste Kind, das man sich träumen kann, ein Engel im wahrsten Sinn des Wortes«, schrieb die Gemahlin des belgischen Botschafters Gräfin Valentine de Jonghe d'Adoye einen Tag vor Stephanies Hochzeit. Zwei Jahre danach hatte sich die Meinung der Gräfin kaum geändert; sie fand die Kronprinzessin immer noch zauberhaft. Doch kurz danach trat etwas ein, was Gräfin Valentine zu einer Änderung ihrer Meinung veranlaßte – offenbar erfuhr sie Ungünstiges über Stephanie. Etwas, das sie nicht einmal in ihren Briefen erörtern wollte.[406] Gräfin de Jonghe wollte in Stephanie etwas sehen, was sie nicht war – ein liebes Kind. Wie aus vielen Biographien hervorgeht, hatte Stephanie unter der zerrütteten Ehe ihrer Eltern schwer gelitten. Sie war als Kind nicht geliebt worden und Leopold II. verachtete seine Töchter. Stephanie war daher nicht zu stabilen, tiefen Gefühlen fähig. Möglicherweise war Stephanies zweite Ehe mit dem Grafen Lonyáy so glücklich, weil ihr zweiter Gemahl so langmütig war.

Ihren ersten Triumph feierte Stephanie, als sie nach den Flitterwochen in Laxenburg mit Rudolf nach Budapest fuhr. Von den Ungarn wurde sie als Enkelin des Palatin und seiner Frau stürmisch gefeiert. Der belgische Botschafter Graf de Jonghe war begeistert: »Nie hat man in Pest einen größeren Erfolg als den der Frau Erzherzogin Stéphanie gesehen. Ihre einnehmenden Manieren, ihre einfache und natürliche Grazie, ihr freundliches Lächeln haben ihr alle Sympathien gewonnen.«[407] Die Ehe schien unter einem glücklichen Stern zu stehen – Rudolf konnte stolz auf seine junge Frau sein.

Anfänglich genoß auch Stephanie das Eheleben. Als Rudolf bei einem Ball in Prag einen Anflug von Eifersucht zeigte, schrieb Stephanie, die stolz darauf war, an ihre Schwester Louise: »Ich habe bemerkt, daß Rudolf es nicht gerne sieht, wenn ich mit anderen Männern tanze, weil er auf seine kleine Frau eifersüchtig ist ... ich habe ihm sofort erklärt, daß ich nicht mehr tanzen werde, um ihn nicht traurig zu machen. Er war davon entzückt und hat mich mit Freundlichkeiten überschüttet. Ich finde, wenn man etwas bemerkt was den Ehemann stört, sollte man es sofort lassen. Findest Du nicht auch?«[408] Stephanie begleitete Rudolf auf seinen Jagden und genoß es sichtlich, seinen Namenstag in trauter Zweisamkeit an der Donau verbringen zu können.[409] Die Naturliebe war den beiden Ehegatten gemeinsam, vermutlich die einzige Gemeinsamkeit neben der Liebe zum Wienerlied und zur Zigeunermusik.

Stephanie schätzte weiterhin die Jagdausflüge mit ihrem Gatten nach Alland, Orth oder Görgény sowie die Gesellschaft, mit der sich Rudolf umgab: »Ich habe 6 ideale Tage in Orth verbracht, das Wetter war prachtvoll. Man ging täglich auf die Jagd und ich amüsierte mich aufs wunderbarste umgeben von angenehmen Gästen und überrascht durch eine böhmische Musikkapelle, deren Spiel exzellent war ...«[410] In ihrer Autobiographie, die rund fünfzig Jahre später erschien, stritt Stephanie schließlich alles ab, was ihr als junge Frau an Rudolfs Seite sehr viel Freude gemacht hatte.

Über den ersten Hochzeitstag freute sich Stephanie sehr. Sie zog ein für Rudolf sehr schmeichelhaftes Resümee ihrer bisherigen Ehe: »Es ist gerade ein Jahr, daß ich verheiratet bin. Ich kann Gott danken, daß dieses erste Jahr so gut vorbeigegangen ist und ich kann nur beten, daß die folgenden genau so glücklich werden ... Rudi ist ein echter Mustergatte. Wir verstehen uns blendend. In einem Wort liebe Schwester, *ich bin glücklich*.«[411] Auch Rudolfs erster Namenstag, den die beiden allein verbrachten, war Stephanie einige Zeilen an ihre Schwester wert: »Ich habe Rudolfs Festtag in einer sehr angenehmen Weise mit ihm verbracht; wir waren fast den ganzen Tag an der Donau und es war großartig.«[412] In ihrer Autobiographie schrieb Stephanie allerdings ganz anders über die Prager Zeit: »Der militärische Dienst rief den Kronprinz nach Prag zurück. Dort hatte ich die Freude, meine Schwester Louise und ihren Gatten einige Wochen als unsere Gäste bei uns zu sehen. Ihre Anwesenheit half mir über das gefürchtete Alleinsein mit dem Kronprinzen hinweg.«[413]

Kronprinzessin Stephanie schätzte schon bald nach ihrer Vermählung die große Aufmerksamkeit, die ihr die Offiziere der k.u.k. Armee entgegenbrachten. Auch die Angehörigen der Marine standen dem um nichts nach, wenn sich die Kronprinzessin in Miramare, Abbazia oder Lacroma aufhielt. Man stellte ihr Schiffe für Ausflüge zur Verfügung, und sie genoß die Mahlzeiten mit den Herren in der Schiffsmesse: »Abend mit den Herren verbracht. Diner mit allen Offizieren, blieb mit ihnen auf bis zehn Uhr, ein sehr reizender Abend.«[414] Ihre Flirts verhalfen ihr zu mehr Selbstbewußtsein als Frau: »Am Abend fuhr ich nach Wien, um an der Enthüllung des Tegetthoff Denkmals teilzunehmen ... Viele Herren aus Pola ... Ich habe mich natürlich sehr gefreut.«[415]

In Wien erhielt Stephanie Gelegenheit, die erste Frau des Reiches zu vertreten. Kaiserin Elisabeth war häufig auf Reisen, die ungeteilte Aufmerksamkeit galt somit der Kronprinzessin, die es damals mit der Attraktivität der Monarchin allerdings nicht aufnehmen konnte. Dennoch wurde sie ständig hofiert. »Das Fest im Prater hat mir sehr gefallen ... Ich habe wundervolle Blumensträuße bekommen und wurde mehrmals mit Blumenregen bombardiert. Auch das Volk zeigte sich liebenswürdig und guter Stimmung. Du hast vielleicht gehört, mit welchem Enthusiasmus wir empfangen wurden.«[416] In ihren Memoiren schrieb Stephanie, wie sehr sie die Repräsentationspflichten schätzte, so auch die Teilnahme an der traditionellen Fußwaschung am Gründonnerstag: »Ich habe mich diesen Aufgaben nie zu entziehen gesucht. Ich hielt sie für meine Pflicht, für einen frommen Beweis meiner Ehrfurcht vor den seit Jahrhunderten überlieferten Gebräuchen der katholischen Kirche.«[417] Sie zog – im Gegensatz zu Rudolf – den Einfluß und die Berechtigung der Kirche und des Adels niemals in Zweifel. Auch an den Gesprächen ihres Gatten nahm Stephanie immer teil und äußerte ihre Ansichten zu politischen Fragen, was Szeps bezeugte.[418]

Auf einer Reise nach Galizien war Stephanie im Juni 1887 Arthur Graf Potocki begegnet. Sie verliebte sich in den 38jährigen attraktiven Witwer, den sie fortan in ihren Briefen als *Hamlet* bezeichnete. Im November 1887 schrieb sie an ihre Schwester Louise: »Hamlet spielt nach wie vor eine wichtige Rolle, ich kann ihn nicht vergessen.«[419] Stephanie wurde möglicherweise 1888 seine Geliebte. Ganz offen schrieb Stephanie ihrer Schwester über die Gefühle, die sie Graf Potocki entgegenbrachte: »Ich halte es nicht mehr aus vor Unruhe, seit ich von der Anwesenheit Ar..t... in Wien weiß. Ophelia muß ihn sehen, aber wie es anstellen? R. und Fritz sind in Abbazia. Hamlet bleibt nur 2 Tage in Wien. Antworte sofort, was man erfinden kann. Ich habe schon an ein Déjeuner oder Diner bei Euch gedacht?

Gib mir einen guten Rat! ... Trachte, etwas zu arrangieren.«[420] Rudolf war – was das Verhältnis seiner Frau zu Arthur Potocki anlangte – offensichtlich ahnungslos. Graf Potocki war und blieb einer seiner Jagdgefährten, der ihm auch politische Informationen überbrachte: »Mein polnischer Freund der Graf Potocki ist bei mir, er weiss viel über Russland. Er fährt morgen Abend wieder weg. Ich denke, daß Sie gerne mit ihm sprechen würden.«[421]

Stephanie dachte mehr an ihren *Hamlet* als an Kronprinz Rudolf. Nach Abbazia ließ sie sich von ihrem Gatten begleiten, der alles für sie arrangiert hatte. Aber von dort schrieb sie Louise nur von *Hamlet* und erwähnte Rudolf nicht: »Hier ist das Wetter herrlich, die Luft köstlich, das Meer superb, das Leben charmant, meine Gesundheit wiederhergestellt, die Kopfschmerzen vorbei, meine Sehnsucht zum Meer noch größer, die Versuchung, in Abbazia zu bleiben, gewachsen, die Angst vor der Rückkehr furchtbar, die Vorliebe für diesen Ort verdoppelt, die *Sehnsucht* nach H....t unbeschreiblich, meine Gedanken und Grüße in den Wellen versenkt und mein Herz bei Dir. Nach dieser Litanei wirst Du glauben, ich fange an, den Verstand zu verlieren ...«[422] Doch das Glück war von kurzer Dauer, im März 1889 erkrankte *Hamlet* schwer. Stephanie schwankte zwischen Hoffnung und Angst. Im März 1890 schließlich erlag Arthur Potocki seinem Leiden – er hatte Zungenkrebs.

In vielen ihrer späteren Aussagen bezüglich ihres Gatten ignorierte Stephanie den Inhalt seiner zahlreichen Briefe, von denen die Kronprinzessin-Witwe nicht annehmen konnte, daß sie einmal der Forschung zugänglich sein würden. Sollte die Ehe tatsächlich Risse bekommen haben, so war Rudolf jedenfalls immer um ein gutes Einvernehmen mit seiner Frau bemüht. Vielleicht war Erzherzog Ludwig Victor an einer Entfremdung des Paares Schuld – möglicherweise war *Luzi Wuzi* die *männliche Klatschbase*, die Rudolf bei Stephanie anschwärzte. Szeps jedenfalls glaubte nie an einen Brief des Kronprinzen an den Papst, in dem er um seine Scheidung von Stephanie gebeten haben soll. Denn »nicht mehr Bedeutung [als den Gerüchten über die Geisteskrankheit] legte Szeps den Erzählungen über Rudolfs unglückliche Ehe – deren Scheidung er anstrebte, und so weiter – bei«[423].

Ihre Kinderlosigkeit gab Stephanie jedoch zu denken. Sie war sich ihrer Pflicht, einen Thronfolger zu gebären, durchaus bewußt. Ob sie ihre auffallende Kinderlosigkeit damals mit der vermuteten Gonorrhöe in Verbindung brachte, ist nicht bekannt. Allerdings hatte die junge Frau Probleme mit der Fruchtbarkeit[424]: »Die Nachricht der Geburt eines Sohnes von Otto hat mich zum Nachdenken gebracht und ich beneide ihr Glück.«[425]

Zu jener Zeit kannte Stephanie *Hamlet* vermutlich schon länger; ihre Verliebtheit und Schwärmerei für ihn hielt sie jedoch nicht davon ab, sich einen Sohn von Rudolf zu wünschen, der ihre Stellung auch über Rudolfs Tod hinaus gefestigt hätte.

Stephanie trug mehr zum Erkalten ihrer Ehe mit Rudolf bei, als sie in ihren Memoiren zugibt. In Wien wurde sie allgemein als »kühle Blonde« und »Vulkan mit Eishaube« bezeichnet.[426] Rudolf bemühte sich immer wieder um eine Verbesserung der Beziehung; dem war Stephanie vermutlich wegen ihrer Gefühle zu *Hamlet* aber nicht mehr zugänglich.

Dennoch war Stephanie von Anfang an daran interessiert, daß sie und insbesondere ihr Gatte wichtige Aufgaben übertragen bekamen. Während sie Rudolf gegenüber kühler zu werden schien – wie auch Erzherzogin Marie Valerie in ihren Tagebüchern anmerkte, wurde für sie die aus damaliger Sicht zu erwartende zukünftige Stellung immer bedeutender. Jedes Avancement Rudolfs war für Stephanie wichtig. Im März 1888 schrieb sie an ihre Schwester Louise: »Die Ernennung meines Gatten zum Inspektor der Infanterie hat mir große Freude gemacht, dieser Titel wurde extra für ihn eingeführt und wird ihm extrem viel Aufgaben bescheren.«[427] Doch dies war bloß ein Intermezzo für Stephanie. Im selben Brief konstatierte sie bedauernd, daß sie Graf Potocki in Abbazia nicht viel sehen werde: »Hamlet sollte am 2. hier ankommen, zur gleichen Zeit wie Rudolf, aber ich fürchte ihn wenig zu sehen, weil ich mich mit Rudolf für 4 Tage einschiffe.«[428] Außerdem eröffnete sie ihrer Schwester Louise darin auch ihre geheimsten Gefühle: »Niemand ist in besonderer Gunst, denn H ist nicht vergessen. Ich bin Feuer und Flamme für die Marine, deren Herzen ich erneut gewonnen habe.«[429]

Stephanie schätzte die Aufenthalte fern von Wien, sie schätzte ihre Ruhe und begeisterte sich vor allem an der schönen Landschaft. Doch im Gegensatz zur Kaiserin genoß die Kronprinzessin die Aufmerksamkeit ihrer Landsleute und öffentliche Auftritte: »Es ist sehr viel Gesellschaft hier, man gibt Feste, Concerte, so daß man sich sehr gut amüsiert. Ich sehe die Gesellschaft bei Tisch ...«[430] Die Ovationen der Bevölkerung erfüllten sie stets mit Stolz und Selbstvertrauen: »Das Volk ist von einer Liebenswürdigkeit, wie es nur in Österreich möglich ist.«[431] Es kam Stephanie besonders auf ihr Auftreten und Wirken in der Öffentlichkeit an, das ihrem Stolz auf ihre Stellung entgegenkam: »Es sind eine Menge eleganter Leute hier, u.a. Géza Széchényi, Géza Andrassy der jüngere ... Wenn Hamlet hier wäre!«[432] – Stephanies Gefühle für *Hamlet* waren viel tiefer als jene Rudolfs für seine Freundinnen.

Mit der Zeit entwickelte Stephanie eine ähnliche Abneigung gegen die Haupt- und Residenzstadt Wien wie ihre Schwiegermutter Elisabeth: »Migräne! ... bestimmt ist mir die Luft der Hauptstadt schädlich ...« Und aus Jersey schrieb sie an Louise: »Nachdem ich ein so friedliches, ein so angenehmes Leben geführt habe, wird die Rückkehr zur bercail[433] hart sein (Diese Vertraulichkeit ist nur für Dich, liebe Freundin).«[434] In Abbazia ging Stephanie viel spazieren, lieh sich Schiffe der Kriegsmarine für Ausflüge und nahm heiße Salzwasserbäder. Die Gesellschaft der Marineoffiziere genoß Stephanie sichtlich: »Es war 10½ abends, wir waren sehr fröhlich und rauchten mit den Offizieren.«[435] Diese und »das regelmäßige Leben (allein), das Fehlen von Aufregungen, Emotionen tun mir außerordentlich gut ... Die Marine bringt mir ständig berührende Aufmerksamkeit entgegen«[436]. Und aus Franzensbad schrieb sie: »... angebetet von der Bevölkerung und die Leichtigkeit, mit der ich ihre Herzen gewonnen habe, sind ein schöner Triumph für mich ...«[437]

Die Kronprinzessin-Witwe

Noch bei ihrem letzten Aufenthalt in Abbazia vor der Tragödie in Mayerling erwähnte Stephanie in ihrem Brief *Hamlet*, aber nicht ihren Gatten: »... die *Sehnsucht* nach H....t ist unzerstörbar ...«[438] Nach dem Tod ihres Gatten war Stephanie kurze Zeit völlig am Boden zerstört und litt unter Schuldgefühlen. Am 30. Jänner 1889 schrieb sie an Louise: »Kaum kann ich die Feder in die Hand nehmen um Dir zu sagen, wie sehr ich vom Schmerz verletzt bin durch dieses schreckliche Unglück, das uns betroffen hat. Komme morgen, egal zu welcher Stunde. Ich brauche Dich mehr als jemals. Bete für mich und für ihn, der so gut war. Bleibe bei der unglücklichsten Frau, die Deine Schwester ist und Dich liebt.«[439] In die Kapuzinergruft fand die »liebende« Gattin ihren Weg jedoch erst am 17. Februar.[440] Schließlich verließ Stephanie Wien, um auf Schloß Miramare etwas Abstand von den Ereignissen zu gewinnen. Sie haderte dort mit ihrem Schicksal, verlor aber über Rudolf kein Wort mehr. Um *Hamlet* sorgte sie sich jedoch bereits im März 1889.

Um nicht durch die Überwachung ihrer Briefe entdeckt zu werden, schrieb Stephanie über *Hamlet* nun in der weiblichen Form: »... meine Bangigkeit verursacht durch die schlechten Nachrichten von Hamlet. Sie liegt in einem Spital in Wien, soll operiert werden, ist furchtbar leidend ... Es ist kein Verlaß, daß sie gerettet werden kann. Man spricht von einer schrecklichen Krankheit, bei diesem Gedanken an sie zittere ich um sie. Gott möge sie beschützen! Das ist ein großes Geheimnis, das ich Dich bitte zu bewahren, da die Familie und die Kranke es so wünschen.«

In Wien fehlte es nicht an Kritik an der Kronprinzessin, wie der Künstler Pausinger am 15. Mai 1889 meinte: »... u. verurteilt – wie übrigens alle Welt in Wien die Erzherzogin Stephanie mit einer grossen, aber gerechten Strenge ...«[441] Und Hübner notierte zum ersten Jahrestag von Rudolfs Tod Folgendes: »Währenddessen macht die Witwe Stephanie in Gries bei Bozen Bergbesteigungen und Promenaden! Was die Zeitungen nicht auszuführen verfehlen.«[442]

Nach einer Zeit des Selbstmitleids fand Stephanie ihren Lebenswillen wieder. Sie fragte sich nun zutiefst gekränkt: »Es kann nicht anders sein, wenn jemandes Zukunft ruiniert ist, jemandes Hoffnungen zerstört sind und man sich fragt, wofür man sich während der letzten 8 Jahre aufgeopfert hat, wofür man gearbeitet hat, um sich die Wertschätzung, die Liebe eines Volkes zu erringen, um welches man sich von einem Tag auf den anderen nicht mehr kümmern darf. Diese Gedanken sind so traurig wie die Wahrheit und machen mich immer tief unglücklich.«[443] Ein Brief nach der Katastrophe von Mayerling zeigt, daß Stephanie ihren Mann nicht wirklich geliebt hat: »Wenn Du Hamlet siehst, sag ihm, daß es mir schlecht geht ... und daß er wenig Chancen hat, in Miramare empfangen zu werden, eher in Wien ...« und »Ich hätte ein anderes Schicksal verdient, denn ich könnte so glücklich sein mit jemandem, den ich liebe oder von dem ich geliebt werde.«[444] – Kein Wort über den Kronprinzen.

Der Polizeiminister Graf Hübner urteilte scharf über Stephanie, »die nicht aufhört, zu heulen und der Krone nachzuweinen, die ihr entgeht«[445]. Selbst der gutmütige Karl Ludwig, Stephanies Onkel, machte kein Hehl aus seinem Urteil: »Sie hat vielleicht gute Eigenschaften, aber ihr fehlt es an Geist, Herz und Ausdruck. Ihr Benehmen beweist es. Sie tut nicht gerade was Böses, versteht aber ihre Lage nicht u. trägt den geringen Eindruck, den ihr das schreckliche Ende ihres Gemahls gemacht hat, zur Schau.«[446] Auch Marie Valerie fand das Verhalten ihrer Schwägerin unmittelbar nach der Katastrophe sehr seltsam: »Sie bat uns alle immer wieder um Verzeihung, denn da fühlte sie wohl, daß ihr Mangel an Hingebung mitgewirkt, um Rudolf zu diesem Schauderhaften zu treiben ... Und da sassen wir im selben Zimmer, wo wir am Weihnachtsabend vor meiner Verlobung gespeist und uns so gefreut hatten an Rudolfs Herzlichkeit gegen uns ...«[447]

Nach dem Tod ihres Bruders ließ auch Marie Valerie kein gutes Haar an Stephanie. Die Anwesenheit der belgischen Majestäten war ihr ebenso unangenehm wie dem Kaiserpaar. Schon am 1. Februar notierte Marie Valerie: »Mama sagte zu der Königin recht deutlich, daß sie keine Lust habe, Stephanie als liebe Tochter zu betrachten ... und Stephanie war eigentlich, wie wenn nichts geschehen wäre. Ihre Demut und Zerknirschung hat nicht lange gedauert.«[448] Am Tag des Begräbnisses ihres Bruders war Marie Valerie überhaupt in heller Empörung: »Und darauf folgte wieder ein entsetzliches Diner mit den Belgiern, wobei Mama und ich die Tränen nicht zurückhalten konnten, während Stephanie kalt und – Gott verzeih mir's – herzlos von allem und jedem sprach. Mama sagte, sie schämte sich ihrer vor den Leuten. – Wenn man diese Frau recht kennen lernt, so muss man Rudolf entschuldigen, daß er für die Herzensleere auswärts Zerstreuung und Betäubung suchte. Gewiss – er wäre nicht so geworden, hätte er ein anderes Weib gehabt, das ihn verstanden!«[449] Überdies störte Marie Valerie, daß sich Stephanie offenbar zu rasch über Rudolfs Tod hinweggetröstet hatte: »Stephanie speiste bei uns ... gerade so wie sonst. Nach Tisch, als Mama und ich sie zum Tor begleiteten, sprach Mama von ihrer Unruhe zu wissen, wo Rudolf sei, und es war verblüffend, mit welch schlecht gespielter Falschheit die gewiss strohdumme Frau einige aufgebauschte Phrasen über den *Trost und Halt der Religion* auskramte. Als Mama bemerkte *Was ist der Himmel? Wenn man den Gebetbüchern glaubt, kommen ja die grössten Heiligen kaum hinein – wie erst wir? – Aber vielleicht haben wir grössere Verdienste als die Heiligen.*«[450]

Kaiser Franz Joseph blieb seiner verwitweten Schwiegertochter lange Jahre in ritterlicher Weise verbunden und akzeptierte Stephanies neue Ehe mit dem Grafen Lonyáy. Als sich Stephanie allerdings für ihre ältere Schwester, die ihren Gatten Philipp Coburg verlassen hatte, einsetzte und sich sogar mit ihr traf, war es mit der Langmut des Kaisers vorbei. Wütend schrieb er ihr: »Daß Du Deine Schwester nach ihrer skandalösen Flucht in Paris aufgesucht hast, daß Du nach allem, was vorgefallen ist, so entschieden für sie Parthei ergreifst (Beweis: Dein unqualificirbares Telegramm an Philipp Coburg sowie die unverschämte Pressecampagne) ... Ich bin entschlossen, mich von der ganzen traurigen Angelegenheit, die mich ... nichts angeht, ferne zu halten und kann nur wünschen, daß dieselbe ... auf gesetzlichem Wege einer gedeihlichen Lösung zugeführt werde ... daß Du jetzt Erszi nicht besuchest, da die Aufregung, in welcher Du Dich momentan befindest, gewiß nachtheilig auf ihre Gesundheit mit Rücksicht auf ihre Schwangerschaft einwirken würde ...«[451] – Ein ungemein deutlicher und ärgerlicher Brief des alten Monarchen.

Beschäftigung und Interessen

Die Liebe zur Wissenschaft

Kronprinz Rudolf war als Kind überaus intelligent und wißbegierig. Seine höfische Umwelt nahm das teilweise mit Sorge wahr, man wollte ihn mit *Drill* vor zu viel Klugkeit bewahren.[452] Doch sein Drang, nicht nur Allgemeinbildung zu erwerben, sondern bis hin zur exakten Wissenschaft zu gelangen, war nicht zu bremsen. Selbst Franz Joseph mußte Rudolfs Lerneifer zur Kenntnis nehmen: »Die Kinder studieren fleißig und besonders Rudolph hat große Freude am Lernen, auch ist er für sein Alter schon sehr gebildet«, berichtete der stolze Vater seiner Mutter 1863.[453] Wäre Rudolf nicht Kronprinz gewesen, hätte er vermutlich seinen Verwandten Ludwig Salvator als Schriftsteller und Wissenschaftler übertroffen. In den Jahren 1871/72 schrieb Rudolf bereits seitenweise ornithologische Abhandlungen über den Mäusebussard und die Dorfschwalbe, die er auf den freien Seiten in Anton Fritschs Werk *Vögel Europas* verfasste[454].

Sein Interesse an der Wissenschaft und seine Bemühungen um Fortschritt und technische Entwicklung blieben nicht im Verborgenen. Berühmt geworden sind seine Worte zur Eröffnung der *Elektrischen Ausstellung* 1883: »Die Verwertung einer mächtigen Naturkraft durch wissenschaftliche Arbeit und der Ausnützung derselben für das tägliche Leben neue Bahnen zu brechen ist der Zweck dieses Werkes. Nicht dem Moment blüht der volle Erfolg, die Zukunft ist eine große; – und eine weitreichende, kaum zu berechnende Umwälzung, tief eindringend in das gesamte Leben der menschlichen Gesellschaft steht bevor ... Ist es denn nicht unsere Vaterstadt, aus welcher Preschels Zündhölzchen im Jahre 1833 hervorgingen, das alte, der Steinzeit würdige Feuerzeug für immer verdrängend? Und die Stearinkerze, hat sie nicht von Wien aus im Jahre 1837 ihren Weg durch die ganze Welt gemacht? Ja selbst die Gasbeleuchtung der Straßen, die große Umwälzung im städtischen Leben wurde vom Mährer Winzer in Wien ausgedacht und erst dann in England eingeführt. Nun stehen wir an einer neuen Phase in der Entwicklungsgeschichte des Beleuchtungswesens; auch diesmal möge Wien seinen ehrenvollen Platz behaupten und ein Meer von Licht strahle aus dieser Stadt und neuer Fortschritt gehe aus ihr hervor!«[455]

Ritter von Dombrowski bewertet die Vorliebe des Kronprinzen für die Wissenschaft äußerst positiv: »Frei von jedwedem Vorurtheil, verstand er meisterhaft Land und Leute, Verhältnisse und Einrichtungen nicht nur in jenem festlichen, schattenlosen Lichte zu betrachten … sondern wie sie waren. – Seine literarischen Arbeiten argumentiren, abgesehen von ihrem wissenschaftlichen Specialwerthe, dieses bedeutsame Moment. Der Verkehr mit ihm war immer bedeutungsvoll und in hohem Masse anregend. Die Schärfe und Klarheit im Urtheil, die überlegene Schlagfertigkeit im Meinungsaustausch, die geradezu verblüffende, zielbewusste Gründlichkeit, mit welcher er Fragen zu stellen und zu erörtern verstand, kennzeichneten in leuchtendem Relief Seine geistige Hoheit, Seine hoffnungsreiche grosse Individualität.«[456]

Rudolf bemühte sich immer um Kontakte zu Gelehrten, um Erfahrungen austauschen zu können und dazuzulernen. Ein besonders fruchtbarer Briefwechsel und persönlicher Umgang entwickelte sich mit Alfred Brehm. Dieser erkannte offenbar rasch die geistigen Fähigkeiten des neunzehnjährigen Prinzen und widmete ihm die Neuauflage seines Werks *Brehm's Tierleben*. Dies freute Rudolf, der Wissenschaftlern stets eine ungeheure Wertschätzung entgegenbrachte, ungemein: »Durch die Widmung der neuen Auflage Ihres Thierlebens haben Sie mir eine grosse Freude bereitet, für welche ich Ihnen herzlichst danke. Ich bin stolz darauf, mit diesem Werke, welches gewiss einzig in seiner Art dasteht, durch meinen Namen, der in der Widmung steht, so enge verflochten zu sein.«[457]

Als Brehm Rudolf bei Vogelschilderungen in seinem Werk wörtlich zitierte, war der junge Kronprinz erfreut und beschämt zugleich: »Mit vieler Freude lese ich die Aushängebögen; Sie haben mich ordentlich beschämt, indem Sie meine bescheidenen Schilderungen des Milans und des Rohrweihers wörtlich anführten und meines in wissenschaftlichen Dingen so unbedeutenden Namens, auf so rühmliche Weise gedenken. Keine andere Auszeichnung, in welch einer Form sie zur Geltung käme, könnte mich so freuen, als wie in einem wissenschaftlichen Werke, von einem wahren Gelehrten, genannt zu werden; ich habe es leider nur zu wenig verdient.«[458]

Rudolf beklagte immer die *dunklen Zeiten*, in denen Wissenschaft und Forschung keinen Platz hatten. In den achtziger Jahren des 19. Jahrhunderts versuchte die Kirche ein weiteres Mal, wissenschaftliche Erkenntnisse aufgrund der Heils-

Rudolf in einem Budapester Museum

lehre zu verdammen. Die katholische Kirche, die zu jener Zeit in Wien gemeinsam mit den konservativen Kräften sehr mächtig war, konnte die Lehre Darwins, die den Kronprinzen faszinierte, nicht akzeptieren. Man verübelte Rudolf den Umgang mit Brehm nicht nur, weil der Naturforscher der Wissenschaft diente, sondern auch weil er Protestant und Freimaurer war: »In diesem Sommer könnten wir vielleicht in Reichsstadt, wo wir den Sommer zubringen, zusammenkommen. Zu lange schon warteten wir, und liessen uns von den verschiedenen Gegnern aus jenem dunklen Lager einschüchtern; nun wollen wir doch nicht das Vergnügen uns zu sehen, ein für alle Mal diesen Leuten zu Ehren aufgeben! Das wäre denn doch zu viel; sie sollen nur, wenn es sie freut, über mich herfallen, sie thun es auch so und ich bin an dergleichen heimtückische und oft auch offene Angriffe zur Genüge gewöhnt.«[459]

Wie sehr Rudolf die Lehren Darwins schätzte, zeigt deutlich der Aufsatz des Fünfzehnjährigen: »Ist der Mensch ein Thier? … Sind wir hehre Geister, sind wir Thiere? Thiere sind wir, doch stammen wir vom Affen ab, oder haben Menschen stets bestanden neben den Affen, eine eigene Species der Zweihändler bildend? Wer antwortet mir darauf? Niemand … doch eins ist sicher, streben muß man, solange man lebt und immer trachten, mehr, immer mehr zu erreichen, nicht an Titeln, nicht an Würden, nicht an Reichthum, nein, … ich will Wißen, mich Ausbilden, mehr wißen wie ein anderer und jene Fragen mir lösen, die als gespenstische Schatten in meinem Kopfe wühlen … Der ganze Körper ist ganz wie der eines Thieres, Blut, Muskel, Fleisch, die inneren Theile und die Geschlechtswerkzeuge. Der Mensch hat sich ausgebildet, Leib und Geist veredelt.«[460]

Seine Rolle als ernsthafter Ornithologe wurde oft unterschätzt, allerdings von Hans-Dietrich Haemmerlein ins rechte Licht gerückt: »… *psychisch schwer gestört – depressives Naturell – rastloser Frauenkonsum – auf morbide Weise fasziniert [vom Tod] – vom Morphium abhängig – oft am Rande des Wahnsinns* … So charakterisierte eine seriös auftretende, sehr repräsentative Publikumszeitschrift (Marshall Cavendish 1991) den österreichischen Erzherzog Kronprinz Rudolf … Kein Wort von Ornithologie, Naturaliensammeln, Korrespondenz mit Zoologen oder schriftlichen Beiträgen zur Vogelkunde. Zweimal ist von Jagd die Rede, aber nur zum Erweis von Ungeschick. Ornithologen-Gedenken würde für eine solche Figur wohl nicht zu erwarten sein, oder anders gesagt: Den Lesern solcherlei Schrifttums bleibt ein Ornithologe Kronprinz RUDOLF unbekannt.«[461]

Auch mit dem Schweizer Arzt und Ornithologen Georg Anton Girtanner hatte Rudolf bis zu seinem Tod engen Kontakt. Am Anfang ihres Briefwechsels schrieb der Kronprinz ein wenig unsicher: »Es würde mich sehr freuen mit Ihnen stets in geistigem Verkehr zu bleiben, bis für mich die erfreuliche Gelegenheit kömmt, Sie auch thatsächlich kennen zu lernen.«[462] Mit Girtanner verband Rudolf die große Liebe zur Natur, die beide mit dem aufkommenden Tourismus extrem gefährdet sahen: »Doch, was vor allem mich gefreut hat und wirklich glücklich gemacht hat sind die Worte, welche Sie der Touristenlawine, den vornehmen Hôtels, den modernen Jägern, dieser Verbrüderung elenden Ungeziefers widmen. Unsere ehrwürdigen schönen, ewigen Alpen leiden unter traurigem Segen der sogenannten Cultur; auch ich fühle dasselbe, und wie Sie mit blutendem Herzen, wenn ich Strohhut und Sonnenschirm, elendes, von Stadtluft gebleichtes, herabgekommenes Volk, Locomotive und Dampfschiff, Hôtel garnie, schwarz befrackte Kellner sehe und was das ärgste ist, feine Stadtmenschen, in unseren theuren Alpen das Gewehr am Rücken, herumlaufen sehe.«[463] Nicht nur als politisch Interessierter, sondern auch als Naturliebhaber bewies Rudolf prophetischen Weitblick.

Im Dezember 1888 war Rudolf, der zu dieser Zeit nach der gängigen Ansicht bereits jedes wissenschaftliche Interesse verloren haben sollte, mit Girtanner weiterhin in fachlichem Briefkontakt: »Ich habe selbst schon Rackelhähne gesehen, beobachtet und erlegt, welche ganz wie kleine Auerhähne aussahen. Im verfloßenen Jahr schoß ich einen, das war ein completer miniatur Auerhahn; doch an dem nicht zu verkennenden immer gleich bleibenden echten Rackelhahn-Balzlaut, erkannte ich sofort den T. Medius … Ich freue mich sehr das intereßante Exemplar einmal sehen zu können. Sehr bedaure ich Sie, zu den letzten harten Schicksalsschlägen, die Sie getroffen haben; ich kann mir denken, wie Sie dadurch in allem gelähmt und gehindert sind.«[464] Und noch am 16. Jänner 1889 schrieb ihm Rudolf: »Meiner Ansicht nach ist er ein auerhahnfedriger Rackelhahn; mit den von mir erlegten Rackelhähnen, welche ebenfalls Auerhahn-Typus hatten, stimmt er ganz überein; natürlich die wenigen Hennenfedern ausgenommen, die meiner Ansicht nach nicht von großem Belang sind, da diese Erscheinung bei den Hühnervögeln, speciell den Waldhühnern nicht so selten vorkömmt. Sehr intereßirte es mich, daß Ihr Exemplar kleiner ist, als die von mir erlegten Rackelhähne. Ich sende den merkwürdigen Reisenden umgehend an Meyer nach Dresden.«[465]

Das Arbeitszimmer Rudolfs in der Wiener Hofburg

Dr. Josef Krist war einer der Lehrer Rudolfs, der seine Intelligenz erkannte und kräftig förderte. Er regte den Kronprinzen dazu an, seine Erlebnisse auf der Jagd und auf Reisen immer gleich zu Papier zu bringen. Rudolf nahm diesen Hinweis freudig auf. So entstanden Serien von Heften über Siebenbürgen, Spanien etc., ethnographische Sammlungen, ein Verzeichnis der Altertümer, die Rudolf aus Ägypten mitbrachte, die Donaureise und die Orientreise.[466] Über die genaue Arbeits-

SUMMA AUCTORITATE
AUGUSTISSIMI IMPERATORIS AC REGIS
FRANCISCI IOSEPHI I
IN UNIVERSITATE LITTERARUM VINDOBONENSI
NOS
VICTOR NOBILIS A LANG
PHILOSOPHIAE DOCTOR PHYSICAE PROFESSOR PUBLICUS ORDINARIUS CAESAREAE ACADEMIAE SCIENTIARUM VINDOBONENSIS SOCIUS
H. T. UNIVERSITATIS RECTOR
GUSTAVUS TSCHERMAK
PHILOSOPHIAE DOCTOR MINERALOGIAE ET PETROGRAPHIAE PROFESSOR PUBLICUS ORDINARIUS A CONSILIIS IMPERATORIS AULICIS CAESAREAE ACADEMIAE SCIENTIARUM VINDOBONENSIS SOCIUS
ORDINIS PHILOSOPHORUM H. T. DECANUS
FRANCISCUS EQUES A MICLOSICH
PHILOSOPHIAE DOCTOR LINGUARUM SLAVICARUM PROFESSOR PUBLICUS ORDINARIUS A CONSILIIS IMPERATORIS AULICIS CAESAREAE ACADEMIAE SCIENTIARUM VINDOBONENSIS SOCIUS
PROMOTOR RITE CONSTITUTUS
EX DECRETO ORDINIS PHILOSOPHORUM
CONSENTIENTE SUMMO APPLAUSU UNIVERSITATIS SENATU
IN
PRINCIPEM AUGUSTUM
RUDOLPHUM
ARCHIDUCEM AUSTRIAE
IMPERATORIS AC REGIS NOSTRI DILECTISSIMI FILIUM
SUMMUM AD FASTIGIUM GENITUM
QUI IN LITTERARUM CAMPUM PER AUGUSTISSIMUM PATREM LAETISSIMIS STUDIORUM CERTAMINIBUS APERTUM CORONAM PETITURUS IPSE DESCENDIT LIBRIS EXIMIIS AC SPLENDIDIS TERRARUM GENTIUMQUE COGNITIONEM MULTIS MODIS AMPLIFICAVIT NATURAS VITASQUE ANIMALIUM DOCTE AC SAGACITER EXPLORATAS VIVIS COLORIBUS DEPINXIT NUPERQUE AUSPICATISSIMI OPERIS EXSTITIT AUCTOR QUO PATRIAE CARISSIMAE AMOR ALETUR ET VIRTUTES EIUS MAGIS MAGISQUE CLAREBUNT
QUI VIRORUM DOCTORUM STUDIA NON TANTUM LABORIS COMMUNIONE HONORAVIT VERUM ETIAM IMPIGRA CURA PROSPERRIMOQUE SUCCESSU PATRONUS ADIUVIT
TANTORUM MERITORUM IUSTA AESTIMATIONE ADMIRATIONEQUE IMPULSI ET SUMMAE DEVOTIONIS ERGA DOMUM IMPERATORIAM ANTIQUITUS VINDOBONENSI UNIVERSITATI MAXIME FAVENTEM DOCUMENTUM PRAESTATURI
HONORIS CAUSA
PHILOSOPHIAE DOCTORIS NOMEN IURA ET PRIVILEGIA
CONTULIMUS IN EIUSQUE REI FIDEM HASCE LITTERAS UNIVERSITATIS SIGILLO SANCIENDAS CURAVIMUS
Gustavus Tschermak m/p. Victor Nobilis a Lang m/p. Franc. Eques a Miclosich m/p.
VINDOBONAE DIE M. IUNII MDCCCLXXXIV.

Ehrendoktorat der Universität Wien für Kronprinz Rudolf

weise und die Wirkung, die das geschriebene Wort bei solchen Projekten haben sollte, berichtete der Kronprinz selbst: »Einige Werke müssen bei Behandlung der spanischen Materie andere bei Korfu & Albanien durchgesehen werden. Notizen sind dann unbedingt nothwendig. Siebenbürgen über das mir Behelfe fehlen, muss aus dem Gedächtniss, mehr von jagdlichen, nur aufgeputzt durch einige ethnographische, politische Momente bearbeitet werden ... Korfu, wo schon Behelfe vorhanden sind muss, so wie auch Albanien im selben Genre gehalten werden ... Ganz anders endlich bei Spanien. Da kann das ethnographische Moment, gepfeffert durch modern politische & geschichtlich politische & religiöse Geschichten alles, was an Lücken des Detailles fehlt ersetzen ... und was das Pikante betrifft muss Heine'sches Recept befolgt werden ... Korfu muss aufmerksam machen, Spanien soll schlagend wirken und 7bürgen durch das feine Colorit der Naturschilderungen ein angenehmes Ende bilden.«[467] Obwohl Kronprinz Rudolf seine Schriften immer als bescheidene Beschreibungen bezeichnete, an die kein strenger wissenschaftlicher Maßstab gelegt werden sollte, ersieht man aus dieser Notiz, wie sehr er sich der Wirkung des geschriebenen Wortes bewußt war.

Bis zu seinem Tod blieb der Kronprinz allen seinen Lehrern in Dankbarkeit verbunden, denn er wußte, was sie ihm vermittelt hatten. Auch mit Krist, von dem er sich Ende Dezember 1875 trennen mußte, blieb er in lockerem Briefwechsel. Schweren Herzens schrieb er: »Lieber Krist! Als Anerkennung für ihre langjährige und so vorzügliche Thätigkeit als mein Lehrer hat ihnen Papa die Eiserne-Krone verliehen; ich beeile mich der erste zu sein, der es ihnen verkündet, und danke ihnen zugleich für die Mühe und Liebe mit welcher sie mir 9 Jahre hindurch in mehreren Fächern Unterricht gaben. Nie werde ich diese Stunden vergeßen, und stets in dankbarer Erinnerung ihrer gedenken, als sie durch Mathematik und Geometrie mir zuerst denken lernten [sic], und in den Stunden der Naturwißenschaften mir Sinn und Liebe für diese Wißenschaften erregten; für dies letztere werde ich ihnen stets dankbar sein ...«[468]

Rudolf schenkte seinem alten Lehrer seine *Donaureise* als Beweis, daß Krists Bemühungen nicht vergeblich gewesen waren und er Krists Anregung, Aufzeichnungen anzufertigen, beherzigt hatte: »Ich eile Ihnen, dem ich ja die Grundlage meiner naturwißenschaftliche Kenntniße und meine unbegrenzte Liebe zur Natur verdanke, eine bescheidene Brochure zu übersenden, die ich über unsere »Donaureise« verfaßte. Hoffentlich finden sie Freude und Erholung am Durchlesen jener schlichten Reisebilder und Natureindrücke und erkennen darin die aufgegangene Saat, die Sie selbst gestreut.«[469] Rudolf blieb bis zu seinem Tod Krists *treuer Freund*

und *dankbarer Schüler.* Am 6. Mai 1881 lud Kronprinz Rudolf *alle* seine ehemaligen Lehrer zu einer Dankaudienz in die Wiener Hofburg.[470]

Im Jahr 1884 wurde Kronprinz Rudolf aufgrund seiner zahlreichen Aktivitäten, die die Wissenschaft fördern sollten, das Ehrendoktorat der Universität Wien verliehen. Rudolf nahm das Ganze mit sehr gemischten Gefühlen auf. Auf der einen Seite war er stolz auf diese Würdigung, auf der anderen wußte er nur zu genau, daß diese Ehrung ihm bloß als Erzherzog und Kronprinz zukam. Mit seinem ehemaligen Lehrer Krist korrespondierte er über seine unerwartete Promotion: »Innigsten Dank für Ihren Brief und die Glückwünsche zur Doctorwürde. Diese Auszeichnung, welche mir die Wiener Universität ertheilte, hat mich hochgeehrt und herzlich gefreut; das einzige, das mich drückt ist das beschämende Gefühl, durch meine diletantenhaften Arbeiten, und die Geringfügigkeit meiner bisherigen Leistungen im Dienste der Wissenschaft, den Doctortitel wohl nicht so recht selbst verdient zu haben. Immerhin wird es für mich ein neuer Sporn sein der Aufklärung und dem Fortschritt stets zu dienen …«.[471] Szeps gratulierte Rudolf ebenfalls zur Doktorwürde: »Innigsten Dank für Brief und Glückwunsch. Der Doctorhut hat mich geehrt und gefreut, wie noch keine andere Auszeichnung.«[472]

Auch Theodor Billroth unterstützte Rudolf in wissenschaftlicher Hinsicht. Als Billroth einmal meinte, es gäbe zu wenige Stellen für Naturforscher in Österreich, wandte er sich an den Kronprinzen mit der Frage, ob nicht für zwei Forscher eine Anstellung gefunden werden könnte. Dieser versuchte bei Minister Gautsch sein Glück und hatte unerwarteterweise den gewünschten Erfolg: »Beiliegend sende ich Ihnen eine Zuschrift des Unterrrichtsministers mit der Bitte mir dieselbe wieder zurückzustellen. Ich bin sehr froh, daß Ihr Wunsch erfüllt wurde.«[473] In seinem ersten Brief an Billroth versuchte Rudolf schüchtern, dem Wissenschaftler seine Interessen näher zu bringen: »Ich bin fanatischer Bewunderer der Natur und der Naturwissenschaften; aber damit ist auch alles gesagt; Zeit, Bildung und Gründlichkeit fehlen. Doch der Wille ist gut und die Freude an der Arbeit bietet genußreiche Stunden.«[474]

Das Kronprinzenwerk

Den besonderen Feuereifer des Kronprinzen entfachte das *große Werk*, die *Oesterreichisch-ungarische Monarchie in Wort und Bild.*

»Die österreichisch-ungarische Monarchie entbehrt trotz mancher guter Vorarbeiten noch immer eines ethnographischen Werkes, welches, auf der Höhe der gegenwärtigen wissenschaftlichen Forschung stehend, mit Zuhilfenahme der so sehr vervollkommneten künstlerischen Reproduktionsmittel, anregendes Gesammtbild unseres Vaterlandes und seiner Volksstämme bietet. Das Studium der innerhalb der Grenzen dieser Monarchie lebenden Völker ist nicht nur für den Gelehrten ein hochwichtiges Feld der Thätigkeit, sondern auch auch von praktischem Werthe für die Hebung der allgemeinen Vaterlandsliebe … Und wie nach und nach im Fortgange dieses Werkes ein Land um das andere in die Reihe treten wird, werden immer neue Mitarbeiter und neue Künstler, ihren heimatlichen Ländern entstammend, herangezogen werden; diese werden sich mit Begeisterung ihren Vorgängern anschließen, und das Werk, nach Jahren vollendet, wird sich darstellen als ein Denkmal geistiger Schöpfungskraft der Gegenwart, als ein Monument für alle Zukunft, als: *Oesterreich-Ungarn in Wort und Bild*.«[475]

Mit diesen Worten ersuchte Kronprinz Rudolf seinen Vater um Genehmigung für dieses ambitionierte Werk, in dem er sein zukünftiges Reich beschreiben wollte; mit diesen Worten leitete der Thronerbe den ersten Band ein, der in gebundener Form 1887 erschien. Das *große Werk* wurde in der Folgezeit in Teillieferungen herausgegeben, sodaß sich ein großer Kreis interessierter Leser diese patriotische Darstellung leisten konnte. Kaiser Franz Joseph hatte der Bitte Rudolfs Folge geleistet, stellte allerdings die Bedingung, daß das Projekt auch zu Ende geführt werden mußte. Offenbar traute er der Ausdauer seines Sohnes nicht ganz. Doch der Kaiser sollte sich täuschen: Bis an sein Lebensende war Rudolf mit Feuereifer bei der Sache. Er bewältigte alle Schwierigkeiten, die sich dem Unternehmen entgegenstellten, und entwickelte ein unglaubliches Durchhaltevermögen – das ihm später viele absprachen, die dem Kronprinzen Sprunghaftigkeit nachsagten. Der Monarch sagte bei finanziellen Problemen Geldmittel aus seiner Privatschatulle zu. Rudolf wählte einen ganz neuen Titel für sein großes Werk; denn nach dem Ausgleich mit Ungarn war nicht immer klar, worüber man sprach, wenn man den Begriff »Monarchie« verwendete. Die *Wiener Zeitung* veröffentlichte ein Handschreiben des Kaisers, in dem er genau festlegte, wie sein Staatengebilde von nun an zu heißen hatte: *Österreichisch-Ungarische Monarchie* oder *Österreichisch-ungarisches Reich*[476].

Der Durchführung des *großen Werks* waren jedoch Schwierigkeiten vorausgegangen. Offenbar stammten die Idee und ein erstes Konzept von Erzherzog Johann Salvator:

> *Ethnographie Oesterreich-Ungarn's in Wort und Bild*[477]
> Einleitung
> Deutsche
> Tschechen und Slowaken
> Magyaren
> Polen und Ruthenen
> Slowenen, Kroaten, Serben
> Rumänen
> Okkupationsgebiet
> Fremde, Juden, Zigeuner
> Die österreichisch-ungarische Monarchie in
> Wechselwirkung ihrer einzelnen Glieder

Dieses am 24. Dezember 1883 erstellte Konzept war Kronprinz Rudolf offenbar nicht weitgehend genug. Es kam zu einem Zerwürfnis der beiden Erzherzöge, und Rudolf ging das Werk allein und in wesentlich erweiterter Form an – schließlich sollten vierundzwanzig Bände entstehen. Trotz des Streits mit Rudolf lieferte Johann Salvator Beiträge zu dem Werk.[478] Rudolf sprach über dieses Vorhaben offenbar auch mit Szeps, der die Initiative des Kronprinzen sofort in seinem *Wiener Tagblatt* brachte. Dies verursachte Schwierigkeiten für Rudolf, da er zu dem neuen Werk die Erlaubnis seines Vaters noch nicht erhalten hatte: »Die Nachricht über mein geplantes Werk, welche heute leider in Ihrem Blatte steht, dürfte mir, wie ich sicher glauben muss, Unannehmlichkeiten bereiten. Seien Sie so freundlich weitere Besprechungen in den nächsten Tagen zu verhindern.«[479] Als Redakteure für das Werk fungierten Joseph Ritter von Weilen in Österreich und Mór Jókai in Ungarn.

Kronprinz Rudolf verstand es, für das Werk die namhaftesten Wissenschaftler, Schriftsteller, Zeichner und Maler seiner Zeit zu gewinnen. Unter vielen anderen lud Rudolf auch Alfred Ritter von Arneth ein, bei der Publikation mitzumachen. Arneth war anfangs etwas skeptisch: »Aber wenn er mir auch, was bei seiner Jugend nicht zu verwundern war, die politische wie die wissenschaftliche

Rudolf um 1886

Bedeutung des herauszugebenden Werkes allzu hoch anzuschlagen schien, so wäre es doch geradezu thöricht gewesen, ihn in der Verfolgung eines Planes wankend machen zu wollen, von welchem für ihn selbst wie für die Sache, um die es sich handelte, doch nur erfreuliches zu erwarten war. Aus vollem Herzen versprach ich ihm daher meinen eifrigen Beistand … Fast das Liebste war mir an dieser Sache, daß ich bei den zahlreichen Sitzungen, welche stattfanden, um sie in Gang zu bringen … einer der beiden Nachbarn des Kronprinzen war und dabei vollauf Gelegenheit hatte, die Lebhaftigkeit seines Geistes, die Schärfe seiner Auffassung und die Liebenswürdigkeit seines Wesens ganz in der Nähe zu beobachten.«[480] Wie anders lautete später das Urteil über Rudolf von Leuten, die ihn angeblich gut kannten!

Am 7. Juni 1884 fand die erste Sitzung des Komitees unter dem Vorsitz des Kronprinzen statt. Die Redaktionslokalitäten befanden sich in der Wiener Stallburg; auch in Budapest wurde ein Büro eingerichtet. An der ersten Sitzung nahmen folgende Herren teil: Baron von Adrian-Werburg, Alfred von Arneth, Hofrat Becker, Nikolaus Dumba, Herr von Falke, Hofrat von Hauer, Professor von Lützow, Hofrat von Miklosich, Professor Müller, Hofrat von Neumann-Spallart, Johannes Nordmann, Dombaumeister Schmidt, von Weilen, Graf Wilczek, Graf Wurmbrand, Moritz Jókai und Sektionschef Szögyényi. Nach der Begrüßung las von Weilen aus einem Brief von »Sr. kaiserlichen Hoheit Erzherzog Johann, in welchem mitgetheilt wird, daß er auf die Mitwirkung an dem ethnographischen Werke verzichte«[481] vor. Die Sitzungen beschäftigten sich mit der Vergabe der Themen für die einzelnen Bände, den Kostenvoranschlägen für Druck und Reproduktion, der Vergabe von Aufträgen an Künstler, Mißständen bei der Organisation, Abgabeterminen etc. Bis zum Tod Rudolfs fanden acht Sitzungen statt. Allerdings besuchte der Kronprinz zwischendurch informell die Redaktionsbüros in Wien und Budapest und lud die Teilnehmer am großen Werk immer wieder zu Déjeuners oder Dîners. Das Einvernehmen der Herren war offenbar ein sehr gutes. Eduard Hanslick berichtete: »Unser persönliches Verhältnis zum Kronprinzen gewann an Freiheit und Festigkeit durch die Einladungen, die wir zwei- bis dreimal des Jahres zum Diner erhielten. Es waren außer den zur nächsten Umgebung des Kronprinzenpaares gehörigen Personen meistens sechzehn bis achtzehn Herren versammelt …«[482]

Um so schlimmer war für die Herren die Nachricht vom Tod des Kronprinzen. Eine Reaktion von Weilens, der Rudolf sehr nahegestanden war, liegt nicht vor. Allerdings waren manche Redaktionskollegen völlig verstört. So schrieb Felician Myrbach, der den Kronprinz noch kurz vor seinem Tod gesehen hatte, am 27. Februar 1889 an von Weilen: »Es spricht aus diesen Zeilen in erschütternder Weise der Schmerz der Sie hochverehrter Herr Hofrath heimgesucht hat. Es ist dieser Schmerz nur zu ermessen, wenn man weiß mit welcher Hingebung Sie an dem uns, allen Oesterreichern so theueren Verblichenen gehangen sind und welch innige, künstlerische Bande Sie mit Ihrem erlauchten, dahingegangenen Freunde verknüpft hatten. Es sieht zwar aus wie eine Anmassung wenn ich bei diesem tief traurigen Ereigniße von meinem persönlichen Schmerze spreche; ich kann es aber dennoch nicht unterdrücken Ihnen zu sagen daß ich von einem Schmerze ergriffen bin der weit tiefer wurzelt als der nach dem Verlust eines Familienmitgliedes. Noch in den letzten Tagen meines Wiener Aufenthaltes hatte ich die hohe Ehre Sr. kaiserlichen Hoheit gegenüberzustehen und der Eindruck seiner Worte, seines Blickes, seines Interesses an Allem und Jedem war ein so hinreißender so nachhaltiger, daß ich von wahrhafter Begeisterung für diesen geistig so hochbegabten künftigen Herrscher ergriffen wurde. Und nun kann ich's noch heute nicht fassen, nicht begreifen daß dieses erschütternde Ereigniß wirklich sich zugetragen hätte … man kann sich unmöglich hineindenken, kann es nicht für möglich halten, daß so etwas Schreckliches geschehen wäre.«[483]

Neben einer solchen Reaktion gab es auch ganz emotionslose, wie beispielsweise vom Maler Kupelwieser: »Tiefgebeugt von der Nachricht über den erschütternden Umglücksfall … über das ebenso unerwartete, sowie von der ganzen Bevölkerung der Monarchie innig betrauerte Hinscheiden Seiner kais. und königl. Hoheit des durchlauchtigsten Kronprinzen Herrn Erzherzog Rudolf«, richtete er ein Schreiben an von Weilen.[484] Interessant sind aber auch die Reaktionen von Mitarbeitern, die den Kronprinzen bei weitem nicht so gut kannten wie Myrbach und Kupelwieser. Drei Beispiele zeigen, daß man die Nachricht von Rudolfs Tod und der Art und Weise, wie er ums Leben kam, kaum glauben konnte. Prohaska, ein Mitarbeiter am *großen Werk*, schrieb an von Weilen aus Ottenschlag: »Demjenigen, der fern von Wien, von der schrecklichen Wirklichkeit sich nicht überzeugen kann, ist das Geschehene geradezu unfaßlich, unglaublich!«[485] Aus Zara kam folgende Meldung: »Die zermalmende Hiobsbotschft hat uns Alle förmlich betäubt, ja es gab Momente, wo man an die Echtheit der Nachricht gar nicht glauben wollte; so abnorm und unerfaßlich war das schreckliche Ereignis.«[486] Selbst aus München wurde an die Redaktion des *großen Werks* geschrieben: »Nicht kann ich es unterlassen meine Erregung Ihnen mitzutheilen. Es ist einfach kaum zum Fassen nur auf diese Weise der Welt zu entsagen! Ein Kronprinz, ein Habsburger! … und für Sie auch eine schwerer Schlag, da Sie, lieber Herr Hofrath, dem Kronprinzen so nahe standen.«[487]

Das *große Werk* starb nicht mit Rudolf. Seine Witwe Stephanie führte mit Erlaubnis des Kaisers die Herausgabe der Bände weiter und übernahm das Protektorat. Das Werk konnte allerdings erst 1902 abgeschlossen werden, als Stephanie bereits mit dem Grafen Lonyáy verheiratet war. Das Werk sollte nicht nur in einer für viele unerschwinglichen Prachtausgabe erscheinen, sondern auch in kleinen Lieferungen zu je 30 Kreuzern, die jedermann kaufen konnte. Insgesamt erschienen 24 Bände; die deutsche Ausgabe hatte 15.000 Abonnenten. Das Werk schloß in Österreich mit einem Gewinn von beinahe einer Million Gulden ab. In Ungarn war die Begeisterung für die Idee des Kronprinzen weniger groß, hier fuhr das Kronprinzenwerk beträchtliche Verluste ein.

Die Jagd

»Der Kronprinz war ein ausgezeichneter Schütze, voll Muth und Beharrlichkeit. Er ging keinem Mühsal aus dem Wege, ja er ertrug oft mehr Strapazen, als ihm förderlich war. Das Objekt der Jagd wechselte er oft, doch war es zumeist das Edelwild, das ihn anlockte. Mit keiner Wimper sah ich ihn zucken auf den Bärenjagden in Siebenbürgen, bei denen es oft gefahrvoll herging. In der letzteren Zeit huldigte er mit einem wahren Feuereifer der Adlerjagd.«[488] So berichtete der Maler Franz von Pausinger über den Kronprinzen, der bei seinem Jagdgenossen noch kurz vor seinem Tod das Gemälde *Adlerjagd bei Mannswörth* bestellt hatte.[489]

Der Kaiser und sein Sohn auf der Jagd um 1865/66

Rudolf förderte Pausinger und wollte ihm – neben seinem eigenen Engagement – zu weiteren Aufträgen in der Gesellschaft verhelfen. Er überredete Pausinger zu einer Ausstellung und wandte sich an Carl Menger, um für den jungen Künstler eine entsprechende Presse zu bekommen: »Lieber Menger! Vielen Dank für die Unterstützung, die Sie dem Maler Pausinger angedeihen liessen; der junge, strebsame Künstler verdient es und so bin ich ungemein froh zu hören, daß die Journale über seine Ausstellung günstig berichten werden.«[490] Allerdings war Franz von Pausinger zur Zeit der Bemühungen des Kronprinzen kein unbekannter Künstler mehr. Bereits 1864 kaufte der Hof drei Ölgemälde des Künstlers um 1.000 Gulden an.[491]

Rudolf kannte auch Pausingers Bruder, Joseph von Pausinger, der bei der Hofjagdverwaltung in Siebenbürgen arbeitete[492]; vor seinen Aufenthalten in Görgény Szent Imre konnte sich der Kronprinz mit ihm über die Art der Jagd, den Wildstand etc. verständigen. Die Bärenjagd schätzte Rudolf besonders, da sie mit großen Gefahren und Anstrengungen verbunden war: »Lieber Pausinger! Ich schreibe Ihnen heute, um Sie zu bitten, mir vielleicht bekannt zu geben, wann Sie wünschen, daß ich zu den Bärenjagden nach Görgény komme, damit ich darnach meine Pläne einteile. Am leichtesten für mich wäre es in den letzten Tagen des September oder in den ersten Tagen des Oktober … mir liegt nur viel daran, heuer einen Bären zu erlegen, alles eins wo?«[493] Doch nicht immer war Rudolf in der Lage, seine Jagdpläne auch durchzuführen. Drei Monate später mußte er Pausinger melden: »Wie Ihnen Graf Bombelles schon mitgetheilt hat, bin ich heuer nicht in der Lage, nach Siebenbürgen kommen zu können. Am nächsten Samstag reise ich nach Nordungarn, wo ich mit viel Sehnsucht hinüber zu den

Karpathen schauen werde. Von dort muß ich nach Wien und Prag zurück. Ende September wäre ich so gerne mit meiner Frau nach Görgény gekommen, doch es ist unmöglich, da sie nicht mehr reisen soll und ich sie nicht lange alleine lassen will;[494] hoffentlich werden wir es im nächsten Jahre auf Bären wieder einbringen.«[495]

Während viele behaupteten, daß der Kronprinz aufgrund seines schlechten psychischen Zustandes die Jagd völlig vernachlässigte, schrieb Stephanie in ihren Memoiren das gerade Gegenteil: »Als ich nach Wien zurückkam, fand ich den Kronprinzen stark verändert. Nicht nur daß seine Gesundheit erschüttert war, auch seine Unrast hatte zugenommen; seine Jagdleidenschaft hatte sich ins Unnatürliche gesteigert …«[496]

Mit neun Jahren, im August 1867, schoß Kronprinz Rudolf, der von seinem *Alterle* Latour zu einem weidgerechten Jäger erzogen worden war, in Ischl seinen ersten Gamsbock und seinen ersten Edelhirsch.[497] Der Kaiser, den Rudolfs schulische Erfolge nur marginal interessierten, war hocherfreut. Sofort telegraphierte er nach Ischl: »Weidmanns Heil. Ich gratulire zum Hirsch. Habe eine ungeheure Freude.«[498] Dennoch blieb Rudolfs Verhältnis zu erlegtem Wild lange Zeit ambivalent, was auch aus seinen Kinderzeichnungen ersichtlich wird. Der abgefeuerte Schuß und das blutende Tier sind darin immer stark betont. Interessant ist in diesem Zusammenhang ein Brief, den der zwölfjährige Kronprinz an einen Adler schrieb, auf den er es offenbar abgesehen hatte: »Lieber Herr Adler! Ich bitte … die kleine Beleidigung nicht gar zu übel zu nehmen; verharren sie im Vertrauen, welches sie zu ihrem besten Freunde Rudolf haben. Vielleicht ist es ihnen etwas unangenehm gewesen, so nahe von ihren charmanten Kindern angepufft zu werden, doch Gott sei Dank ist ihnen nichts geschehen. Bald koṁe ich wieder und da werden wir das Weitere sehen. Bis dorthin Ihr Ihnen treu bis zum Erschießen bleibender Rudolf, Vögelfreund.«[499]

Kaiser Franz Joseph war besonders darauf erpicht, daß sein Sohn ein unerschrockener Reiter und erfolgreicher Jäger sein würde. Dies läßt sich immer wieder aus den Briefen an seinen Sohn ablesen. Seiner Mutter, Erzherzogin Sophie, berichtete der Monarch ganz stolz: »… und Rudolph schießt im Garten Eichhörnchen und in der Fasanerie Kaninchen. Der Jäger steckt ihm im Blute.«[500] 1868 schrieb er dem noch nicht Zehnjährigen aus Ofen: »Daß das Reiten gut geht und Dich freut, ist mir sehr lieb. Wenn Du rechte Fortschritte machst, können wir vielleicht schon im Soṁer zusaṁen spazieren reiten.«[501] Im selben Jahr teilte Franz Joseph seiner Mutter mit, »Rudolph reitet alle Tage spazieren«[502]. Seine Mißerfolge auf der

Jagd bekümmerten den Monarchen sehr: »Ich bedaure sehr, daß Du, trotz beneidenswerthen Anlaufes, auf der Jagd Alles gefehlt hast und hoffe nur, daß Du auf künftigen Jagden, zu denen es wohl noch Gelegenheit geben wird, besser schiessen wirst.«[503] Dies war ein ziemlich strenger Rüffel für den noch nicht einmal elfjährigen Rudolf.

Auch mit seinem *Alterle* Latour jagte Rudolf gerne und unterhielt sich mit ihm über die Jagd und deren Erfolge. Ganz unglücklich war der Kronprinz, wenn er Latour diesbezüglich nichts Besonderes mitteilen konnte: »Jagdlich kann ich nicht viel leisten, seit 11ten August war ich nur zweimal auf Hühner und da blos abends für kurze Zeit.«[504] Hatte Rudolf wenig Erfolg auf der Jagd, war Franz Joseph enttäuscht und tadelte mitunter den Sohn. Die Geschenke des Kaisers an Rudolf umfaßten häufig Geräte für die Jagd.

Stephanie begeisterte sich für die Jagdausflüge ihres Gatten und nahm daran auch immer wieder teil – die Jagd war ja fürstliches Vorrecht und daher standesgemäß. Daran konnte sich die stolze Belgierin nicht stoßen. *Gräfin V.* meinte: »Sie

Rudolf auf Jagd in den Donauauen

läßt sich gern anbeten, strebt nach Macht und Herrschaft.«[505] Doch bei der Jagd fühlte sie mit Rudolf und war von Jagdgästen, die schlecht schossen, sehr wenig erbaut: »... der dicke Wurmbrand kommt morgen, um alle Hirsche ... zu verschrecken ...«[506]

An ihre Schwester Louise schrieb Stephanie begeistert aus Görgeny Szent Imre: »Hier ist man so *gemütlich*, daß man sich an das Zeremoniell und an die steifen, angeblich amüsanten winterlichen Feste ... erst wieder gewöhnen« müsse.[507] Stephanie war vom Zeremoniell in Wien offenbar doch nicht so begeistert, wie sie es in ihrer Autobiographie später vorgab.

Kronprinz Rudolf war kein perfekter Waidmann wie sein Vater. Sein impulsives Wesen führte gelegentlich zu gefährlichen Situationen. Um 1885 hätte sein Fehlverhalten beinahe fatale Folgen gehabt. Der Kronprinz ging mit seinem Vater auf Jagd in Mürzsteg. Die Jagd war beinahe beendet, als noch Hirsche vorbeistrichen. In seinem Jagdeifer verließ Rudolf seinen Stand und schoß auf die Tiere. Doch er traf den hinter dem Kaiser sitzenden Büchsenspanner in den Ellbogen. Nicht auszudenken, wenn er seinen Vater getroffen hätte.[508] Der Kaiser war erbost und erteilte seinem Sohn für den nächsten Tag Jagdverbot.[509]

Seine Jagdleidenschaft blieb, wie vieles andere am Kronprinzen, bis zu seinem Tod völlig normal. Mit seinen Jagdgefährten unterhielt er ständig Korrespondenz über geplante Jagdausflüge. Besonders gerne jagte der Kronprinz mit seinem Schwager Philipp Coburg. Immer wieder lud er ihn zu Jagden ein: »Lieber Philipp! Willst Du morgen um 9 Uhr früh bei mir frühstücken und dann mit mir in die Lobau fahren auf Fischottern? Ich bitte Dich nur ein Schrottgewehr mitzunehmen. Es würde uns sehr freuen, wenn Du & Louise um 7 Uhr abends mit uns speisen wollt.«[510]

Mit seinem Schwager Leopold von Bayern korrespondierte Rudolf bis spät in den Herbst 1888 über die Jagd und deren Ergebnisse. Im November berichtete der Kronprinz an Hohenlohe: »Lieber Fürst! S. M. der Kaiser befahl mir vorgestern in München, Ihnen mitzutheilen, daß mein Schwager Leopold am 23ten früh hier eintrifft, um theils von Wien, theils von Laxenburg aus an einigen Jagden Teil zu nehmen.«[511] An Latour schrieb Rudolf im Oktober 1888: »Im Thiergarten und in den Donauauen ist viel zu schießen, und man kann von einem Trieb zum Anderen reiten ...«[512]

Auch mit seinem Onkel Karl Theodor von Bayern ging Rudolf sehr gern auf die Jagd: »Gisela schrieb mir ... Du wolltest die Liebenswürdigkeit haben mich im Spätherbste zu Thierjagden in den Donauauen und zu Bärenjagden einladen.

Erlaube, daß ich Dir schon im Voraus hiefür meinen Dank ausspreche und brauche wohl nicht hinzuzusetzen, daß ich mich schon im Voraus außerordentlich auf diese jagdlichen Genüsse freue.«[513] Bei dieser Gelegenheit sah der Arzt Karl Theodor seinen Neffen zum letzten Mal. Nach der Tragödie meinte er, daß er Rudolf nichts angemerkt hätte. Baronin Redwitz berichtete, daß der Herzog einen Brief an ihren Vater schrieb, »und sagte darin: Die traurige Katastrophe, die sich in Wien ereignete, musste begreiflicherweise diejenigen besonders erschüttern, welche der betreffenden Persönlichkeit nahe gestanden sind und so ging es auch mir, der den jungen Prinzen erst einige Wochen früher, anscheinend in voller körperlicher und geistiger Gesundheit verlassen hat«[514].

Rudolf verlor bis zu seinem Tod nicht das Interesse an der Jagd, ganz im Gegensatz zu den so selbstbewußt vorgebrachten Ansichten des Vertrauensmannes des *Berliner Börsen-Couriers*: »Sein Interesse an wissenschaftlichen Dingen, welches früher ein ebenso intensives, als ausgebreitetes gewesen, reducirte sich immer mehr auf die Erfüllung jener Pflichten, die ihm dem von ihm geschaffenen Werke

Die Jagdhütte in Mannswörth

Das Jagdschloß Görgeny Szent Imre

Oesterreich-Ungarn in Wort und Bild gegenüber oblagen, selbst seine Jagdlust währte zwar fort, war aber nicht mehr so groß wie früher; hingegen zeigte er nur Sinn für Vergnügungen, von denen er früher gering gedacht, obwohl die österreichische Aristokratie denselben große Vorliebe zuwendet, z. B. Wiener Gassenhauern und Fiakerliedern.«[515] Die Jagdlust des Kronprinzen flaute nicht ab, wie selbst noch der Jänner 1889 beweist. Ganz im Gegenteil, Rudolf korrespondierte eifrig mit seinen Jagdgenossen. Graf Saurma berichtete dem Kronprinzen beispielsweise Ende September 1888: »Nach drei Tagen erfolgloser Pürsche wandte sich mein Geschick plötzlich zum besseren und ich schoß hintereinander die mir gnädigst gestatteten 5 Hirsche ... In der Hoffnung daß die Potocki'sche Pürsche erfreuliche Resultate gebracht hat, bin ich Eurer kaiserlichen Hoheit treu gehorsamster Saurma.«[516] Auch die übrigen Behauptungen im *Berliner Börsen-Courier* sind aufgrund der zahlreichen Briefe und Zeugenaussagen unhaltbar. Doch selbst Mitis übernahm diese negativen Ansichten kritiklos.[517]

Abschußliste 1883

Zu Rudolfs letzten Jagdtagen im Jänner 1889 meinte Dombrowski: »Im Monate Jänner 1889 widmete der erlauchte Weidmann und Forscher zunächst jener Wildgattung Seine Mussestunden, um deren Naturgeschichte Er sich so hohe Verdienste erworben, den Adlern. Wiederholt traf er in den Aurevieren der Donau ein ... Am 18. Jänner ordnete der Kronprinz eine Jagd auf Trappen im Hofjagdbezirke Aspern an der Donau an, traf in Begleitung des Prinzen Philipp von Coburg und des Grafen J. Hoyos am Jagdplatze ein ... [später] traf der erlauchte Weidmann in Begleitung des Erzherzogs Otto, des Prinzen Philipp von Coburg und des Grafen J. Hoyos [am 20.1.] auf Schloß Ort an der Donau ein ... Als sich der Kronprinz nach der Jagd ... von der versammelten Jägerei verabschiedete, rief er dem Freiherrn von Neuenstein ... zu: *Auf Wiedersehen zur Rehbrunft, sorgen Sie, daß ich viele Böcke bekomme!* Am 23. Jänner traf der Thronfolger im Revier Hütteldorf ... ein, um auf Edelwild mit dem Prinzen Philipp von Coburg-Gotha zu birschen.«[518] Danach sollte die Jagd in Mayerling folgen.

Das Reisen

Kronprinz Rudolf hatte schon in jungen Jahren Gelegenheit zu reisen und konnte dies bis zu seinem frühen Tod fortsetzen. Auch der junge Franz Joseph hatte einige Touren in der Monarchie[519] gemacht, war aber nicht viel darüber hinausgekommen. Im Jahr 1848 wurde er Kaiser und hatte zwischen 1848 und 1850 Mühe, das

Reich zu erhalten. Seine Reisen führten ihn meist nicht sehr weit weg (Kriegsschauplatz Italien; Prag, Budapest, Gödöllö, eine größere Mittelmeerreise; wenn seine Frau auf Reisen war, besuchte Franz Joseph sie manchmal an der Côte d'Azur). Somit hatte Rudolf neben seiner umfassenderen Ausbildung einen weiteren Vorteil: Er kannte nicht nur die Monarchie sehr gut, sondern hatte auch im Ausland Erfahrungen gesammelt und seinen geistigen Horizont erweitert. Dabei spielte vor allem Großbritannien eine wichtige Rolle.

Der Kronprinz war von der britischen Wirtschaftsmacht, dem *Empire,* fasziniert und versuchte möglichst viel zu erfahren und zu lernen. Menger schrieb stolz über seinen Schützling: »In London wurde er in eine neue Welt eingeführt, und mit nie rastendem Eifer suchte er die Wurzeln der Macht des englischen Reiches zu ergründen, die auf den unzähligen Wimpeln der Schiffe, auf den überall emporragenden Schloten und auf einer märchenhaften Beherrschung der Dampfkraft beruhen. Der Kronprinz interessierte sich mit wahrer Leidenschaft für das commercielle Getriebe dieses Handelsstaates.«[520] Er lernte die soziale Ader der britischen Industriellen kennen, die ihren Arbeitern Wohnungen bauten, Konsumvereine, Sparkassen und Unterstützungskassen einrichteten – von solchen humanitären Überlegungen war man in der Monarchie noch meilenweit entfernt. Rudolf besuchte häufig das *British Museum,* aber auch seine Mutter in Northamptonshire, wo sein Auftritt wegen Bay Middleton stattfand.[521]

Rudolfs Reisen waren einerseits privater Natur, bei denen er sich seinen Leidenschaften der Jagd, der Ornithologie und dem Kennenlernen fremder Kulturen widmete. Andererseits hatten sie oft repräsentativen Charakter. Schon als Neunjähriger begleitete der Kronprinz 1867 gemeinsam mit seiner Schwester Gisela seine Eltern nach Budapest zur Königskrönung. Im Jahr 1877, nach dem Ende von Rudolfs Studien und seiner Großjährigkeitserklärung, durfte er noch die schlesischen Mustergüter seines Onkels Erzherzog Albrecht besuchen. Rudolf war von den vielen Manufakturen, die der notorisch armen Bevölkerung Schlesiens Arbeit gaben, beeindruckt und schrieb darüber gemeinsam mit Carl Menger einen enthusiastischen Artikel für die *Wiener Zeitung.* Damit holte er sich eine kalte Abfuhr bei seinem Onkel, der die Presseleute förmlich haßte und nicht in den Geruch kommen wollte, »socialistisch« angehaucht zu sein: »Deinen Aufsatz hatte ich bereits am 4. gleich bei seinem Erscheinen gelesen; ich vermuthete, daß Prof. Menger der Autor, u. hätte ihn daher, ehrlich gesagt, lieber vermißt; das mir darin gespendete überreiche Lob verdiene ich nicht, denn mein Vater war der erste Schöpfer dieser humanen Richtung ... Dazu wird solches Lob in einer *offiziellen* Zeitung leicht als

Sozialismus verdächtigt u. wirkt dann leicht verkehrt. Du wirst diesen Aufsatz in keinem anderen Blatt reproducirt finden.«[522]

Mit Carl Menger fuhr Rudolf anschließend in die Schweiz, wo er die Habsburg besuchte, dann weiter für acht Wochen nach England. Über Deutschland (Berlin) kehrte der Kronprinz schließlich wieder nach Wien zurück. Darüber hinaus fuhr Rudolf recht oft und sehr gerne nach Bayern, wo er seine Schwester Gisela besuchte; sie war in seiner Kindheit und frühen Jugend eine seiner wichtigsten Bezugspersonen. Die offiziellen Reisen, die den Kronprinzen auch immer wieder nach Berlin führten, schätzte er weniger.

Im Jahr 1878 unternahm Rudolf mit Brehm, Eugen von Homeyer, seinem Schwager Leopold, Graf Bombelles und dem Tierpräparator Hodek eine ornithologische Jagdreise auf der südlichen Donau, in die Fruska Gora. Nie wäre es einem Adeligen oder einem Mitglied des Kaiserhauses eingefallen, unter so primitiven Gegebenheiten eine Expedition mitzumachen. »Der Dampfer hatte einen höchst bizarren Charakter erhalten; das Verdeck strotzte von Waffen aller Art, von Büchsen und Flinten, von Kisten mit Munition; die vordersten Theile des Oberdecks waren belebt von einer ganzen Menagerie, bestehend aus jungen Adlern, jungen Uhus, Waldkäuzchen, meinem Uhu und meinen zwei Hunden; ferner stand daselbst ein großer Präparirtisch, an dem die Mannschaft, dirigirt vom jungen Hodek, an den Bälgen arbeitete und die schon fertigen Exemplare an der Sonne trocknete. Vom vielen Blut des erlegten Wildes, von Federn, Knochen und dem Schmutze der ganzen Menagerie bot unsere schwimmende Wohnung einen nichts weniger als reinlichen Eindruck.«[523] Ganz nach Krists oben geschilderten Intentionen verarbeitete Rudolf die Eindrücke der Reise im Band *Fünfzehn Tage auf der Donau*.

Im folgenden Jahr reiste Kronprinz Rudolf mit Brehm, Prinz Leopold und den Grafen Wilczek und Bombelles nach Spanien. Von Schloß Miramare aus ging die Reise nach Barcelona, Montserrat, Valencia, Albufera, Madrid, Pardo, Alicante, Murcia, Juansante, Malaga, Granada, Sierra Nevada, Gibraltar, Tanger, Cadix, Sevilla, Xerex de la Frontiera, Lissabon, Cintra, Avila, Escorial, Aranjuez, Hendaya, Bordeaux, Paris und über München nach Wien.[524]

Am 9. Februar 1880 brachen Rudolf, der Großherzog von Toskana und der Maler Pausinger zur großen Orientreise auf, »welche er von Schloß Miramar aus antrat. Die Tour führte über Korfu und Zante direct nach Aegypten, berührte Alexandrien, Kairo, Abuksar, Gizéh, Memphis, Sint, Sohág, Kenéh, Luxor, Edfú, Assuan, Ismaïla und Port Saïd, von da nach Palästina über Jaffa, Latrum, Jerusalem, Marsaba, Nazareth und Haifa.«[525] Bei Hof war man über Rudolfs engen

Kontakt mit dem Protestanten und Freimaurer Brehm sehr erbost, darum mußte der Kronprinz diese Reise ohne seinen väterlichen Freund machen.

Nach Rudolfs Vermählung mit Stephanie standen noch viele weitere Reisen auf dem Programm des Kronprinzenpaares. Die Repräsentation führte sie in zahlreiche Gebiete der Monarchie, in Lacroma und in der Villa Angiolina in Abbazia fanden sie Erholung bei mildem Wetter. Im Jahr 1884 bereiste das Paar die Türkei, Serbien, Bulgarien und Rumänien. Im Jahr 1885 unternahmen sie eine Reise in den Orient, die sie bis nach Syrien führte und von der Stephanie mit großer Begeisterung berichtete. Sie notierte in ihr Tagebuch: »Die prachtvolle Reise ist beendet, sie wird mir die schönste, angenehmste Erinnerung meines Lebens sein. Wir sind glücklich zurückgekommen: während dieser Zeit hatten keine Wolken unseren Himmel getrübt. Wir alle miteinander waren wie eine große Familie und haben uns recht zu achten und kennen gelernt. Hoffentlich wird eine nächste Reise so wunderschön ausfallen. Der Himmel war uns immer gewogen.«[526]

Auch getrennt waren Rudolf und Stephanie unterwegs; besonders ab 1888 nach Rudolfs Ernennung zum Generalinfanterieinspektor. Der Kronprinz inspizierte

Schloß Gödöllö

Truppen in allen Teilen der Monarchie und lernte somit sein zukünftiges Reich noch besser kennen; Stephanie reiste nach Abbazia oder auf die Insel Jersey.[527]

Der Kaiser war vom Erfolg der Reisediplomatie des Kronprinzenpaares offenbar angetan. 1885 schickte er Stephanie nach Triest, damit sie dort durch ihre Anwesenheit beruhigend auf die Italiener einwirken würde.[528]

Repräsentation und Militär

Schon in seiner frühen Kindheit war Kronprinz Rudolf einem sehr dichten Stundenplan unterworfen, der dem aufgeweckten, intelligenten Kind jedoch eher entgegenzukommen schien: »In der Stadt die Stundeneinteilung sehr geregelt – Nach gemeinschaftlichem Morgengebet lernt der Kronprinz ein paar Zeilen oder ich erzähle aus der biblischen Geschichte, dann gespielt, gegen 9 Uhr dann Frühstück bei den Majestäten beigewohnt, um ½10 Uhr ungarisch sprechen, 10 Uhr bis 12 Uhr 3 Mal die Woche Giraud[529], 3 M. den Oberlieutenant, es wurde mit ihm schon im Som̃er das Lesen begonnen ... dann exercirt, was dem Kronprinzen große Freude macht – mit dem Böhmischen beim Oberlieutenant geht es langsam. Am Nachmittag köm̃t abwechselnd die französische Meisterin, oder der Oberlieutenant. Sonntag kom̃en Gespielen – 2 Knaben Crenneville – 3 Knaben Coudenhoven – 2 Mädchen – 3 Esterhazi, die diesen Som̃er in Reichenau waren – 2 Knaben Auersperg /: Fürst Vinzent :/ 1 Mädchen – 3 Hoyos – 3 Széchen – 4 Szechenyi.«[530] Die Arbeit machte dem kleinen Rudolf Freude und er lernte gern: »29tn Sept. Abreise von Reichenau, der Kronprinz ist in der letzten Zeit sehr brav – und lernt gern u. eifrig – er freut sich bei Giraud französisch zu lesen, am 1tn Okt. wird er beginnen.«[531]

Bereits seit seiner frühesten Jugend zeigte sich Rudolf seiner späteren verantwortungsvollen Aufgabe bewußt. Carl Menger schrieb, er sei »vielleicht der erste Kronprinz in Europa, welcher eine vollständige wirtschaftliche Ausbildung erhalten hat... Dieser Unterricht war nicht blos eine Tändelei ... Die Vertrautheit mit den ökonomischen Gesetzen äußerte eine starke Wirkung auf den Kronprinzen. Aus seinen Fragen und Bemerkungen war zu erkennen, daß schon der Jüngling ganz von dem Bewußtsein seines hohen Berufes erfüllt war.«[532]

Dieses Arbeitspensum behielt Rudolf offenbar gern bei, denn aus Prag schrieb er Latour 1878 einige Male, wie sehr ihn intensive Arbeit freute: »Ich fühle mich hier sehr wohl, ich habe viel zu thun. Doch aus dem mache ich mir nichts daraus.«[533] Drei Monate später schilderte Rudolf seinem ehemaligen Erzieher den von diesem gewünschten Tagesablauf: »Den Morgen und Vormittag hindurch nimmt mich der Dienst in Anspruch, dann habe ich bis zum Essen viel am Schreibtisch zu arbeiten, Themas aus zustudiren für das Kriegsspiel und an einem Vortrag zu arbeiten, den ich über das Gefecht von Spicheren halten will; auch muß ich jeden Tag eine Stunde und auch länger in der Regimentskanzlei zubringen. Nach dem Essen sind entweder Vorträge, oder Kriegsspiel; in den späteren Abendstunden arbeite ich mit Brehm ... neben alle dem mußte ich jetzt die Bürstenabzüge unserer Donaureisebrochure corigiren, und so sind die Tage dermaßen ausgefüllt, daß ich außer dem Diner nicht eine Minute frei habe. In's Theater komme ich auch fast gar nicht mehr, und da in der Zeit der Winterarbeiten fast gar nichts im Freien zu thun ist, reite ich auch sehr wenig, und überhaupt keine Bewegung. Die Arbeit zu unserem Geschäft, und ich habe sie gern, kann auch jede Unterhaltung entbehren, nur den Mangel an Bewegung, und guter Luft fühle ich sehr empfindlich und sehne mich daher ungemein, wenn auch nur für einige Tage nach Gödöllö zu gehen.«[534]

Auch in späterer Zeit blieb Rudolfs Arbeitswille ungebrochen. Szeps teilte er 1883 Folgendes mit: »Schade, daß wir uns morgen nicht sehen können. Für mich ist es auch sehr schwer in den nächsten Tagen einen freien Tag bestim̄en zu können. Den ganzen Vormittag hindurch muss ich mit einem Generalstabsofficier arbeiten und die nachmittage und abende werden durch die fast allzu zahlreich anwesende Familie, besonders in

Königin Victoria um 1880

den nächsten Tagen durch die Königin von Spanien[535] in Anspruch genommen. Mittwoch ist es unmöglich, Doñerstag und Freitag ebenfalls einen freien Abend zu finden; und Samstag reise ich nach Jung-Bunzlau zum 200jährigen Jubiläum meines alten Regimentes; kom̃e aber in der Nacht von Soñtag auf den Montag wieder zurück. In der nächsten Woche, wenn Sie da auch freie Zeit haben, wäre es schön wenn Sie einmal bei uns speisen würden.«[536] Rudolf brachte in seinen Briefen immer wieder seinen Optimismus und seine Zukunftshoffnungen zum Ausdruck, besonders aus Anlaß des Neujahrs, wie beispielsweise zum Jahreswechsel 1883/84: »Vor Allem trachten wir uns zu befreien aus den Klauen des Pessimismus, der gleichbedeutend ist, mit sich ergeben in das Schicksal und mit Erlahmen des Selbstvertrauens. Seien wir eingedenk, daß bessere Tage kommen müssen, in denen wir einstehen werden, für jene Principien, denen wir unser Leben geweiht haben.«[537]

Kronprinz Rudolf wußte ganz genau, was er seinen Lehrern und seinem Erzieher verdankte. Zeit seines Lebens blieb er diesen Personen in großer Dankbarkeit verbunden, hielt Briefkontakt mit ihnen und vergaß ihre Leistungen nie. Besonders Joseph Krist war Rudolf verpflichtet, der ihm den Weg zu den Naturwissenschaften wies: »Nie werde ich diese Stunden vergessen, und stets werde ich in dankbarer Erinnerung Ihrer gedenken, als Sie mich durch Mathematik und Geometrie zuerst denken lehrten und in den Stunden der Naturwissenschaften mir Sinn und Liebe für diese Wissenschaften erregten. Für dies Letztere werde ich Ihnen stets dankbar sein, denn Sie haben mir Freude und Lust zu einer Wissenschaft geweckt, die nicht blos veredelt und aufklärt, sondern auch Anregung und stete Beschäftigung im Freien und in Büchern gewährt und durch Beobachtung der Natur eine Liebe und Freude an der selben schafft, die ein hohes Gut ist.«[538]

Der Prinz nahm seine gegenwärtige Arbeit und die auf ihn wartende Verantwortung als Kaiser sehr ernst. Rudolf widmete sich seinen Aufgaben zum Teil in kindlich-rührender Naivität und bemühte sich, in seiner neuen Rolle dem kaiserlichen Vater zu gefallen: »Das ist aber sicher, daß ich erst am 6. Abends von Wien abreise, um am 7. Früh in Prag einzutreffen. Zum Hofball bin ich nicht in Wien, ich habe Papa gesagt, daß es mir viel lieber ist am Orte meiner Bestim̃ung, wohin mich meine Pflicht ruft zu sein, als in Wien mich zu unterhalten.«[539] In die anstehenden Verpflichtungen fügte er sich ohne Widerspruch: »Mein Dienst ist streng, oft wirklich hart, man muß jetzt fürchterlich arbeiten, doch das ist mein Element und je mehr ich zu thun habe, desto beßer geht es mir«, berichtete er 1879 seinem einstigen Erzieher.[540]

Kaiser Franz Joseph um 1890

Die Erstellung eines lückenlosen Berichts über Rudolfs Arbeitspensum ist anhand der verfügbaren Quellen kaum möglich. Da seine eigenen Tagebücher und jene des Flügeladjutanten nur für einen begrenzten Zeitraum erhalten sind, muss vieles mit Hilfe seiner Briefe erschlossen werden. Auch die Zeremoniell-Protokolle im Haus-, Hof- und Staatsarchiv geben nur bedingt Auskunft, weil sie bloß die Vorgänge am Wiener Hof berücksichtigen. Rudolfs Prager Zeit ist hier überhaupt nicht dokumentiert, außer er kam nach Wien, um an offiziellen Anlässen teilzunehmen. Ebenso verhält es sich für die Zeit nach der Übersiedlung Rudolfs und Stephanies nach Laxenburg. Ihre Schritte schienen nur auf, wenn sie ihren *Séjour* am Land aufgaben und in die Hofburg übersiedelten oder wenn sie Repräsentationsaufgaben zu übernehmen hatten. Die Vorkommnisse in Laxenburg und Wien wurden vermutlich im Sekretariat des Kronprinzen festgehalten, das verschollen ist.

Am Neujahrstag gab es beim Kronprinzenpaar die Neujahrsaufwartung und abends ein Familiendîner. Im Fasching waren zahlreiche Bälle zu besuchen. Vermerkt wurde, ob Kronprinz Rudolf bei den Karwochenandachten und bei der Fronleichnamsprozession anwesend war. Weiters wurden offizielle Reisen des Kronprinzenpaares und offizielle Termine wie Eröffnungen, Ausstellungsbesichtigungen, Denkmalsenthüllungen, Galatafeln etc. erwähnt.[541] Der Kronprinz übernahm zahlreiche Schutzherrschaften von kulturellen und gemeinnützigen Vereinen. Ein besonderes Anliegen wurde Rudolf das *Heeresmuseum,* dessen Statuten der Historiker Alfred von Arneth im Jahr 1885 ausgearbeitet hatte. Die engen Kontakte, die Rudolf mit der Armee hatte, führten dazu, daß er sich für die Gründung des Heeresmuseums intensiv engagierte und dabei erfolgreich war. Im Juli 1885 schrieb er stolz an Hohenlohe: »Es gereicht mir zur besonderen Genugthuung, Euer Durchlaucht mittheilen zu können, daß meine Bemühungen zur Gründung eines Heeres-Museums vom besten Erfolge begleitet waren und nunmehr auch die

Satzungen des Heeres-Museums mit Allerhöchster Entschließung vom 31. Mai d. J. von Seiner ... Majestät allergnädigst genehmigt wurden.«[542] Das neue Museum sollte die im Arsenal aufbewahrten Siegestrophäen und Andenken mit anderen militärhistorisch bedeutenden Objekten zu einer Gedenkstätte der k.u.k. Armee werden lassen. Rudolf übernahm das Protektorat der heute als *Heeresgeschichtliches Museum* bezeichneten Institution. Der Protektor Rudolf hatte ein Kuratorium aus Militär- und Zivilpersonen[543] zur Seite: Erzherzog Wilhelm, Graf Meran, Graf Wilczek, Hofrat Arneth, Freiherr von Tiller, Ritter von Schmerda, FML Müller, Hofrat Quirin Leitner, Oberst Joseph Hermann und Nikolaus Dumba.[544]

Manche Repräsentationspflichten waren Rudolf nicht sehr angenehm, besonders wenn er sie gemeinsam mit seinem Onkel Erzherzog Albrecht wahrnehmen mußte. »Ich bin seid gestern abends hier in Schönbrunn; morgen früh reise ich mit Papa nach Tyrol; habe so eben den Befehl bekom̄en nach den Maneuvern mit Onkel Albrecht für ein oder zwei Tage nach Süd-Tyrol zu fahren, nur um dort gewesen zu sein; man hofft, daß es unter der dortigen italienischen Bevölkerung einen guten Eindruck macht. Am 30. früh will ich wieder hier sein, um abends dann nach Prag zu fahren. Am 1. Oktober früh geht mein 22tägiger Urlaub zu Ende.«[545] Man sieht, daß Rudolf auch während des Urlaubs von seiner Garnison die Monarchie zu repräsentieren hatte. Eine besondere Aufgabe war der Besuch zahlreicher Bälle, auf denen die kaiserliche Familie gesehen werden mußte. Spezielles Mißvergnügen bereitete Erzherzog Albrecht Rudolfs alljährlicher Besuch auf dem *Concordia-Ball.* Allerdings besuchte der Kronprinz fleißig auch viele andere Bälle, sodaß man ihm nicht Einseitigkeit vorwerfen konnte: »Ich bitte Erzherzog Carl Ludwig sagen zu lassen, daß ich um 10 Uhr zum Ball in das Militär-Casino fahre ... Wer geht heute mit mir auf den Ball? Wenn Nostitz noch nicht, wegen des Todesfalles mich begleiten will, dann würde ich Sie bitten, falls Sie nicht abreisen.«[546]

Rudolfs Arbeit umfaßte nicht nur zahlreiche repräsentative und offizielle Aufgaben. Er war immer wieder das Ziel von Bittstellern, die sich von ihm besondere Vorteile erhofften; nicht immer waren ihm diese Leute angenehm. Da der Kronprinz jedoch keinen höfischen und politischen Einfluß hatte, mußte er sich in einem solchen Fall selbst als Bittsteller an den Obersthofmeister Fürsten Hohenlohe wenden: »Der Bittsteller ist ein armer Officier, der durch ein unheilbares Leiden in seinen Aussichten und Hoffnungen vernichtet nun der traurigsten Zukunft entgegengeht. Ich kenne ihn genau, er hat unter mir im Bataillon gedient ... Bei Hofe giebt es soviele Kanzleien und Anstellungen, die sich mit dem Officierscharakter vertragen ... und da bitte ich Sie vielmals, lieber Fürst, diesem armen jungen Mann, für den ich mich sehr intereßire eine Zukunft zu verschaffen.«[547] Neben Personen des Militärs wandte sich auch wissenschaftliches Personal mit Bittbriefen an den Kronprinzen, weil bekannt war, wie sehr er die Wissenschaften schätzte.[548]

Besonders plagte Rudolf ein Hofrat Mayer aus Dresden, der in den Hofmuseen eine Anstellung suchte. Obwohl der Kronprinz Hohenlohe gegenüber den Quälgeist beklagte, war er doch in seinen Briefen an Hofrat Mayer höflich: »Was Sie mir über Ihren Wunsch mittheilen, zu uns nach Oesterreich zu komen, hat mich sehr gefreut. Sie wären meiner Ansicht nach – ganz der Gelehrte, den wir brauchen, der dazu befähigt wäre, die Erbschaft eines Hochstetter anzutreten. Mein Einfluß bei den Hof-Ämtern ist deshalb kein sehr großer, da doch sehr viele Wünsche und Protections-geschichten tagtäglich anstürmen und oft derjenige siegt, welcher am consequentesten drängt und dies kann ich nicht thun, da ich durch militärische Geschäfte überhäuft bin ... doch was in meinen Kräften steht, will ich versuchen, und so schrieb ich denn bereits an Fürst Hohenlohe, Sie wärmstens anempfehlend.«[549] Im Jahr 1885 fand Rudolf die Zuschriften des Hofrats Mayer bereits unerträglich. An Hohenlohe schrieb er: »Beiliegend sende ich einen Brief des Hofrath Dr. Mayer, aus welchem Sie ersehen werden, daß dieser zudringliche Mensch noch immer auf eine Stelle am Hofmuseum rechnet.«[550]

Was die grossen Exzesse anlangt, die man dem Kronprinzen vor allem nach seinem Tod nachsagte, ist zu bemerken, daß er gern ein sehr regelmäßiges Leben führte, was jedoch nicht immer gelang. An Latour berichtete er 1879: »Um 5 Uhr früh stehe ich immer auf. Um 6 Uhr rückt die Truppe aus, bis 11 Uhr bleiben wir draußen, um 12 Uhr ist der Regimentsrapport, um ½1 Uhr speisen wir im Gasthaus, aber von unserer Menage, recht gut, um 3 Uhr rückt die Truppe wieder aus ... Um 8 Uhr soupiren wir wieder im Gasthaus, und nach 9 Uhr herrscht Ruhe im Dorfe. Es ist ein gesundes, angenehmes Leben ...«[551] Und zwei Monate später berichtete Rudolf seinem *Alterle*: »4 Uhr früh ist meine gewöhnliche Aufsteh-Stunde, um 11 Uhr spätestens sind wir von den Uebungen zurück. Dann gehe ich in die Regiments Kanzlei, um 11 Uhr speise ich in der Menage, bis 3 Uhr sitzen wir im Kasernenhof ... dann gehe ich wieder in die Kanzlei, wo ich bis nach der Abfertigung, manchmal bis 6 Uhr beschäftigt bin, dann reite ich noch etwas spazieren, oder gehe nach Hause, um dort zu lesen, oder mich mit meinen eigenen Sachen zu beschäftigen. Um 9 Uhr spätestens liege ich, nicht ohne große Freude, dann etwas Ruhe zu haben, im Bett ... ich habe dieses bewegte, und mit Beschäftigung so sehr ausgefüllte Leben ungemein gern.«[552] Vor dem Fasching und den damit verbundenen gesellschaftlichen Verpflichtungen fürchtete sich der junge Kronprinz geradezu, da zusätzlich zur anstrengenden Tagesarbeit auch noch Veranstaltungen am Abend zu bewältigen waren. »... denn da ist sogar in der Nacht keine Ruhe mehr«, bemerkt er in einem Brief an Latour.[553]

Obwohl der Kronprinz leidenschaftlicher Jäger war, behielt sein Verantwortungsbewußtsein immer die Oberhand. Im Jahr 1887 schrieb er an Latour: »Heute erhielt ich vom Kaiser ein gnädiges Telegram̄ mit Einladung, falls ich Zeit habe für den 13ten nach Eisenerz zur Weißenbacher-Jagd. Ich mußte mich gehorsamst entschuldigen, denn ich würde einen ganzen Maneuvertag verlieren, bin allein ohne Corps-Com̄andanten mit so vielen Truppen da, und jetzt sind diese Detachements-Übungen, bei denen Stabsofficiere geprüft werden und wo, wie ich glaube, mein *beruhigender* Einfluß nicht schlecht wirkt ... Hier geht alles sehr gut; wir arbeiten viel, aber mit Gemüthsruhe, ohne Nervosität, das Leben ist angenehm und der Geist ein sehr guter.«[554]

Graf Gyula Andrássy

Immer wieder ist aus den Briefen Rudolfs herauszulesen, wie viel er zu tun hatte und wie sehr ihn viele seiner Aufgaben freuten. Am 17. April 1888 berichtete er »seinem« Latour: »In Ungarn war ich recht zufrieden, mehr als ich es mir erwartet hatte; meine Stellung ist wie für mich geschaffen und ich bin sehr glücklich über dieselbe. In wenigen Tagen dürfte ich wieder nach Berlin fahren müssen; am 24t. oder 25t. ist Frühjahrsparade.«[555] Rudolf bezog sich hier auf seine neue Funktion als Generalinspektor der Infanterie. Ein Brief seines Schwagers Leopold von Bayern aus dem Herbst 1888 belegt Rudolfs ungebrochene, rastlose Tätigkeit: »Bei Dir ist die Unruhe und Hetze jedenfalls noch um ein gutes Stück ärger, schon wegen der großen Entfernungen; doch muß es eine große Freude für Dich sein in so kurzer Zeit einen großen Theil Eurer Regimenter zu sehen ...«[556]

Ob Latour wirklich an den Selbstmord Rudolfs glaubte oder nicht, mag dahingestellt bleiben. Jedenfalls war er davon überzeugt, daß Rudolf trotz seines Arbeitspensums vom Kaiser nicht seinen Fähigkeiten entsprechend beschäftigt wurde: »Es hätte aber eine Beschäftigung sein müssen, die seiner Intelligenz und seinem Selbstbewußtsein angemessener gewesen wäre, als die militärischen Kommandoführungen ... wie auch das für den Kronprinzen erfundene General-Infanterie-Inspektorat.«[557]

Das noch erhaltene Tagebuch des dem Kronprinzen jeweils zugeteilten Flügeladjutanten[558] stammt aus der Zeit zwischen 1884 und Ende Februar 1888. Der anschließende Band fiel offenbar, wie so vieles aus dem Leben Rudolfs, der Vernichtung anheim. Dennoch kann man daraus ersehen, daß Rudolfs Tätigkeit vor allem während des Jahres 1887 und Anfang 1888 – also zu einem Zeitpunkt, an dem manchen Kommentatoren zufolge bereits ein weitgehender geistiger und körperlicher Verfall eingetreten sein soll – ungebrochen weiterging. Zahlreiche repräsentative Aufgaben nahm er auch 1888 mit seiner Gemahlin Stephanie wahr – zu einer Zeit, in der die Historiker des beginnenden 20. Jahrhunderts die Ehe bereits als völlig gescheitert betrachteten.

Der Kronprinz war mehrmals pro Woche zum Rapport im *Divisions Kabinett*, er absolvierte zwei bis drei Mal pro Woche ab 13 Uhr Audienzen, bei denen zwischen 30 und 60 Personen vorsprachen. Anfang 1888 besuchten Kronprinz Rudolf und seine Frau immer wieder *gemeinsam* Bälle, die – neben den Bällen in der Hofburg und bei Mitgliedern der kaiserlichen Familie – aus wirtschaftlichen, politischen oder karitativen Gründen von Bedeutung waren (darunter auch der Concordia-Ball, der Polenball, der Industriellenball, der Ball der technischen Akademie, der Ball des weißen Kreuzes, die Bälle in Botschaften, der Ball der adligen Damen, der Patronessenball, das Touristenkränzchen und Studentenball). Daneben gab es zahlreiche Empfänge, Jagden und Besichtigungen militärischer und kultureller Einrichtungen. Die Dîners waren entweder offiziell mit Gästen aus Geistlichkeit, Militär und Diplomatie, ganz intim oder *à la camera*. Häufig waren Prinz Philipp von Sachsen-Coburg und seine Gemahlin Louise, Stephanies Schwester, bei Rudolf zu Gast.

Trotz der Abschirmung des Kronprinzen von vielen wichtigen Aufgaben durch seinen kaiserlichen Vater, zeigen die Tagebücher des Flügeladjutanten und zahlreiche Zeitungsberichte, daß Franz Joseph seinem Sohn doch viele repräsentative Aufgaben übertrug. Darüber hinaus arbeitete der Kronprinz intensiv an der Fortführung seines Werkes, der *Österreichisch-Ungarischen Monarchie in Wort und Bild.* Er traf sich immer wieder mit den mitwirkenden Autoren und Kupferstechern zu Sitzungen und Unterredungen. Häufig lud er die Mitarbeiter zum Essen ein.

Manchmal war Rudolf die Überwachung durch Erzherzog Albrecht zuwider, da er der Ansicht war, ohnehin viel zu arbeiten. Bei seiner Gemahlin beklagte sich der Kronprinz ab und zu über den strengen Verwandten: »Onkel Albrecht ist hier und da muß man sehr solid sein; um 9½ Uhr war alles aus, und ich möchte diesen vielleicht für lange nicht wiederkehrenden Tag benützen, wo ich vor Mitternacht ins Bett gehen kann.«[559] Wie intensiv Rudolf in die Repräsentation und andere Arbeiten eingebunden war, zeigt ein Brief, den er am 21. Dezember 1888 an Latour schickte: »Vor lauter Kaiser, Königen und Prinzlichkeiten und Avancements-Arbeiten, die nun vollendet sind, hatte ich in den letzten Wochen wenig freie Zeit.«[560]

Auch die zahlreichen Briefe, die Kronprinz Rudolf an Moritz Szeps schrieb, geben Aufschluß über seine mannigfaltigen Verpflichtungen und seine rastlose Tätigkeit. Sehr oft befand sich das Kronprinzenpaar oder der Kronprinz alleine auf offiziellen Reisen: »Innigsten Dank für Ihren Brief, den ich heute bei meiner Rückkehr von allen Kreuz und Querfahrten durch den Osten Europa's fand. Da ich morgen abends wieder weiterreise, hier viel zu thun fand und mich überdieß noch mit dem serbischen Königspaar beschäftigen muß, wurde es mir unmöglich Sie zu bitten mich zu besuchen. Gleich nach meiner Rückkehr aus Berlin, werde ich dieß aber thun ... Rumänische und ungarische Reiseeindrücke werde ich Ihnen bei unserer nächsten Begegnung mittheilen, schriftlich wäre es zu lange, und meine Stunden bis zur nächsten Abreise sind gezählt.«[561]

Durch seine rastlose Arbeit, seine modernen Ansichten über seine eigene Stellung und das Reich sowie seine für einen Kronprinzen oft unorthodoxen Ideen und Tätigkeiten handelte sich Rudolf auch Schwierigkeiten in der Familie ein: »Ich bin froh, daß ich den Vortrag [über die Schlacht von Spicheren] hinter mir habe; er hat mir genug Unannehmlichkeiten bereitet, von verschiedenen Seiten, wurde mir zu verstehen gegeben, daß es sich in meiner Stellung nicht schicke, öffentlich zu sprechen, es sei dieß ein Verlaßen der <u>gewohnten Bahnen</u>; Gott sei Dank fühle ich in mir nicht den Beruf, die sogenannten gewohnten Bahnen, das leppische Alltägliche meiner mit Schruledern [sic!] versehenen Verwandten zu durchlaufen. Ich diene mit Leib und Seele in der Armee, doch nicht, wie es ja eigentlich gewünscht wird, den bloßen Gamaschendienst, sondern auch mit dem Kopf ... Man muß heutzutage arbeiten, um es zu verdienen eine hohe Stelle einzunehmen, in Wien sitzen und nur Grandezza haben, und die Menschen nicht kennen, wie sie sind und wie sie fühlen, das taugt nicht für unser Jahrhundert.«[562] Rudolf war meilenweit vom »Gottesgnadentum« und vom »Es war sehr schön, es hat mich sehr gefreut« seines kaiserlichen Vaters entfernt. Obwohl man Rudolf »Nerven« attestierte, war er offenbar – im Gegensatz zu seinen Verwandten – ein blendender Redner, was er immer wieder bei Eröffnungen unter Beweis stellte.

Rudolfs Aktivitäten und seine politischen Ansichten, die der damaligen Regierung zuwiderliefen, verursachten nicht nur dem Kronprinzen Unannehmlichkeiten, sondern auch jenen Personen, von denen man wußte oder vermutete, daß sie mit ihm Umgang hatten. Der Politiker Ernst von Plener klagte beispielsweise in seinen Erinnerungen: »Taaffe beeinflußte den Kaiser, der auch früher keine besondere Sympathie für mich hatte, immer mehr in einem mir feindlichen Sinne; ich kann die vielen Erzählungen über Zwischenträgereien und Anschwärzungen nicht wiederholen, weil ich sie nicht verbürgen kann, aber daß Taaffe dem Kaiser mich als den eigentlichen Störenfried hinstellte und dessen Voreingenommenheit gegen mich noch steigerte, ist unzweifelhaft. Mein nicht einmal sehr intensiver Verkehr mit dem Kronprinzen wurde benützt, um mir alle möglichen Intrigen anzudichten, die gar keine tatsächliche Grundlage hatten. Ich erfuhr überhaupt viel mehr persönliche Gehässigkeit als die meisten anderen Politiker.«[563]

Der Thronfolger war trotz seines eingeschränkten Wirkungskreises, den ihm sein Vater zugestand, von großem Enthusiasmus für seine zukünftigen Aufgaben erfüllt; dabei legte er auch ein entsprechendes Maß an Selbstkritik und Bescheidenheit an den Tag. Dies drückte er Szeps gegenüber zum Jahreswechsel 1884/1885 aus: »Innigsten Dank für Ihr Schreiben und für die guten Wünsche zum Jahreswechsel; möge Alles in Erfüllung gehen, was Sie in Ihrem Schreiben ausdrücken; mögen Sie sich nicht täuschen in den Erwartungen, die Sie in mich setzen; laßen Sie sich nicht durch die Gefühle der Freundschaft mich höher schätzen, als ich es verdiene; was ist ein einzelner Mensch im Strom der Zeit und insbesonders in unserer unruhigen, schwankenden Zeit. Meine Schuldigkeit werde ich immer thun, treu dem Vaterlande, deßen Zukunftsmission mein Glaubensartikel ist und treu meinen liberalen Grundsätzen, die ich für die richtigen halte, da Sie auf Veredlung und Fortschritt in der geistigen Entwickelung beruhen. – Und darum, wenn die Zeiten noch so düster sich gestalten, glaube ich stets unentwegt an die Zukunft unseres Vaterlandes, und unsere Principien in demselben und in der ganzen Menschheit, da Beides Naturgesetze sind; Oesterreich muß bestehen, da kein anderes Gebilde an seine Stelle treten und der Raum auf dem wir stehen nicht verschwinden kann; und unsere Principien müßen trotz Schwankungen und harten

Prüfungen siegen, da alles vorwärts schreitet, und eine Rückwärtsbewegung nur von kurzer Dauer sein kann.«[564]

Obwohl Rudolf vom Kaiser ins Militär gedrängt und politisch kaltgestellt wurde, war er an allen Vorgängen der Innen- und Außenpolitik ungemein interessiert. Von einigen vertrauten Personen ließ er sich laufend Informationen geben. Dennoch zweifelte sogar Mitis Rudolfs Pflichtbewußtsein an: »Er, der in jungen Jahren einer inhaltslosen Geselligkeit zu entfliehen wußte, dem einsame Stunden des Denkens geniale Erkenntnisse geschenkt hatten, suchte und fand jetzt seine Freude am Symposion und banalen Weisen ... Rudolf, seelisch erkrankt, der seinem Verfall gerade im Zeichen jener Vernachlässigung der Standespflichten entgegeneilte, die er selbst einst warnend bekämpft hatte«, urteilte Mitis in seiner Biographie.[565] Dem widersprechen die Tatsachen, die 1888 in den Wiener Tageszeitungen über Rudolf gemeldet wurden sowie sein nie erlahmendes Interesse für Politik, Jagd und Wissenschaft.[566]

Wienerlied und Volkssänger

»›Ich mache mir gar nichts aus Musik‹, gestand er mir wörtlich; ›die einzige Musik, die mich unterhält und der ich stundenlang zuhören könnte, ist – Zigeunermusik‹«, dies berichtete der Musikkritiker Hanslick in seinen Erinnerungen.[567] Er führte dieses Gespräch mit Rudolf, als ihn dieser einlud, als Musikspezialist beim großen Werk über die österreichisch-ungarische Monarchie mitzuwirken. Die Zigeunermusik begeisterte Rudolf, immer wieder lud er entsprechende Kapellen zu sich ein. An Szögyényi schrieb er im Jänner 1886: »Wollen Sie nicht morgen um 12 Uhr zu mir kommen. Wir könnten gemeinsam frühstücken. Es wird Ihnen vielleicht Spaß machen, die Zigeuner aus Kolozsvár und Görgenyi zu hören. Sie sind auf ein paar Tage gekommen und spielen sehr gut.«[568]

Schon sehr lange bevor Kronprinz Rudolf dem Wienerlied und seinen prominentesten Vertretern Interesse entgegenbrachte, zeigte er Freude an ursprünglicher, ungekünstelter Volkstümlichkeit. Bei Rudolfs Donaureise kamen am Abend oft Einheimische zum am Ufer der Donau verankerten Schiff, um dem Kronprinzen ihre Reverenz zu erweisen: »Wenn aber der letzte Sonnenstrahl verglomm, sammelte sich der jüngere Theil der Bewohnerschaft des Dorfes um unser Schiff. Geige und Dudelsack vereinigten sich zu wundersamer, obschon höchst einfacher

Weise, und Burschen und Mädchen schwangen sich, dem hohen Gaste zu Ehren, im volksthümlichen, ebenmäßig wogenden Reigen.«[569]

Auch Theodor Billroth bestätigte die Vorliebe des Kronprinzenpaares für Volksmusik. Zwischen dem 31. Jänner und dem 3. Februar 1882 war der Arzt Gast des Kronprinzenpaares am Prager Hradschin: »Das Diner an diesem Tage war sehr heiter; ich sah schon am Morgen die Kronprinzessin zum ersten Male. Der Kronprinz trank mir wiederholt zu und war der besten Laune; die Kronprinzessin noch etwas verlegen. Nach dem Diner und Beendigung des ungezwungenen Beisammenseins wurde ich noch eingeladen, mit in das Konversationszimmer der Kronprinzessin zu kommen, wo ich auf Wunsch der Kronprinzessin eine Anzahl ungarische Lieder und Tänze spielte.«[570]

Unter Rudolfs Desinteresse an klassischer Musik litt seine Gemahlin, die sehr gerne Konzerte besuchte. Allerdings kümmerte sich Rudolf bei Dîners mit besonderen Gästen um die Tafelmusik: »... am 13ten will Wales nachmittag nach Laxenburg kom̄en, den Park und das Schloß ansehen und um 6 Uhr mit uns und seinen Herrn & unseren Suiten speisen; bestelle die Musik vom Komzak 84; Streichinstrumente.«[571] Der Kronprinz schätzte nicht nur Zigeunermusik, sondern auch Militärmusik. Dem englischen Prinzen Arthur Edward sandte Rudolf 1878 eine Mappe mit österreichischen Märschen und seiner Schwester als Geburtstagsgeschenk die Mappe *Wiener Walzer*: »Du hast mir ein großes Vergnügen gemacht durch die Übersendung der schönen Märsche, die ich sogleich in die Hände meines Capellmeister's legen werde ... Meine Schwester Beatrice beauftragt mich Dir vielmals zu danken für die charmanten Waltzer welche Du die Güte hattest für Sie zu bestim̄en.«[572]

Das Schrammel-Quartett

Ab 1887 begeisterten sich der Kronprinz und zahlreiche Personen des Hochadels an einem gerade modern gewordenen Quartett – den *Schrammeln.* »In drei Fiakern hielt am Montag eine lustige Gesellschaft, die Schrammel, die Duettisten Xandl und Hirschmann, der Friseur und Coupletsänger Brady, der Jodler und Gastwirt aus Grinzing, Josef Brandmeyer, der Kunstpfeifer Baron Jean, der Tanz- und Liedersänger Fiaker Bratfisch und der Gesangshumorist Fiaker Hungerl im Jagdschloß Orth ihren Einzug.«[573] Fürst Khevenhüller konnten solchen Darbietungen allerdings nichts abgewinnen: »Zum Schlusse fahren wir noch zu Heinrich Liechtenstein, Volkssänger, ich liebe diese Tingl-tangl nicht.«[574]

Aus den Wiener Straßensängern entwickelten sich in der zweiten Hälfte des 19. Jahrhunderts mehr und mehr musikalische Professionisten, die vor allem bei Heurigen aufspielten. Sie mußten natürlich eine Konzession haben, fanden es aber ihrer Profession besonders dienlich, auf sogenannte *Naturtalente* im Singen und Pfeifen zurückzugreifen, die offenbar bei den Wiener Fiakern sehr häufig anzutreffen waren. Schon um 1845 hatte der Sänger Johann Schmutzer mit dem Gitarristen Babouk nicht nur die Gäste bei Heurigen oder in Wirtshäusern unterhalten,

Die Güldene Waldschnepfe, das Lokal der Schrammeln

sie spielten auch in den besten und höchsten Bürgerkreisen.

In der zweiten Hälfte des 19. Jahrhunderts kamen dann die *Schrammeln,* um die sich ein wahrer Kult entfaltete. Man war der Ansicht, daß sich in ihnen »das Wiener Volksmusikantentum zum dauernden Symbol«[575] verdichtete. Das Quartett bestand aus zwei Violinen, gespielt von den Brüdern Schrammel, dem Kontragitarristen Anton Strohmayer und dem Bediener des *süßen Löchels* (der schwer zu spielenden G-Klarinette) Georg Dänzer.[576] Die Schrammeln suchten sich zu ihren Darbietungen die sogenannten *Natursänger*, meist Fiaker, aber auch Angehörige anderer Professionen, die sie mit Gesang und Pfeifen bei ihren Darbietungen begleiteten. Dazu gehörten Josef Bratfisch, Carl Mayerhofer (wegen seiner Magerkeit *Hungerl* genannt), *Baron Jean* (der elegante Hans Tranquillin), der Friseur Philipp Brady und der Coupletsänger *Karl Xandl* (eigentlich Krimsandl).[577]

Hungerl

Vermutlich durch seine Arbeit an dem großen Werk *Die österreichisch-ungarische Monarchie in Wort in Bild*, die sich auch mit den Kulturen der Völker in der Habsburgermonarchie befaßte, kam Kronprinz Rudolf noch intensiver mit dem Volkstum und dem Wienerlied in Berührung. Sein Mentor bezüglich Kunst und Kultur war der Musikschriftsteller und Oberstaatsanwalt August Wilhelm Ambros, der Rudolf auf seinen Reisen auch kunsthistorisch beriet. Rudolf sammelte Liedertexte, die zum Teil im Nachlaß Schager-Eckartsau erhalten sind. So auch *Das ist mein Wien*, *Ein eigener Zauber*, *Einst und jetzt*, *Das hat kein Göthe g'schrieben*, *Das was' nur a Weana!* und *D'liabe Natur*.[578]

Der Ruhm der Schrammeln verbreitete sich rasch, und sie wurden 1887 einem großen Publikum bekannt, die *Güldene Waldschnepfe* war ihr Lokal. Im Oktober erhielten sie eine Einladung auf Schloß Ivanka bei Preßburg, wo Erzherzog Friedrich als erstes Mitglied der Familie Habsburg sie sah und hörte.[579] Möglicherweise erzählte er dem Kronprinzen, mit dem er häufig Kontakt hatte, von

Das Quartett Udel

diesen Musikern. Dennoch suchte der Kronprinz niemals die *Güldene Waldschnepfe* auf, um die Schrammeln zu hören. In einem Interview für eine Zeitung meinte Anton Strohmayer: »Daß der Kronprinz Rudolf bei uns war, das ist nicht wahr. Aber wir waren bei ihm ...« Heurigenbesuche des Kronprinzen hätten großes Aufsehen erregt – man darf nicht vergessen, welch unglaubliches Echo seine Einladung an die Schrammeln, bei ihm zu spielen, in der Wiener Presse auslöste. Die Lieder und auch die manchmal etwas unanständigen Texte fanden zumindest kurz des Kronprinzen Wohlgefallen. Bei zwei oder drei Wienerliedern, die bereits 1868 populär waren, schrieb er um 1887/88 jeweils eine fünfte Strophe dazu – *Zur schwarzen Mizzi* widmete er der dunkelhaarigen Maria Caspar. Bei diesen Ergänzungen fällt auf, daß sich der Thronerbe mit dem Wiener Dialekt schwer tat.

Carl Michael Ziehrer, Rudolfs Berater in musikalischen Dingen[580], fädelte Anfang November 1887 den Kontakt zu den Musikern ein. »Geehrter Herr Schrammel! Bei Seiner kais. Hoheit, dem Kronprinzen, dürfte zwischen 14.–17. d. M. ein echt wienerischer Abend veranstaltet werden. Komme Sie zu fragen, ob Sie an diesen Tagen Zeit (Abends) hätten, zu spielen, selbstverständlich auch mehrere Ihrer Sänger. Bitte morgen Mittwoch mich bestimmt nachmittags zwischen 1 und 2 Uhr mit Ihrem Besuch zu beehren, da ich abends noch Bericht erstatten muß.«[581] Johann Schrammel wurde in der Hofburg persönlich vom Kronprinzen empfangen und erhielt den Auftrag, während der großen Jagden ihn und seine Gäste zu unterhalten: »Hanns wurde dort zu seiner Überraschung vom Kronprinzen persönlich empfangen, der ihm seine Wünsche mitteilte. Auf Schloß Orth an der Donau sollten während der großen Jagden die Schrammeln mit ihren Sängern jeden Abend aufspielen. Hanns konnte sich bei dem Gespräch nicht genug über die Personen- und Sachkenntnisse des Kronprinzen wundern ... Bereits wenige Tage nach der Audienz in der Hofburg fuhr die Gesellschaft los, die Hanns für das Gastspiel zusammengetrommelt hatte.«[582]

Die Einladung der *Schrammeln* zu einem viertägigen Gastspiel auf Schloß Orth wirbelte viel Staub auf. Allgemein fragte man sich wohl, was den Sohn des Kaisers dazu veranlaßt hatte, die Schrammeln zu engagieren.[583] »Begeistert von der Leutseligkeit des Hohen Paares hatte Josef Schrammel in der kleinen Wirthsstube ein Walzerlied niedergeschrieben, das er die *Rose von Orth* betitelte ... Johann Schrammel hatte erfahren, daß der Kronprinz an diesem Tag vom Jagdglück besonders begünstigt gewesen ... Er hatte auch aus diesem Anlaß einen sehr feschen Marsch: *Jagdabenteuer* eingerichtet und dem Kronprinzen gewidmet ... Der Kronprinz,

Heurigenabend in Wien

der den Schrammeln und den Sängern gegenüber große Herablassung an den Tag legte und immer das Zeichen zum Applaus gab, war in bester Laune ... »Auch andere Zeitungen berichteten über das Gastspiel der Schrammeln – die Wiener hatten ihr Tagesgespräch.

Angeblich rechtfertigte sich Rudolf bezüglich der Einladung der Schrammeln selbst mit einem Artikel, den er im Fremdenblatt erscheinen ließ[584]: »Seit langer Zeit beschäftigt sich der literarische Kaisersohn besonders eifrig mit dem Studium des Wiener Lebens, mit dessen Weben und Streben, mit dessen Poesie und Prosa, und wo es dem Höchstgestellten in der Gesellschaft die Verhältnisse nicht gestatten, am Urquell der Erscheinungen seine Wahrnehmungen zu machen, dort ladet er sich ebensogut die Barden *vom Brettl* zu Gaste, wie sonst die rühmlichen Naturforscher, Historiker, Künstler und Literaten ... Man mag sich in manchen Kreisen baß darüber verwundert haben zu lesen, daß die urwüchsigsten Repräsentanten des Wiener Bardentums in den letzten Wochen mehrfach Gelegenheit hatten, sich vor dem Kronprinzenpaare und dessen hoher Gesellschaft produziren zu dürfen, ja die hohe Gesellschaft an den Produktionen der Sänger ihr Wohlgefallen hatte ... daß aber ein tiefer Sinn in dieser Produktion vor dem Kronprinzen zu suchen sei, das wird wohl nur Wenigen eingefallen sein.« Im Jahr 1888 sind keine derartigen Abende beim Kronprinzenpaar bekannt. Der Kronprinz wandte sein Interesse 1887 auch dem Karl Udel-Quartett und anderen Künstlern zu.[585] 1888 konzertierten bei Rudolf das genannte Udel-Quartett, die Brüder Butschetty sowie die Deutschmeister-Kapelle. Diese Abende wurden in den Zeitungen ebenfalls kommentiert.

Der von der Presse breitgetretene Auftritt dürfte Stephanie, den Coburgs, Franz Ferdinand, Leopold von Bayern, August von Coburg-Gotha und Gemahlin sowie Graf Potocki recht gut gefallen haben, denn die Schrammeln wurden Anfang Dezember nach Laxenburg und später nach Mayerling eingeladen; bei dieser Gelegenheit war auch Erzherzog Otto mit von der fröhlichen Partie.[586] Von Stephanies Abneigung gegen die Heurigensänger, die sie später in ihrer Biographie beteuert, war noch nichts zu spüren. Aus Mayerling schrieb sie am 12. Dezember 1887 an ihre Schwester Louise: »Die Schrammeln, Bratfisch, Hungerl, Xantl und Bradi (der Friseur) haben gestern abends gespielt und gesungen. Sie sind schon abgefahren, aber sie waren köstlich.«[587] Auch gegen ungarische Volksmusik hatte die Kronprinzessin damals nichts einzuwenden. Am 24. November 1887 hatte sie ein Dîner mit Ungarn zu bestehen, die sie als entsetzliche Langeweiler bezeichnete. Doch »die Zigeuner spielten hervorragend alle die geliebten Melodien. Ich liebe diese Musik ...«. Prinzessin Louise Coburg, Stephanies ältere Schwester, dürfte die Schrammeln ebenfalls geschätzt haben. Am 24. November 1887 schrieb ihr Rudolf: »Liebe Louise! Meinem Versprechen gemäss sende ich Dir das Bild meines Freundes Hungerl, der auch Dein Wohlwollen zu genießen das Glück hatte. Hier spielen Zigeuner und ist Alles im Alten.«[588]

In den Medien gab es zu diesen *unerhörten* Abenden auf Schloß Orth auch positive Meldungen. Die *Wiener Vorstadtzeitung* meldete: »Die Kronprinzessin hatte einen starken Band vor sich liegen, welcher auch ausschließlich derartige Musikstücke der bekannten Lieder enthielt und wählte hin und wieder aus demselben Pièცen, wie *n'Weana sein Schan, Döß was nur a Weaner, a wearnasches Blut.*«[589] Hier zeigt sich deutlich, daß die Behauptungen Stephanies, sie könne den Umgang des Kronprinzen nicht ertragen und habe für die Volkssänger nichts übrig, mit der Realität nicht übereinstimmten. Höchstwahrscheinlich ist auch die von Stephanie erwähnte Episode, daß sie mit Rudolf in bürgerlicher Verkleidung Heurigenlokale besuchte und angewidert war, frei erfunden; es findet sich nirgends ein stichhaltiger Hinweis auf einen solchen Ausflug Rudolfs mit seiner Gemahlin, der wohl großes Aufsehen erregt hätte.

Bratfisch

»Seine Stimme hat dem Kronprinzen sehr gefallen. Ein guter Sänger war der Vater, aber man soll ihn nicht immer als Kunstpfeifer hinstellen. Eines ist schon wahr, der Kronprinz hat ihn gefragt, ob er verschwiegen sein kann, und er hat bejaht. Es ist auch war [sic!], daß der Kronprinz oft gesagt hat, daß an seinen glücklichsten Stunden der Bratfisch teilgenommen hat«, berichtete Antonia Bratfisch, die Tochter des Fiakers.

Johann Bratfisch – wegen seiner kleinen, gedrungenen Gestalt auch als *s'Nockerl* bezeichnet – hatte im November 1887 seinen großen Auftritt im Schloß Orth. Kronprinz Rudolf forderte ihn auf, sein Lieblingslied *Das was nur an Weana, a wearnarisches Bluat* zu singen. Bratfisch kannte den Text jedoch nicht, der Kronprinz schrieb ihn für den Natursänger auf. Dieser begann stockend zu singen und warf schließlich das Blatt mit den Worten »So a Schrift kann ka anständiger Mensch nit lesen« weg. Der amüsierte Kronprinz soll Bratfisch spontan umarmt und ihm angeblich das Du-Wort angetragen haben.[590] Das war der Beginn einer näheren Bekanntschaft, die etwas mehr als ein Jahr dauern sollte. Rudolf war zwei

Mal zu Gast im Hause Bratfisch in Hernals, wo er sich den von der Frau des Hauses bereiteten Liptauer und Rostbraten mit Wein oder Bier schmecken ließ.[591]

Rudolfs Tod machte Bratfisch zur Unperson; er wurde zum Mitschuldigen an der Katastrophe abgestempelt. Kaiser Franz Joseph wollte Bratfisch zur Emigration ins Ausland zwingen, was jedoch nicht gelang. Nie erzählte Bratfisch vom Kronprinzen; auch über Mayerling, wo er anwesend war, bewahrte er Stillschweigen. Er wurde von den Polizeibeamten viele Male verhört, war aber nicht besonders kooperativ: »Ich bemerke hiezu, daß Bratfisch nur sehr zögernd und nach eindringlichstem Befragen zu diesen Mitteilungen sich herbeiließ und freiwillig über die Beantwortung der an ihn gerichteten Fragen hinaus keinerlei Angaben machen wollte. Übrigens scheint das Verhalten bestimmt von einer Art zu sein, die die Annahme, als sei es erkauft gewesen, von vornherein ausschließt. So wäre denn nach dem Eindruck, den ich von Bratfisch gewonnen habe, anzunehmen, daß er jedermann gegenüber Verschwiegenheit bewahren wird. Nichtsdestoweniger habe ich natürlich den Auftrag gegeben, daß Bratfisch für die nächste Zeit beobachtet wird. Dies um so mehr, als Bratfisch bei seinem gutmütigen Wesen einer Leidenschaft sich hinzugeben scheint, die, so harmlos sie ist, zur Quelle von *Unwahrheiten* werden kann. (Er ist Quartaltrinker). Hierdurch allerdings könnte dem ansonst verschwiegenen Mann leicht eine Aeußerung entfahren, die er später bereut.«[592] So berichtete der Polizeipräsident Krauss dem Ministerpräsidenten Taaffe.

Der Fiaker Bratfisch

Nach Mayerling war Bratfisch ein gebrochener Mann. Er erhielt zwar seitens des Hofes die ihm vom Kronprinzen gewidmete Summe und richtete sich in seinem Haus in Hernals ein eigenes Fuhrwerkunternehmen ein, wurde jedoch seines Lebens nicht mehr froh. Seine Tochter schilderte die traurige Zeit: »Wie ausgewechselt war er, der Vater. Nirgends ist er mehr aufgetreten, weder mit seinem Freund Lechner, auch nicht mehr allein beim Stalehner oder in der *Güldenen Waldschnepfe*. Dabei hat er doch immer nur aus Passion gesungen ... Auch sein Lieblingscouplet mit dem Refrain *Sechts Leutln, so bin i der Bratfisch* ... ist ihm nicht mehr über seine Lippen gekommen. Unseren Vater hat das

Geschäft nicht mehr gefreut. Wir haben die schönsten Lippizaner im Stall stehen gehabt, aber er hat die Rösser nicht mehr sehen können.« Bratfisch, der schweigsame Vertraute des Kronprinzen, starb 1892 an einem Blutsturz.

Kontakte mit weiteren Wiener Musikern

Neben den Schrammeln schätzte Rudolf einen weiteren Volksmusiker besonders hoch ein: Karl Udel, einen aus Varaždin stammenden Cellisten und Volkssänger. Mit Udel, der Professor für Cello am Conservatorium in Wien war, dürfte der Kronprinz früher Kontakt gehabt haben als mit den Schrammeln. Elf Briefe Rudolfs an den Musiker haben sich in der Wienbibliothek erhalten.[593] Sie stammen alle aus dem Jahr 1887, in dem sich Kronprinz Rudolf mit dem Wienerlied besonders beschäftigte. Udel wurde von Kronprinz Rudolf im Mai 1887 zu Stephanies Geburtstag nach Laxenburg eingeladen, um zu musizieren und vorzutragen: »Lieber Udel! Es würde mich sehr freuen, wenn Sie am 21ten zum Geburtstag meiner Frau, um 7 Uhr abends in Laxenburg bei uns speisen wollten. Wohnung wird bereit sein, auch zum Übernachten.«[594] Der Geburtstag der Kronprinzessin war offenbar sehr erfolgreich. Das Fremden-Blatt berichtete darüber: »Nach dem Diner ... gab es noch daselbst eine kleine musikalisch-deklamatorische Unterhaltung, an welcher die Mitglieder der Deutschmeister-Kapelle sich in hervorragender Weise betheiligten. Dieselben führten zur großen Erheiterung des erlauchten Publikums ein Zwergtheater auf ... Mit ihnen theilte sich Udel die Ehren des Abends, der selbstverständlich sich mit dem Besten von dem einstellte, das ihm in so reichem Maße zu Verfügung steht.«[595] Während des ganzen Jahres 1887 pflegte Rudolf intensiven Kontakt mit Udel; aus 1888 sind keine Briefe von Rudolf an ihn erhalten.

Rudolf plante im August 1887, auch zu Ehren des Geburtstags seines Vaters, mit einer Darbietung Udels aufzuwarten: »Der 18. August rückt heran und meinem Versprechen gemäß bitte ich Sie mich im Brucker Lager zu besuchen. Bombelles schrieb an Rosenberg, daß Sie in Franzensbad sagten, es wäre Ihnen recht mit den anderen Herrn Ihres Quartett's zu kommen; selbstverständlich freut mich dies sehr. Ich möchte sehr gerne mit Ihnen noch früher über Alles sprechen, und bitte Sie mir mitzutheilen, wann Sie nach Wien kommen und wo wir uns sehen könnten.«[596] Des Kaisers Geburtstag wurde im Brucker Lager gebührend mit Militärmusik, Beleuchtung und Feuerwerk gefeiert: »Der Kronprinz unternahm in

Begleitung der Erzherzoge Friedrich, Leopold und des Herzogs von Coburg einen Rundgang, hielt sich auf der Festwiese auf, interessirte sich für Alles und war in der fröhlichsten Laune. Hierauf begab er sich zum Souper in die Hofburg, woselbst Kapellmeister Ziehrer mit den *Deutschmeister-Schrammeln* und *Udel* sich producirten.«[597] – Der Monarch verbrachte seinen Geburtstag allerdings in Ischl.

Udel und das von ihm gegründete Quartett waren schon lange vor dem Interesse Rudolfs *hoffähig* geworden. Im Herbst 1886 berichtete die *Neue Freie Presse*: »Samstag Vormittags erhielt das Quartett Udel eine Einladung, an diesem Abend in der Villa Wartholz in Reichenau zu singen. Die Herren langten um 7 Uhr in Reichenau an und wurden von der erzherzoglichen Familie auf das Liebenswürdigste empfangen. Die Sänger wurden nach dem Concerte mit Auszeichnungen überhäuft. Erzherzog Carl Ludwig sprach über jede Nummer seine besondere Anerkennung und seinen Dank aus, daß die Herren der Gesellschaft einen so amüsanten Abend bereitet.«[598] Das Quartett erfuhr im Laufe der Zeit zahlreiche Umbesetzungen, was damals in der Wiener Volksmusikszene durchaus üblich war. Es gab im Laufe der Jahre verschiedene Besetzungen des Quartetts – jeweils zwei Bässe und zwei Tenöre. Die vier Herren sangen entweder zu Klavierbegleitung oder *a capella*. Friedrich Schlögel attestierte Udel, der die meisten Texte verfaßte, einen »göttergleichen Humor«[599], und Karl Kraus meinte zu den populären Musikern: »Ich habe eine fürchterliche Entdeckung gemacht: Das Udel-Quartett lebt!«[600]

Als Kronprinz Rudolf am 10. und 11. Dezember 1887 sein Jagdschloß Mayerling mit einem kleinen Fest einweihte, lud er auch Udel ein, der damals offenbar den »Anhang« der Schrammeln noch nicht kannte: »Meinem Versprechen gemäß, Ihnen einmal Bratfisch, Hungerl, Pradi, Xandel, diese großen Künstler, vorzuführen, frage ich Sie, ob es Ihnen gelegen ist Samstag 10ten zum Diner nach Mayerling zu kommen; allein, ohne Klavierbegleitung und Quartett; ich würde auch die Schrammeln hinausbestellen. Für Wohnung zum Übernachten ist selbstverständlich gesorgt ...«[601] Karl Udel war offenbar neugierig geworden und wollte sich die »Kollegen vom Brettl« genauer ansehen: »Besten Dank für Ihren Brief und für die Zusage, daß Sie am 10ten nach Mayerling kommen. Das Diner ist in Bonjour'l, Frack bitte ich gar keinen mitzunehmen. Ich bitte Sie in Baden einen Fiaker zu nehmen und gegen 6 Uhr in Mayerling einzutreffen; früher auch, doch später nicht, da das Diner um 6½ Uhr stattfindet.«[602]

Kronprinz Rudolf wollte selbst bei seinen Aufenthalten in Abbazia die Wienerische Musik nicht missen und lud Udel dorthin ein: »Das Konzert des Udel-Quartetts unter Mitwirkung des Fräulein Standhartner und Herrn Karl Stieler fand gestern Abends im Beisein des Kronprinzenpaares, des Erzherzogs Josef sammt Gemahlin und Töchter, welch letztere in Begleitung des Gouverneurs Grafen Zichy aus Fiume hierhergekommen waren, und des gesammten Kurpublikums statt und nahm einen äußerst glänzenden Verlauf.«[603]

Alle neuen Lieder interessierten Rudolf. Auch die Werke weniger bekannter Künstler entgingen seiner Aufmerksamkeit nicht. »Kapellmeister Johann Brandl ... erreichte [1887] mit einem kleinen Wienerlied *Du alter Stephansturm* ... höchste Popularität; es wurde ein Leiblied des Kronprinzen Rudolph!«[604] Und auch das Quartett der Brüder Butschetty durfte vor dem Kronprinzen auftreten: »Wie unsere Leser wissen, hat Kronprinz Rudolph in letzter Zeit wiederholt unseren Volksmusikern die Ehre widerfahren lassen, bei ihm zu spielen, und waren auch die populären Sänger diesen Abenden beigezogen. Sowohl die *Schrammeln* als die Gebrüder *Butschetty* wirkten bereits an solchen intimen Abenden mit und die hohe Gesellschaft horchte mit sichtlichem Interesse den urwüchsigen Liedern der Natursänger. Besonderen Beifalles erfreuten sich stets die Vorträge des populären Fiakers *Bratfisch*.«[605]

Neben Udel und seinem Quartett hatte der Kronprinz – wie auch andere Mitglieder des Kaiserhauses – eine Vorliebe für die Gebrüder Butschetty entdeckt: »Wenn man von den Besten der Wiener Volksmusik spricht, dann müssen die Butschetty in allererster Linie genannt werden.«[606] Auch die Brüder Butschetty gründeten ein Quartett, das mindestens so gut wie die Schrammeln war. Erst die allmähliche Legendenbildung nach dem Zusammenbruch der Habsburgermonarchie dürfte die Schrammeln in den absoluten Vordergrund gerückt haben, sodaß andere Musiker jener Zeit weitgehend in Vergessenheit gerieten.[607] Jedenfalls engagierte Kronprinz Rudolf auch dieses Quartett für heitere Abende: »Später vereinigten sich die Brüder Ferdinand und Wilhelm Butschetty mit Wingelmayer und Hennig, mit welchen sie zu wiederholten Malen die Ehre hatten, vor dem verewigten Kronprinz Rudolf, dessen Gemahlin Kronprinzessin Stefanie, sowie vor den kaiserlichen Hoheiten Carl Ludwig, Ludwig Victor, Franz Ferdinand d'Este und Otto, sowie in den vornehmsten aristokratischen Kreisen zu spielen.«[608] Man sieht also, daß die Vorliebe Rudolfs für die Wiener Musik keine Laune des als immer exzentrischer angesehenen Thronfolgers betrachtet werden kann, sondern daß diese Art der Unterhaltung damals selbst in höchsten Kreisen beliebt war; auch Verwandte des Kronprinzen hatten mit diesen Musikern regen und häufigen Kontakt.

Vermeintliche Exzesse

Krankheiten und Verschreibungen der Hofapotheke

Kronprinz Rudolf galt als sehr zartes, schwaches Kind und soll schon in seiner frühen Jugend an einer ausgeprägten Reizbarkeit der Nerven gelitten haben. Doch lassen sich aus dem Tagebuch der Baronin Welden keine schweren Erkrankungen oder sonstige negative Befindlichkeiten Rudolfs herauslesen. Das kräftige Kind ließ nach seiner Geburt »seine Stim̃e gleich stark hören«[609]. Bis zum Jahresende entwickelte sich der Kronprinz prächtig; von Krankheiten war keine Rede. Rudolf überstand die Kuhpockenimpfung bestens; allerdings verursachten ihm die Zähne ab und zu kleinere Probleme. Gelegentlich litt er an Durchfall und Erkältungen. Bereits im März 1859 wurde er von der Amme abgewöhnt und gefüttert: »Suppe u. Milch schmeckt ihm vortrefflich, u. besonders sind die Nächte ruhiger wie früher.«[610] Zwei Jahre später, 1861, schrieb Baronin Welden hocherfreut: »Der kleine Herr wird sichtlich stärker ... aber im Sprechen ist er noch undeutlich, er kann unendlich lustig sein.«[611] Auch Franz Joseph verfolgte die frühe Entwicklung seines einzigen Sohnes sehr genau. Immer wieder berichtete er seiner Mutter über den gesundheitlichen Zustand Rudolfs: »Der Kleine schläft in der Nacht sehr gut, ist aber fast den ganzen Tag wach und schreit mit der kräftigsten Stimme sehr viel, hat einen enormen Appetit. Er ist nicht schön, aber magnifik gebaut und sehr stark, wovon ich mich bei seinem Bade überzeugte. Er kommt bei dem herrlichen Wetter alle Tage ins Freie.«[612] Und knapp ein Jahr später freute sich der Monarch, wie entwickelt sein Sohn schon war: »Der Kleine steht schon mit großer Entschlossenheit ganz ohne Stütze selbst auf, bleibt dann einige Zeit stehen und fällt dann immer um, woraus er sich aber gar nichts macht.«[613]

Um Gisela und Rudolf bessere und gesündere Luft zu bieten, schickten die Hofärzte sie etliche Sommer nach Reichenau; 1861 war der erste Aufenthalt dort: »Der Kronprinz, welcher in der letzten warmen Zeit in Laxenbourg matt war u. übel aussah, hat schon die prächtigsten Farben, u. ist so kräftig, daß er am 28ten bei der Ankunft S. M. nach den vielen Promenaden des ganzen Tages auch noch die Höhe der Aussicht erklim̄t, zu großer Freude des Papa.«[614] Rudolf war ein gesundes, lebhaftes und meist gut gelauntes Kind.

Auch die Verschreibungen der Hofapotheke deuten nicht auf schwere Erkrankungen hin. Rudolf erhielt immer wieder einen Mundsaft verschrieben (vermutlich als Hygienemittel vor der Benutzung von Zahnpulver) sowie Augenwasser und Präparate mit Lebertran. Häufig waren kleine Wunden zu versorgen, es gab Mittel gegen Husten, Fieber und Schmerzen sowie Pflegeprodukte. Gelegentlich kamen in seiner Kindheit auch Abführmittel zum Einsatz. Die Rezepte für den Thronerben änderten sich über die Jahre kaum. Ab und zu finden sich Verschreibungen für verdauungsfördernde Mittel, schmerzstillende Substanzen wie Morphium und Kokain waren nur Bestandteil von Pulvern.[615] Ähnliches findet man auch in den Rezepten für Kaiser Franz Joseph oder Kaiserin Elisabeth.

Generell scheint sich Kronprinz Rudolf als Kind, wie schon angedeutet, einer guten Gesundheit erfreut zu haben. Allerdings konstatierte Franz Joseph, daß – wenn Rudolf eine Kleinigkeit »erwischte« – es relativ lange dauerte, bis er wieder gesund wurde: »Rudolph war auch einige Tage im Bett mit seinem gewöhnlichen Übel, nämlich Katarrh der Schleimhäute, der im Bauch begonnen und mit Schnupfen und großer Heiserkeit geendigt hat. Er hatte nur wenig Fieber, war immer bei bestem Appetit und ist gestern schon auf gewesen. Es dauert nur jede Kleinigkeit bei ihm so lang. Ischl wird ihm wieder sehr gut tun, denn obgleich es hier sehr schön ist, ist die dortige Luft doch viel stärkender.«[616]

Ernste Erkrankungen in der Kindheit sind nicht bekannt. Baronin von Welden hätte dies sicher in ihrem Tagebuch festgehalten. Sie beschrieb auch genau die bedrohlichen Erkrankungen Erzherzogin Sophies und Giselas sowie den herzzerreißenden Tod Sophies.[617] In Bezug auf den Kronprinzen hätte Baronin von Welden ernste Krankheiten sicher erwähnt, weil sie sehr große Verantwortung trug.

Im Herbst 1863 litt Rudolf an einer schlimmeren Erkältung: »Zweite Woche im November, Kronprinz kleine Anschwellungen der Drüsen, dann Schnupfen, der nicht heraus will, er sieht recht übel aus – ohne eigentlich krank zu seyn ... der Arzt ihn ein par Tage zu Bett laßen, damit der Schnupfen heraus köm̄t – am dritten Tag stellen sich gegen Abend congestionen nach dem Kopf ein – dann entwickelt sich nebst dem Magen Katarrhe mit Erbrechen – wir sind beängstigt, es ist Fieber da, Wiederhofer wünscht die eine Nacht, daß Löschner aus Prag geholt werde, er köm̄t am 6tn Dez., in derselben Nacht wird es beßer, er bleibt ein par Tage, bis der Kronprinz das erste Mal aufstehen kann am 8tn, ohne zu gehen. Kronprinz war sehr bewegt, Löschner findet ihn auf seltene Art entwickelt. Der Kronprinz spielt viel ist wieder heiterer, aber sein Aussehen ist übel, er ist mager u. gewachsen.«[618] Doch über diese etwas schwerere Erkrankung kam Rudolf ohne weiteres hinweg. Sonst litt der Kronprinz immer wieder an Schnupfen, den sich die beiden Kinder wohl gegenseitig durch Ansteckung verursachten: »Wir fanden beide zwar wohl, aber verschnupft, Rudolph im letzten Stadium eines aufhörenden und Gisela im Stadium eines blühenden Schnupfens.«[619]

Die Kindheitskrise

Schlimmer dürfte Rudolfs Befinden gewesen sein, als Gondrecourt bereits sieben Monate im Amt war. Über die genaue Art seines »Unwohlseins« gab es keine Angaben; jedenfalls wurde der Kronprinz Ende Mai zur Kur nach Ischl geschickt. Dr. Löschner und Dr. Widerhofer erstellten einen Diät- und Verhaltensplan für den Aufenthalt des Kronprinzen:

> Schlaf 11-12 Stunden nöthig
> Nach dem
> Aufwachen
> 1 Weinglas (1/4 Seitel) frisches Bruñenwasser zum Trinken; ¼ Stunde darnach das Frühstück bestehend aus schwachem Kaffe (abgeändert in Milch). Vermeiden des rohen Obstes im Verlauf des Vormittags.
> Das Frühstück falle auf 8 Uhr. Um 11 Uhr ein kleines Gabelfrühstück, bestehend in leichtem Fleische nach Maßgabe eine kleine Portion Malaga od. Bordeaux, auch leichter Xeres.
> Diner um 2 Uhr (1 Seḿel)
> Gute Suppe
> 2 Fleischspeisen mit leichtem Gemüse, Salat, 1 Mehlspeise
> Von rohem Obste sind nur Erdbeeren erlaubt; später Pfirsiche.
> Dunstobst und Compot's überhaupt nur sehr selten und in geringer Quantität.
> Jause nach Bedarf und Jahreszeit, bestehend in Erdbeeren od. Bouillon od. Fleisch in geringer Quantität (mit ½ Seḿel)
> Schwarzbrod höchstens selten

Abends nach Bedarf: Suppe mit leichtem Fleische od. leichter Mehlspeise (1/2 Sem̃el)
Um 8 Uhr zu Bette.
Um 7 Uhr Früh aufstehen
Bei etwa vorhandener stärkerer Ermüdung bei Tag Ruhen auf dem Sopha durch ½ Stunde.
Manchmal ist Mittag's 1 Glas Bier erlaubt, sonst frisches Wasser als Getränk.
Milch kalte (d. h. zuerst abgesotten, u. dañ wieder kalt gemacht) ist zur Jause manchmal zu gestatten; saure nicht.[620]

Nach Sonnenuntergang durfte der Kronprinz nicht mehr ins Freie, er sollte nie nasse oder kalte Füsse haben; Zugluft war zu vermeiden. Erst wenn der Prinz wieder zu Kräften gekommen war, sollte die Fortsetzung seiner Studien erlaubt werden. Rudolf nahm Molke- und Solebäder und trank Gießhübler und Ragoczy.[621] Medikamente wurden nur bei absolutem Bedarf zum Einsatz gebracht.[622] Als Latour Gondrecourts Stelle einnahm, ging es mit Rudolf offenbar wieder rasch bergauf. Latour berichtete am 1. Juli Crenneville: »Sowohl Fischer wie Heiner ist mit dem Befinden des Kronprizen zufrieden und mit dem Regime und mit dem Dr. Widerhofer einverstanden.«[623]

Erzherzogin Gisela

Zhismann berichtete im Juli 1866 an Latour: Rudolf »befindet sich ganz wohl – Aussehen frisch und gesund – Unterricht in der bisherigen Weise mit viel Erfolg ...«.[624] Aus dem Jahr 1870 ist eine Masernerkrankung des Kronprinzen nachweisbar.[625] Im Februar 1872 erkrankte Rudolf an Röteln, als er sich mit seinen Eltern und seiner Schwester Gisela in Budapest befand, wo die Verlobung Giselas mit Leopold von Bayern stattfand. Die Erkrankung war zwar eine leichte, aber die Rekonvaleszenz verlief eher schleppend. »Der Kronprinz ist noch matt und geht die volle Genesung nicht so schnell von Statten als man hofft«, telegraphierte Latour an Crenneville.[626] Anfang Juli 1875 litt Rudolf an Schafblattern, einer häufigen Kinderkrankheit, die mit einer Grippe, Mundhöhlen- und Halsentzündung einherging:[627] »Die Nacht gut geschlafen. Exanthem verläuft regelmäßig. Die Eruptionen der Mundhöhle bestehen im gleichen Grade, die gelinden Fieberbewegungen noch andauernd.«[628] Doch bereits ab dem 11. Juli ging es mit dem Befinden Rudolfs wieder langsam aufwärts: »Die Nacht sehr gut geschlafen. Das Exanthem beginnt einzutrocknen. Die Affection der Mundhöhle noch andauernd. Allgemeinbefinden befriedigend«, lautete Latours Bericht.[629]

Der erwachsene Rudolf

Bis 1886 sind keine schweren Erkrankungen Rudolfs bekannt, jedenfalls finden sich im Tagebuch des Flügeladjutanten keine diesbezüglichen Eintragungen.[630] Das intensive Arbeitsprogramm des Kronprinzen veranlaßte seine Freunde, ihm wohlmeinende Ratschläge zu geben. So schrieb König Ludwig II. 1877 an Rudolf und riet ihm, »nicht allzusehr auf seine Gesundheit einzustürmen«[631]. Im Jahr 1878 schrieb Rudolf an Reinländer über eine ihm sehr lästige Gelbsucht: »Leider bin ich gezwungen, einige Wochen hier in Schönbruñ ruhig zuzubringen, da ich während meinem sehr bewegten Leben den ganzen Winter hindurch mir durch einige Verkühlungen ... eine Gelbsucht geholt hatte, die ich garnicht schonte und die sich jetzt auf die Leber warf. Sie können sich denken, wie schrecklich es mir ist, statt jetzt gleich einzurücken, vielleicht bis Mitte Juli hier zu sitzen, und ein Mineralwaßer zu trinken, doch der Doktor hat es befohlen und versprach mir, mich von einem Übel, das nur er erkennt, ich aber nicht im Geringsten fühle, wider vollkom̄en herzustellen.«[632] 1885 litt Rudolf an Ohrenentzündung und Schnupfen, die ihm zwar zu schaffen machten, wohl aber nicht als ernste Krankheiten anzusehen waren: »Ich bin in einem elenden Zustande, leide an einer ähnlichen Geschichte im rechten Ohr, wie Sie schon zweimal es durchmachen mußten.«[633] Und drei Monate später schrieb er wieder an Latour: »... doch ich hatte in den letzten Tagen einen so coloßalen Schnupfen, und etwas Husten, daß Stéphanie mich nicht hinaus laßen will«[634].

Im Jahr 1886 soll sich der Kronprinz die Geschlechtskrankheit Gonorrhöe zugezogen und kurz vor seinem Genesungsaufenthalt auf Lacroma auch Stephanie angesteckt haben. Die zahlreichen Augensalben und -wasser, die die Hofapotheke ab 1887 an ihn schickte, sprechen dafür. Eindeutig nachgewiesen werden konnte die Krankheit jedoch nicht.[635] Jedenfalls erkrankte Rudolf am 5. Februar 1886 und konnte bis 4. März desselben Jahres Laxenburg nicht verlassen.[636] An Szögyényi schrieb er etwas kleinlaut: »Ich muss aus dem Bett schreiben. In den letzten Tagen habe ich mich ganz schlecht gefühlt. Ich fühle mich jetzt besser.«[637]

Auch die regelmäßigen Verschreibungen von Quecksilbersalben (1874-1889) für Kronprinz Rudolf lassen nicht auf eine Quecksilberkur gegen Lues schließen, da die Dosierungen zu gering waren. Es handelte sich vielmehr um eine Augensalbe, die gemeinsam mit einem *Augenwasser* allen Mitgliedern der kaiserlichen Familie bei Bindehautentzündung verschrieben wurde.[638] Gegen die vermutete Gonorrhöe, die ursprünglich als Bauchfellentzündung diagnostiziert wurde, erhielt Rudolf Gelatinekapseln mit Copaivabalsam und Kokainkapseln. Die kaiserliche Familie war besorgt. Marie Valerie notierte in ihr Tagebuch: »Rudolf ist krank und im Bett, und Mama und ich waren drüben. Da man noch nicht weiss, was daraus wird, liess mich Mama nicht hinein«; »War bei Rudolf, dem es schlechter geht, sodaß sich Mama nicht nach Miramar wegtraut. Er hat Rheumatismus und eine Art Bauchfellentzündung, er ist ängstlich und muß ganz ruhig im Bett liegen« und »wieder bei Rudolf, dem es besser geht«[639]. Rudolf selbst war sich offenbar nicht im Klaren über seine Krankheit. Jedenfalls war er das erste Mal besorgt.

Der Erzieher/Obersthofmeister Graf Gondrecourt

Stephanie erwähnte diese Krankheit in ihren Memoiren. Die geplante Rekonvaleszenz auf Lacroma war von der Erkrankung Stephanies überschattet, der erholungssuchende Rudolf schrieb an seinen Mentor Latour: »Sie können Sich denken was ich da zu Beginn meiner Erholungscur für böse Stunden durchmachen mußte.« Stephanie war am 9. März 1886 an Bord erkrankt und »mußte in's Boot getragen werden, ebenso in's Schloß«[640]. Erst am 3. April konnte sie wieder ins Freie. Dem Kronprinzen war die Erholung auf Lacroma sehr förderlich. Mitte April schrieb er an Szögyényi: »Meine Gesundheit ist wieder ganz in Ordnung.«[641] Das milde Klima trug zu Rudolfs Genesung bei; ob er über seine Krankheit Bescheid wußte, ist nicht klar – er erholte sich jedenfalls rasch: »Hier ist das Wetter herrlich; die Luft so mild wie in Wien im Juni; die gute Seeluft hat mich sehr gestärkt, und es geht mir in der That sehr gut. Leider war meine Frau recht leidend; sie verkühlte sich während der eisig kalten Bora; sie kam hier krank an mußte einige Tage ganz im Bett zubringen und kann jetzt wieder aufstehen und im Freien sitzen, fühlt sich aber noch sehr matt.«[642] Doch schon kurze Zeit später erwachte in Rudolf wieder der gewohnte Tatendrang: »Bald hoffe ich Sie wieder sprechen zu können, denn der günstige Gesundheitszustand Stéphanies dürfte uns erlauben am 19ten von hier abzureisen. So wundervoll jetzt der Süden und so angenehm und intereßant auch die Ausflüge in Dalmatien und nach der Hercegovina sind, sehne ich mich denn doch schon nach Wien und in mein gewöhnliches Leben zurück.«[643]

In ihren Memoiren behauptete Stephanie, sie sei durch die Ansteckung durch Rudolf unfruchtbar geworden – ein Umstand, der sie und die Psyche des Kronprinzen sehr belastet hätte. In den Briefen des Kronprinzen gibt es keine Hinweise dafür, daß er sich deswegen Sorgen machte; offenbar hielt er sich und seine Frau für jung genug, um doch noch Kinder zu bekommen. Man müßte sich andererseits jedoch die Frage stellen, wieso es zweieinhalb Jahre dauerte, bis Stephanie ein Kind zur Welt brachte bzw. warum sie bis zur angeblichen Ansteckung durch Rudolf nicht mehr schwanger wurde? Es kursierte auch das Gerücht, Stephanie hätte bei der Geburt Elisabeth Maries sich eines Kaiserschnitts unterziehen müssen und sei deswegen nicht mehr in der Lage gewesen, ein Kind zur Welt zu bringen.[644]

Obersthofmeister Graf Bombelles

Mit Morphiumpräparaten und Ischler Latschenöl bekämpfte man beim erwachsenen Rudolf eine schwere Bronchitis mit unangenehmem Husten. Die beigefügten Mengen an Suchtgift waren nicht so groß, um

Sucht auszulösen. Überdies war sich der Kronprinz der Gefahren von Rauschgiften wohl bewußt, wie ein Brief vom 21. März 1887 an seine Frau beweist: »Meinen Husten kann ich nicht loswerden, so hört er für viele Stunden vollkommen auf, dann kommen wieder förmliche Krämpfe, die besonders bei Diners und dergleichen Sachen sehr lästig sind. Ich bekämpfe das mit Morphium, was an und für sich schädlich ist. In Abbazia werde ich mir das abgewöhnen und hoffe dort, falls es warm ist, in einigen Tagen wieder gesund zu sein ... Dein Dich liebender Coco«[645]. Der Kronprinz dürfte wieder ganz in Ordnung gewesen sein. Denn im Jahr 1887 meldete der Flügeladjutant, daß Rudolf viel zu den Inspizierungen geritten war, erwähnte jedoch keine Krankheiten.[646]

Im Jahr 1887 soll Rudolf an einer Darmerkrankung gelitten haben, worüber jedoch nichts Genaueres bekannt ist.[647] Am 8. August 1887 schrieb er aus Bruck sehr positiv an Latour: »Hier geht Alles sehr gut; wir arbeiten viel, aber mit Gemüthsruhe, ohne Nervosität, das Leben ist angenehm ...«[648] Zu jener Zeit war Rudolf angeblich extrem hektisch und nervös. Rudolf klagte ab und zu über Müdigkeit, was bei seinem Arbeitspensum allerdings kein Wunder war. Aus dem Zusammenhang gerissene Zitate aus seinen Briefen wurden von manchen Autoren als Beweise für einen wachsenden Lebensüberdruß und fortschreitenden Verfall des Kronprinzen angesehen. Hingegen finden sich immer wieder Hinweise auf das genaue Gegenteil: Im Dezember 1888 unternahmen Kaiser Franz Joseph und Kronprinz Rudolf einen Jagdausflug nach Dunakeßer, einer Insel in der Donau: »Der König und Kronprinz Rudolf, die sich Beide des besten Aussehens erfreuten«, waren überdies in bester Laune, wie der Pester Lloyd konstatierte.[649]

Alfred Ritter von Arneth

Das letzte Rezept für den Kronprinzen vom 1. Jänner 1889 war eine Vaselinesalbe. 1888 sprach Rudolf zu Latour selbst von einer lästigen Augenentzündung: »Mit meinen Augen geht es mir noch immer nicht ganz gut; die Ärzte lassen mich leider auch nicht reisen; hoffentlich kann ich in wenigen Tagen in den sonnigen Süden pilgern.«[650] Im selben Jahr litt Rudolf auch an einer argen Bronchitis.[651] Er gönnte sich jedoch immer wieder Auszeiten, wenn sein Leben zu hektisch und ermüdend wurde: »Nach all' den Maneuvers und allerlei Arbeiten und Hetzen sehnte ich mich nach etwas Ruhe, und ich sitze jetzt hier im Wienerwalde mit einigen guten Bekannten in aller Stille und genieße Wald und Gebirgsluft ...«[652]

Interessant ist im Zusammenhang mit dem Thema Gesundheit eine Briefstelle aus dem Jahr 1883, als Kronprinz Rudolf an Erzherzog Franz Ferdinand folgende Zeilen schrieb: »Genieße Dein Leben in vollen Zügen, doch immer mit Mass und Verstand, erhalte Dir Deine gute Gesundheit und vergesse nicht, daß eine lustige Jugend nur die Vorbereitung ist für das wahre glückliche Leben.«[653] In Briefen an seinen verehrten Erzieher Latour, mit dem er engeren Kontakt als mit seinen Eltern hatte, klagte der Kronprinz kaum über schwere Erkrankungen; 1885 erwähnte er Schnupfen und Husten, 1887 eine »kranke Hand«.[654] An ihre Schwester schrieb Kronprinzessin Stéphanie 1887 oder 1888: »Bei meiner Rückkehr am Morgen habe ich Rudolf und meine Kleine bei guter Gesundheit gefunden.«[655] Was in Rudolfs Briefen immer wieder auffällt ist, daß er offenbar sehr unter Kälte litt – »In Böhmen war es hundskalt und regnete in Strömen«[656]. Schon im Juli 1888 hatte Rudolf das unwirtliche Wetter gefürchtet und berichtete seiner Gemahlin: »Das Wetter ist kühl und regnerisch ... Hoffentlich hast Du es besser, ich fürchte mich etwas vor Ischl, da werde ich frieren.«[657] Nach seiner Orientreise schrieb er Graf Saurma: »Hier haben wir heuer einen sehr frühen Herbst, und je kälter es wird, desto mehr denke ich an jene herrlichen Gefielde, in denen Sie leben und ewige Wärme genießen.«[658]

Was die angebliche Geisteskrankheit anlangt, sei auf das Arbeitspensum des Kronprinzen verwiesen. Immer wieder wurde erwähnt, daß sich äußerlich am Kronprinzen nichts verändert hatte. Die Theorien sind ebenfalls mehr als fraglich – hatte er sich aus einer jähen Sinnesverwirrung erschossen, wie offiziell behauptet wurde, oder ging er, wie widerlegbar ist, schnurgerade nach Mayerling? Oft zitierte Vererbungsforscher stellten die Ehe Franz Josephs mit Elisabeth als Ursache für eine vermeintliche Geisteskrankheit des Thronerben dar. Aber wie stand es mit seinen beiden Schwestern? »Ob er, wie die Vererbungswissenschaft ... behaupten würde, als Produkt einer Ehe von Geschwisterkindern, unter besonderer Bedrohung, bleibe dahingestellt. Dagegen spricht jedenfalls, daß seine beiden Schwestern vollkommen normale, bürgerlich-einfache, ja philiströse Frauen wurden.«[659]

Gelegentlich handelte der Kronprinz unbesonnen und risikofreudig. So schoß er sich im Herbst 1878 mit seinem Revolver durch die Hand: »Es geht mir wieder sehr gut. Der Arzt ist ganz zufrieden mit mir, und bewundert meine vorzügliche Natur und mein außerordentliches Blut. Eine Kugel durch die Hand, der Muskel und der Daumen zerschoßen, dabei nicht einen Augenblick Wundfieber, die Geschwulst heute schon fast ganz gefallen, die Entzündung und Röthe schon verschwunden, gar keine Eiterung, die Beweglichkeit in den Fingern wider hergestellt, und das Ausschußloch bereits zu. Der Arzt sagt, daß ihm dies in seiner langen Praxis selten vorgekommen ist.«[660] Und drei Tage später konnte er seinem früheren Erzieher schon melden: »Mit der Hand geht es viel beßer.«[661] Auch Girtanner schrieb Rudolf von seiner Verletzung: »Verzeihen Sie die schlechte Schrift meines Briefes, doch ein Schuß durch die Hand und die lästigen Bandagen erleichtern nicht eben die freie Bewegung. Die Heilung schreitet sehr rasch fort, und ich hoffe bis in 4 oder 5 Tagen der Beobachtung und Jagd des Steinadlers in den ungarischen Wäldern, wohin ich übermorgen eile, mit vollem Eifer obliegen zu können.«[662]

Unfälle hatte der Kronprinz in seinem kurzen Leben einige. Er stürzte gelegentlich vom Pferd, auch mit dem Wagen war er nicht immer ganz sicher unterwegs. Im August 1884 schrieb Rudolf an Szeps und entschuldigte sich für seine schlechte Schrift: »Verzeihen Sie schlechte Schrift und schleuderische Schreibweise, doch ich ringe schwer einige Momente dem wahren Dienste und allerlei Soldatenspielereien ab, die man hier betreiben muß; nebstdem schmerzt mich mein Arm, den ich gestern so stark an einem Pfosten anschlug. Auch die rechte Hüfte und Partien eines Körpertheiles, auf dem Europäer zu sitzen pflegen sind nicht nur pavianartig blau sondern stellenweise schwarz; damit habe ich das Vergnügen morgen mehr als einen halben Tag am Pferd zu sitzen.«[663] Rudolf hatte einen Unfall mit dem Wagen gehabt, der recht schlimm hätte ausfallen können: »... und dann schmerzt mich auch mein rechter Arm, den ich so wie auch die Hüfte gestern beim Sturz aus dem Wagen recht übel zugerichtet habe. Stéphanie ist Gott-Lob nichts geschehen, denn sie fiel einfach in das Gras; ich flog aber an einen Pflock an, so daß ich mir den Waffenrock zerfetzte. Nach ärztlichen Ausspruch darf ich nicht reiten; morgen werde ich aber doch meine Division im Corps führen; ich kann jetzt nicht nachgeben, sonst giebt's gleich wieder Angriffe aller Art.«[664] Rudolf fürchtete die schlechte Nachrede selbst dann, wenn er aus gesundheitlichen Gründen verhindert gewesen wäre, seine dienstlichen Pflichten zu erfüllen.

Bis zuletzt sorgte sich der Kronprinz um seine Gesundheit und achtete auf ärztliche Untersuchungen. Im Juli 1888 litt Rudolf unter starkem, hartnäckigem Husten. Zur Sicherheit ließ er sich von Widerhofer »durchuntersuchen«: »Abends fuhr ich gestern wieder mit Bratfisch nach Wien zurück ... in der früh ließ ich mich durch Widerhofer untersuchen, der Alles in Ordnung fand, bis auf Schnupfen und Bronchialcatarrh, letzterer ist aber diesmal merkwürdig stark.«[665] Auch Franz Joseph beobachtete seinen Sohn genau; ihm wären gravierende Veränderungen an Rudolfs Gesundheit, seinem Wesen und seinem Charakter wohl aufgefallen. Er schätzte und forderte Disziplin, und Rudolf hatte großen Respekt vor seinem Vater.

Kronprinz Rudolf 1888

Wenn die Qualität der Mahlzeiten nicht seinen Vorstellungen entsprach, was bei Manövern und im Brucker Lager vorkam, litt Rudolf gelegentlich an Magenverstimmungen, wie er seiner Frau 1887 berichtete: »... und heute druckt mich auch mein Magen; ich habe zu viele und nicht sehr gute Sachen durcheinander gegeßen«.[666] Überdies widerlegt ein Ausspruch Rudolfs vom Oktober 1888, daß er aufgrund seiner angeblich schlechten körperlichen und geistigen Verfassung jedes Interesse an intellektueller Arbeit verloren hätte. Als er in Görgeny Szent Imre mit Erzherzog Otto und Erzherzog Friedrich zur Jagd war, begrüßte er den ebenfalls anwesenden Jókai mit folgenden Worten: »Mein lieber Redakteur-College! Wann brauchen Sie denn die Beschreibung von Gödöllö? Ich werde die Arbeit im November fertig haben.«[667]

Franz von Pausinger, der den Kronprinzen auf zahlreichen Reisen und Jagden begleitete, schrieb nach Rudolfs Tod über dessen Gesundheit: »Kronprinz Rudolf war ein Waidmann im besten Sinne des Wortes. Er hatte sich gegen Strapazen und Anstrengungen gestählt, war bescheiden beim Essen, legte wenig Wert auf persönliche Bequemlichkeit, – er war ein wirklicher Spartaner.«[668] Nun, ganz so dürfte es nicht gewesen sein, denn Rudolf schätzte delikates Essen, gute Weine und Champagner sehr.

Drogen und Alkohol

Bis zum Tod des Kronprinzen ist von Zeitzeugen wenig über seine angeblich schlechte Gesundheit oder gar Geisteskrankheit zu hören. Im Gegenteil – sein Onkel Herzog Karl Theodor, der Arzt war und Rudolf kurz vor der Katastrophe gesehen hatte, schrieb, daß er sich »anscheinend in voller körperlicher und geistiger Gesundheit befunden hat«[669]. Und ein Zeitgenosse schilderte das Auftreten des Kronprinzen in der deutschen Botschaft am 27. Jänner 1889 überaus positiv: Er sei in preußischer Ulanenuniform erschienen, hätte prächtig ausgesehen und den Eindruck jugendlicher Elastizität und männlicher Kraft gemacht: »Geistvoll blitzte sein Auge und welcher Ausdruck körperlicher und geistiger Gesundheit und Lebensfreudigkeit strahlte aus seinem gebräunten Antlitz.« Rudolf hatte im vorangegangenen Dezember mit seiner Frau Stephanie einige Tage in Abbazia verbracht.

Auch Rudolfs Freund Szögyényi nahm keine krankhaften Veränderungen an ihm wahr. Er, der den Kronprinzen so gut kannte, bemerkte an Rudolf keine Anzeichen für Selbstmordabsichten, die viele im Nachhinein festgestellt haben wollten. Szögyényi bestritt immer entschieden, daß Rudolfs Tod aufgrund von Geisteskrankheit erfolgte.[670] Rückblickend drängt sich der Verdacht auf, daß der Lebenswandel von Rudolfs »lebenslustigen« Cousins Franz Ferdinand und insbesondere Otto zum Teil auf den Kronprinzen übertragen wurde, um die Geisteskrankheit und den angenommenen Selbstmord plausibel zu machen. Franz Ferdinand nahm zeitweise Heroin, das damals als das beste Mittel gegen Husten angesehen wurde; über längere Zeit konsumierte er Codeintabletten – dennoch kam er nie in den Verdacht, drogenabhängig zu sein.[671]

Die Rudolf nachgesagte Morphiumsucht ist nicht nachweisbar. Zu diesem Problem meinte der Arzt Gerd Holler: »In der gesamten Mayerling-Literatur existieren nur Vermutungen und Verdächtigungen, dazu noch von Laien, die beim Lesen eines Morphiumrezeptes sofort an Menschen denken, die rund um die Uhr *high* sind.«[672] Daß Rudolf »natürlich« von seinem Vertrauten Loschek mit Morphium versorgt wurde, ist eine ebenfalls sehr fragwürdige Feststellung. Eine »Drogenszene« im heutigen Sinn gab es damals nicht. Überdies ist es unzulässig, unsere heutige Vorstellung von Drogenmißbrauch auf die Zeit vor 120 Jahren zu projizieren. Die Beschaffung von Drogen konnte damals nur über Personen mit Zugang zu medizinischen Präparaten erfolgen. Solche Personen hätte der Kronprinz korrumpieren müssen – was ihm zwar möglich, aber nicht zuzutrauen gewesen wäre.

Eine Morphiumsucht hätte Rudolf isoliert und handlungsunfähig gemacht. Gerd Holler beschrieb in seinem Buch über Kronprinz Rudolf die kennzeichnenden Eigenschaften eines drogenabhängigen Menschen ganz nüchtern, aber drastisch: »Streben nach Befriedigung des Giftbedürfnisses läßt den Rauschgiftsüchtigen zum krassen Egoisten werden ... völlige Zerrüttung und Abstumpfung der

Moral ... Dem Kranken geht jedes Gefühl für Recht, Ehrlichkeit und Wahrheit verloren, seine Handlungen gewinnen den Charakter der Lüge und der schamlosen Betrügerei ...«[673] Ein Süchtiger verliert seine Intelligenz, sein Gedächtnis nimmt ab, er kann sich nicht mehr konzentrieren, verliert die Urteilsfähigkeit – er wird ein fauler, träger, wehleidiger und widerstandsunfähiger Mensch. Frauen-Affären wären in einem solchen Zustand wohl nicht mehr möglich gewesen. Marys Aussage, daß sie Rudolf »ganz angehörte«, ist in dieser Hinsicht wohl eindeutig.[674] Von Drogenabhängigkeit ist an Rudolf bis zu seinem Tod nichts zu merken. Und selbst wenn an nachträglichen Interpretationen etwas Wahres sein sollte – bei der Soirée am 27. Jänner 1889 hätte der Kronprinz sein Verhalten dann plötzlich wieder völlig unter Kontrolle gehabt?

Was die Drogenabhängigkeit anlangt, meinte Holler: »Meine berufsbedingten Erfahrungen mit Süchtigen lehrten mich, daß die Wirklichkeit noch viel grausamer ist. Daher stellt sich für mich die Frage: Wenn Rudolf tatsächlich rauschgiftsüchtig war, wie konnte er in den letzten beiden Jahren – und um diese geht es immer – so produktiv arbeiten ... Wenn die Autoren, die noch immer die Rauschgiftsucht des Thronfolgers vertreten, nur einen einzigen Rauschgiftsüchtigen selbst kennenlernen würden, dann müßten sie ihre Ansicht sofort revidieren.«[675] Regelmäßiger Morphiumgenuß führt zu chronischer Verstopfung; in der Hofapotheke ist für den erwachsenen Kronprinzen allerdings nur einmal ein Abführmittel verzeichnet. Überdies konstatierte die Weltgesundheitsorganisation, daß die orale Einnahme von Morphium recht ungefährlich ist: »Weit verbreitet, aber völlig unbegründet ist auch die Angst, ein Patient könne durch die Verabreichung von oralem Morphin süchtig werden ... Die Gefahr einer physischen und psychischen Abhängigkeit ist bei richtiger Dosierung und regelmäßiger Anwendung gleich Null.«[676]

Bei seinen Auslandsaufenthalten erntete der Kronprinz viel Lob, wenn er sich auch nicht immer absolut diplomatisch verhielt. Aus Berlin schrieb Graf Széchényi 1887 an Rudolf: »Gleich den anderen Malen mein gnädigster Herr, haben Sie auch dießmal hier in jeder Beziehung den allerbesten Eindruck hinterlassen. Besonders in der kronprinzlichen Familie ist die Erinnerung die man Ihnen warth eine besonders herzliche und wahrhaft anerkennende. Die Frau Kronprinzessin ist förmlich entzückt und macht keinen Hehl aus dem Wohlgefallen ... Hiebei frägt man sich ob dieß nicht etwa eine Erkältung zwischen Ihnen und Prinz Wilhelm bedeute. Man ist hier das Aneinanderprallen der Familiengegensätze ... so sehr gewöhnt ...«[677] Hätten alle seine Gastgeber nicht bemerkt, wenn Rudolf unter dem

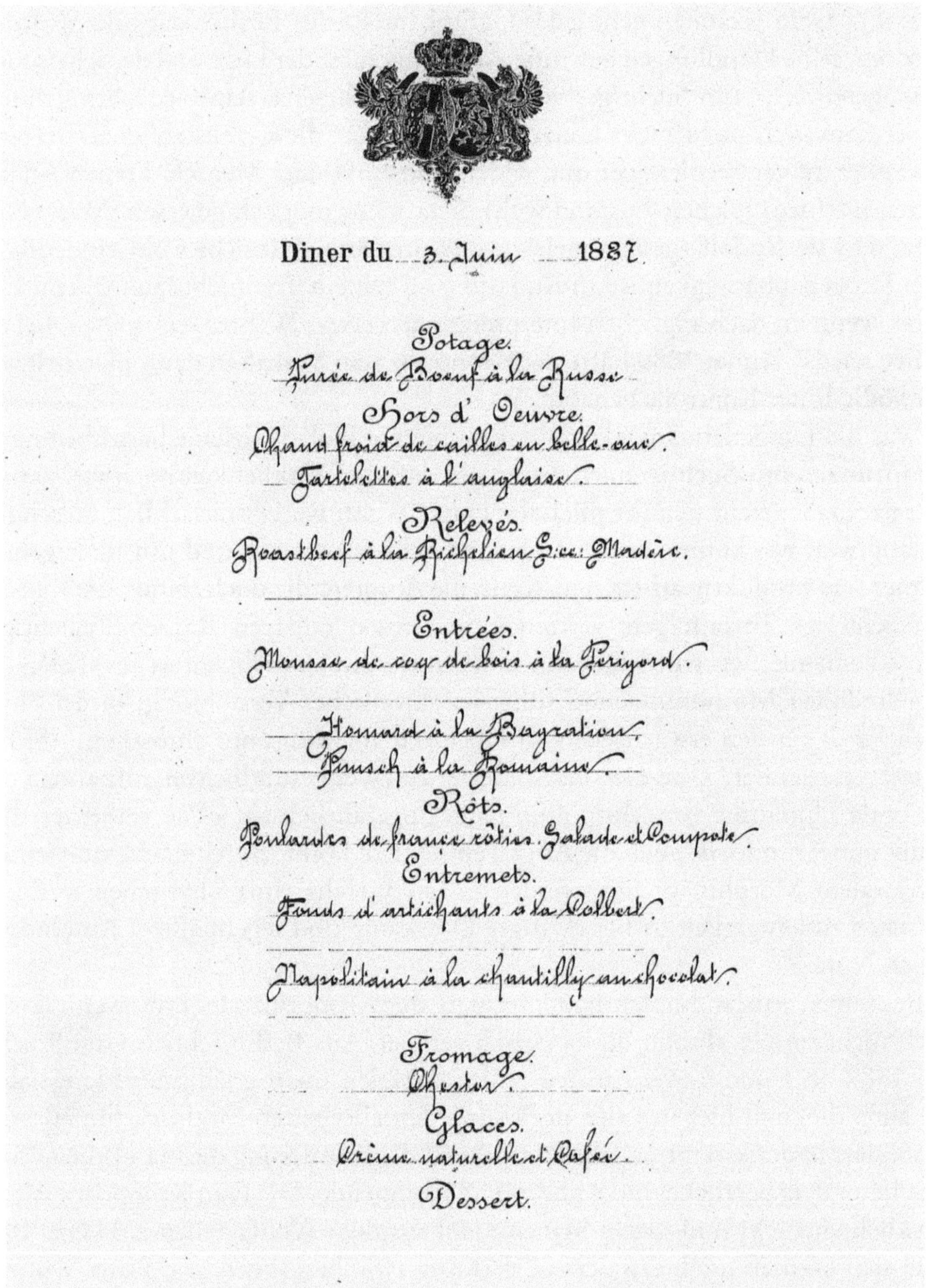

Diner du 3. Juin 1887.

Potage.
Purée de Boeuf à la Russe

Hors d' Oeuvre.
Chaud froid de cailles en belle-vue.
Tartelettes à l'anglaise.

Relevés.
Roastbeef à la Richelieu Sce: Madère.

Entrées.
Mousse de coq de bois à la Périgord.

Homard à la Bagration.
Punsch à la Romaine.

Rôts.
Poulardes de France rôties. Salade et Compote.

Entremets.
Fonds d'artichauts à la Colbert.

Napolitain à la chantilly au chocolat.

Fromage.
Chester.

Glaces.
Crème naturelle et Café.

Dessert.

Menukarte aus dem kronprinzlichen Haushalt

Einfluß von Suchtmitteln gestanden wäre? Was der Kronprinz nicht verbergen konnte waren seine Gefühle Deutschland gegenüber. Er bevorzugte den liberalen Friedrich und verabscheute dessen Sohn Wilhelm, in dem er – berechtigterweise – das Instrument zum Untergang der österrreichisch-ungarischen Monarchie sah. Nicht umsonst gab es im Herbst 1888 in den Berliner Blättern die scharfe Pressekampagne gegen Kronprinz Rudolf.

Der Kronprinz war alkoholischen Getränken nicht abgeneigt, wie aus seinen Weinankäufen abzulesen ist. Er genoß sein Leben, aber wollte er es zerstören? Bratfisch hatte in seinem Befragungsprotokoll (1927 beim Justizpalastbrand vernichtet) ausgesagt, er habe Rudolf nie betrunken gesehen oder übermäßigen Alkoholkonsum des Kronprinzen bemerkt. Dieselbe Aussage liegt auch vom Hoftelegraphen Schuldes vor. Rudolf arbeitete geistig bis zu seinem Tod und hatte darüber hinaus die Abfassung von Texten für das Kronprinzenwerk geplant. Fast jeden Tag, auch im Jahr 1888 und Anfang 1889, hatte er Verpflichtungen, denen er zuverlässig nachkam: Inspektionsreisen, Ausstellungsbesuche, ornithologische Schriften, militärische Arbeiten in Wien, zahlreiche Jagden, etc. Weiters schrieb er ständig Briefe, was im Alkohol- und Drogenrausch wohl nicht möglich gewesen wäre.

Die *Alkoholsuchtthese* stützt sich auf zwei oder drei Briefe Rudolfs an seine Gemahlin Stephanie, in der er ihr schilderte, daß er an einem heißen Abend in Gesellschaft ein wenig zuviel Champagner getrunken hätte – sicher kein Beweis, daß Rudolf alkoholkrank war. Dem Wohlleben war er aber nicht abgeneigt. Er hatte Angst vor dem Tod und wollte das Leben genießen: »... so stirbt einer nach dem anderen weg; darum muß man so viel als möglich sich unterhalten und gut leben, um diese kurze Pürsche durch das Leben zu genießen«[678], schrieb er 1887 seiner Frau. Zu bedenken ist auch, daß bis ins 19. Jahrhundert alkoholische Getränke einen ganz anderen Stellenwert hatten als heute. Lange Zeit galten sie als einzige Durstlöscher, weil Wasser, vor allem in Städten, ungesund und schmutzig war und Krankheiten und Seuchen auslöste. Selbst Kinder erhielten alkoholische Getränke wie Wein, und Bier. Sie waren also schon früh an diese Getränke gewöhnt. Während seiner Kur in Ischl wurde dem Kronprinzen von seinen Ärzten Alkohol verordnet.[679]

Als Rudolfs Weinkeller in Mayerling am 30. September 1889 geräumt wurde, fanden sich folgende Bestände an Flaschen: 5 Chablis, 6 Sherry, 7 Bordeaux, 2 Château d'Issan, 5 Champagne Impérial, 1 Champagne crémant, rosé, 4 Burgunder Romanée, 5 Hochheimer, 4 Cognac d'Orléans, 5 Cognac mousseux und 2 Liköre.[680]

Julius Schuldes, der Hoftelegraph in Mayerling, meldete sich nach diversen Theorien über Rudolfs Leben und Sterben 1929 zu Wort: »Aber es muß festgestellt werden, daß in Mayerling nichts vorgefallen ist, was die Grenzen jenes Anstandes und der Lustigkeit überschritten hätte, welche unter Menschen von Bildung und Rang als selbstverständlich gelten. Ich habe nicht gesehen, daß der Kronprinz die Herrschaft über sich verlor. Er belustigte sich aber, wenn einer oder der andere Gast in schwierige Haltung geraten war.«[681]

Man sagte Rudolf übermäßigen Cognacgenuß nach. Cognac hatte damals nicht den heutigen Ruf eines starken alkoholischen Genußmittels, sondern wurde von vielen Ärzten als Medizin verordnet.[682] Im übrigen wurde immer wieder festgestellt, das Rudolfs Arbeitspensum, sein Zeitmangel und die nachweisbaren Verpflichtungen das ihm nachgesagte flotte Leben nicht zugelassen hätten. »Die Ausschweifungen Rudolfs bleiben zum größten Teil hypothetisch, während seine gewichtige und fast unaufhörliche tägliche Arbeit dokumentiert ist.«[683]

Rudolfs Gegenspieler

Der Adel

»Um 7 Uhr kam der Kronprinz, er soupirte allein mit mir, dann lag er am Kanapé rauchend und Sherry trinkend bis 11 Uhr in der Bibliothek, dann fuhr er erst nach Hause. Er schwatzte viel incongruentes Zeug von Freiheit und Gleichheit, schimpfte über den Adel, er sei ein überwundener Standpunkt und wünschte sich als schönste Stellung Präsident einer Republik zu sein! Ich dachte mir *entweder hast Du einen Rausch oder bist ein Narr*! Er fuhr endlich ab.«[684] Trotz dieser verärgerten Bemerkung des Grafen Khevenhüller im Jahr 1879 blieb er doch mit dem Kronprinzen freundschaftlich verbunden. Die Nachricht über Rudolfs Tod ereilte ihn auf seiner Indienreise und schockierte ihn zutiefst: »Abends erzählte Admiral Carpenter zu meinem grenzenlosen Entsetzen, daß Kronprinz Rudolf mit Schlagfluss vor Tagen im Bette todt gefunden wurde – furchtbar! armer Kaiser. Der Kronprinz war immer gut für mich, was soll ich machen? Es ist zu spät um zurückzureisen ... Hoffe daß ich bald sichere Nachrichten bekomme.«[685]

Kronprinz Rudolf hatte aufgrund seiner liberalen Erziehung größte Probleme mit dem Adel und dem Klerus, die er für nicht staatstragend hielt und die seiner Meinung nach dem Fortschritt entgegenstanden. Selbst Leute, die Rudolf sehr gewogen waren, hielten seine Abneigung, seine beinahe fanatische Ablehnung, für übertrieben. Über Informationen aus den Szeps-Papieren berichtete Graf Szápary an Mitis 1922: »Wohltuend wirkt, wenigstens *in politicis*, die objektive Art, mit welcher Kronprinz Rudolf Menschen und Verhältnisse nur vom Standpunkt des ihm im Interesse des Vaterlandes richtig scheinenden beurteilt; nicht ganz zubilligen kann man ihm allerdings die Objektivität, wenn von Klerus und Adel die Rede ist.«[686] Denn mit seinen liberalen Ansichten und seinem Fortschrittsglauben[687] konnte er beim traditionell konservativen und beharrenden Adel und Klerus wohl kaum Sympathien erwerben. Entsprechend schroff stand er diesen Kreisen gegenüber. Dies brachte ihn jedoch später in einen gewissen Gegensatz zu seiner Frau, für die Adel und Klerus die unabdingbaren Stützen einer Monarchie waren.

Die Abkehr vom Adel hatte sich schon bei Rudolfs Reise nach Großbritannien weiter vertieft. Er bewunderte den britischen Adel, der mit erfolgreichen Bürgerlichen verkehrte und diese sogar durch Heirat zu sich aufnahm. Diese Tatsache veranlaßte Rudolf, gemeinsam mit Carl Menger das Pamphlet *Der österreichische Adel und sein constitutioneller Beruf* zu verfassen. Der in München publizierte Artikel wirbelte in Österreich-Ungarn viel Staub auf. Mengers Autorenschaft wurde in der Monarchie sofort gemutmaßt. Fälschlicherweise nahmen Rudolfs Biographen an, daß seine Mitarbeit am Pamphlet erst nach seinem Tod aufgedeckt wurde. Daß dem allerdings nicht so war, belegt ein Brief des Kronprinzen an Menger aus dem Jahr 1882. Rudolf erklärte darin, daß die Fürstin Fürstenberg ihm seine Autorenschaft auf den Kopf zugesagt hatte.[688]

Dennoch stand der Kronprinz diesen Gesellschaftsschichten nicht nur aus Laune und Oberflächlichkeit feindlich gegenüber. Als wissenschaftlich interessierter Geist wollte er Gerechtigkeit üben und die Haltung des Gegenübers ergründen: »Ich nehme jetzt die ganze Literatur der konservativen Richtung durch, um doch die wissenschaftlichen Begründungen der Grundsätze der Gegner kennenzulernen. Von Mitte vorigen Jahrhunderts an habe ich die Schriftsteller der sogenannten Konterrevolution, Deutsche, sowie auch Engländer und Franzosen, gesammelt und gehe sie nun durch.«[689]

Adel und Kirche bereiteten der liberalen Phase in Österrreich-Ungarn langsam ein Ende. Viele Maßnahmen erzürnten den Kronprinzen. Besonders ärgerte ihn die Attacke auf das unabhängige Schulsystem. Rudolf hatte ja selbst das Glück gehabt, von liberalen Lehrern unterrichtet zu werden, die sich kein Blatt vor den Mund nehmen mußten. Nun stagnierte die Entwicklung. Graf Taaffe meinte sogar, man solle die Schulpflicht bis auf das zwölfte Lebensjahr reduzieren – denn durch die Schulausbildung entgingen dem Staat Arbeitskräfte: Menschen, die zu viel lernten, waren für niedrige Arbeiten nicht mehr zu haben. Der Kronprinz war der gegenteiligen Ansicht – nur ein Staat mit möglichst gut ausgebildeten Menschen hätte Zukunft: »Kraft und Trost braucht man in düsteren Zeiten um Geist und frischen Sinn wach zu erhalten. Unser gutes oesterreichisches Schulgesetz, die Bürgschaft für culturelle und liberale Entwickelung fällt nun dem heillosen Treiben der schwarzen Partei zum Opfer! Schweren Tagen gehen wir entgegen!«[690] Genau diese Ansicht, daß Fortschritt sehr wichtig für die Monarchie sei, spiegelte auch Rudolfs repräsentative Arbeit wider. Er besuchte Bälle, deren Veranstalter er für wichtige Träger der wirtschaftlichen Entwicklung hielt. Neben dem Industriellenball, den sogar das Kaiserpaar mit seinem Besuch beehrte, ging Rudolf zum Beispiel auch auf den Concordia-Ball, den Studentenball und den Eisenbahnball etc.[691]

Besonders aufgebracht gegen den Adel hatten Rudolf etliche Vorfälle, die sich in seiner Prager Zeit abspielten. Zum einen schlugen junge Adelige eines Nachts Fenster im jüdischen Ghetto ein und kamen recht glimpflich davon: »Vor einigen Tagen abends, schlugen mehrere junge Herren der hiesigen blaublütigsten sogenannten ersten, aber weiss Gott nicht, besten Gesellschaft einige Fenster in der Judenstadt ein, um ihre politische Gesinnung auf eine aristokratische Weise zu dokumentiren. An der Spitze dieser Bande stand der Sohn des so heiligen Graf Richard Clam-Martinitz, der Erbe des kinderlosen Graf Heinrich. Nur einem Jüngling einem Graf Sylva-Tarucca gelang es im richtigen Momente zu entweichen; alle anderen wurden durch Sicherheitsmänner gefangen, und mussten den Rest der Nacht durchsitzen; des Morgens liess sie unser Freund Stejskal zu sich rufen und hielt ihnen eine lange Busspredigt. Die ganze Geschichte ist unterhaltend und könnte recht gut im Tagblatt benützt werden. Wenn ein armer *Hackerbub* bei einem Juden Fenster einschlägt wird gleich eine grosse Geschichte daraus gemacht und diese feudalen L...buben sollten ganz ungenirt und unbemerkt ihre Streiche ausführen können.«[692]

Eine weitere Affäre erschütterte den Kronprinzen und raubte ihm jeden Respekt vor dem alten Adel: Der junge Graf Coudenhove hatte ein Mädchen geschwängert und die Familie weigerte sich, für das ungeborene Kind die Verantwortung zu übernehmen. Die junge Frau und ihre Schwester begingen daraufhin im Garten der Grafen, in Ottensheim, Selbstmord. Überdies ließ der alte Graf in adeligen Kreisen eine Verteidigungsschrift zirkulieren, die Rudolf in die Hände fiel und die er an Szeps weitergab. Sein Urteil über die Angelegenheit läßt an Deutlichkeit nichts zu wünschen übrig: »Die Ottensheimer Tragödie wurde in Ihrem Blatte viel und gründlich besprochen. Es war gut das Publikum zu warnen und dasselbe auf die Grundsätze des Hochadels aufmerksam zu machen, bei dem das krum̄e Pferd und das bis zum Tode gebrochene Mädchen aus den unteren Schichten in eine Categorie gehören, nämlich zum Sport. Die unglaubliche Beschränktheit des alten Coudenhove, der seit langer Zeit auch im Herrenhaus über unser Wohl und Wehe berathet, gab der ganzen Angelegenheit einen interessanten Character, dazu kam noch die schreckliche Intoleranz des ohnehin berüchtigten Linzer Kirchenfürsten, die natürlich nur dazu beitragen konnte die öffentliche Meinung noch mehr aufzureizen. Beiliegend übersende ich Ihnen eine Abschrift eines Schriftstückes, das ich vor einigen Tagen erhielt. Der alte Coudenhove liess dieses gediegene Elaborat in schweren Mengen lithographiren und schickte es an seine Bekannten, besonders an Herrenhaus-Collegen; die durchstrichenen Stellen, so wie auch die unterstrichenen sind bis auf jeden Strich genau copirt. Wenn man sich so dum̄ und schlecht benimmt, wie der alte Graf es in dieser Angelegenheit bewerkstelligt hat, dann schweigt man und belebt nicht von Neuem eine schon einschlum̄ernde Geschichte. Ich glaube dieser offene Brief dürfte Sie unterhalten, falls Sie ihn für das Blatt benützen wollen, bitte ich es ohne weiteres zu thun, nur absolut auch durch keine Andeutung erkennen zu lassen, daß Sie ihn von mir erhielten, denn es würde mir diess viele Unannehmlichkeiten bereiten.«[693] Was Rudolf an dieser Geschichte trotz der traurigen Umstände so freute, war, daß es eine als besonders religiös und klerikal geltende Familie getroffen hatte: »An der ganzen so traurigen Ottensheimer-Affäre, war das einzige, was unterhaltend war, daß es eben einen Coudenhove, aus dieser höchst ultramontanen Familie, einen Schüler des Kalkspurger Jesuiten-Institutes treffen musste. Die Vorkämpfer der hohen christlichen Moral, der strengsten Ascese sind diessmal schlecht weggekommen!«[694]

Kaiser Wilhelm II.

Rudolf stand mit seiner schlechten Meinung vom Adel nicht allein da. Er hatte einen prominenten Vorstreiter, Felix Fürst zu Schwarzenberg. Bereits 1848 hatte dieser seinem Schwager Windisch-Grätz folgende bissige Worte geschrieben: »Es gibt in Österreich nicht vier Männer von hohem Adel, welche die Fähigkeit besäßen, die Einrichtung einer Pairskammer zu rechtfertigen.«[695]

Kirche und Klerus

Die Religion, so wie sie dem Kronprinzen näher gebracht wurde, erfüllte offenbar nicht seine Erwartungen. Im Gegenteil, er wandte sich von der praktizierten Religion ab, obwohl er vielleicht nie ganz vom Glauben abkam. Der doktrinäre, stupide Religionsunterricht, den er erhielt, stand im krassen Gegensatz zu dem, was ihm seine liberalen Lehrer vortrugen. Oft erhielt er von ihnen Informationen zu den neuesten wissenschaftlichen Erkenntnissen, vor allem auf dem Gebiet der Naturwissenschaften, die ihm die Diskrepanz zu den kirchlichen Dogmen immer deutlicher machten. Er glaubte fest an den Darwinismus und konnte der kirchlichen Schöpfungsgeschichte aufgrund seines scharfen Verstandes nichts abgewinnen.

Jedenfalls diskutierte Rudolf seine Ansicht von der Religion bereits als Neunzehnjähriger mit König Ludwig II. von Bayern: »Du bist so überaus gnädig, Dich nach meinen Büchern zu erkundigen, welche Einfluß nahmen auf meine religiösen Ansichten. Ich muß gestehen, daß ich sehr ungern mit meinem Glaubensbekenntniße herausrücke, da ich nie weiß, ob ich nicht Andere damit in ihren verletze, doch Dir sage ich Alles, was ich denke und fühle, da ich Deine überaus gnädige Freundschaft für mich kenne und da ich weiß, daß Du in Deinen Ansichten auch sehr aufgeklärt und nicht von einem, Alle höhere geistige Entwicklung hem̄enden, religiösen Wahn, beherrscht bist. Ich achte die Religion, wo sie in wirklich segensreicher Weise zur Erzieherin des Volkes wurde, und dem gemeinen Mann die ersten Anfänge eines moralischen Gefühles einpflanzte; doch ich fürchte sie, wenn sie zur Waffe und zum Mittel zur Erreichung der Zwecke einzelner Stände und Parteien wurde, wo sie dann den blinden Glauben und den Aberglauben, anstatt wahre Bildung unter das Volk sät. Für den gebildeten Menschen, der

König Ludwig II. von Bayern um 1885

auf jenem Punkte geistiger Entwickelung steht, daß er sich von dem alltäglichen Leben emporhebt und zu forschen und geregelt zu denken beginnt, für den wie gesagt, halte ich den christlichen Glauben in den engen Schranken, wie ihn unsere Kirche verlangt, ganz unmöglich. Er wird seine Religion, oder beßer gesagt, seine Gesetze der Moral haben, die er sich selbst stellt, und nach denen er sein geistiges Leben richtet, doch das werden keine Schranken sein, wie sie die Kirche uns durch das Verlangen nach dem Himmel, oder durch die Furcht vor der Hölle auferlegen will; sondern bloß die Ketten, durch welche das geistige Leben des Menschen, das physische des Körpers beherrscht ... nur noch das muß ich hinzufügen, daß das Buch des David Strauss »Der alte und neue Glaube« auf mich einen großen Eindruck gemacht hat.«[696] Ludwig war offenbar mit Rudolfs religiösen Ansichten sehr einverstanden und hegte einen überaus unrealistischen Wunsch, den ihm wohl die Niederlage gegen Preußen eingegeben hatte: »Das Volk soll nur seinem guten katholischen Glauben treu bleiben mit den wohlthuenden Vertröstungen auf ein Jenseits, seinen Wundern und Sakramenten, dem Gebildeten aber können, wie Du so richtig sagtest, diese veralteten Anschauungen unmöglich genügen ... Ich hänge an Niemanden so fest und treu wie an Dir, und so ist es mein großer Wunsch, daß Du nach meinem Tode dereinst Bayern erhältst.«[697] Ludwig hatte eine unüberwindliche Abneigung gegen Preußen und die Hohenzollern entwickelt.

Pro forma mußte Rudolf aber an den Kirchenfestlichkeiten und an zahlreichen Messen teilnehmen. Dies fiel ihm in Prag besonders schwer, weil hier der Intimfeind des Kronprinzen, Friedrich Fürst zu Schwarzenberg, als Kardinal fungierte. An Latour schrieb Rudolf 1883: »Ich habe grosse Eile, um gleich in den Dom zu gehen, wo der Kardinal seinen ganzen Hokus-pokus mit der ihm eigenen wundervollen Langsamkeit vom Stappel lässt.«[698] Aus Wien, wo Rudolf die Karwoche mit ihren Zeremonien langweilte, weil er offenbar seine Zeit besser nutzen wollte, schrieb er an Latour, daß er von Prag nach Wien reisen müsse, »um die Charwoche mit allen ihren frommen Scherzen dort durchzumachen«[699].

Rudolfs eigenwillige Haltung der Kirche gegenüber wurde auch von anderen erkannt. So schrieb der deutsche Botschafter Prinz Reuss 1886 nach Berlin: »Der Erzherzog huldigt einer modernen, über alles spöttelnden Richtung auch in Religionsfragen. Er glaubt an nichts, mag auch den Klerus nicht leiden und hat davon in Prag vielfach Beweise abgelegt.«[700] Fürst Khevenhüller schlug in dieselbe Kerbe – noch dazu hatte er immer wieder die spiritistischen Sitzungen besucht, bei denen Rudolf gemeinsam mit Johann Salvator das angebliche Medium *Bastian*[701] entlarvt hatte: »Ich erhielt vom Kronprinzen einen Brief, worin er mir schreibt, n. m.

um ½4 Uhr zu ihm zu kommen, was ich auch that. Ich sass bei ihm bis ½6 Uhr, wir führten lauter spiritiste [sic!] Dispute, er glaubt an nichts.«[702]

Interessant ist die Beschreibung, die Ernst von Plener seinem Vater gab, als der Kronprinz ihn im Oktober 1881 in Prag empfing: »Heute morgens war ich 1½ Stunden beim Kronprinzen. Er ist scheinbar ganz auf unserer Seite, spricht gegen Czechen & Feudale wie wir, beklagt sich über den Cardinal welcher ihm die Sonntagsjagden bemängelt, wie überhaupt seine Abneigung gegen die Clerikalen, hauptsächlich daher zu rühren scheint wo man von clericaler Seite in seine privaten Verhältniße sich einmischen will. Man habe sogar den Kirchenbesuch seiner Frau häufiger sehen wollen etc. ... Mir machte sein Gespräch einen guten Eindruck.«[703]

Seine Abneigung gegenüber den Klerikalen und der praktizierten Religion ließ Rudolf jedoch nie so weit gehen, das Christentum *per se* abzulehnen oder zu verunglimpfen. Der junge Kronprinz konstatierte: »Das Christenthum ideal aufgefaßt ist eine Lehre voll höchster Philosophie und der edelsten Principien.«[704] Mit seiner Einstellung zur Religion war Rudolf offenbar einer Meinung mit seiner Mutter, die die langen Zeremonien ebenfalls nicht sehr schätzte. Elisabeth schrieb ihrem Sohn 1865 aus München: »Um 8 Uhr gehe ich jeden Tag mit Großmama in die Hauskapelle, wo ein Franziskaner viel schneller die Messe liest wie unsere Sonntagsmesse ist.«[705] Auch der Hofburgpfarrer Laurenz Mayer konnte im Religionsunterricht beim Kronprinzen keinen besonderen Enthusiasmus feststellen und berichtete dem Kaiser über seinen Schützling 1875 recht vorsichtig, »er wisse nicht mehr zu sagen, als daß der Kronprinz dem Unterricht mit Aufmerksamkeit folge und daß er ein für Recht und Sitte warmfühlendes Herz besitze«[706].

Schon als Vierzehnjähriger geißelte Rudolf die enge Verbindung zwischen Adel und Klerus und schrieb ganz in der Tradition des *Darwinismus*: »Daß der Mensch ein Thier ist, diesen Satz bekämpfen die hohen Herren, die stolzen Aristokraten durch das ganze Mittelalter, und sie thuen es jetzt noch immer, in dem sie sagen das sei gegen die Religion, doch das läßt sich unmöglich leugnen, denn sonst müßten wir das Eßen und Trinken und alle thierischen Triebe aufgeben, und dieses laßen jene Leute am wenigsten fallen, denn das ist ja ihre einzige Beschäftigung, diese Heuchler! was thun sie denn? Sie die die Religion immer auf den Lippen statt im Herzen tragen, den Tag über in feiner Gesellschaft, in die nur Wesen hineinkommen dürfen, welche wenigstens ein Bataillon Ahnen aufweisen und feine Titel besitzen ... dort wird über die schlechten Zeiten geschimpft, Leute, gescheidte, Leute der Menschheit nützliche, ausgerichtet, weil sie keine Grafen sind ... dann etwas gebethet, dann ins Theater gegangen ... und sie vergeßen, daß sie durch Jahrhunderte ein festes Bollwerk gegen jeden Aufschwung und Bildung errichtet haben, den Menschen mit Feuer und Schwert thierisch erhalten, geknechtet, für ihren eigenen Vortheil, doch endlich brausten die Wogen zu heftig an das Bollwerk an, es brach, und die Wogen der neuen Zeit brausten über die Verechter der Menschheit.«[707] Inwieweit Kaiser Franz Joseph diese Schrift seines Sohnes, die Rudolf ihm zum 25. Regierungsjubiläum verehrte, freute, mag dahingestellt bleiben.

Als Fünfzehnjähriger faßte Rudolf seine Ablehnung des Klerikalismus in folgende klare Worte: »Die Geistlichen ... schadeten am meisten dadurch, daß sie recht gut verstanden, das Volk ... so niederträchtig und untertänig zu machen, daß sie sowohl wie der Adel leichtes Spiel hatten und mit den armen Leuten machen konnten, was sie wollten.«[708] Dies war eine ziemlich unverblümte Aussage des Sohnes *Seiner k.u.k. apostolischen Majestät.*

Jedenfalls ergaben sich für Rudolf aus religiösen Fragen immer wieder Probleme. Zu Alfred Brehm fühlte er sich in Freundschaft verbunden. Als ihn dieser bat, Taufpate seines jüngsten Kindes zu werden, war Rudolf ratlos: »Wilczek hat mir den letzten Tag in München einen Wunsch Brehm's mitgetheilt; er möchte so gern, daß ich der Taufpathe seines jüngsten Kindes wäre ... Was soll man thun? Ich weiß gar nicht, ob man Taufpathe eines protestantischen Kindes sein kann? Auch weiß ich nicht ob jetzt, nach alle dem, was ich in Ischl über meinen armen Brehm hören mußte, das angezeigt ist. Ich würde es natürlich mit der größten Freude thun, doch bei dem jetzigen reactionären Aas und Weihrauch-Gestank, der über unserer armen Heimath weht, könnte man mir endlich jeden Umgang mit Brehm verbieten, wenn ich jetzt gerade meine Freundschaft zu ihm, durch solche Zeichen, die unstreitig ihren Weg durch die Zeitungen nehmen, zu sehr hervorhebe. Ich bitte Sie also um eine Antwort.«[709]

Selbst die Bestellung der Hofdamen für Rudolfs zukünftige Ehefrau artete zu einem religiösen Problem aus. Es durfte selbstverständlich nicht die geeignetste gewählt werden, sondern nur eine Katholikin. »Leider ist Gräfin Pejačevich als Hofdame ganz unmöglich; eine Protestantin würde der Kaiser nie acceptiren, und sich selbst über den gestellten Antrag sehr ärgern; außerdem würde es in der Prager Gesellschaft einen sehr schlechten Eindruck machen.«[710]

Seine Ablehnung des gängigen Religionsverständnisses führte Rudolf dazu, sich überaus rege für den *Verein zur Heranbildung von Pflegerinnen für Kranke und Verwundete* zu engagieren. Dieser Verein war auf Veranlassung des Wiener Arztes

Gustav Jurié 1875 gegründet worden. Jaromir von Munda, der sich um das Wiener Rettungswesen sehr verdient gemacht hatte, führte dort den deutschen Arzt Theodor Billroth ein. Als erster Präsident des Vereins fungierte Graf Wilczek, ein Vertrauter Rudolfs, der die neue Institution in seinen Briefen als »Krankenwärterinnen-Verein« bezeichnete. Der von Billroth nun übernommene Krankenwärterinnenverein hatte nicht nur mit Verleumdungen und Intrigen aller Art zu kämpfen, er benötigte auch laufend finanzielle Mittel. Dafür wurden Bazare und Ausstellungen veranstaltet. Billroth fragte für eine jagdliche Ausstellung um Trophäen bei Kronprinz Rudolf an: »Wäre ich jetzt in Gödöllö, oder Wien so hätte ich Ihnen, doch einen von mir selbst erlegten starken Hirsch, ein Wildschwein, oder irgend ein ähnliches großes Wild zugeschickt, doch von hier aus ist dies ganz unmöglich. Wenn ich hier von Zeit zu Zeit auf Hochwildjagden fahre, so ist dies immer bei Herrn vom hiesigen Adel der Fall, und falls mir auch einer derselben ein Stück Wild schenken würde, wäre das Entsetzen zu fürchterlich, wenn sie erfahren würden, daß sie indirect für unseren Verein mitgewirkt haben. Ich glaube ganze Bäder in Weihwasser und eine Wallfahrt nach Rom würden kaum genügen, um diese Sünde, für uns gearbeitet zu haben, wieder gut zu machen.«[711]

Der Aufstand in Cattaro im Jahr 1881 führte dazu, daß eine große Menge an Pflegepersonal benötigt wurde. Allerdings hatten solche Vereine, die nicht dem *Roten Kreuz* unterstanden, ein Stigma der »Unfrömmigkeit«, da damals die Spitalspflege zum größten Teil in den Händen von Ordensschwestern lag. Für Rudolf war diese Situation einmal mehr Gelegenheit, sich in seiner antiklerikalen und adelsfeindlichen Haltung zu profilieren: »An den Südgrenzen der Monarchie wird gekämpft ... auch scheint man in höheren Kreisen in Wien noch weitgehendere Complicationen zu befürchten, denn die Fürstin Metternich richtete an meine Frau ein Schreiben, in welchem sie mittheilt, sie hätte barmherzige Schwestern in den verschiedenen Ordenshäusern geworben, um dieselben dann, im eventuellen Kriegsfall, auf Aufforderung des Kriegsministerium's hin, unter dem *Banner des rothen Kreuzes* nach dem Kriegsschauplatze zu senden ... Als heute dieser Brief in unsere Hände gelangte, dachte ich gleich: »Wie wäre es, wenn jetzt der Krankenwärteriñen-Verein sich auch wieder rühren würde, um in der That Gutes zu leisten, und zugleich den Beweis zu liefern, daß die düsteren clericalen und reactionären Strömungen zurückzuschrecken und einzuschüchtern nicht in der Lage sind. Diese Aufrufe der Fürstin Metternich sind aristokratische Spielereien, und wahrscheinlich wird das Ganze mit einer Theatervorstellung oder sonst einem Fest endigen. Das rothe Kreuz wird zu Parteizwecken benützt, und in Dingen die keinen anderen als den rein humanitären Standpunkt vor Augen haben sollten, wird clericale Politik getrieben. Unser Verein wird verfolgt, weil keine Nonnen dabei sind und einige nicht als froṁ angeschriebene Namen an der Spitze stehen! ... Meine Frau könnte sich an die Spitze der Sache stellen!«[712]

Trotz aller Probleme überstand der *Rudolfinerverein* seine Geburtswehen. Kronprinz Rudolf freute sich sehr darüber, sah aber seine Unzulänglichkeit im Erwirken von Unternehmen, die seine Unterstützung hatten, sehr deutlich: »Für Sie muss es ein stolzes Gefühl sein nach so viel Mühen, Kämpfen und Anfeindungen als Sieger hervorzugehen und Ihren Wunsch erfüllt zu sehen ... ich habe keinen Einfluss, nicht den geringsten ... und wenn ich je etwas durchsetze, so geschieht dies nur, falls die Gross-Auguren mir eine Gefälligkeit erweisen wollen, oder falls sie meine ungemein kecke Zunge und Feder scheuen. In diesem Fall war letzteres der Fall, wo mir der Rudolfiner-Verein die hübsche Gelegenheit bot dem lieben Graf Taaffe einen zärtlichen Brief zu schreiben.«[713]

Den *zärtlichen* Brief hatte Rudolf am 31. Jänner 1882 verfaßt: »Lieber Graf! Es dürfte Ihnen bekannt sein, daß ich Protektor eines Vereines bin, des nach mir benannten *Rudolfinervereines*, welcher den Zweck hat, Pflegerinnen für Verwundete und Kranke in einem eigenen Vereinskrankenhause heranzubilden. Bei der Möglichkeit, daß die jetzige kriegerische Bewegung im Süden größere Dimensionen annimmt, erscheint es mir besonders wichtig, die Bestrebungen dieses Vereins kräftig zu unterstützen ... Ich habe mich daher bewogen gefühlt, über den jetzigen Stand des Rudolfinervereines genauere Erkundigungen einzuziehen und in Erfahrung gebracht, daß der Verein wohl Mittel genug besitzt, um den Bau des Krankenhauses und damit seine praktische Tätigkeit zu beginnen, daß aber die Baubewilligung bei den verschiedenen Behörden auf formelle Schwierigkeiten stößt und dadurch der Verein gehemmt ist, seine patriotischen und humanitären Bestrebungen zu entfalten ... Ich hoffe, Herr Graf werden Mittel und Wege finden, diese Angelegenheit zu beschleunigen und auch sonst den *Rudolfinerverein* in der Erreichung seiner Ziele möglichst zu unterstützen. Bevor ich schließe, will ich noch eine Angelegenheit nicht unbemerkt lassen. Als vor drei Jahren dieser Verein sich bildete und unter mein Protektorat trat, wurde von klerikaler Seite und sogar in einem Artikel des *Vaterland*, in der diesen Leuten eigenthümlichen unzarten Weise hervorgehoben, daß der Rudolfinerverein seine Spitze gegen die Kirche kehre und antireligiösen Zwecken diene ... Eine Schande ist es für jeden, der einer Schöpfung hemmend entgegentritt, die den edelsten Gefühlen wahrer Humanität entsprungen ist und getragen und erhalten wird von opferfreudigen,

Kronprinz Rudolf bei der Fronleichnamsprozession über den Graben 1888

wohlthätigen Menschen. Diese Motive haben mich veranlaßt, Ihnen zu schreiben und den Rudolfinerverein Ihrem Schutze anzuempfehlen. Mit den besten Grüßen, lieber Graf, Ihr Rudolf«[714]. Die Häme in Rudolfs Worten ist nicht zu übersehen, sein Engagement für den Verein mußten alle als Angriff auf den Konservatismus erkennen, der vor allem gegen Taaffe gerichtet war. Der Graf mußte wohl oder übel einlenken, was Rudolf ebenfalls in der für ihn typischen Art kommentierte: »Lieber Graf! Vor allem meinen innigsten Dank für den Schutz und das Interesse, welches Sie einem humanen und edlen und von ehrenwerten Männern geleiteten Verein angedeihen lassen. Für die Beteiligungen der nächsten oder übernächsten Wohltätigkeitslotterie und noch mehr für die versprochene Hilfe und den in Aussicht gestellten Schutz betreffs der zu regelnden Frage der Baugründe werden ich und der unter meinem Protektorate stehende Verein zu großen Danke verpflichtet sein ... unsere Bestrebungen sind menschenfreundliche und patriotische und der Rudolfinerverein verdient es, unterstützt und auch gegen Anfeindungen geschützt zu werden, wie es jene waren bei seiner Gründung, wo man durch Ausstreuung falscher Gerüchte und Anwendung von Schlagwörtern und beweisunfähigen Verleumdungen, den gewöhnlichen Kampfmittel der sogenannten *Braven*, der wahren Humanität und ihren Vorkämpfern schaden wollte.«[715] Graf Taaffe hatte vermutlich keine große Freude mit Rudolfs Briefen.

Rudolf konnte und wollte nie verstehen, daß humanitäre Organisationen unter Interessenskonflikten politischer und konfessioneller Natur zu leiden oder aufgrund seines Engagements mit Problemen zu kämpfen hatten: »Wie ein Verein, der rein humane Zwecke, die Linderung der nothleidenden Menschheit, verfolgt, und nebstdem unter meinen Protektorate steht, auch staatsgefährliche Intentionen in sich schließen kann, das ist mir nicht ganz klar, doch wie wir sehen, kann man auch den größten Unsinn wirksam verwerthen!«[716]

Da sich die von Rudolf so heftig angegriffenen Personen nicht direkt gegen den Kronprinzen zur Wehr setzen konnten, versuchten sie es mit der Ausstreuung von Gerüchten und Anwürfen, die sich in Wien rasch verbreiteten: »Aber es reichte schon aus, Leben und Tun des *Unberechenbaren*, wie man ihn augenzwinkernd nannte, bis zur mindesten Kleinigkeit zu kontrollieren ... und zielbewußt übertriebene Schilderungen zu verbreiten, die, ständig wachsend und ausgeschmückt, schließlich in monströsester Gestalt bei den Caféhauskellnern und Friseuren landeten, bei den Pferdetränkern und Wagenwäschern der Fiaker, den *Wasserern*, endlich bei den Maroniweibern ...«[717] Menschen, die Rudolf wirklich kannten, hatten sich nie in dieser Weise ausgesprochen.

Die Überwachung

Kronprinz Rudolf fühlte sich Zeit seines Lebens überwacht. Nicht zu Unrecht äußerte er diese Bedenken immer wieder. So schrieb er an Wilhelm Reinländer im Oktober 1880 aus Brüssel: »Wenn sie dieselbe [eine Relation über preußische Manöver] nicht dringend benöthigen, würde ich eher rathen, daß ich Ihnen das Elaborat erst dann zusende, wenn ich wieder auf oesterreichischem Boden bin; denn meine Briefe und besonders so große Paquett's werden überall und vornehmlich in Deutschland eröffnet. Wenn es Ihnen so recht ist, würde mein Secretär, der am 30ten October in Buda-Pest zu thun hat, zu Ihnen kom̄en und es Ihnen übergeben, außerdem werde ich so frei sein, zugleich meine Bemerkungen über die Maneuvers Ihnen zu übersenden. Ich bitte aber dieselben niemand anderem zu zeigen, da sie auf Befehl Seiner Majestät verfaßt und nur Ihm unterbreitet werden.«[718] Diese Aussage Rudolfs nimmt nicht Wunder, da er als Liberaler und Gegner der preußischen Politik bekannt war.

Der Kronprinz war Anfang 1881 zur Vermählung von Prinz Wilhelm von Preußen eingeladen, wußte aber aufgrund der Unreife Stephanies nicht, wann seine eigene Hochzeit stattfinden sollte. Daher informierte er Graf Széchényi, den Botschafter des Kaisers in Berlin, über seine Absichten bezüglich einer Absage: »Der Kaiser erwartet sich, daß ich es unter den für mich jetzt nicht eben sehr günstigen Umständen, vorziehen werde, nicht in Berlin zu erscheinen und befahl mir in diesem Falle, dem Prinz Wilhelm in einem vertraulichen Briefe, die Gründe mitzutheilen, die mich abhalten, zu einem Feste zu reisen, deßen Zeuge ich sonst sehr gerne gewesen wäre. Da ich diesen Brief der Post nicht anvertrauen will, benütze ich die heutige Abreise des Ministerial-Concipisten v. Zdekauer, der mir zu lieb seine Route über Berlin nim̄t, um Ihnen, lieber Graf, den beiliegenden Brief an Prinz Wilhelm, zu übersenden, mit der Bitte, denselben dem Prinzen gleich zustellen zu laßen.«[719]

In vielen seiner Briefe äußert sich Rudolf über seine Befürchtungen: »Gar manches könnte ich auch über einzelne Personen mittheilen doch wage ich es nicht gerade die interessanten Dinge der Post anzuvertrauen ...«[720] An Szeps schrieb der Kronprinz: »Was ich Ihnen mittheilen möchte, läßt sich beßer mündlich sagen; von hier aus will ich es denn doch lieber nicht schreiben.«[721] Solche Phrasen verwendete Rudolf immer wieder, wenn er seinen Korrespondenzpartnern andeuten wollte, daß seine Post und alle seine Bewegungen überwacht wurden. Selbst Botschaften, die er auf Befehl des Kaisers weiterleiten ließ, mußten chiffriert werden: »Lieber Baron! Auf Befehl S. M. des Kaisers übersende ich Ihnen beiliegendes Telegramm, mit der Bitte dasselbe in Chiffre an Graf Chotek abgehen zu lassen.«[722]

Besonders heikel war natürlich Rudolfs journalistische Tätigkeit. Als der Kronprinz Szeps kennenlernte und mit ihm zusammenarbeiten wollte, warnte er diesen immer wieder, daß seine Arbeiten nicht erkennbar sein dürften: »Meinem Versprechen gemäss übersende ich Ihnen eine kleine Brochure, den Spiritismus besprechend, die aus meiner Feder stammt. Vielleicht unterhält es Sie etwas in dieser unbedeutenden Schrift herumzublättern, und wenn es Ihnen für zweckmässig erscheint einmal in Ihrem Blatte einen Artikel über den jetzt abermals auftauchenden Geistercultus erscheinen zu lassen, so bin ich zwar vollkom̄en einverstanden mit der Benützung meiner bescheidenen Arbeit, nur muss ich Sie bitten meine Autorenschaft als strenges Geheimnis zu bewahren und auch die Brochure nur bruchstückweise und mit verändertem Style zu verwenden, denn sonst könnte ich erkannt werden, was mir gewiss Unannehmlichkeiten bereiten würde.«[723] Und knapp zwei Monate später gab Rudolf Szeps Informationen für sein Blatt, mit einer ähnlichen Warnung: »Da es Sie vielleicht unterhält eine Notiz zu erst in Ihrem Blatte zu veröffentlichen, bevor es die Anderen haben; theile ich Ihnen betreffs der Taufe des jungen preussischen Prinzen mit, daß unser Kaiser, so wie auch ich Taufpathen sind; ich am 11ten früh dort eintreffen muss, um den Kaiser und zugleich mich da in diesen Gevatter-Functionen feierlich zu vertreten ... Ich bitte das Alles zu verwenden, doch in einer Weise, die nicht den geringsten Verdacht auf mich wirft; vielleicht als Berliner Nachricht. Würde man wissen, daß diese Notiz von mir stammt, würde es für mich eine lange Reihe von Unannehmlichkeiten herbeiführen.«[724]

Wenn Rudolf nicht in Wien war und Szeps etwas von ihm veröffentlichen sollte, verständigten sie sich mit folgender Formel: »Wir haben hier schönes Wetter« bedeutete, daß Szeps die Nachricht ohne weiteres in seiner Zeitung bringen konnte. Bei »schlechtem Wetter« mußte er die Notiz aufschieben.[725]

Auf Schritt und Tritt wurde Rudolf beobachtet, sein Umgang überwacht und alle seine Bewegungen registriert. Auch das Ausland hatte zu diesem Behufe seine Agenten und Konfidenten in Wien: »In Berlin war Szeps bei mir und erzählte viel über Paris. Einige weniger wichtige Sachen erzählte ich dem Prinzen Wilhelm; als ich ihm sagte, daß ein Herr bei mir war, den ich aus Wien kenne und der jetzt aus Frankreich kommt, frug er gleich: *Nicht wahr, Szeps?* worauf ich antwortete: *Woher kennst Du diesen Namen?*, worauf er erwiderte: *Wir bekommen durch die Berichte unserer Botschaft in Wien immer Nachricht, so oft Szeps bei Dir oder bei Szögyeny war, und auch, wenn Szögyeny Dich besucht.* Es wäre interessant zu wissen, durch wen sie so gut auf uns aufpassen.«[726] Angeblich hatte Rudolf mit dieser Anfrage nicht den rechten Adressaten erwischt, da die deutsche Botschaft in Wien von Szögyényi über die Schritte des Kronprinzen informiert worden sein soll.

Auch Moritz Szeps war von der Überwachung des Kronprinzen unterrichtet. Rudolf äußerte sich häufig diesbezüglich ihm gegenüber: »Man ist sehr aufmerksam und mißtrauisch mir gegenüber und ich sehe von Tag zu Tag mehr, mit welch engem Kreis von Spionage, Denunziation und Überwachung ich umgeben bin ... Anonyme Briefe an mich mit Denunziation der Herren, mit denen ich im Verkehr stehe, Warnungen, Jammerrufe der Gutgesinnten und Frommen, und ganz offene Anklagen, Hetzereien und Denunziationen über und gegen mich an sehr hoher Stelle – das habe ich schon alles durchgemacht.«[727] In den Unterlagen von

Szeps fand Szápáry, der für Mitis recherchierte, folgenden Vermerk, den er Mitis mitteilte: »Eine einzige der [von Szeps] geschilderten Unterredungen aus den späteren Jahren vollzieht sich unter aufgeregten Formen, wobei sich der Kronprinz als verfolgt bezeichnete, und unter anderem anführte, daß man ihm den *Eintritt in den Freimaurer-Orden* – wie er oder Herr Szeps es ausdrückt – vorwerfe, was der Kronprinz unter Berufung auf seinen Eid und die Pflichten eines Offiziers *a limine* von sich wies.«[728] Manchmal wagte es Rudolf nicht einmal, einen Brief an Szeps mit seinem Namen zu unterzeichnen: »Diesen Brief sende ich auf eine andere Art als sonst durch Nehammer; darum halte ich es für besser, mich heute nicht zu unterschreiben; ich habe guten Grund, mich für recht bewacht zu halten; ein kleiner Zwischenfall mit Futtaky, für ihn und mich unbequem, hat es mir vor wenigen Tagen bewiesen.«[729]

Rudolf sah nur zu deutlich die Unzulänglichkeiten und Mißstände, die ihn umgaben – auch beim Militär. Allerdings mußte er bei diesbezüglichen Äußerungen sehr vorsichtig sein: »Ich bin jetzt mit meiner Division fix & fertig und könnte wann immer mit voller Berechtigung aus marschiren. Die 3jährige Dienstzeit ist bei der Infanterie ganz unnöthig, nur hat niemand die Courage dies auszusprechen! Wenn Sie über diese Angelegenheit noch Daten haben wollen, so kann ich Sie Ihnen einmal *mündlich* geben.«[730] Als Mitglied der Armee hatte Rudolf zahlreiche Vorgesetzte – was er oft beklagte – und mußte den Befehlen gehorchen.

Immer wieder finden sich Briefe, in denen der Kronprinz bedauert, nicht das schreiben zu können, was er eigentlich möchte: »... und es ist besser, alles was ich schreiben wollte mit Ihnen mündlich zu besprechen.«[731] Immer wieder verbrannte er Schriftstücke, da er sich offenbar im Kreise seiner Bediensteten nicht sicher fühlte: »Seien Sie bitte so nett, diesen Brief gleich, aber nicht durch die Post, nach Berlin zu schicken. Wenn ich zurückkomme, werde ich Ihnen sagen, was ich mit Erlaubnis des Kaisers nach Berlin geschrieben habe. Die Telegramme habe ich bekommen und noch heute verbrannt.«[732] Besonders vorsichtig war Rudolf bei Angelegenheiten, die den Kaiser oder Graf Taaffe betrafen. Solche Fälle scheute er sich der Post anzuvertrauen. So teilte er Szeps Anfang 1885 mit: »Die alten Freunde des Cabinets Taaffe werden immer mehr und mehr Centralisten und im Ministerium des Äußern giebt sich auch eine starke anti-federalistische Stim̄ung kund. Der Kaiser soll desgleichen mit dem Statthalter Zalesky sehr ungnädig gewesen sein, und kleine Ursachen – große Wirkungen, eine Geschichte mit einem Tronne & Baldachin am Polenball kann noch viel nach sich ziehen, doch diese Sache ist zu lang und zu heikel um sie der Post anzuvertrauen, sobald Sie wieder Lust fühlen mich zu besuchen, werde ich Ihnen das Alles erzählen.«[733]

Graf Taaffe ließ nicht nur Rudolf ständig überwachen, sondern auch die anderen Mitglieder der kaiserlichen Familie: »Einige Papiere, die intime Berichte über das Privatleben der Erzherzöge am Wiener Hof enthielten, seien damals von Graf Taaffe an sich genommen worden, damit sie nicht an die Öffentlichkeit gelängen.«[734] Diese strenge Überwachung mutet im Hinblick auf die Tatenlosigkeit und Passivität Taaffes in der Mayerling-Affäre – nach den Anzeigen durch Baronin Vetsera und Gräfin Larisch – sehr eigenartig an. Der Ministerpräsident war gemeinsam mit Erzherzog Albrecht, Kabinettsdirektor Alfred von Braun und dem Generalstabschef Friedrich Graf Beck Mitglied des sogenannten *Eisernen Rings*; alle vier waren erklärte Gegner Rudolfs und seiner Ideen. Daß Graf Taaffe die sich auf Mayerling beziehenden Aktenstücke an sich nahm, deutet darauf hin, daß sowohl er als auch die drei anderen Personen eng mit den Ereignissen in Mayerling in Verbindung standen.[735] Die Brisanz der Papiere unterstreicht eine Aussage der Witwe Heinrich Taaffes, Aglaja, anläßlich der Versteigerung des Taaffe-Archivs von Schloß Ellischau: »Mein Mann hütete die Kronprinzenakten als das heiligste Geheimnis seines Lebens. Ich glaube, daß mein Mann vor seinem Tode diese Dokumente vernichtet hat. Zu der Vernichtung hatte er sich entschlossen, weil er der Ansicht war, daß die Dokumente nie in die Öffentlichkeit dringen dürften, wenn er das Vertrauen, das der Kaiser in seinen Vater gesetzt hat, nicht enttäuschen wollte.«[736] Vermutlich hatte der Graf die Verbrennung nur vorgeschützt, um nicht ständig den Fragen von Historikern und Journalisten ausgesetzt zu sein.

Kronprinz Rudolf besaß eine schwarze Ledermappe, in der sich seine Chiffriereinrichtung befand. Darin findet man eine mit verschiedenen Mustern gestanzte Messingplatte, mit der der Kronprinz gemeinsam mit den dazugehörigen Buchstabentabellen Nachrichten ver- und entschlüsseln konnte. Rudolf hatte auch eine Anleitung für das System handschriftlich verfaßt: »I. Im̄er der eingedrückte Buchstabe gilt. II. Kleines Telegram̄ 48 Buchstaben. Großes Telegram̄ 224 Buchstaben. III. Statt ä und ö = schreibe e, statt ü = schreibe i. y zum Ausfüllen. IV. Die Drehung der Scheibe imer von rechts nach links. R.«[737] Neben dieser Chiffriereinrichtung verwendete Rudolf in seinen Briefen und Depeschen Codewörter, z. B. *Complimente* für *Beschimpfungen*. Mit folgenden Wörtern versuchte der Kronprinz in seinen schriftlichen Botschaften sich der Überwachung zu entziehen:[738]

Reichsrath heisst in der Depesche	*Getreidemarkt*	*Erzherzog heisst*	*Joseph*
Rechte	*Provinzkäufer*	*Verhaftung*	*Verheirathung*
Linke	*Arrangeure*	*Auslieferung*	*Verlobung*
Deutschnationale	*Beistaende*	*Kronprinz Rudolf*	*General*
Regierung	*Schiedsgericht der Boerse*	*Kaiser*	*Führer*

Rudolf und die Presse

»Du hast sehr recht, zu verlangen, daß der Name des Autors nicht in die Öffentlichkeit trete. Ein junger Prinz, am allerwenigsten ein Kronprinz, darf nicht als Zeitungskorrespondent figuriren. Der Nimbus geht nur zu leicht verloren, u. es gibt nicht zudringlicheres u. arroganteres, korrupteres, als unsere Journalistiker...«[739] Diese Belehrung, die Erzherzog Albrecht dem jungen Rudolf gab, als dieser sich journalistisch betätigte, spiegelt die Ansicht des Kaisers und der Mitglieder der Familie Habsburg wider und zeigt deutlich die abfällige Meinung, die man der Presse entgegenbrachte. Seit der Abschaffung der strengen Zensur fürchtete der Hof die Zeitungsleute, obwohl man vom Recht auf Konfiskation der Blätter reichlich Gebrauch machte.

Aufgrund seiner modernen Ansichten war Rudolf die Bedeutung der Presse bewusst. Er schätzte sie nicht nur als Vermittlerin von Informationen, die er auf anderem Wege nicht bekam, sondern auch als Sprachrohr für eigene Anliegen und politische Ansichten, die er nicht artikulieren konnte oder durfte, und die er in anonymen Artikeln formulierte. Überdies spielte er den Blättern immer wieder Kopien von Briefen und Dokumenten zu, von denen er meinte, daß deren Inhalt an die Öffentlichkeit gehörte. Deshalb beschritt Rudolf mit seinen engeren und oft freundschaftlichen Kontakten zu Presseleuten wie Moritz Szeps einen heiklen Weg. Die Begegnung mit ihm dürfte Professor Menger zwischen 1880 und 1882 eingefädelt haben.[740] Als Moritz Szeps 1886 sein eigenes Blatt gründete[741], wurde eine Nummer der nicht ganz einen Monat alten Zeitung konfisziert, was den Kronprinzen dazu veranlasste, Szeps zu gratulieren: »Mein Compliment zur ersten Confiscirung des neuen Blattes.«[742]

Im Gegensatz zum offiziellen Hof hatte Rudolf der Presse gegenüber eine sehr moderne Einstellung. Er schätzte sie als Instrument zur Verbreitung von Nachrichten, als Sprachrohr seiner Ansichten, die er als Kronprinz nicht offen äußern konnte, aber auch als spitze Klinge gegen politische Gegner. Bereits als Achtjähriger hatte Rudolf den liberalen Journalisten Max Falk kennengelernt.[743] Von Leuten wie Moritz Szeps erhielt der Kronprinz, der absichtlich von allen wichtigen Vorgängen in der Monarchie ferngehalten wurde, immer wieder wichtige politische Informationen.

Allerdings mußte Kronprinz Rudolf zur Kenntnis nehmen, daß auch er trotz seiner guten Kontakte zu Journalisten im Kreuzfeuer der Kritik von Zeitungen stand. Ende des Jahres 1880 war der Thronerbe Gegenstand von Artikeln, die die Ausstattung seiner Appartements im Prager Hradschin aufs Korn nahmen. Dem Doyen der Familie, Erzherzog Albrecht, den er damals noch respektierte, aber auch fürchtete, schrieb Rudolf empört: »Du wirst von den unglaublichen Zeitungsartikeln gehört haben, welche über meine Ausstattung, wie sie sagen, das heißt die bescheidene Einrichtung meines Zim̄ers am Hradšin handeln. Meine Wohnung in Wien, welche selbst durch ein neues Appartement für Stephanie vergrößert wurde; ist ganz und gar mit oesterreichischen Stoffen und von oesterreichischen Industriellen eingerichtet worden, wie sich das auch gehört, um die heimische Industrie zu unterstützen ...«[744]

Moritz Jókai

Die Berichte der Journalisten waren in der Tat ziemlich deutlich. Im *Neuen Wiener Tagblatt* erschien ein zynischer Artikel bezüglich der Einrichtung des neuen Hausstandes des Kronprinzenpaares: »Das Brautpaar eilt in glückseliger Geschäftigkeit von Laden zu Laden ... So ein bürgerliches Brautpaar wird, wenn es alle die Sachen und Sächelchen selbst zusammenträgt, die zu einer *Wirthschaft* gehören, gerne den Nachbar Tischler und Gevatter Tapezierer und den Leinwandhändler aus der Freundschaft aufsuchen ... Man weiß, daß die bürgerlichen Kreise unserer Stadt durch die Nachrichten, daß ein beträchtlicher Theil der Einrichtung für unser kronprinzliches Brautpaar aus der Fremde bezogen wird, in schmerzliche Bewegung versetzt worden sind. Es ist unerläßlich, über diese Erscheinung offen zu sprechen ... Wird nicht der reiche Russe, der vornehme walachische Bojar, der kritische Engländer, die aus Wien, aus Oesterreich Möbel und Hausrathsgegenstände aller Art bezogen haben, förmlich darauf hingewiesen, sie sollen in Zukunft sich nach Paris oder doch an französische Händler wenden ... Und unser heimischer Adel ... wird der nicht ebenso dem von der Hofstelle gegebenen Beispiele folgen, wie es auch jene gewissen *Bürgerlichen* thun werden, die dem Adel nachäffen? ... denn bürgerliche Interessen liegen nicht im Gesichtskreise von Hofstellen und Hofämtern, sie sind ihnen fremd ... Aber *politische* Erwägungen hätte man doch schließlich erwarten können. Es ist das keine *private* Angelegenheit, um die es sich hier handelt.«[745] Hier handelte es sich bloß um die Einrichtung der privaten Appartements des Kronprinzen! Wäre die Presse nicht ebenso hart mit ihm ins Gericht gegangen, wenn sich der Kronprinz Eskapaden erlaubt hätte, die seine Stellung betrafen? Doch schon am 10. Dezember 1880 lenkte die Presse ein – »Die Einrichtung der Wohnung des kronprinzlichen Paares auf dem Hradschin in Prag wurde dem hiesigen Tapezierer August Portois um den Betrag von 120.000 fl übergeben ... Überdies wurde Herr Portois angewiesen, sich bei allen Anschaffungen an hiesige Firmen zu wenden.«[746]

Die *Elektrische Ausstellung*, die der Kronprinz förderte und eröffnete, brachte wieder Verdruß mit dem Adel; überdies hatte Rudolf Szeps seine Eröffnungsrede zur Vervielfältigung gegeben, was Erzherzog Albrecht in keinster Weise goutierte: »Lieber Szeps! ... Graf Taaffe kom̄t morgen früh hier an; er wollte nicht bei der Eröffnung sein; vom Adel war niemand da; wollen Sie darüber ein Feuilleton? Ich bin bereit; liesse sich unterhaltend wiedergeben. Erzh. Albrecht verzog das Gesicht auf das entsetzlichste, als ich mit Ihnen sprach und als er die Vervielfältigung der Rede in den Händen des Tagblatt sah, gleich darauf liess er sich in ein sehr langes und aufgeregt geführtes Gespräch mit Dr. Pražak ein; vielleicht brüten sie wieder Rache!«[747]

Rudolf setzte die Presse in seinem eigenen Interesse ein und wollte immer wieder darauf hinweisen, daß er und seine Frau im Gegensatz zu zahlreichen Erzherzögen *arbeiteten*: »Bei uns werden von Seite des Hofes zu wenig Anstalten & Fabriksetablissements etc. etc. angesehen und man beschäftigt sich in hohen Kreisen wenig mit dergleichen Dingen. In Preussen & England geschieht viel mehr und was gethan wird, erhält dort auch in journalistischem Wege den gehörigen erläuternden Text. In einer Zeit, wie es die jetzige ist, müssen Mitglieder von Dynastien sich viel zeigen und viel arbeiten, um die Existenzberechtigung zu beweisen. Aus diesem Anlasse wollen meine Frau & ich in diesem Winter viele Etablissments, Schulen & Fabriken besuchen, ausserdem habe ich ja meine grosse militärische Thätigkeit, die mir sehr viel zu thun giebt; es giebt ja auch andere Erzherzoge, die viel, oft mehr als Prinzen in anderen Ländern, arbeiten, nur erfahrt es bei uns niemand, Dank dem unheilvollen Grundsatz jede Fühlung mit der Presse ängstlich vermeiden zu müssen. Es wäre gut, wenn die Leute durch Ihr Blatt erfahren würden, was meine Frau & ich immer thun; damit man uns nicht auch für unnütze Schmarotzer halte.«[748]

Offenbar traf Szeps mit seinen Notizen genau das, was sich der Kronprinz wünschte, denn bereits fünf Tage später schrieb ihm Rudolf: »Was die Berichterstattung betrifft, haben Sie ganz meine Wünsche errathen.«[749] Dieser ersten Öffentlichkeitsoffensive stand jedoch eine plötzliche Erkrankung der Kronprinzessin im Wege. Rudolf fürchtete offenbar, daß seine intensive Anstregung vom Publikum nicht ernst genommen würde, wenn sie so bald abgebrochen wurde. Deshalb bat er Szeps: »Sehr dankbar wäre ich, wenn Sie in Ihrem Blatt eine Notiz über die Erkrankung meiner Frau an Varicellen aufnehmen würden.«[750]

Rudolf versuchte häufig die Macht der Presse zu seinen Gunsten einzusetzen. Vor allem war es ihm ein Anliegen, dem Image entgegenzutreten, das den meisten Erzherzögen anhaftete – nämlich daß sie zu wenig »Öffentlichkeitsarbeit« leisteten, wie man heute sagen würde: »Vielleicht könnten Sie eine Notiz bringen über die vielen Déjeuners, die ich jetzt bei den Regimentern in ihren Officiersmenagen mitmachte. Ich will mich jetzt viel mit den Regimentern hier beschäftigen und es ist gut, wenn man die Zusamengehörigkeit zwischen mir und den hiesigen Officierscorps prononcirt. Das ist ja hoffentlich nicht confiscirbar.«[751] Durch diesen Brief war Szeps offenbar neugierig geworden und wollte dazu vom Kronprinzen nähere Informationen haben: »Was Sie über die Officiersmenagen zu wissen wünschen lässt sich in einigen Worten zusamenfassen: Es sind sehr hübsche und anständig eingerichtete Officierscasinos, die jedes Regiment für sich hat; fast alle haben das Geschirr in den Regimentsfarben. Das Menu bei diesen Dejeuners ist einfach, 2 bis 3 Speisen, sehr gut gekocht, auch mehr Hausmanns-kost; servirt wird durch eigens dazu bestimmte Leute aus dem Mannschaftsstande.«[752]

Obwohl Rudolf sich nicht freiwillig so intensiv der österreichisch-ungarischen Armee widmete, hatte er durch seine Arbeit und seine intensiven Kontakte immer die Ehre und Stärke der Armee vor Augen. Das Trauma von 1866 hatte der Kronprinz in seiner vollen Tragweite miterlebt, was seine Abneigung gegen alles *Preußische* bis an sein Lebensende stark prägte. Jeder Angriff auf die Armee ärgerte ihn persönlich, und er wandte sich um Abhilfe an die Presse: »Die Ungarn haben in der Hentzi-Affäre einen großen Blödsinn begangen; denn keine Nation der Monarchie braucht so nothwendig eine starke Armee als eben die Ungarn, die nur so lange in mitten des Ansturmes der anderen Völker bestehen können, als Oesterrreich und deßen Heer ungeschwächt dastehen. In militärischen Kreisen ist die Erbitterung gegen Tisza eine coloßale. Sie würden in den Reihen der Armee wahren Enthusiasmus erwecken, wenn sie einen Artikel bringen würden, der das Unsinnige der Ungarn und das Abhängen eben von dieser Armee in kräftigen Worten ausdrücken würden. Und für die Ungarn wäre es eine gute Lection, wenn gerade ein liberales Blatt ihnen den Standpunkt klar legt.«[753] Generalmajor Hentzi war bei der Verteidigung der Ofener Burg 1849 gefallen. An seinem Grab wurde von einem General der k.u.k. Armee 1886 ein Kranz niedergelegt, worauf in seiner Wohnung die Fenster eingeschlagen wurden. Tisza verurteilte die Kranzniederlegung im Reichsrat, sprach über den nächtlichen Übergriff jedoch kein Wort, was den Kronprinzen aufs höchste erzürnte.

Mußte der Kronprinz einen Termin absagen, wandte er sich ebenfalls an die Presse. Er wollte eine offizielle Meldung lieber als eine Absage seitens des Hofs, weil er die Gefühle der Leute nicht verletzten wollte. Als er zum Beispiel mit Stephanie sein Erscheinen beim Industriellenball zugesagt hatte, wegen einer Erkrankung seiner Frau jedoch nicht gehen wollte, wandte er sich an Menger: »Wie Sie wißen, hatte ich die Absicht zum Industriellen-Ball nach Wien zu kom̄en. Nun war meine Frau durch einige Tage hindurch leidend, und mußte sogar das Bett hüten; die Reise nach Wien und alle Verkühlungsgelegenheiten, die uns dort erwarten, scheinen mir für sie nicht geeignet und so kann ich sie nicht reisen laßen, will auch nicht von ihr weg und beschloß daher meinen Ausflug nach Wien für dießmal aufzugeben. Nun fürchte ich, wird unser Nicht-erscheinen am Industriellen-Ball, wo man uns erwartet, böses Blut machen. Könnten Sie nicht vielleicht eine Notiz im Tagblatt einfließen, welche sagt: unser Erscheinen am Industriellen Ball sei von mir schon zugesagt gewesen, doch seien ein Unwohlsein meiner Frau, eine leichte Halsentzündung und das Verbot des Arztes gleich darauf zu reisen die einzigen Gründe unseres Fernbleibens. Damit ist alles gut gemacht; nur dürfte diese Notiz nicht quasi von mir selbst inspirirt erscheinen.«[754]

Auch mit ungarischen Presseleuten hatte der Kronprinz engen Kontakt. So zählte auch Julius Futtaki zu seinen Freunden.

Als Rudolf 1884 in den Geruch des Antisemitismus kam, meinte er, der sich über die Macht der Presse völlig im Klaren war: »Was die bewusste Antisemiten-Angelegenheit betrifft, habe ich reiflich darüber nachgedacht und halte jedwede directe Gegenmassregel von meiner Seite für inopportun. – Wer sich entschuldigt, beschuldigt sich! Die gebildeten Classen kennen mich und meine Ansichten und die unteren Schichten würden in einem feierlichen Dementi nur eine Bestärkung ihrer Ansicht sehen ... Falls Sie es aber für gut finden, einen Artikel in ein Pester Journal einrücken zu lassen, der zwar nicht im Geringsten meine geringste Kenntnissnahme der Sache verrathend, doch hinweisen würde auf die Richtung meiner politischen Ansichten, Bildung, Studien etc.etc. und daraus die Lächerlichkeit deduciren würde mich als Antisemiten auszuspielen, bitte ich Sie dies zu thun.«[755] Immer wieder benutzte der Kronprinz die Presse, um positive Propaganda für sich und seine Gemahlin zu machen.

Allerdings stand die regierungstreue Presse dem Kronprinzenpaar sehr kritisch gegenüber. Die Absage eines offiziellen Termins oder eines Balls wurde sofort als Anlaß zur Kritik genommen. Dies bot dem Kronprinzen Gelegenheit, sich bei Graf Taaffe zu beschweren, was dem Ministerpräsidenten wegen Rudolfs scharfer Klinge überaus unangenehm gewesen sein muß: »Bei meiner heute nachmittag erfolgten Ankunft in Prag übergab mir meine Frau beiliegende Zeitungsausschnitte. Die beiden Telegramme, die uns betreffen, sind an den Stellen, über die wir stark erstaunen, rot unterstrichen. Beides sind Regierungsblätter; die alte Presse ist, wie es heißt, vollkommen in der Hand der jeweiligen Regierung, durch ein wohlverfaßtes Schriftstück[756]; ob dies wahr ist oder nicht, ist mir auch ganz gleichgültig. Nicht gleichgültig sind meiner Frau und mir diese Korrespondenzbureau-Telegramme. Entweder geben sie den Anlaß zu unangenehmen und nicht begründeten Vermuthungen, oder kehren sie die Spitze direkt gegen uns, das heißt gegen meine Frau, die, trotzdem vollkommen wohl, zum Hofball nach Wien nicht erscheint. Das soll böses Blut machen! Diese Nachrichten bringen Blätter, die unter so bewährter Aufsicht stehen, und eigenthümlicherweise eine doch so unangenehme Notiz in einem Momente, wo gegen einen anderen Teil unserer Presse nie dagewesene Mittel in Anwendung kommen.«[757] Mit seiner Kritik an der »offiziellen Presse«, mit der es sich Taaffe offenbar »gerichtet hatte« und die selbst das Kronprinzenpaar ohne Angst vor Konfiskation angreifen durfte, setzte Rudolf die Vorgangsweise der Regierung verfassungstreuen und liberalen Blättern gegenüber in starken Kontrast.

In politischer Hinsicht verließ sich Rudolf ebenfalls oft auf seine Kontakte mit der Presse, da er seine Meinung nicht direkt äußern konnte: »Lieber Szeps! ... Sie sollten einen Artikel über die Stellung zu Rumänien bringen; die Schande uns dergleichen von dem ungezogenen Carol anthun zu lassen, ist zu groß; zugleich könnte Kálnoky einen Hieb bekom̄en und das Publikum aufmerksam gemacht werden, auf diese elend schwache Politik, den kleinen Orientstaaten gegenüber.«[758]

Kronprinz Rudolf bemühte sich sehr, den von Theodor Billroth mit allen Kräften unterstützten *Krankenwärterinnen-Verein* zu fördern und ihm zu einer offiziellen Stellung zu verhelfen. Er hatte dabei mit großen Vorurteilen seitens der »guten Gesellschaft« zu kämpfen, denn Adel und klerikale Kreise bevorzugten das *Rote Kreuz*, das nach Rudolfs Ansicht »zu Parteizwecken benützt« wurde.[759] Es war dem Kronprinzen klar, daß in einer solchen Angelegenheit die Presse eine wichtige Rolle spielte: »Betreffs der angeregten Frage, ob und wer von der Journalistik in den Verein aufgenom̄en werden soll, stimme ich vor Allem vollkom̄en mit der Ansicht Wilczek's überein. Die Presse muss heutzutage bei grossen Unternehmungen stets beigezogen werden. Als Freundin ist sie eine grosse, starke Bundesgenossin, als Feindin kann sie, indem sie ja doch bei den meisten Menschen die öffentliche Meinung fabrizirt, einen sehr gefährlichen Krieg führen ... Was Herrn Nordmann betrifft bin ich mit dieser Wahl sehr einverstanden ... die Neue Freie Presse ist ein in reichen liberalen Kreisen ... sehr geachtetes Blatt ... Herr Szeps des *Tagblatts* wäre was seine Rührigkeit betrifft ebenfalls sehr geeignet; auch kenne ich ihn, – nur würde uns die Wahl dieses geistreichen, aber sehr sarcastischen und in den Regierungskreisen sehr übel angeschriebenen Mannes, mehr schaden als nützen.«[760]

Ständig befürchtete Kronprinz Rudolf eine Aufdeckung seiner eigenen journalistischen Tätigkeit. Besonders wenn vor der offiziellen Bekanntgabe eines Ereignisses durch den Hof oder ein Ministerium Pressemeldungen erschienen, hatte Rudolf Angst, für Indiskretion und die Weitergabe von Vertraulichem verantwortlich gemacht zu werden. Moritz Szeps schrieb Rudolfs Texte vor dem Setzen ab, da die Handschrift des Kronprinzen zu bekannt war. Doch nicht immer gingen solche Meldungen auf Rudolf zurück. An Szögyényi schrieb er verwundert: »Vielleicht haben Sie auch bemerkt, daß im Blatt des Szeps die allerneuesten und sichersten Nachrichten, vornehmlich der allerjüngsten Zeit, früher erscheinen, als in den anderen Wiener Blättern. Auch heute wird das *Pferdeausfuhrverbot* als ganz neue Nachricht durch Szeps allein gebracht. Ich fürchte schon, daß die Herren am Ballplatz glauben, daß Szeps durch mich so gut informirt wird; seitdem ich aus Abbazia zurückgekehrt bin, habe ich weder Szeps noch Frischauer getroffen und war in gar keiner Verbindung mit ihnen.«[761] Oder ist dieser Brief Rudolfs an Szögyényi als *Irreführung* anzusehen?

Rudolfs Abneigung gegen Kaiser Wilhelm II. war weder ein Geheimnis noch zu übersehen. Schon im August 1888 gab der Kronprinz sein Urteil über den neuen deutschen Kaiser unverblümt an Szeps weiter: »Wilhelm II. macht sich; er dürfte bald eine große Confusion im alten Europa anrichten, dieses Gefühl habe ich auch; er ist ganz der Mann dazu. Von gottbegnadeter Beschränktheit, dabei energisch und eigensinnig wie ein Stier, sich selbst für das größte Genie haltend, was will man mehr; – er dürfte im Laufe weniger Jahre das hohenzollerische Deutschland auf den Standpunkt bringen, den es verdient.«[762] Als der deutsche Kaiser auf Besuch nach Wien kam, mußte Außenminister Kálnoky Franz Joseph Anfang September mit einigen peinlichen Wünschen Wilhelms konfrontieren: »Gegen den englischen Hof I: namentlich gegen den Prinzen von Wales persönlich :I äußerte sich der Kaiser mit großer Gereiztheit ... Aus den Fragen des Herrn Botschafters [Reuss] konnte ich entnehmen, daß er sich versichern wollte, ob der englische Thronfolger nicht etwa am kaiserlichen Hofe oder bei den kaiserlichen Jagden anwesend sein würde, wenn der Kaiser nach kommt.«[763] Die Photos, die die beiden miteinander nicht gerade sympathisierenden Thronerben zeigen, sprechen Bände. Als Wilhelm jedoch 1888 Kaiser wurde, konnte er über die Regierung in Wien den ihm unsympathischen, aber in der Zukunft wichtigen Kronprinzen zu einer *Harmonie* drängen, wie sie nie bestand: »Fürst Bismarck frug wiederholt den Prinzen Reuss, ob Kronprinz Rudolf diesmal die Jagden in Neuberg mitmachen werde, und erwähnte ausdrücklich, welch großen Werth er darauf lege, daß die freundschaftlichen Beziehungen zwischen seinem kaiserlichen Herrrn und unserem Kronprinzen möglichst gepflegt und wahr erhalten werden.«[764]

Im Herbst des Jahres 1888 schoß sich die Berliner Presse auf den Kronprinzen ein. So wurde ihm seine große Abneigung gegen die Preußen zum Vorwurf gemacht: »Deutschfeindliches aus Österreich. Seitdem es bekannt ist, daß eine sehr hohe Person – im Gegensatz zum Kaiser Franz Joseph – eine von Haß und Neid gespeiste geradezu krankhafte Abneigung gegen den Deutschen Kaiser bekundet, glaubt eine gewisse Gattung industriöser Journalisten in Wien ... ein gutes Geschäft machen zu können ... In einer Verherrlichung des Kronprinzen Rudolf von Österreich berichtete dieser Tage der Pariser *Figaro* aus Wien, wie die Gestalt des Kronprinzen Rudolf sich seit einiger Zeit in Umrissen abhebe, welche allerseits Aufmerksamkeit und Sympathie wachrufen. Von ihm und mit ihm erwarte sich das österreichische Volk etwas ganz Außerordentliches. Noch sei er fern vom Throne, aber ein Faktor, mit dem man zu rechnen liebe ... Das Preußentum ist den europäischen Völkern niemals sympathisch gewesen …«[765] Was hatte der *Figaro* geschrieben, das die Berliner Presse aufbrachte? In Österreich-Ungarn wurde der *Figaro* sehr positiv kommentiert, bevor die Berliner sich aufregten: »Niemand wisse wie er das richtige Wort zu finden, um zu den Massen zu sprechen; Niemand habe anfeuerndere Gesten bei dem Kommando. Der Kronprinz ist ein Redner; präsidire er officielle Feierlichkeiten oder wissenschaftlichen Kongressen, so sei seine Rede warm, farbig und mache die Herzen schlagen. Schriftsteller, Dichter und Künstler fänden bei ihm und der Kronprinzessin freundlichen Empfang. Unter der Leitung des Kronprinzen werde die schöne und prachtvolle Publikation »Oesterreich in Wort und Bild« herausgegeben. Der Kronprinz mische sich nicht in die laufende Politik und stehe außerhalb der Parteien; man kenne indessen seine Vorliebe für liberale Institutionen und seine Abneigung gegen ein Regierungssystem, welches den Nationalitäten freies Feld lassen und die Zentralgewalt auf ein Nichts zurückführen würde. Der Kronprinz acceptire den Dualismus ohne Vorbehalt, aber er wollte kein Oesterreich-Ungarn, das der Vasall seiner Alliirten wäre, noch ein Reich, wo der Herrscher nichts mehr wäre.«[766] Kronprinz Rudolf war von dieser Aufregung völlig überrascht. An Szeps schrieb er: »Eben vom Lande wiedergekehrt, finde ich in allen Blättern die Berliner-Zeitungscampagne gegen uns. Haben Sie ein Exemplar der Kreuzzeitung? Was ist da für pamphletartiges Zeugs geschrieben? Können Sie mir nicht den Artikel verschaffen?«[767]

Die Presseleute blieben Rudolf auch im Tod verbunden. Nach der Katastrophe eilten zahlreiche Journalisten nach Mayerling, um vielleicht doch etwas über die mysteriösen Umstände um den Tod des Kronprinzen zu erfahren, was jedoch ohne Erfolg blieb. Die *Neue Freie Presse* schrieb am 31. Jänner über den Abtransport von Rudolfs Leiche von Mayerling: »Die Wagen, die nun folgen, sind die der anwesenden Journalisten. Die Mitglieder des Standes, dem der Kronprinz ein so freundlicher Gönner gewesen, gaben ihm das Geleite.«

Viele Blätter wurden konfisziert. Auch im Ausland nahmen sich Journalisten des Falles an und berichteten ungeschminkt, was sie erfuhren. In Österreich, besonders in Wien, waren die ausländischen Zeitungen heiß begehrt. Die einheimischen Leser waren durch die diversen verwirrenden Meldungen verunsichert und wollten mehr über Mayerling wissen. »Die Behörden waren da besonders eifrig – denn das Kaiserhaus bzw. der Hof meinte, mit der Konfiszierung von Zeitungen die Gerüchte um Rudolfs Tod aus der Welt schaffen zu können, was im Prinzip das genaue Gegenteil bewirkte. Im Wiener Zeitungsbüro Goldschmidt wurden am 19. Februar 1889 beispielsweise 4790 ausländische Zeitungen beschlagnahmt.«[768]

Die ungarische Presse war nicht den österreichischen Zensurgesetzen unterworfen. Die Zeitungen konnten wesentlich freier schreiben. Als Beispiel sei hier der *Vasárnapi ujság* herausgegriffen, der am 6. Februar über Rudolfs Tod und Begäbnis berichtete. Auffällig war für den Korrespondenten der Zeitung vor allem Folgendes: »Man konnte im Tode *unseren Rudolf* nicht erkennen. Das Gesicht konnte man nicht erkennen.«[769] Auch in Ungarn war bekannt, daß sich an der Wiener Börse erste Gerüchte über Rudolfs Tod verbreitet hatten. In Wien wurden die Zeitungen, die dies meldeten, konfisziert. Doch Leute aus Wien haben wissen lassen, »daß der Thronfolger bei der Jagd einen Unfall hatte. Deswegen hatte die Wiener Börse geschlossen. Auch wurde berichtet, daß die Börse wegen eines schrecklichen Anlasses geschlossen worden sei.«[770] Der Ausschluß öffentlicher, unabhängiger Organe zu Untersuchungen in Mayerling wurde ebenfalls in Ungarn mit Mißfallen registriert: »Der Bezirksvorsteher namens Siebenrock ist aus Baden gekommen und hat seine Dienste angeboten. Aber er wurde nicht ins Schloß vorgelassen und man verzichtete auf seine Dienste.«[771]

Ausweglosigkeit?

Die angebliche Selbstmordmanie

Als Anfang vom tragischen Ende des Kronprinzen gilt der Antwortbrief Rudolfs, den er auf die Gratulation Moritz Szeps zu seinem dreißigsten Geburtstag im August 1888 verfaßte. Der Brief ist von den Rudolf-Biographen immer wieder als Anzeichen seiner Verzweiflung an der Zukunft, seiner Selbstmordwünsche und seiner Depression zitiert worden, jedoch kaum mit seinem doch recht optimistisch klingenden Schlußsatz. In seiner ganzen Länge lautete der Brief folgendermaßen: »Lieber Szeps! Besten Dank für Ihren Brief und für die guten Wünsche, die aus treuer Seele kommen und daher warm zum Herzen sprechen. 30 Jahre ist ein großer Abschnitt, kein eben zu erfreulicher; viel Zeit ist vorüber, mehr oder weniger nützlich zugebracht, doch leer an wahren Thaten und Erfolgen! Wir leben in schleppender, versumpfter Zeit, wer weiß wie lange das noch so fortgehen wird und jedes Jahr macht mich älter, weniger frisch und weniger tüchtig, denn die nothwendige und nützliche, doch auf die Länge hin, ermattende alltägliche Arbeit, das ewige sich vorbereiten, und die stete Erwartung großer, umgestaltender Zeiten, erschlaffen die Schaffenskraft! Sollen die Hoffnungen in Erfüllung gehen und die Erwartungen, die Sie auf mich setzen, dann muß bald eine große für uns glückliche, kriegerische Zeit kommen, nach deren siegreichen Abschluß die Basis geschaffen wird um auch in friedlicher Arbeit im alten Oesterreich umgestaltend Großes zu leisten. Ein Menschenleben, wenn es in ruheloser Bewegung und oft, ich kann sagen, meistens, in aufreibender, anspannender, weil so vielgestaltiger Thätigkeit zugepackt wird, ist kurz. Kurz in der Epoche der wahren geistigen Beweglichkeit und Leistungsfähigkeit. Wie immer es sei, man muß an die Zukunft glauben, ich hoffe und rechne auf die nächsten 10 Jahre.«[772]
Im April des Jahres 1887, in dem der Verfall des Kronprinzen begonnen haben soll, schrieb er an Szeps: »... so finster auch oft die Zeiten aussehen, und so weit man sich auch vom Ziele wähnt, Vertrauen in die Zukunft ist schon ein kleiner

Theil vom Erfolg ...«[773] – Sind dies die Worte eines depressiven, am Leben verzweifelnden Mannes?

Rudolf hatte regen Kontakt mit seinem Vetter Arthur Edward, mit dem er im August 1888 Jagden für den Herbst desselben Jahres plante: »Für spätere Pläne können wir alles zusammen besprechen wenn wir uns sehen ... Meine Frau läßt Dich vielmals grüßen und mit herzlichen Grüßen an die lieben [sic] Stéphanie von uns beiden verbleibe ich, Theuerster Rudolf, Dein treuer Vetter und Freund Arthur Edward.«[774] Im Herbst desselben Jahres plante er auch Jagdausflüge, zu denen er Szögyényi einlud: »Ich möchte mit Ihnen auch über die Jagd übermorgen sprechen, wenn Sie Lust hätten können Sie mit mir von dort mit der Kutsche nach Laxenburg fahren und dort Mittag essen.«[775]

Noch im Spätherbst 1888 ist nichts von Rudolfs angeblichem politischem Desinteresse spürbar. Immer wieder suchte er Kontakt zu Ritter von Chlumetzky, mit dem er seine Abneigung gegen den deutschnationalen antisemitischen Abgeordneten Schönerer teilte. Im November 1888 schrieb ihm der Kronprinz: »Ihrem Wunsch entsprechend, bitte ich Sie mich Montag 5ten um 10 Uhr zu besuchen. Ich freue mich sehr mit Ihnen über die jetzige politische Situation zu sprechen.«[776]

Herzog Carl Theodor in Bayern

Allerdings hatte sich Kronprinz Rudolf durch seine kompromißlose Art die Feindschaft zahlreicher Personengruppen zugezogen, so daß er einmal stark durchgreifen hätte müssen, wäre er Kaiser geworden. Die für seinen Vater Franz Joseph und seine Frau Stephanie maßgebenden Schichten strafte Rudolf mit Verachtung und Mißbilligung. Doch seine liberalen und mit ihm sympathisierenden *Freunde* hofften und zählten auf ihn als zukünftigen Monarchen und *Retter* Österreich-Ungarns. Von großer Bedeutung ist auch der Brief, den Moritz Szeps am 1. Jänner 1889 an den Kronprinzen schrieb. Er drückte darin die Hoffnungen aus, die Leute wie er für die Zukunft der Monarchie in Rudolf setzten, der zwar gelegentlich zauderte, aber den Weg des Kaisers nicht verstand – hätte Szeps einem physischen und psychischen Wrack in diesem Ton geschrieben? Szeps war wohl Geschäftsmann und Realist genug, um sich Zeilen an einen Menschen zu sparen, die er für sinnlos gehalten hätte. Rudolf hatte derart verbindlichen Kontakt zu seinen *guten Bekannten*, daß Lobhudeleien und Schmeicheleien diesen wohl fern lagen. Rudolf war viel zu machtlos, um den Leuten seiner Umgebung helfen zu können; er konnte nicht einmal die Konfiszierungen von Szeps Zeitung verhindern. Szeps richtete seinen Brief an einen Mann, den er für fähig hielt, die künftigen Geschicke Österreichs positiv zu lenken. »*Unheimlich ist die Stille*[777] – so schrieben Eure kaiserliche Hoheit in Ihrem letzten Briefe – *wie die Stille vor einem Gewitter* ... Sie haben, kaiserliche Hoheit, im abgelaufenen Jahre mancherlei Tücke erfahren müssen, aber Sie haben das mit wunderbarer Gleichmuth abgeschüttelt. Man weiss, daß Sie Grosses wollen, Grosses zu leisten befähigt sind – und wo man das nicht weiss, ahnt man es. Deshalb werden Sie jetzt schon mit verschiedenen Mitteln bekämpft, vertritt man Ihnen die Zukunftswege, haben Sie heute viele Gegner und Feinde. Aber Sie zählen auf sich selbst und auf Ihre Natur, auf Ihr Genie, auf Ihre Kraft und Beharrlichkeit und Sie dürfen mit Recht darauf zählen. Zu diesem ein bischen – Glück, nicht einmal so viel Glück, als Ihnen Ihre aufrichtigen Freunde und Bewunderer wünschen – nur ein bischen von reinem Glück und Grosses werden Sie vollbringen für diese Monarchie, die unser Vaterland ist, für Ihren eigenen Ruhm und für das Volk, das an Ihnen hängt. Ein bischen Glück – das bischen das nöthig ist bei allen menschlichen Dingen – das möge Ihnen kaiserliche Hoheit in diesem neuen Jahre zu Theil werden so wie wir es alle wünschen, die Ihnen treu ergeben sind von ganzem Herzen.«[778]

Der verlorengegangene Antwortbrief des Kronprinzen war offenbar sehr freundlich und positv: »Das so überaus gnädige Schreiben Eurer Kaiserlichen Hoheit hat mich wahrhaft beglückt und erhoben. Es war ein Soñenstrahl, der in eine Krankenstube eingedrungen ist, Ermuthigung spendend und Hoffnung weckend. Seit Weihnachten bin ich ans Ziṁer gefesselt.«[779] Wäre Kronprinz Rudolf zu so einem positiven Brief in der Lage gewesen, hätte er sich schon intensiv mit Selbstmordgedanken beschäftigt? Nach wie vor erledigte Rudolf alle seine Arbeiten pünktlich und ohne Klagen. Drei Tage nach diesem Brief an Szeps übersandte ihm dieser eine Zeitung, die Rudolf offenbar zu lesen wünschte.

Auch Szögyényi war von der Normalität des Kronprinzen überzeugt und ließ sich nicht vom *Berliner Börsen-Courier* beeinflussen: »Wahnsinn ... Bei diesem Anlaß sagte Szögyényi, daß – wenn man auch jetzt von einer Monomanie des Selbstmords und von anderen Anzeichen, die angeblich die Krankheit beweisen, spreche – er, der den Kronprinzen so gut kannte, niemals etwas Derartiges bemerkt habe. So wehrte er sich entschieden zu glauben, daß der Tod die Folge einer geistigen Erkrankung war.«[780] Weshalb wurde einem wohl aus gutem Grund unbekannt gebliebenen *Anonymus* mehr Glauben geschenkt als einem Menschen, der den Kronprinzen besser kannte als sein Vater, seine Gemahlin und auch jene Personen, die plötzlich nach Rudolfs Tod so zahlreiche Veränderungen an der Person des Kronprinzen bemerkt haben wollten? Wildon Lloyd sprach dem anonymen Autor des Berichts im *Berliner Börsen-Courier* eine Rudolf-Nähe überhaupt ab: »Der anonyme Autor, der so wenig vom Privatleben des Kronprinzen wußte, faßte seine Meinung zusammen, indem er schrieb, daß Rudolf als Erwachsener immer eine Neigung zu geistiger Abnormität und unstetem Verhalten gezeigt hatte.«[781]

Alfred von Arneth, der damalige Direktor des Haus- und Staatsarchivs, war Rudolf sehr zugetan und brachte ihm große Wertschätzung entgegen. Er kannte den Kronprinzen näher, denn er war am *großen Werk* beteiligt und nahm an den Sitzungen und den Déjeuners teil, die Rudolf gab. Arneth hatte noch kurz vor der Katastrophe im Jänner 1889 eine persönliche Begegnung mit dem Kronprinzen: »Allzeit neue Nahrung erhielt dieselbe [die Freundschaft, die Arneth Rudolf entgegenbrachte] durch die unveränderte Freundlichkeit, die mir der Kronprinz bei jeder zufälligen Begegnung stets gleichmäßig bewies. Die letzte derselben fand am Donnerstag dem 24. Januar 1889, etwa um halb drei Uhr Nachmittags statt. Als ich zu dieser Stunde das in der kaiserlichen Hofburg untergebrachte Staatsarchiv verließ, sprang mir ein junger Uhlanen-Officier die Treppe, die sogenannte Batthyanystiege herauf, entgegen. In meiner Kurzsichtigkeit erkannte ich ihn nicht gleich, als er mir aber in liebenswürdigster Weise die Hand reichte und mir freundliche Begrüßungsworte zurief, sah ich, wen ich vor mir hatte ... *Sie werden sich wundern, daß ich so die Treppe heraufrannte*, sagte er mit fröhlichem Lachen, *aber ich bin so schrecklich durchfroren, daß ich mir nothwendig etwas Bewegung machen mußte. Die ganze Zeit saß ich beim Maler Ajdukiewiecz, der mein Reiterporträt anfertigt, zu Pferde, und das Bild muß demnächst vollendet werden, weil wir schon Anfangs Februar nach Pest gehen ... Aber ich plaudere hier und muß zu Seiner Majestät.* Und sich aufs Freundlichste von mir verabschiedend, sprang er eben so rasch, wie er gekommen war, die Treppen hinauf, um in das obere Stockwerk zu gelangen.«[782]

Alfred von Arneth war Historiker und darf wohl als zuverlässig angesehen werden, zumal er seine Erinnerungen 1892 publizierte. Arneth sah den Kronprinzen noch ein Mal, am Abend des 27. Jänner 1889 beim Prinzen Reuss: »So wie ich hier [am 24. Jänner] das letzte Wort mit dem Kronprinzen wechselte, so sah ich ihn drei Tage später in einer großen Abendgesellschaft, welche Sonntags den 27. Januar der deutsche Botschafter Prinz Reuß gab, zum letzten Male. Er schien mir weniger beweglich und gesprächig als sonst, ich erklärte mir dies jedoch durch die bescheidene Zurückhaltung, die er sich wegen der Anwesenheit seines kaiserlichen Vaters aufzuerlegen schien.«[783] Arneth erlag in seinen Memoiren nicht der Versuchung vieler, alle möglichen Auffälligkeiten, die den Tod Rudolfs hätten begründen können, zu beschreiben. Er hatte nicht den Eindruck, daß irgendetwas ungewöhnlich wäre, und erwartete Rudolf zu einem vereinbarten Termin: »Für Dienstag den 29. Januar hatte der Kronprinz als Protektor des Heeresmuseums dessen Curatorium zu einer Sitzung in das Arsenal entbieten lassen. Wie immer waren wir, der Erzherzog Wilhelm an unserer Spitze, vor der anberaumten Stunde, ein Uhr, vollzählig versammelt. Aber fruchtlos harrten wir des Kronprinzen, und im Vergleiche zu seiner sonstigen Pünktlichkeit war dies wirklich auffallend zu nennen.«[784] Bei der Meinung, die Arneth über Kronprinz Rudolf in seinen Memoiren vertrat, ist die Ansicht jener, die Arneth als Verfasser des anonymen Berichts im *Berliner Börsen-Courier* bezeichnen, wohl als absurd anzusehen. Es mutet seltsam an, daß der Kronprinz sich zwar beim abendlichen Dîner telegraphisch entschuldigen ließ, aber anscheinend die zur Sitzung geladenen Herren vergaß. Es drängt sich damit eine weitere Frage auf: Wer verfaßte das Telegramm in die Hofburg, in dem Rudolfs Teilnahme am Dîner abgesagt wurde?

Johann Loschek im Alter

Auch der Arzt Theodor Billroth beschäftigte sich mit dem eigenartigen Tod Rudolfs. Er war ebenfalls Gast bei der Soirée des Prinzen Reuss gewesen. In seinem am Abend des 30. Jänner 1889 abgefaßten Aufsatz *Meine Beziehung und Korrespondenz mit Kronprinz Rudolf*[785] faßte Billroth seine Ansicht über den Kronprinzen zusammen. Allerdings ist nicht bekannt, ob Billroth diese Schrift vor oder nach seinem Besuch in Mayerling abfaßte[786], falls er tatsächlich dort war, wie in der Familie des Arztes erzählt wurde. »[Bei Reuss] trat der Kronprinz Rudolf auf mich zu und unterhielt sich mit mir in auffällig langer Weise. Er war freundlich und herzlich zu mir wie am ersten Tag unserer Begegnung auf dem Hradschin; er war immer so, wenn ich ihm irgendwo begegnete, so neulich in Abbazia in den Weihnachtsferien, wo wir formlos plaudernd miteinander spazierten.«[787]

Den Selbstmord auf eine kompromittierende politische Verwicklung zurückzuführen erscheint ebenfalls sehr unwahrscheinlich, wie aus einem Brief an Latour hervorgeht: »Ich bin weiß Gott, nicht streberisch, will keine Rolle spielen, habe nicht die mindeste Lust ein Frondeur zu werden. Meine Ansichten, Anhänglichkeit, Gehorsam und Klugheit sind größer als die Eitelkeit. Wollte ich eine böse, schlechte Rolle spielen, ein Frondeur werden, könnte ich es im ausgedehntesten, weitgehendsten Maaße thun; man trägt es mir ja von allen Seiten an ... Ich will ja nichts, nur ruhige Zeiten, für mich einen kleinen militärischen Wirkungskreis, der mir auch Zeit läßt zu meinen anderen Studien und Arbeiten, deren ich viele betreibe. Ich war nie so glücklich, wie heuer im Sommer, wo ich, umgeben von einer beseeligenden Häuslichkeit, ruhig meine Vorstudien und die Arbeiten zur *Orientreise* machen konnte. Jetzt will ich, wenn man mir Ruhe läßt, etwas über Spanien arbeiten.«[788]

Bis zu seinem Tod war Rudolf an allem interessiert; er plante sogar noch für 1890 voraus:

»... meines Erachtens wäre es besser, den ornithologischen Kongress erst im Herbst oder im Frühjahr nächsten Jahres abzuhalten, weil von jetzt bis zum Mai die Zeit schon sehr knapp ist und außer dem der zwischen dem Sekretär des Komitees Hayek und dem Präsidenten Dr. Blasius bestehende Zwist sich anläßlich des Kongresses in sehr unangenehmer Weise äußern könnte. Wann immer der Kongreß tagen wird, werde ich mich auf alle Fälle für die Angelegenheit interessieren und nach Budapest hinunterfahren, um die erste Sitzung zu eröffnen, so wie dies vor einigen Jahren in Wien der Fall war. Besser wäre es, bis zum nächsten Jahre zu warten, schon wegen der französischen Weltausstellung. Haben Sie die Güte, in diesem Sinne nach Budapest zu schreiben.«[789] Rudolf hatte noch viele Pläne, er sorgte sich offenbar auch um die Streitigkeiten von Repräsentanten der ornithologischen Gesellschaft.

Überdies vermißte er die Gespräche mit Szögyényi; dessen drei Kinder waren mit einer ansteckenden Krankheit behaftet, sodaß Rudolf sich mit dem Sektionschef aus Rücksicht auf seine eigene Tochter nicht treffen konnte: »Wann können sie wieder zu mir kommen? Fragen Sie Widerhofer, ob die Quarantaine schon bald ein Ende haben wird.«[790]

Auch Szögyényis Bruder hatte Probleme mit der gängigen Version, obwohl er vom Selbstmord Rudolfs überzeugt war. Doch ein Brief des Kronprinzen an seinen Bruder, den Sektionschef, gab ihm sehr zu denken: »Ich habe den vorletzten Brief des Kronprinzen noch mitgegeben, weil er insofern von Interesse ist, weil der Kronprinz in diesem Briefe – geschrieben circa 2 Wochen vor der Katastrophe, noch von Plänen für das nächste Jahr! spricht. Diesen Brief hat der Kronprinz nicht datirt u. wie Sie sehen werden, hat mein Bruder oben am Briefe vermerkt: *Vorletzter Brief an mich. Mitte Jänner 1889.*«[791]

Eduard Hanslick, ein Mitarbeiter beim *großen Werk*, hatte den Kronprinzen noch im November 1888 gesehen und erzählte in seinen Erinnerungen von den Plänen, die Rudolf entwickelt hatte: »Noch in der letzten Sitzung, welcher der Kronprinz beiwohnte (November 1888), erklärte er sich bereit, die Schilderung der quarnerischen Inseln zu übernehmen, da er dieselben besonders gut zu kennen glaube. Die fünfeinhalb Jahre zwischen der ersten und der letzten vom Kronprinzen präsidierten Sitzung werden jedem Mitarbeiter eine teure Erinnerung bleiben.«[792]

Auch dem Kaiser war offenbar an seinem Sohn im Jänner 1889 nichts Beunruhigendes aufgefallen. Anläßlich einer Jagd in Mürzsteg im Oktober 1889 schrieb er an Katharina Schratt: »Noch Anfang Jänner jagte unser unvergeßlicher Rudolph hier mit uns in heiterster Stimmung und wer konnte damals ahnen, daß kurz darauf das Entsetzliche geschehen würde.«[793] Wie nahe stand der *Anonymus* des *Berliner Börsen-Couriers* dem Kronprinzen, daß er etwas bemerkte, was nicht einmal Rudolfs Vater auffiel, der ihn häufig bei Familiendîners und zuletzt noch bei Prinz Reuss gesehen hatte?

Der Jänner 1889 lief gesellschaftlich und familiär für Rudolf unspektakulär ab;[794] von einer *Isolierung* des Kronprinzen kann keine Rede sein. Am 2. Jänner schrieb Rudolf an Szögyényi: »Vor allem wünsche ich Ihnen und Ihrer Familie ein fröhliches neues Jahr. Ich hoffe, daß Sie das Jahr 1889 angenehm verbringen werden. Ich freue mich sehr zu hören, daß es Ihrer Tochter gut geht.«[795]

Andere Familienmitglieder nahmen ebenso keine Verhaltensänderungen an Rudolf wahr. Hatte Rudolf in Mayerling tatsächlich selbst ein Telegramm geschrieben, um sich vom Familiendîner zu entschuldigen? Julius Schuldes erwähnte jedenfalls ein Telegramm: »Wer hätte ahnen können, welch furchtbare Bedeutung das wie von einer unsichtbaren Macht wiederholt verzögerte Telegramm hatte, das ich in meinen Händen hielt.«[796] Was oder wer hatte die Absendung des Telegramms verzögert? Der Polizeipräsident Krauss vermerkte Folgendes: »Als ich mich ... einfand, sagte mir der Ministerpräsident, er habe folgendes erfahren. Bei der gestrigen Familientafel die thatsächlich stattgefunden hat wurde auf den Kronprinzen gewartet und der Tafeldecker wollte schon das Couvert von der Tafel wegnehmen. Der diesfalls befragte Kaiser ließ das Couvert jedoch nicht wegnehmen, weil der Kronprinz noch im letzten Moment kommen könne. Als schon alle Erzherzoge versammelt waren sei der Herzog [sic] von Coburg gekommen und habe den Kronprinzen als unwohl entschuldigt. Der Kronprinz habe sich bei der Fahrt über Breitenfurth verkühlt, es sei auch in Meierling kalt gewesen ... Hierauf habe der Erzherzog Albrecht den Kronprinzen bedauert und bemerkt es sei in der am selben Tage abgehaltenen militärischen Sitzung eine Stunde auf den Kronprinzen gewartet worden, weil er nicht abgesagt hat. Da der Kronprinz sehr eifrig sei, so müsse er recht unwohl sein, da er sonst die Sitzung gewiß nicht versäumt hätte.«[797] Hatte Prinz Coburg einen Sterbenden oder bereits Toten entschuldigt? Und wie erklärt sich die Sorglosigkeit Taaffes? Sollte er dem Kronprinzen neben vielem anderen eine Differenz aus dem Mai 1887 nachgetragen haben? Wollte man Rudolf, der sich sonst scheute, wichtige Dinge in Briefen niederzuschreiben, weil er von seiner genauen Überwachung wußte, in Mayerling bewußt nicht überwachen? Berthold Frischauer schrieb 1922 über das Verhältnis zwischen Rudolf und Graf Taaffe, daß Taaffe den Kronprinzen einmal in scharfen Gegensatz zu seinem Vater stellen wollte, was durch eine Hervorhebung der liberalen Prinzipien Rudolfs im Abgeordnetenhaus initiiert worden war. Frischauer berichtete: »Mit langen Schritten durchquerte er den großen Salon ... er wurde nicht müde, zu rufen: *Das kann ich nicht auf mir sitzen lassen, denn das sieht so aus, als ob ich gegenüber meinem Vater persönlich hervortreten wollte. Ich werde vom Grafen Taaffe Genugtuung fordern und mich nötigenfalls mit ihm schlagen*. Der Kronprinz beschloß, sofort nach Wien zu fahren und beim Kaiser Verwahrung dagegen einzulegen, daß man es gewagt hat, einen Gegensatz zwischen ihm und dem Kaiser öffentlich zu zeigen ... Der Kaiser nahm die Loyalitätserklärung seines Sohnes mit sichtlicher Rührung auf und befahl noch an demselben Abend dem Grafen Taaffe, dem Kronprinzen einen Besuch zu machen und ihm den Zwischenfall in befriedigender Weise aufzuklären ...«[798] Dieser Befehl kam einer Demütigung gleich und war Graf Taaffe sicher äußerst unangenehm.

Der Zimmerwärter Alois Zwerger, der zum Zeitpunkt der Katastrophe in Mayerling anwesend war, sprach in seiner undatierten Denkschrift davon, daß nach dem Eintreffen Rudolfs und Mary Vetseras noch ein »Gepäckswagen mit 9 Koffer, wo die Toilette des Kronprinzen, die übrigen 6 hingegen von der Vecera waren, ihre Toilette war eine Prachtvolle, einen rothen Bademantel aus feinster Seide in Gold gestickt I: Geschenk des Kronprinzen :I hier in Mayerling, überhaupt bekam die Vecera einen compl. neuen Anzug, weil der Anzug mit dem Vecera kam I: schwarz :I deponirt wurde« eingelangt war.[799] Benötigt man für einen geplanten Selbstmord derart viel Bekleidung, Jagdgäste und eine kleine Schar von Bedienten? Denn wie vom Jäger Püchel bezeugt wurde, fuhr Montag früh ein Hofkammerwagen mit dem Küchen- und Tafelpersonal nach Mayerling.[800] »Ich atme schon wieder längere Zeit Stadtluft und habe jetzt Sehnsucht nach dem Walde, Die Schußzeit des Hochwildes geht zu Ende – vielleicht kann ich noch ein ... Stück in Alland abschießen oder auf einen Fuchs jagen«, sagte Rudolf am Samstag, dem 26. Jänner, nachmittags zu Püchel.[801]

Professor Udel wurde von Kronprinz Rudolf häufig eingeladen, 1888 auch nach Mayerling. Er berichtete Folgendes über Rudolf: »Bei einem solchen Anlaß nahm einmal der Kronprinz während des Diners wahr, daß Udel fast gar nichts trank. ›Trinken Sie‹, rief ihm der Kronprinz lebhaft zu. ›Einmal müssen wir Alle sterben. Der Eine früher, der Andere später. Mir ist es prophezeit worden. – Sie werden sehen, daß ich früh sterben werde.‹ Nach einer Pause fügte er dann hinzu: ›Am liebsten möchte ich auf dem Schlachtfelde sterben.‹«[802]

Interessant ist ein Brief, den Rudolf am 26. Jänner 1889 an von Weilen schrieb und in dem es wieder um die Fortführung des *großen Werkes* ging: »Lieber Weilen! Ich bin mit Arbeit für meine militärischen Verpflichtungen überlastet ... Ich fahre am nächsten Montag nach Mayerling, wo ich hoffe ein wenig Zeit zu finden, um die Arbeit an dem Aufsatze Gödöllö zu beginnen, welchen ich als meinen Beitrag zum Werk Oesterreich-Ungarn versprochen habe. Ich hoffe, Sie am Mittwoch oder Donnerstag in Wien zu sehen.«[803] Angeblich hat Rudolf am selben Tag noch einen Brief an Girtanner geschrieben, in dem es wie immer um ornithologische Fragen ging.

Die *Neue Freie Presse* berichtete über den letzten öffentlichen Auftritt des Kronprinzen: »Auf der Soirée beim deutschen Botschafter, so erzählen Personen, die dort anwesend waren, entfaltete er den ganzen Zauber seiner Persönlichkeit, überhäufte den Prinzen Reuß mit Liebenswürdigkeit und beauftragte denselben, dem Kaiser Wilhelm seine herzlichsten Grüße zu melden ...«[804] Marie Larisch sprach in ihren Erinnerungen über den Affront, den sich Mary Vetsera an diesem Abend der Kronprinzessin gegenüber geleistet hätte. Doch die Schriften der Gräfin Larisch sind genau so wenig zuverlässig wie jene Stephanies, denn die Gräfin Larisch war an jenem Abend nicht in die deutsche Botschaft geladen.[805] Zu bedenken ist auch, daß Alexander, der ehemalige Fürst von Rumänien, am 28. Jänner 1889 in Wien war und den Kronprinzen kurz besuchte. Dieser wollte ihn zur Jagd einladen: »Wie lange bleibst Du noch in Wien? – Ich fahre heute abend nach Italien weiter. – Bleib noch da, ich habe morgen eine Jagd in Mayerling.« Alexander Battenberg reiste dennoch am selben Abend nach Venedig ab.[806]

Ob Rudolf sich politisch kompromittiert hatte, wie viele behaupteten, die den vermeintlichen Selbstmord des Kronprinzen auf diese Weise erklären wollten, scheint aufgrund des großen Respekts, ja der Furcht, die er seinem Vater gegenüber empfand, eher unwahrscheinlich. In diesem Zusammenhang mutet jedoch der Brief eines gewissen Franz Steinfelder aus Wien an Fritz Judtmann eigenartig an: »1889 jedoch hatte die Republik Frankreich ein Interesse den liberalen Thronfolger in Österreich oder Ungarn an der Macht zu sehen. Auch England ... wirkte in diese Richtung ... Hier wird bedeutsam, daß der Kronprinz aus Paris Kredite bezog, wer sie überbrachte etc. ... Marie Caspar, eine reine Halbwelt ... Damit wäre ihre Qualifikation beispielsweise als Kurier, noch nicht ganz in Frage gestellt ... glaube ich wiederholt gelesen zu haben, daß Frau Caspar knapp vor der Tragödie aus Paris kam und einen grossen Geldbetrag überbrachte.«[807]

Dem *Illustrierten Wiener Extrablatt* gelang es Anfang Februar 1889 den Maler Franz von Pausinger für ein Interview über den Kronprinzen zu gewinnen. Der fassungslose Jagd- und Reisegefährte Rudolfs, der über lange Jahre engen Kontakt mit dem Kronprinzen hatte, meinte: »Ich glaube immer, daß mich ein böser Traum äfft. Der Kronprinz nicht mehr am Leben ... er, der das Leben so sehr, so unsagbar geliebt ... In der vorigen Woche sagte mir seine kaiserliche Hoheit, er fühle sich etwas unwohl und gedenke, für einige Tage nach Mayerling zu fahren, um dort – das waren seine eigenen Worte ... frische Luft zu schöpfen.«[808] Auf die Frage des Journalisten, ob Pausinger in letzter Zeit Veränderungen an Rudolf festgestellt hätte, antwortete er: »Nicht im Geringsten. Er klagte über Unwohlsein, allein ich konnte keine Veränderung bemerken. Der Kronprinz war heiter und lebensfroh wie früher. Ich hätte eine Veränderung bemerken müssen, weil ich seine Eigenart, sein Wesen genau kannte.«[809] Da der Hof die Selbstmordversion offiziell angegeben hatte, verwundert es, daß das *Extrablatt* mit diesen Aussagen Pausingers nicht konfisziert wurde.

Am 3. Februar 1889 schrieb der Historiker Alfons Huber an seinen Kollegen Julius Ficker: »Den ganzen Gesprächsstoff bildet jetzt hier natürlich das furchtbare Unglück, das unseren Kronprinzen getroffen hat, und die Aufregung wird noch vermehrt durch die Ungeschicklichkeit der Hofkreise, die offenbar den Kopf vollständig verloren haben. Zuerst ließ man die betreffenden Organe ohne jede Directive, dann erfand man den Herzschlag, dessen Fiction, wenn mehrere Leute von der Sache wüßten, sich ja doch nicht auf die Dauer aufrecht halten ließ, dann gerieth man auf den allerunglücklichsten Gedanken, den eines Selbstmordes, als wenn dies eine Art Ehrenerklärung wäre. Diese *Wahrheit* wird aber hier gar nicht mehr geglaubt und man behauptet allgemein, daß die erste Version die richtige, der unglückliche Kronprinz am Dienstag Abends im Walde tödtlich verwundet worden sei von einem Jäger, mit dessen Frau oder Braut (die Angaben differiren) er ein Verhältnis unterhalten habe, worauf der Jäger sich selbst erschossen habe.«[810]

Schlußendlich schwenkte auch Graf Latour, der Rudolf so gut kannte, zur offiziellen Version über. An Rudolfs ehemaligen Lehrer Krist schrieb er Ende Februar 1889: »Ich faße es heute noch nicht – soviel weiß ich jetzt, daß er sich sehr unglücklich fühlte und sich der Abnahme seiner geistigen Kräfte bewußt war.«[811] Doch die Aktivitäten Rudolfs im Jänner 1889 und seine Briefe beweisen das Gegenteil. Im Zusammenhang damit sei auf einen Brief Rudolfs an Szögyényi hingewiesen, der undatiert ist, aber vermutlich am 28. Jänner 1889 geschrieben wurde – der Inhalt spricht für die Konstellation der Fahrt nach Mayerling, der geplanten Rückkehr nach Wien und der beabsichtigten Teilnahme am Familiendîner am 29. Jänner in der Hofburg. Dieser Brief wurde erstmals ins Deutsche übersetzt und veröffentlicht: »Lieber Szögyeny! Ich fahre jetzt nach Mayerling und erst morgen Abend werde ich hier sein. Wenn Sie mich sehen wollen, seien Sie so nett, entweder morgen Abend um 10 Uhr oder übermorgen Vormittag zu mir zu kommen. Mit herzlichsten Grüßen, Rudolf«[812]. Dieser Brief läßt Zweifel aufkommen, ob ein Aufenthalt bzw. eine Jagd überhaupt bis Mittwoch geplant war. Aus Rudolfs Dispositionen geht nicht hervor, daß er am Mittwoch noch in Mayerling sein wollte.

Gräfin de Jonghe echauffierte sich besonders über den Tod des Kronprinzen; was die Gräfin wirklich wußte, ist nicht bekannt. Aber an Selbstmord und Verrücktheit glaubte sie keineswegs: »Man sagt, er war wirklich verrückt. Ich würde es gern glauben, möchte aber wissen, wieso man so sicher sein kann, wenn das Gehirn am Plafond klebte.«[813] Gräfin de Jonghe beklagte die *Schande*, die Rudolf über die Familie gebracht hatte, die schlimmer für die Dynastie wäre, als zehn verlorene Schlachten. Sie bezeichnet Rudolf als *Lumpen*, dem um Mitternacht Maria Theresia eine Strafpredigt halten würde.[814] Ein Gespräch ihres Gatten, des belgischen Botschafters in Wien, mit dem päpstlichen Nuntius Galimberti, bestätigte Valentine de Jonghe in der Ablehnung der Selbstmordversion: »Papa sah gestern den Nuntius. Sie haben wieder über Rudolf gesprochen und er [Nuntius Luigi Galimberti] hat keinen Zweifel, daß er ermordet wurde; und um einen Skandal zu vermeiden, der andere kompromittiert hätte, zog man die Selbstmordversion vor.«[815] Die Botschaftersgattin berichtete überdies von der schrecklich entstellten Leiche Marys.

Selbst Mitis konstatierte in seinem kurzen Artikel für die *Neue österreichische Biographie* über Rudolf, daß augenscheinlich nichts auf Selbstmordmanie hinwies: »Der Kronprinz hat in den letzten Tagen des Jänner verschiedene Dispositionen getroffen, die den Entschluß, in den Tod zu gehen, nicht hätten ahnen lassen ... Die unzähligen Konfiskationen der auf den Tod Rudolfs bezüglichen Literatur, welche die Wiener Regierung veranlaßte, haben allerdings die bestimmte Vermutung nicht aus der Welt schaffen können, daß es bei dem Untergang des Kronprinzen irgend ein Geheimnis zu verbergen gelte ... und auch in den letzten Wochen hat sein Benehmen nicht unbedingt auf einen Zustand fortgeschrittener Dekadenz gedeutet.«[816] Noch in der Redaktionssitzung im Jänner 1889 hatte Rudolf erklärt, »die landschaftliche Schilderung des südlichen Teiles von Dalmatien übernehmen zu wollen, und außerdem wollte er noch Ende Jänner einen Artikel über das Gut Gödöllö und seine Landschaft verfassen ... Bis zuletzt beschäftigte sich Kronprinz Rudolf mit Plänen zu neuen wissenschaftlichen Arbeiten ... Auch das Studium der Adler, Vorbereitungen für den in Budapest stattfindenden Internationalen Ornithologenkongreß und für den in Wien im August geplanten Anthropologenkongreß beschäftigten Rudolf im Jänner 1889.«[817] Bei seiner Abfahrt nach Mayerling sagte er zu Püchel: »Püchel, also erwarten Sie mich morgen, Dienstag nachmittag, ich werde spätestens fünf Uhr hier sein, da ich mit Ihrer kaiserlichen Hoheit um sechs Uhr bei den Majestäten dinieren werde.«[818] Auch Lori Hoyos bezweifelte die offizielle Version: »... aus Liebe hat er sich nicht erschossen ...«[819] Rudolfs Ordonnanzoffizier Victor von Fritsche beteuerte, daß Rudolf kein Mann war, der wegen einer Frau Selbstmord begangen hätte.[820] Rudolf Neck schrieb im Zusammenhang mit der Tragödie von Mayerling über den üblichen *Konfidenten-Tratsch*.[821]

Selbst Rudolfs Schwester Marie Valerie berichtete in den letzten Lebenswochen des Kronprinzen sehr positiv über ihren Bruder. Anläßlich ihrer Verlobung mit

Franz Salvator war er sogar überaus liebenswürdig: »Rudolf betrachtete bald sie [Kaiserin Elisabeth], bald mich und war sehr freundlich ... Nach Tisch nahm ich Stephanie beiseite und sagte ihr meinen Entschluß ... Mama umarmte ihn [Kronprinz Rudolf] und sagte mit schwesterlicher Zärtlichkeit: *Ich habe Dich ja so lieb.* Ich kann nicht sagen, wie glücklich mich das machte, denn ihm tat es so wohl, er umarmte sie und fragte ganz bewegt: *Nein, wirklich? Das war schon lange nicht.*«[822] Und noch in der zweiten Jännerhälfte 1889 vermerkte sie: »... Rudolf und Stephanie, die immer sehr freundlich sind ...«[823] Offenbar war die offizielle Version von Rudolfs Tod für Marie Valerie ein großes Problem. Immer wieder kam sie in ihrem Tagebuch auf das Geschehen zurück und versuchte Erklärungen zu finden: »Wiederhofer sagt, er sei eben an Verrücktheit gestorben ... aber ich glaube nicht,

Das Kaiserpaar und das Kronprinzenpaar bei der Verlobung Erzherzogin Marie Valeries mit Erzherzog Franz Salvator, Weihnachten 1888

daß diese Ansicht eine erschöpfende Wahrheit über das ganze Unglück ist.«[824] Seine Lebenslust und seine Aktivitäten machten es schwer, an seinen Selbstmord zu glauben: »Rudolf, der einst so sehr am Leben hing mit seinem Tatendrang, seinem Durst nach Ruhm, seiner einst so unüberwindlichen Angst vor dem Tod, in der er einmal sagte: *Könnte man doch 100 Jahre alt werden – Es ist schrecklich genug zu denken, daß man einmal sterben muss.*«[825]

Marie Valerie ließ das Uglück keine Ruhe: »Die Sektion des Hirns hat – wie Wiederhofer und andere Ärzte unter Eid aussagten – Unnormitäten gezeigt, welche von seiner ungesunden, nervenaufreibenden Lebensweise bedingt sind.«[826] Hier wurde der Kaisertochter eine wahrhaft naive medizinische Erklärung geboten. Überdies stellt sich die Frage, was überhaupt an Rudolfs Gehirn untersucht werden konnte, wenn ein Teil des Schädels fehlte.

Was wußte die kaiserliche Familie tatsächlich über den Tod des Kronprinzen? Kannten Kaiser Franz Joseph und die nächsten Familienmitglieder die Wahrheit – und wenn ja, von wem wurde ihnen diese Wahrheit überbracht? Was Marie Valerie in ihr Tagebuch schrieb, klingt nicht gerade wissend: »... daß die meisten an Mord und nicht an Selbstmord glauben ... Franz glaubt auch nicht direkt an Mord – das wäre ja nicht möglich. – Wohl aber ist seine feste Überzeugung, daß noch ein Geheimnis um die Sache ist und daß Rudolf unter Depression gehandelt habe.«[827] Was wußte die unmittelbare Familie wirklich? Jedenfalls erwecken die Umstände nicht den Anschein, daß Rudolf damit rechnete, nicht mehr lebend aus Mayerling nach Wien zurückzukehren. Das Ganze war als kurzer Ausflug geplant, Rudolf hatte eine kleinere Anzahl Dienerschaft mit und die Köchin *Mali* sowie das Küchenmädchen *Kathi.*[828] Ob Hoyos und Coburg tatsächlich vom Kronprinzen eingeladen waren, bleibt dahingestellt – überliefert ist es nur durch die Hoyos-Denkschrift.

Hermann Widerhofer, Leibarzt der kaiserlichen Familie

In den zwanziger Jahren des 20. Jahrhunderts korrespondierte Oskar Freiherr von Mitis mit Graf Friedrich von Szápáry über Unterlagen zu Kronprinz Rudolf: »Im übrigen lassen die von 1881-1886 laufenden Aufzeichnungen [von Szeps] einen gewissen Einblick in die Entwicklung und das Wesen des Kronprinzen zu, wobei besonders der allmählige Übergang von der jugendlich-radikalen Identifizierung mit dem liberalen Mode-Credo und der in dieser Zeit in der Blüte stehenden deutsch-magyarischen Vorherrschaftstheorie zu realpolitischeren Auffassungen auffällt. Von Anfang an verraten jedoch die dem Kronprinzen zugeschriebenen Äusserungen Bildung, hohe Begabung und sehr bald auch Ernst der Auffassung, vollkommene Hingabe an das Vaterland und die oesterreichische Idee – natürlich in der damals kurrenten Prägung – und bedingungslose Disziplin als Mitglied des Herrscherhauses und als Offizier, so daß die langen, oft recht scharfen innerpolitischen Diskussionen nie ein Wort der Kritik gegenüber dem kaiserlichen Vater enthalten, während die Kritik an seinen Ratgebern, selbst an Taaffe, stets als sachlich und massvoll bezeichnet werden kann ... überdies möchte ich bemerken, daß irgendwelche Anzeichen eines sich allmälig entwickelnden pathologischen Zustandes in den Aufzeichnungen nicht zum Ausdruck kommen.«[829]

Erzherzogin Marie Valerie und Erzherzog Franz Salvator

Berthold Frischauer gab 1921 zu Protokoll: »Ich kannte den verstorbenen Kronprinzen und hatte Gelegenheit, ihn am Montag vor seiner Fahrt nach Mayerling zu sehen. Am 27. Januar hatten in Frankreich die Kammerwahlen stattgefunden, und der Kronprinz bat mich, ihm Montag die in der Nacht eingelaufenen Wahlresultate mitzutheilen, von welchen man die Wahl des Generals Boulanger erwartete, den die ansteigende Welle des nach Revanche schreienden Nationalismus emporhob. Der Kronprinz interessierte sich begreiflicherweise für den Ausgang dieser für die europäische Politik wichtigen Wahl ... Nach Übergabe der Abschriften der offiziellen Pariser Depeschen verließ ich die Burg. Der Kronprinz ist an diesem Montag um halb 10 Uhr nach Mayerling gefahren.«[830]

Selbst wenn der Oberstleutnant des Generalstabs Mayer und Püchel am Morgen des 28. Jänner Rudolf angeblich sehr nervös fanden, hatte Rudolf jedenfalls noch zwei Unterredungen. Er traf mit Moritz Szeps und Berthold Frischauer zusammen, um sich über die Vorgänge in Frankreich und die Chancen Boulangers bei den Wahlen informieren zu lassen; Boulanger war ein Gegner der französischen Republik, deren Vorzüge Rudolf jedoch sehr schätzte. Weder Szeps noch Frischauer bemerkten am Kronprinzen ein auffälliges Verhalten.

Eigenartig mutet eine Passage in den Memoiren von Louise Coburg (1926) an, die folgendes zum Tod Rudolfs schrieb: »Man kam [am 30. Jänner nachmittags], um mir zu sagen, daß der Prinz von Koburg meinen Schwager ermordet habe, denn es fanden sich in Wien und bei Hof gute Seelen, die es nicht glauben wollten, daß Rudolfs Zuneigung zu mir nur eine brüderliche war ... Ich antwortete dem Adjutanten, daß ich außer der entsetzlichen Nachricht vom Tode Rudolfs und der Vecsera nichts Näheres wisse, und daß mein Mann, der heute früh um 6 Uhr nach Mayerling gefahren war, noch nicht zurück sei.«[831]

Auch in der Rudolf-Biographie von Brigitte Hamann heißt es, bis »Samstag, den 26. Januar, wurde von den Augenzeugen keine Veränderung im Auftreten und Aussehen des Kronprinzen bemerkt. Er führte sein gewöhnliches Leben. Vormittags war er in der Kanzlei der Franz-Josephs-Kaserne, Schreibtischarbeit, Audienzen, Besuche (so des ehemaligen Fürsten von Bulgarien, Alexander von Battenberg, der vergeblich in Österreich eine Stelle in der Armee suchte), politische Gespräche mit Szeps und Frischauer, zur Entspannung mal eine Praterausfahrt, mal ein Theater.«[832] – Diese Passage steht in krassem Widerspruch zu den häufig kolportierten Ansichten, der Kronprinz hätte seit Sommer 1888 an seinem Selbstmord *gearbeitet*, er wäre sozusagen seit jenem August »auf dem Weg nach Mayerling« gewesen. Es ist offensichtlich, daß sich Rudolf nicht auf die bevorstehenden Ereignisse vorbereitet hatte. Die Aussagen vieler Personen zu seinem Verhalten am 28. Jänner entstanden unter dem Schock des Vorgefallenen, unter dem Druck, sich selbst das Unvorhergesehene erklären zu wollen.

Der Jänner 1889

Da über Rudolfs letzten Lebensmonat kaum etwas bekannt ist, wurde versucht, mit Hilfe von Zeitungsartikeln und Kommentaren zeitgenössischer Autoren, Rudolfs Tätigkeiten und Tagesabläufe zu rekonstruiert. Die Zeremoniell-Protokolle des Haus-, Hof- und Staatsarchivs geben über Rudolfs Leben in diesen vier Wochen wenig Auskunft, da in deren Mittelpunkt der Hof des Kaisers stand. Wohl wurden An- und Abreisen des Kronprinzenpaares registriert, auch die Teilnahme an Hofdîners, aber nicht der Tagesablauf von Rudolf und Stephanie. Aufschluß darüber könnten die Tagebücher des Flügeladjutanten geben, die aber im Selekt Kronprinz Rudolf nur bis Februar 1888 vorhanden sind und auch die Tagebücher des Kronprinzen sind unvollständig.

Besonders sei hier auf die *verkrampfte* Berichterstattung der Zeitungen nach Rudolfs Tod hingewiesen. Da am 30. Jänner abends zahlreiche Blätter einen Jagdunfall kolportierten, jedermanns Bestürzung festgehalten wurde und man sich erinnerte, wie *gut* Rudolf auf der Soirée bei Prinz Reuß ausgesehen hatte, brachte die *offizielle* Selbstmord-Version die Wiener Blätter in Verlegenheit. Man wand sich in Erklärungen, wie der angeblich gesunde Mann, dem man nichts ansehen konnte, plötzlich zum Selbstmörder wurde, dessen Tat von langer Hand geplant war. »Als die Obduktion gestern Abends in unabweislicher Art die durch Autopsie schon früher festgestellte Thatsache bestätigte, daß der Kronprinz selbst Hand an sich gelegt hat, *willigte der Kaiser, wenn auch mit schwerem Herzen in die dringenden Anträge der Minister Kálnoky, Tisza und Taaffe, diese Thatsache auch öffentlich bekannt zu machen.*«[833] Was hatte schon am 30. Jänner Gerüchte von einem Jagdunfall aufkommen lassen, bevor man später von Herzschlag und Schlaganfall und schließlich vom Selbstmord Rudolfs berichtete?

In den wenigen Stunden, in denen Herzschlag oder Schlaganfall kolportiert wurde, bemühten sich die Zeitungen, den *plötzlichen* Tod Rudolfs mit einem kurz geäußerten *Unwohlsein* zu erklären. Nach der *Herzschlag-Version* wollte man Anzeichen an Rudolf festgestellt haben, die diese Version plausibel machten: »Der Kronprinz soll in den letzten Jahren an großer Nervosität und wiederholten Herzbeklemmungen gelitten haben ... Später begann der Kronprinz zu klagen, daß er von schmerzhaften Gefühlen in der Gegend des Herzens manchmal befallen werde. Das wiederholte sich dann öfter.«[834] Die Leser glaubten die Versionen, die von gesundheitlichen Problemen des Kronprinzen sprachen, jedoch nicht. Einen Tag später hatten sich alle Vermutungen über *Unwohlsein* und *Herzbeklemmungen*

Das Sterbezimmer in Mayerling nach einer Rekonstruktion von Fritz Judtmann

erübrigt, da die Zeitungen die »über alle Maßen peinliche und niederdrückende Aufklärung« berichten mußten.[835]

Auch die künstlerische Szene Wiens machte sich Gedanken zu den Vorfällen. Marie von Ebner-Eschenbach übernahm anfangs devot die Theorie des *Unwohlseins* und schwenkte dann auf die offizielle Todesversion *Selbstmord* um. Sie empörte sich über das *Volk*, das dies alles nicht glauben wollte. Schließlich mußte sie am 8. Februar aber eingestehen: »Die wahre Ursache des Todes Kronprinz Rudolphs, wird ewig ein Geheimnis bleiben.«[836]

Möglicherweise kam die Presse anfänglich den Geschehnissen in Mayerling sehr nahe, doch die rigorose Zensur und die Beschlagnahmungstaktik brachten damals vielleicht Quellen zum Verstummen, die mehr wußten. Aufgrund der Repressalien schwenkten schließlich alle Zeitungen auf die offizielle Version ein, so schwer sie auch zu erklären war. Insgesamt war die Überraschung vollkommen, was die Zeitungsberichte widerspiegeln. Als erklärender Grundtenor ist herauszulesen, daß man immer schon etwas bemerkt haben wollte; im Nachhinein Symptome einer Katastrophe festzustellen, ist ein bekanntes Verhaltensmuster.[837] Dennoch konstatierte die *Extrapost* am 4. Februar 1889: »Ungeachtet aller dieser Aussprüche, aus denen mit Bestimmtheit hervorgeht, daß sich seit langer Zeit schon eine tiefe Gemüthsverstimmung des unglücklichen Fürsten bemächtigt hatte, muß es constatirt werden, daß gerade in den letzten Tagen, welche dem Ausfluge nach Mayerling vorausgiengen, die Stimmung des Kronprinzen, insoweit sie seiner Umgebung wahrnehmbar war, eine ausnehmend heitere und zufriedene gewesen ist. Am Tage vorher, also am vorletzten Sonntag, nahm der Kronprinz noch in vergnüglicher Behaglichkeit mit der Kronprinzessin Stephanie in seinen Appartements das Diner ein, und unmittelbar, ehe er die verhängnisvolle letzte Ausfahrt nach Mayerling unternahm, scherzte und schäkerte Kronprinz Rudolf mit seinem Töchterchen, der kleinen Prinzessin Elisabeth, die er bekanntlich abgöttisch liebte, und mit der er zu spielen pflegte ... so daß man in der Hofburg nie weniger als gerade in diesen Tagen auch nur eine leise annähernde Ahnung von einer seelischen Gedrücktheit des Kronprinzen haben konnte.«

Die Särge von Kaiser Franz Joseph, seiner Gemahlin und Rudolf in der Kapuzinergruft

Anhang

Chronologie

Eine chronologische Darstellung des Lebens des Kronprinzen zeigt, wie sehr er bereits in frühen Jahren in die ihm vorbestimmte Laufbahn eingespannt war. Obwohl ihn sein Vater von der Politik fernhielt, spielte Rudolf von Geburt an darin eine Rolle, auch wenn diese Rolle später nicht immer dem entsprach, was Rudolf eigentlich wollte. Die Bestimmung zum Militär, die sein Vater bereits bei seiner Geburt vorgesehen hatte, nahm er hin, obwohl sie seinem Naturell nicht entsprach: »Im Gegensatz zu seinem Vater war Rudolf allerdings seiner ganzen Veranlagung nach keine Soldatennatur, und damit eigentlich ein echterer Habsburger als jener. Die notwendige starre Regelgebundenheit, die steten Wiederholungen des Garnisonsdienstes widersprachen durchaus seinem jäh vorandrängenden Temperament, und seine Interessen lagen auf ganz anderen Ebenen ... Dennoch fand er sich, die fehlende Veranlagung durch umso größere Willensanstrengung ersetzend, in den militärischen Betrieb vollkommen hinein ... Doch ... dieser Diensteifer [entsprang] nicht ursprünglichen militärischen Instinkten ... sondern auf dem Umweg über Vernunft und Einsicht ...«[838]

Der Kronprinz trat schon sehr früh ins »offizielle« Leben – er nahm am 4. Jänner 1871 als Dreizehnjähriger rechts von Kaiser Franz Joseph sitzend in Innsbruck an einem Dîner teil.[839]

Natürlich werden die verfügbaren Informationen über Rudolf dichter, je älter der Kronprinz wurde; Eintragungen im Zeremoniell-Protokoll und Berichte in Zeitungen mehren sich. Von besonderem Interesse sind Rudolfs letzte Lebensjahre, die hier besonders genau dokumentiert werden sollen, um seine mannigfaltigen Aktivitäten zu zeigen.[840] Passagen zwischen Anführungszeichen sind wörtliche Zitate aus den Dokumenten.

1858

August

21. »Abends um ¾ auf 8 Uhr langte die telegraphische Meldung hier an, daß bei Ihrer Majestät der Kaiserin die Geburtswehen eingetreten seien ... Bereits um 10 Uhr 20 Minuten langte die telegraphische Nachricht ein, daß Ihre Majestät um 10 Uhr 15 Minuten glücklich von einem Kronprinzen entbunden worden sei.«
22. Um 5 Uhr früh verkündeten 101 Kanonenschüsse das freudige Ereignis.
23. Taufe in Laxenburg auf den Namen Rudolf Franz Carl Joseph.
24. Ab diesem Tag gab es Bulletins über die Gesundheit Rudolfs und seiner Mutter während der ganzen Zeit des Wochenbetts.

Oktober

30. Gisela und Rudolf übersiedeln nach Wien.

1859

April

17. Rudolfs Namenstag wird *im Stillen* gefeiert.

Juli

23. Gisela und Rudolf übersiedeln nach Reichenau/Rax. Sie bewohnen die kleine Villa der Gasthofbesitzer Waisnix. Die Verpflegung übernimmt die *Prinzenköchin*.

September

25. Rudolf und Gisela kehren nach Schönbrunn zurück. Sie werden von den Majestäten in Reichenau abgeholt.

Dezember

6. Ende des *Land-Séjour* in Schönbrunn.

1860

April

17. Rudolfs Namenstag wird *im Stillen* gefeiert.

August

19. Rudolf übersiedelt von Laxenburg nach Schönbrunn.

November

17. »Ihre Majestät die Kaiserin traten hiemit die Reise nach Madeira an.«
21. Rudolf und Gisela übersiedeln von Schönbrunn nach Wien.

1861

April

17. Rudolfs Namenstag wird *im Stillen* gefeiert.

Mai

28. Beginn des *Séjour* der Majestäten und der Kinder in Laxenburg.

Juni

25. Rudolf und Gisela übersiedeln nach Reichenau.

August

21. »Aus Anlaß des Geburtsfestes Sr. kaiserlichen Hoheit des Kronprinzen, Erzherzog Rudolph, fand in Reichenau ein ländliches Kinderfest statt.«

September

15. »Heute vormittags fand in Reichenau die Schlußsteinlegung des neuerbauten Gemeindehauses statt, welcher Feierlichkeit Seine Majestät der Kaiser mit Ihren kaiserlichen Hoheiten dem durchlauchtigsten Herrn Erzherzog-Kronprinzen und der Frau Erzherzogin Gisela beizuwohnen geruhten.«

November

3. »Um 8 Uhr früh sind Ihre kaiserliche Hoheiten der Herr Erzherzog-Kronprinz Rudolph und die Frau Erzherzogin Gisela von Laxenburg nach Venedig abgereist. Der Flügel-Adjutant Major von Latour war beordert, Ihre kaiserlichen Hoheiten bis Venedig zu begleiten.«

1862

März

22. Erzherzogin Sophie reist nach Venedig und Miramare.

Mai

8. Franz Joseph fährt nach Venedig.
14. Der Monarch kehrt zurück.
15. Kaiserin Elisabeth und die Kinder kommen nach Reichenau zurück, da Dr. Mayer und Dr. Fischer (Leibarzt der Herzogin Ludovika) von warmem Klima abraten, Sisis Schwellungen könnten nur in milder Gebirgsluft abklingen.[841]
21. Nach einem kurzen Aufenthalt in Schönbrunn übersiedeln Rudolf und Gisela wieder nach Reichenau.

August

14. Franz Joseph und Elisabeth sind in Schönbrunn, Rudolf und Gisela in Reichenau.
18. Das Kaiserpaar fährt nach Reichenau.

September

25. Übersiedlung Rudolfs nach Schönbrunn.

Dezember

12. Gisela und Rudolf übersiedeln von Schönbrunn nach Wien.

1863

April

15. Beginn des *Land-Séjour* in Schönbrunn.

Juni

15. Franz Joseph begleitet Elisabeth nach Bad Kissingen.

September

29. Die Kinder kommen von Reichenau nach Schönbrunn.

Dezember

19. Die Majestäten kommen mit den Kindern von Schönbrunn nach Wien.

1864

April

23. Franz Joseph, Elisabeth, Rudolf und Gisela beginnen den *Land-Séjour* in Schönbrunn.

Juni

15. Die Kinder werden nach Reichenau übersiedelt.
21. Gisela und Rudolf müssen nach Laxenburg übersiedeln, weil in Reichenau eine Masernepidemie ausgebrochen ist.

Juli

14. »Seine Majestät haben den G. M. Leopold Grafen Gondrecourt, unter gleichzeitiger Verleihung der geheimen Rathswürde, zum Obersthofmeister Sr. kaiserl. Hoheit dem Herrn Erzherzoge Kronprinzen Rudolph allergnädigst zu ernennen geruht.«[842]

August

11. Die Kinder übersiedeln nach Reichenau.
21. Rudolfs Geburtstag wird im Kreise der Familie gefeiert.

November

1. Gondrecourt übernimmt seinen Posten.

Dezember

12. Schlußsteinlegung der Rudolf-Stiftung in Anwesenheit des Kaiserpaares und Rudolfs.
21. Die Kinder übersiedeln von Schönbrunn nach Wien.

1865

Mai

1. Eröffnung der Ringstraße, Praterdîner.[843]
6. Beginn des *Séjour* in Ischl.
27. Gondrecourt wird beurlaubt.
29. Die Majestäten, Gisela und Rudolf übersiedeln nach Ischl.

Juni

10. Beginn des *Séjour* in Laxenburg.

Oktober

14. »Nachmittags 4 Uhr 20 Minuten sind Se. kaiserliche Hoheit der durchlauchtigste Herr Erzherzog Kronprinz Rudolph im besten Wohlseyn mittelst Westbahn von Ischl in Penzing eingetroffen und von dort nach Schönbrunn zum ferneren Landaufenthalt gefahren.«

Dezember

13. Abreise der Kaiserin nach München.

16. Rudolf und Gisela übersiedeln von Schönbrunn nach Wien.

1866

März

10. Rudolf erhält das Großkreuz der französischen Ehrenlegion.

April

28. Die Majestäten und die Kinder übsiedeln nach Schönbrunn.

Juni

12. Rudolf und Gisela fahren nach Ischl.

Juli

13. Kaiserin Elisabeth fährt wegen der Kriegsgefahr mit den Kindern nach Ofen. Abtransport der Schatzkammer nach Ofen.

September

2. Die Kinder kehren nach Schönbrunn zurück.

7. Abreise der Kinder mit Elisabeth nach Ischl.

November

12. Die Kinder kehren von Ischl nach Schönbrunn zurück.

1867

April

27. Die Majestäten nehmen mit den Kindern den *Land-Séjour* in Ischl.

Juni

1. Rudolf und Gisela fahren nach Ofen.

15. Abreise der Kinder nach Ischl.

Oktober

9. Die Kinder kehren nach Schönbrunn zurück.

1868

Februar

5. Die Majestäten begeben sich nach Ofen.
15. Rudolf und Gisela reisen nach Ofen.

April

22. Geburt der Erzherzogin Marie Valerie.

Mai

5. Franz Joseph, Rudolf und Gisela nehmen Aufenthalt in Schönbrunn.

Juni

20. Elisabeth und Marie Valerie fahren nach Ischl.

September

7. Rudolf und Gisela übersiedeln von Ischl nach Schönbrunn.
30. Rudolf und Gisela fahren nach Gödöllö.

Dezember

19. Grundsteinlegung zum *Rudolfinum*.
23. Kaiserin Elisabeth und Erzherzogin Marie Valerie kehren von Gödöllö zurück.

1869

Jänner

21. Tod des Kronprinzen von Belgien.

März

3. Elisabeth und Marie Valerie übersiedeln nach Ofen.

Mai

19. Beginn des *Séjour* in Schönbrunn.

Juli

3. Gisela übersiedelt nach Ischl.
   Elisabeth und Marie Valerie fahren nach Garatshausen[844].

Oktober

9. Kaiserin Elisabeth fährt nach Gödöllö.
11. Durchreise von Rudolf und Gisela von Ischl nach Gödöllö.

1870

Jänner

5. Franz Joseph fährt nach Ofen.
21. Rudolf und Gisela fahren nach Ofen.

April

18. Erstkommunion Rudolfs in Anwesenheit der Majestäten, Erzherzog Franz Karls, Erzherzogin Sophies und der unmittelbaren Begleitung.

»Außerdem war nur der Dienerschaft Sr. kaiserlichen Hoheit des Kronprinzen erlaubt, im rückwärtigen Theil der [Kammer] Kapelle der feierlichen Handlung anzuwohnen.«

23. *Séjour* in Schönbrunn.

Mai

17. Rudolf erkrankt an Masern.

Juni

9. Rudolf übersiedelt nach Ischl.
11. Gisela folgt nach.

Juli

30. Rudolf und Gisela reisen von Ischl nach Schönbrunn und fahren mit dem Kaiser nach Neuberg.

August

21. Rudolfs Geburtstag wird im Familienkreis gefeiert.

Oktober

14. Gisela übersiedelt nach Meran.
15. Kaiserin Elisabeth und Marie Valerie übersiedeln nach Meran.

Dezember

19. Franz Joseph und Rudolf fahren nach Meran.

1871

Jänner

3. Rudolf trifft von Bozen kommend in Innsbruck ein. Dîner im Riesensaal, Festvorstellung im k.k. Nationaltheater.
4. Hoftafel mit Kronprinz Rudolf, abends Schützenfest in Anwesenheit von Franz Joseph und Rudolf.

März

12. Familiendîner mit dem Kronprinzen.
31. Franz Joseph und Rudolf reisen nach Meran (Rückkehr 12. April).

April

28./29. Rudolf auf Jagd in der Nähe von Spital.

Mai

29. Beim Besuch der Pferderennen gerät Rudolf durch durchgehende Pferde in Lebensgefahr, wird durch die Geistesgegenwart seines Vaters gerettet.

Juni

17. Franz Joseph gibt ein Familiendîner für Georg I., König von Griechenland, Rudolf nimmt daran teil.
18. Beim Galadîner für den griechischen König ist Rudolf nicht dabei.
30. Abreise Rudolfs nach Brünn, Rundreise durch Böhmen: Kladrub, Prag, Ploschkowitz, Besuch bei Kaiser Ferdinand, Prag, Budweis. Weiterreise nach Ischl.

Juli
21. Ankunft Rudolfs in Ischl.

August
11. Familiendîner für den deutschen Kaiser Wilhelm II., Rudolf nimmt daran teil.

Oktober
18. Rudolf kehrt von Ischl zurück.

November
24. Rudolf und Gisela übersiedeln nach Salzburg.

Dezember
5. Franz Joseph und Elisabeth kommen nach Salzburg.
14. Beide kehren nach Wien zurück.

1872

Februar
9. Rudolf und Gisela kehren von Salzburg zurück.
11. Rudolf und Gisela fahren nach Ofen.
13. Rudolf erkrankt an Röteln.
23. Erste Ausfahrt Rudolfs nach der Erkrankung.
29. Gisela erkrankt an Masern.

März
1. Franz Joseph speist mit Rudolf.
17. Audienzen bei Rudolf.
27. Franz Joseph speist mit Rudolf und Gisela.
30. Das Kaiserpaar fährt mit den Kindern mit der Dampfseilbahn zur *Elisabethbrücke* (Budapest) hinunter und wieder zurück.
31. Die kaiserliche Familie nimmt an einem Hochamt teil.
Audienzen bei Rudolf.

April
1. Die kaiserliche Familie nimmt an der Kommunion anläßlich des Osterfestes teil.
Dîner mit Rudolf und Gisela.
2. Allerhöchste Tafel mit Rudolf und Gisela.
6. Dîner mit Gisela, Rudolf und Leopold.
7. Audienzen bei Rudolf; Gisela and Leopold verloben sich.
14. Allerhöchste Tafel mit Rudolf, Gisela und Leopold.
15. Prüfung Rudolfs über den Jahresstoff aller Fächer.
17. Rudolfs Namenstag – zum ersten Mal werden Bogen aufgelegt, in denen sich die Gratulanten eintragen können.
Messe.
Großes Dîner für das diplomatische Corps mit Rudolf, Gisela und Leopold.

18. Abreise des Hofs von Ofen.
22. Rudolf, der Kaiser und Leopold auf Jagd in Neuberg.
25. Rudolf und Leopold retour. Der Großherzog von Mecklenburg-Schwerin besucht Rudolf.
28. Dîner in Schönbrunn mit Gisela und Rudolf.

Mai

21. Franz Joseph gibt in Schönbrunn ein Dîner für den Herzog von Montpensier, Rudolf ist anwesend.

Juni

22. Rudolf und Gisela reisen nach Ischl.
27. Rudolf reist nach Bayern ab.

Juli

22. Rudolf und Gisela reisen nach Ischl.
27. Rudolf reist nach Bayern.

Dezember

20. Rudolf fährt nach Gödöllö.

1873

Jänner

1. Zum ersten Mal fand ein Empfang der obersten Hofämter bei Kronprinz Rudolf statt[845]: »Heute zum ersten Male geruhten ... S. k. H. die Gratulazions-Aufwartung der Obersten Hofämter und Obersthofmeister ... und der Generaladjutanten Seiner Majestät, und zwar unmittelbar nachdem letztere von S. M. empfangen worden waren, entgegen zu nehmen.«[846]

Februar

12. Rudolf und Gisela nehmen an Familiendîner teil.
24. Firmung von Rudolf und Gisela.

März

13. Rudolf und Gisela nehmen an Familiendîner teil.

April

19. Hochzeit von Gisela und Ludwig von Bayern.

Mai

4. Familiendîner mit Kronprinz Rudolf.[847]
24. Beginn des Schönbrunner *Séjour*.

Juni

1. Familiendîner mit Zar Alexander II., Rudolf nimmt daran teil.
9. Rudolf unternimmt einen Ausflug nach Bruck/Leitha.
13. Rudolf reist nach Possenhofen.

27. Familiendîner in Schönbrunn mit Rudolf.
30. Rudolf fährt nach Graz, um ca. drei Wochen lang von dort aus eine Expedition ins Gebirge zu machen.

Juli
19. Der Kaiser und Rudolf fahren nach Payerbach.
21. Familiendîner für den König von Württemberg; Rudolf nimmt daran teil
31. Ausflug Rudolfs nach Wiener Neustadt.

August
6. Der Kaiser gibt dem Schah von Persien ein Souper in Schönbrunn, der Kronprinz ist dabei anwesend.
8. Rudolf übersiedelt nach Ischl.
13. Franz Joseph fährt nach Ischl.
14. Elisabeth fährt nach Ischl.

Oktober
3. Rudolf fährt nach Gödöllö.

November
26. Rudolf übersiedelt von Schönbrunn nach Wien.

Dezember
6. Rudolf fährt nach München.
13. Rudolf fährt nach Gödöllö.

1874

Februar
2. Rudolf nimmt an einem Familiendîner teil.

Juni
15. Déjeuner mit Rudolf, er fährt nach Krems, um die Genie-Truppen zu besichtigen.

Oktober
3. Rudolf fährt nach Gödöllö.

November
10. Rudolf fährt nach Reichenau.
15. Rudolf übersiedelt von Schönbrunn in die Hofburg.

Dezember
6. Rudolf fährt nach München.
13. Rudolf fährt nach Gödöllö.

1875

Mai
24. Rudolf übersiedelt nach Schönbrunn.
30. Rudolf fährt nach Komorn.

Juni
22. Exkursion ins Steinfeld zu Artilleriestudien.
25. Artilleriestudien im Steinfeld.

Juli
29. Rudolf reist nach Ischl.

August
30. Rudolf fährt nach Bruck/Leitha.

Oktober
6. Dîner in Schönbrunn mit Rudolf.
10. Rudolf fährt nach Gödöllö.

November
4. Rudolf reist von Gödöllö nach München.
5. Übernachtung in Salzburg.
12. Rudolf fährt nach Gödöllö.

1876

Februar
5. Rudolf erscheint nicht am Hofball.

Juni
23. Rudolf fährt ins Brucker Lager.

Juli
1. Studienreise Rudolfs nach Böhmen, Besuch der Schlachtfelder von 1866 (Königgrätz), trifft seinen Vater in Reichstadt.
4. Rudolf und Prinz Arthur Edward fahren nach Feldsberg.
9. Rudolf fährt nach Miramare.
30. Rudolf fährt nach Schönbrunn.

Oktober
15. Rudolf fährt nach Gödöllö.

1877

Februar
5. Rudolf begrüßt seine Mutter am Wiener Westbahnhof.
24./25. Rudolf ist bei der Hofjagd in Göding.
27. Der Kronprinz betrachtet im Wiener Observatorium eine Mondfinsternis.

März
2. Kronprinz Rudolf besucht den Zirkus Renz in Wien.
6. Rudolf besucht den Prinzen Peter von Oldenburg im Hotel Victoria in Wien.
17. Rudolf jagt in der Nähe von Göding.
22. Geburtstag des deutschen Kaisers, Rudolf ist beim Dîner dabei.
23. Kronprinz Rudolf besteht eine Prüfung aus Militärgeographie.

April

3.–6. Rudolf ist auf einem Jagdausflug in Wittingau, Südböhmen.
9. Rudolf erwartet den Kaiser in Wien.
13. Rudolf besucht eine Kunstausstellung in Wien.
16. Der Kronprinz jagt in der Nähe von Payerbach.
19. Rudolf nimmt an einem Dîner teil, das Erzherzog Albrecht gibt.
24. Rudolf besteht seine Prüfung in ungarischer Staatsbürgerkunde.
25. Der Kronprinz empfängt seinen Schwager Leopold am Südbahnhof.
26. Familiendîner mit Rudolf.

Mai

13. Rudolf nimmt an einem Preisrennen in der Krieau teil.
14.–17. Der Kronprinz unternimmt einen Jagdausflug nach Radmer.
20. Besuch einer Kunstausstellung in Sechshaus.
26. Rudolf ist in Schönbrunn.
27. Der Kronprinz verabschiedet sich von seiner Mutter am Westbahnhof. Rudolf besucht Don Carlos von Spanien im *Grand Hotel* in Wien.

Juni

8. Rudolf besteht eine Prüfung aus österreichischer Staatsbürgerkunde.
13. Abreise nach München und Possenhofen.
19. Fahrt nach Ischl.
24. Rudolf ist in Ischl.

Juli

21. Auflösung des bisherigen und Aktivierung des neuen Hofstaats des Kronprinzen.

August

23. Rudolf kehrt von Ischl nach Schönbrunn zurück, von wo er die Reise nach Pola antritt.
27. Rudolf ist auf Korfu, Weiterreise nach Pola und Butrinto, Albanien, wo er am 6. September ankommt.

September

16. Kronprinz Rudolf kehrt von seiner Dalmatien-Reise zurück.
19. Besuch einer Ausstellung im Künstlerhaus.
23. Déjeuner in Schönbrunn mit dem Königspaar von Sachsen, Abreise nach Innsbruck.
24. Rudolf fährt nach Toblach (Südtirol).
28./29. Rudolf befindet sich in Innsbruck. Tafeln bei Rudolf in Innsbruck.

Oktober

1. Kronprinz Rudolf fährt von Innsbruck incognito nach München.
10. Er fährt im strengsten incognito in die Schweiz, besucht u. a. Bern.
13. Rückkehr nach Wien mit Prinz Leopold von Bayern.
17. Jagdausflug nach Straß (Niederösterreich).

18. Abreise von Wien nach Gödöllö.
20. Der Kronprinz nimmt an der Vermählung von Graf Larisch mit Baronin Marie von Wallersee in Gödöllö teil.
27. Rudolf kehrt zurück und reist nach Teschen.

November
6. Abreise nach Salzburg.
8.–12. Aufenthalt in München.
13. Rudolf kehrt zurück und besucht die Ausstellung im Künstlerhaus.
17. Rudolf fährt nach Gödöllö.

Dezember
1. Rudolf nimmt an einem Ball in Budapest teil.
10. Besuch einer Kunstausstellung in Wien.
11. Rudolf fährt nach Gödöllö.
17. Rudolf kehrt von Gödöllö zurück und begibt sich auf Jagd in Neuberg.
20. Rudolf und der Großherzog von Toskana unternehmen einen Jagdausflug nach Mürzsteg.
27. Abreise nach England mit seiner Mutter Elisabeth.

1878

Jänner
1. Ankunft in London.
10. Rudolf wird von Queen Victoria im Osborne House empfangen.
15. Reise nach Schottland.
29. Aufenthalt in Irland.

Februar
1.–4. Besuch wichtiger Industriestädte.
5. Rudolf ist in London, von wo aus er einige Ausflüge macht, um England und Schottland besser kennenzulernen.
22. Elisabeth kehrt aus England zurück.

Ende Februar/Anfang März
Der Kronprinz ist in Paris.

März
3. Rudolf ist in Berlin.
5. Englischer Pressebericht: »Queen Victoria, die dem Erzherzog besondere Freundlichkeit entgegengebracht hatte, der in England ein völlig Fremder war, hat über die Beziehung des Kronprinzen zu Frauen öffentlich folgendermaßen gescherzt: *Wenn der Kronprinz zufällig einem Mädchen begegnete, versuchte er es zu meiden wie die Pest. Aber wenn eine verheiratete Frau an seiner Seite war, war seine Konversation recht flüssig. Der Kronprinz weiß, sich lebhaft, galant und voll Heiterkeit zu geben – mit einem Wort – liebenswert.*«

10. Ankunft in Wien.
14./15. Der Kronprinz besucht Ausstellungen in Wien.
31. Familiendîner mit Rudolf.

April

6.–13. Rudolf gibt als Kronprinz die ersten offiziellen Empfänge in der Hofburg.
7. Familiendîner mit Rudolf.
8. Empfänge bei Rudolf, es kommen Botschafter und Missionschefs.
9. Geheime Räte
11. Generalität.
12. K.k. Kämmerer.
13. Höhere Beamte.
13.–15. Jagdausflug nach Neuberg.
17. Rudolfs Namenstag wird *im Stillen* gefeiert.
21. Familiendîner mit Rudolf.
22. Abreise per Dampfer nach Südungarn mit Alfred Brehm, Eugen von Homeyer, Leopold von Bayern, Bombelles und dem Tierpräparator Eduard Hodek.

Mai

6. Rückkehr von der Donaureise.
11. Jagdausflug Rudolfs und Leopolds nach Neuberg.
21. *Séjour*-Beginn in Schönbrunn.

Juni

9. Nach Presseberichten kurt Rudolf in Ischl.
19. Ankunft der Königin der Belgier in Wien, allerhöchste Tafel mit Rudolf.

Juli

1. Rudolf fährt nach Ischl.

August

1. Rudolf übersiedelt nach Prag.

September

9. Rückkehr von Prag nach Wien, Schönbrunn.
14.–19. Aufenthalt in Gödöllö.
24. Rudolf reist mit Kaiser Franz Joseph von Sterzing zu Manövern ab. Er macht Ausflüge nach Bozen, Arco und Trient.
25. Allerhöchste Tafel in Sterzing. Rudolf sitzt dem Kaiser gegenüber.
29. Rudolf kehrt zurück und fährt nach Prag.

Oktober

27. Jagdausflug von Prag nach Wlaschin nahe Beneschau.

Dezember

10. Selbstverwundung Rudolfs mit einem Zimmerkapsel-Gewehr.

18. Abreise nach Gödöllö, Rudolf bleibt über die Weihnachtsfeiertage.

1879

Jänner

2. Rudolf und Franz Joseph kehren von Gödöllö zurück. Jagdausflug Mürzsteg.
6. Rudolf fährt nach Prag.
23./24. Besuch in Dresden.
25. Rudolf kehrt nach Prag zurück.
27. Pressebericht: »Es ist mehr als unwahrscheinlich geworden, daß dem Besuch des Kronprinzen in Dresden eine Verlobung mit Prinzessin Mathilde von Sachsen folgen wird.«

Februar

13. Pressebericht der Vossischen Zeitung[848]: »Unser Hof ist letztens weniger damit beschäftigt, was in Europa vorgeht als mit der Frage, wen Kronprinz Rudolf heiraten wird. Die Wahl scheint zwischen einer Tochter des Großherzogs von Toskana und der ältesten Tochter von Prinz Georg von Sachsen zu sein, die erst sechzehn Jahre alt ist.«
18. Kurze Reise von Prag nach Wien, Besuch des Industriellenballs.
20. Rudolf kehrt nach Prag zurück.

März

17. Rede des Kronprinzen in Prag über die Schlacht von Spicheren.[849]

April

10. Rudolf fährt nach Wien, Teilnahme an den Karwochenandachten wie 1877 im Beisein von Kaiser Franz Joseph und den Erzherzögen Karl Ludwig, Ludwig Viktor, Albrecht, Wilhelm, Leopold und Rainer.
28. Rudolf fährt nach Spanien ab.

Juni

25. Kronprinz Rudolf kehrt von seiner Spanienreise über München nach Ischl zurück.

Juli

14. Jagd bei Styrim (Böhmen).
26. Rudolf hält eine Rede während einer militärischen Übung des 36. Infanterie-Regiments.

August

16.–19. Kurze Reise nach Tegernsee, um seinem Vater zum Geburtstag zu gratulieren.
20. Rudolf wird zum Kommandanten des 36. Regiments in Prag ernannt.
27. Kaiser Franz Joseph fährt zu Rudolf nach Prag.
28. Rudolf leitet in Anwesenheit des Kaisers Manöver bei Prag.

September

10. Rudolf kommt nach Wien, Schönbrunn. Familiendîner.
14./15. Jagdausflug mit Albert, König von Sachsen, bei Eisenerz und Radmer.
14. Allerhöchste Tafel mit Rudolf zu Ehren des Königs von Sachsen.

25. Rückkehr der Jagdgäste.

Oktober

21. Rudolf muß wegen Scharlach- und Masernepidemie seine Teilnahme an einer Jagd in Frauenberg (Böhmen) absagen.

November

18. Durchreise Rudolfs von Prag nach Gödöllö.
20.–24. Rudolf geht auf Bärenjagd in Muncacs.
25. Rudolf kommt nach Wien.
26. Rudolf fährt nach Prag.

Dezember

1. Der Kronprinz besucht einen Vortrag von Dr. Holub, einem berühmten deutschen Afrikaforscher.
17. Rudolf kommt in Wien an. Vor und nach Weihnachten Jagdausflüge in die Steiermark.

1880

Jänner

Rudolf ist in Prag.

Februar

4./5. Kronprinz Rudolf ist in Dresden; eine Verlobung mit Prinzessin Mathilde wurde viel besprochen, kam aber nicht zustande.
17. Durchreise Rudolfs durch Wien nach Prag.
28. Rudolf kommt nach Wien.

März

1. Rudolf kommt nach Wien und fährt über München nach Brüssel.
7. Verlobung Rudolfs mit Stephanie von Belgien.
23. Rudolf kehrt nach Wien zurück. Karwochenandachten mit Rudolf.
31. Rudolf fährt nach Prag.

April

24. Rudolf kommt nach Wien.

Mai

6. Rudolf fährt nach Budapest.
25. Rudolf kehrt von Brüssel nach Wien, Schönbrunn, zurück.

Juli

11. Abreise des Kronprinzen von Prag nach Ischl.
16. Rudolf reist von Ischl nach München, wo er zwei Tage bleibt. Dann bricht er nach Belgien (Brüssel, Ostende) auf.

August

17.–19. Kurzer Besuch Rudolfs in Ischl, um dem Kaiser zum Geburtstag zu gratulieren.

September

1. Kronprinz Rudolf wird zum Generalmajor und Konteradmiral ernannt.
10. Bankett in Prag.
11.–18. Kronprinz Rudolf besucht die deutschen Manöver bei Berlin.
19. Zurück in Wien, Rudolf reist zur Jagd nach Knittelfeld weiter.
27. Jagdausflug mit Kaiser Franz Joseph und dem König von Sachsen nach Neuberg.

Oktober

3. Abreise nach Eisenerz.
6. Abreise nach Ischl.
9. Abreise nach Brüssel, kurzer Abstecher nach München.
12.–28. Aufenthalt in Belgien.
30. Rückkehr nach Wien. Abreise nach Ungarn/Gödöllö in Begleitung von Prinz Leopold von Bayern, Graf Wilczek und Latour von Thurmburg. Erste Adlerjagd in Cserevitz.

November

6. Bärenjagd bei Marmaros.
16. Aufenthalt in Gödöllö.

Dezember

4. Retour nach Prag, Abreise zu einer Jagd in Frauenberg (Böhmen), danach Reise über Wien nach Gödöllö.
10. Rudolf kommt nach Wien, fährt abends nach Gödöllö.
25. Audienzen in Wien bei Rudolf, Familiendîner mit Rudolf.
27. Jagd in Neuberg zusammen mit dem Kaiser und dem König von Sachsen.

1881

Jänner

1. Gratulationsaufwartung bei Rudolf; Familiendîner mit Rudolf.
11. Rudolf fährt nach München.

Februar

7. Rudolf kehrt aus Brüssel zurück.
9. Beginn der Orientreise.
18. Der Kronprinz ist in Alexandria.
19. Ihm wird in Kairo ein begeisterter Empfang durch die österreichische Kolonie gegeben.

März

24. Abschied vom Khedive, Abreise von Port Said.
29. Fahrt nach Damiette, Ausflug nach Jaffa, Ankunft in Jerusalem.

April

20. Rudolf kommt von Jaffa nach Triest, Rückreise über Cattaro und Zara.
22. Ankunft am Wiener Südbahnhof mit dem Großherzog von Toskana.

23. Familiendîner mit Rudolf.
30. Botschafteraudienz bei Rudolf, u. a. mit dem belgischen Botschafter.

Mai

5. Rudolf fährt nach Salzburg, um Stephanie auf österreichischem Boden willkommen zu heißen.
6. Rudolf kehrt in der Früh aus Salzburg zurück. Am Nachmittag kommen Stephanie, ihre Eltern und ihre Schwester Clémentine. Weiterfahrt nach Schönbrunn, kleines Familiendîner. Abends kommen Graf und Gräfin von Flandern.[850]
7. Audienzen, Familiendîner bei Erzherzog Karl Ludwig, Hofball.
8. Ausfahrt der belgischen Majestäten und Stephanies, Empfänge, Besuche. Volksfest im Prater, das auch die allerhöchsten und höchsten Herrschaften besuchen.
9. Stephanie fährt von der Favorita in die Wiener Hofburg. Großes Galadîner in der Hofburg.
10. Vermählung Rudolfs und Stephanies um 11 Uhr in der Augustinerkirche, großer Cercle mit Rudolf und Stephanie. Fahrt nach Laxenburg.
11. Festbeleuchtung in Wien.
12. Das belgische Königspaar reist ab. Franz Joseph besucht das Kronprinzenpaar in Laxenburg. Kleine Jagd bei Laxenburg.
13. »Freitag dinirten Erzherzog Ludwig Viktor, der Großherzog von Toscana, die Grafen Bombelles und Palffy, Generalmajor v. Latour bei dem Kronprinzenpaare und wurden auch die Damen der Kronprinzessin zugezogen.«[851]
14. Dîner in der Hofburg mit Rudolf und Stephanie.
15. Rudolf und Stephanie unternehmen eine Spazierfahrt im Prater und besuchen das Kaiserpaar in der Wiener Hofburg, Familiendîner. Das Kronprinzenpaar gratuliert Erzherzog Ludwig Victor zum Geburtstag.
16. Serenade in Laxenburg durch den Singverein der Gesellschaft der Musikfreunde.
17. Rudolf ist auf Jagd in Mannswörth. Soirée in Laxenburg.
18. Rudolf und Stephanie fahren nach Budapest.
24. Ein Familiendîner mit Kaiserin Elisabeth, Rudolf und Stephanie findet statt.
25. Rudolf und Stephanie fahren nach Prag.

Juni

8. Das Kronprinzenpaar gibt in Prag große Empfänge, Audienzen und Bankette.
21. Rudolf ist im Lager in Muichowitz.
30. Studentenunruhen in Prag, das Kronprinzenpaar droht mit der Abreise.

Juli

16.–18. Rudolf und Stephanie fahren nach Reichstadt.
19. Rudolf besucht das Militärlager in Muichowitz.
22. Das Kronprinzenpaar kommt in Salzburg an und fährt direkt in die Villa Swoboda in Hellbrunn.

August

16. Rudolf und Stephanie kommen in Ischl an.
22. Rückkehr nach Prag über Salzburg.

September

10. Rudolf fährt zu den Manövern in Miskolc, Ungarn.
11. Rudolf ist im Hoflager.
12. Manöver, Dîner des Kaisers mit Militärs und Rudolf.
16. Abreise Rudolfs über Budapest nach Wien.
17. Rudolf kommt nach Wien, fährt abends nach Prag.

Oktober

28. Allerhöchste Tafel zu Ehren des Königspaares von Italien, Rudolf und Stephanie nehmen teil.
29. Jagdausflug nach Himberg, abends Galadîner mit Rudolf und Stephanie.

November

1. Rudolf und Stephanie fahren nach Prag.
11. Rudolf und Stephanie fahren von Prag nach Siebenbürgen.
22. Ankunft und Weiterreise von Rudolf und Stephanie über Wien nach Prag.

Dezember

8. Brand des Ringtheaters; über 400 Menschen sterben, nur 150 können identifiziert werden, darunter Ladislaus Vetsera, Marys Bruder. Rudolf ist über die Katastrophe empört: »In schrecklichen Tagen bin ich jetzt in das arme Wien gekomen. Eine fürchterliche Katastrophe hat uns heimgesucht; möge es nur gelingen, die Schuldtragenden zu finden, und streng zu ahnden, die Fehler bloßzulegen, die geschehen sind, um das Übel an der Wurzel zu faßen, die Desorganisation nähmlich, an dem wir in allem und jedem kranken.«[852]
11. Rudolf und Stephanie kommen nach Wien.
    »Nachdem Ihre k.u.k. Hoheiten zum 1ten mal auf längeren Sejour in Wien anwesend waren, so wurde von Seite des k.k. Hofcontroloramtes die Anfrage gestellt, wie die Suiten in Bezug auf die Verpflegung zu behandeln sind ... daß die Suiten Ihrer k.u.k. Hoheiten so zu behandeln sind wie die Suiten der Majestäten in *Schönbrunn*. Es wurde sonach bestimmt, daß täglich um die Dîner-Stunde Ihrer kuk. Hoheiten, eine *Marschalls-Tafel* im Radetzky-Appartement für die gesamte Suite angesagt werden soll ...«.
12. Requiem für die Opfer des Ringtheaterbrandes.
    »Auf Befehl Sr. kuk. Hoheit des durchlauchtigsten Kronprinzen wurde den durchlauchtigsten Herren Erzherzogen noch in der Nacht vom 11. auf den 12. Dezember durch den Hoffourier[853] angesagt, daß Seine kuk. Hoheit dem Requiem in der Stephanskirche beiwohnen wird.«
21. Familiendîner.

1882

Jänner

1. Das Kronprinzenpaar kommt von Prag nach Wien, Gratulationsaufwartung. Familiendîner mit Philipp und Louise.

Februar

11. Rudolf und Stephanie geben einen großen Hofball in Prag, rund 1000 Gäste.

März

10. Das Kronprinzenpaar kommt von Prag nach Wien.
11. Familiendîner.
17. Rudolf und Stephanie fahren nach Prag zurück.

April

5. Rudolf und Stephanie kommen nach Wien, Karwochenandachten.
9. Familiendîner mit Rudolf und Stephanie.
17. Namenstag Rudolfs, allerhöchste Tafel mit den bayerischen Verwandten.

Juni

10. Rudolf reist von Reichstadt (bzw. Rehdörfel) nach Berlin.
13. Rudolf kehrt nach Reichstadt zurück.

Juli

1. Rudolf und Stephanie fahren von Prag nach Reichstadt.
29. Beide fahren auf den Jagdausflug Görgeny Szt. Imre (Siebenbürgen).

August

9. Rudolf und Stephanie kommen von Siebenbürgen nach Schönbrunn.
12. Weiterreise nach Ischl.

September

10. Rudolf und Stephanie fahren nach Breslau.
14. Sie kehren zurück und fahren nach Schönbrunn.
16. Rudolf und Stephanie fahren nach Miramare.

Oktober

3. Rudolf, Stephanie und Leopold von Bayern sind in Wien. In Schönbrunn wurde *»ein copioses Souper bestellt«*.
7. Kaiser Franz Joseph, Kronprinz Rudolf, der König von Sachsen, Wilhelm von Preußen, Leopold von Bayern kehren von der Jagd in Eisenerz nach Schönbrunn zurück.
8. Rudolf und Leopold fahren nach Prag.

Dezember

3. Rudolf kehrt von Letzlingen[854] nach Prag zurück.
12. Rudolf und Stephanie fahren nach Wien.
23. Rudolf und Stephanie sind über Weihnachten in Budapest; allerhöchste Tafel.

27. Zur *600jährigen Belehnung* des Hauses Habsburg mit Österreich wird in St. Stephan ein Hochamt gefeiert.
28. Audienzen bei Rudolf.
31. Rudolf und Stephanie kehren nach Budapest zurück.

1883

Jänner

10. Rudolf und Stephanie fahren nach Prag.
30. Rudolf kommt nach Wien und nimmt am Hofball teil.

Februar

4. Familiendîner.

März

24. Rudolf kommt in die Hofburg nach Wien.
25. Familiendîner, Abreise Rudolfs auf der Westbahn.

April

24. Rudolf kommt von Prag nach Wien.
25. Audienzen bei Rudolf, Abreise nach Prag.
27. Rudolf kommt nach Wien in die Hofburg.
29. Familiendîner mit Rudolf. Jagdausflug mit dem Kaiser und den Jagdgästen nach Mürzsteg/Neuberg.

Mai

2. Rückkehr der Jagdgesellschaft.
12. Das Kronprinzenpaar übersiedelt nach Laxenburg wegen der bevorstehenden Geburt, die Tschechen sind enttäuscht. An diesem Tag wird die Schwangerschaft der Kronprinzessin offiziell bekannt gegeben.
18.–24. Kronprinz Rudolf ist auf Jagd in der Steiermark.

Juni

20. Rudolf ist auf einem Jagdausflug in Niederösterreich.
27./28. Rudolf besucht das Militärlager in Bruck/Leitha.
28. Galadîner für den König von Spanien.

Juli

7.–12. Prinz Leopold von Bayern besucht das Kronprinzenpaar in Laxenburg.

August

10. Königin Marie Henriette kommt, um ihrer Tochter bei der Geburt beizustehen.

September

2. Niederkunft Stephanies um 6.30 in der Früh.
5. Taufe Elisabeth Maries in Laxenburg.
10. Familiendîner mit Rudolf.
15. Empfang bei Hof mit Rudolf, *Elektrische Ausstellung*.

Oktober
10. Allerhöchste Tafel zu Ehren des Königs von Griechenland.
28. Audienzen bei Rudolf.

November
4. Rudolf und Stephanie reisen nach Berlin.
10. Sie kehren zurück. Déjeuner in der Hofburg, dann Fahrt nach Laxenburg.

Dezember
5. Rudolf und Stephanie übersiedeln nach Wien.
22. Audienzen bei Rudolf und Stephanie.
25. Familiendîner.

1884

Jänner
1. Gratulationsaufwartung; Familiendîner in Anwesenheit von Rudolf und Stephanie.
7. Audienzen bei Stephanie.
12. Stephanie ist an Varicellen erkrankt, der Hofball wird auf den 16. verschoben.

Februar
4. Hofball, Rudolf läßt sich entschuldigen.
9. Seelenamt für Kaiserin Caroline August, Rudolf nimmt daran teil. Audienzen bei Rudolf.
24. Familiendîner mit Rudolf und Stephanie.
26. Ball bei Hofe, Rudolf und Stephanie nehmen teil.

März
9. Familiendîner mit Rudolf und Stephanie.
22. Dîner aus Anlaß des Geburtstags des deutschen Kaisers, Stephanie und Rudolf nehmen daran teil.

April
10. Beginn der Karwochenandachten mit Rudolf.
14. Rudolf und Stephanie reisen nach Konstantinopel.
29. Rückkehr.

Mai
3. Beginn des *Séjour* in Laxenburg.
11. Audienzen bei Rudolf.
15. Ausflug Rudolfs und Stephanies nach Budapest, am selben Abend retour, Dîner mit Franz Joseph, Rudolf und Stephanie.

Juni
7. Erste Sitzung für das *große Werk* unter dem Präsidium Rudolfs in der Stallburg.
8. 120 Kartons von Franz von Pausinger für das *große Werk* sind im Künstlerhaus ausgestellt.

12. Rudolf erhält den Ehrendoktortitel der Universität Wien. Die Feier findet in der Hofburg statt.
20. Rudolf ist im Brucker Lager.
23. Rudolf und Stephanie begrüßen Franz Joseph, der zehn Tage weg war, in Schönbrunn.

Juli

6. Franz Joseph und Rudolf reisen nach Pola.
7. Déjeuner und Dîner in Pola.
Rudolf reist nach Marburg zu Stephanie, von dort Reise über Klagenfurt, Innsbruck und München nach Ischl.
16. Rudolf und Stephanie treffen in Wien ein.

August

1. Gemischte Übungen in Bruck, *dîner à la camera* in Laxenburg.
4. Rudolf in Bruck und Laxenburg.
15. Rudolf und Stephanie übersiedeln nach Bruck.
18. Dîner bei Erzherzog Albrecht, abends reisen Rudolf und Stephanie nach Bruck.
21. Rudolf hat einen Wagenunfall, kommt mit Abschürfungen und Blutergüssen davon.
22. Rudolf kann nicht reiten.
23. Der Kaiser kommt nach Bruck, allerhöchste Tafel mit Rudolf und Stephanie.
24. Ebenso.
25. Ebenso.

September

1. Rudolf und Stephanie kehren nach Laxenburg zurück, *dîner à la camera.*
2. Geburtstag Erszis, *dîner à la camera.*
7. Allerhöchste Tafel mit Rudolf und Stephanie.
8. Ebenso.
9./10. Rudolf mit Kaiser Franz Joseph in Stillfried.
11. Galadîner aus Anlaß des Namenstags von Zar Alexander von Rußland, mit Rudolf und Stephanie.
15.–17. Jagd in Orth.
18. Rudolf kehrt zurück, *dîner à la camera* in Laxenburg.
19. Rudolf und Stephanie fahren nach Steyr.
20. Rückkehr nach Wien.
21. Rudolf in Alland.
22. Rudolf und Stephanie fahren nach Budapest.
24. Abreise des Kronprinzenpaars nach Sinaia.[855]
28. Rückreise von dort.
30. Aufenthalt in Görgeny Szt. Imre.

Oktober
bis 12. Jagd in Görgeny.
14. Abreise nach Berlin.
21. Ankunft in Laxenburg.

November
3. Rudolf und Stephanie kommen nach Wien, Besuch einer Ausstellung im Künstlerhaus.
5. Leopold und Gisela nehmen am *Séjour* in Laxenburg teil.
9. Rudolf und Stephanie sind beim Empfang des rumänischen Königspaars in Wien.
11. Die rumänischen Majestäten reisen ab.
20. Rudolf auf Inspektion.
22. Stephanie erkrankt an einem Halsleiden mit Fieber.
23. Dîner des Kronprinzen mit Franz Joseph in Laxenburg.
24. Rudolf inspiziert in Bruck, Stephanie geht es besser.
25. Rudolf inspiziert in Mauer.
26. Rudolf inspiziert in Korneuburg.
28. Stephanie geht es besser.

Dezember
3. Rudolf inspiziert im Prater.
8. Rudolf fährt nach Budapest.
10. Rudolf kehrt zurück, Arbeit in der Kanzlei.
12. Rudolf besucht das dänische Kronprinzenpaar, Audienzen.
15. Rudolf und Stephanie besuchen die Weihnachtsausstellung.
18. Rudolf und Stephanie besuchen das Künstlerhaus, Audienzen, Kanzlei.
22. Rudolf und Stephanie fahren nach Pest.
25. Rudolf und Stephanie kehren aus Budapest zurück.
26. Familiendîner bei Ludwig Victor.
28. Franz Joseph, Rudolf, Leopold von Bayern fahren zur Jagd nach Mürzsteg.
31. Rückkehr.

1885

Jänner
1. Reise Rudolfs und Stephanies nach Budapest.
2. Audienzen.
3. Stephanie gibt Audienzen.
4. Rudolf und Stephanie geben Audienzen.
6. Theater, Audienzen, Dîner.
7. Ball bei Hofe.
8. Retour nach Wien.
9. Militär-Kanzlei.

12. Zahlreiche Audienzen bei Rudolf.
17. Audienzen, Treffen mit den Mitarbeitern am *großen Werk*, Dîner mit ihnen und Stabsoffizieren.
20. Audienzen.
22. Erkrankung Rudolfs an einem Ohrgeschwür; er muß bis 29.1. das Bett hüten.

Februar

2. Rudolf am Industriellenball
3. Rudolf am Ball der italienischen Botschaft, Polenball.
4. Audienzen.
7. Rudolf und Stephanie geben Audienzen.
8. Rudolf und Stephanie besuchen die Makartausstellung im Künstlerhaus.
9. Rudolf und Stephanie besuchen den Concordia-Ball.
10. Audienzen, Kálnoky erscheint in Privataudienz, Rudolf und Stephanie beim Dîner von Erzherzog Karl Ludwig und beim Ball von Marie Valerie.
15. Rudolf und Stephanie bei der Soirée des Prinzen Hohenlohe, später am Rumänenball.
16. Beide geben Audienzen.
17. Ball bei Hofe.
18. Rudolf nimmt in der Gumpendorfer Kaserne an einem Essen in der Offiziersmenage teil.
19. Besuch des Großherzogs von Sachsen.
20. Inspektion.
22. Rudolf und Stephanie empfangen Prinz Wilhelm Schaumburg-Lippe.
24. Das Kronprinzenpaar kommt in Pola an, Audienzen auf dem Schiff *Miramar,* Besichtigungen.
26. Rudolf und Stephanie kommen in Cattaro an, wo sie von der Bevölkerung enthusiastisch empfangen werden.

März

2. Zypern.
4. Ankunft in Beirut, Abreise nach Damaskus.
14. Das Kronprinzenpaar kommt in Athen an und wird vom griechischen König empfangen.
20. Erzherzog Johann Salvator trifft das Kronprinzenpaar in Cattaro.
21. Großherzog Nikolaus von Montenegro erwartet das Kronprinzenpaar und Erzherzog Johann Salvator an der Landesgrenze, um ihnen Cetinje zu zeigen.
24. Durchfahrt durch Split.
25. Cebeniko.
27. Fiume; von hier aus ein kurzer Abstecher nach Abbazia.
30. Inspektion, Begräbnis des Fürsterzbischofs Schwarzenberg.

April

2.–5. Karwochenandachten.
3. Audienzen.
6. Rudolf und Stephanie fahren nach Prag.
7. Abreise mit Philipp und Louise nach Belgien.
8. Ankunft in Aachen – Brüssel.
9./10. Größere Feste, Galadîners.
10. Abreise von Brüssel.
11. Treffen mit Gisela und Leopold in München.
13./14. Jagd.
15. Arbeit in der Kanzlei.
16. Rudolf besucht die xylographische Anstalt der Staatsdruckerei.
19. Dîner mit dem König von Schweden, Abreise nach Budapest.
21. Inspektion der Truppen im Prater.
22. Rudolf und Stephanie im Künstlerhaus.
25. Inspektion im Prater, Abreise nach Neuberg.
28. Rückkehr nach Laxenburg, Dîner mit Philipp und Louise.
29. Audienzen.
30. Rudolf und Stephanie fahren gemeinsam mit Friedrich und Isabella nach Pest.

Mai

1. Besuch der allgemeinen Landesausstellung, Familiendîner.
2. Eröffnung der Ausstellung, Rede Rudolfs, Audienzen, Soirée bei Andrássy.
3. Besichtigung der Ausstellung.
4. Abfahrt nach Wien bzw. Laxenburg.
7. Bombelles fährt auf Kur nach Karlsbad.
12. Das Kronprinzenpaar besucht eine Möbelausstellung in Wien.
20. Kronprinz Rudolf besucht König Milan von Serbien, der sich in Wien aufhält.
27. Abfahrt zu einem Jagdausflug nach Semlin.

Juni

2. Rudolf inspiziert im Prater vor Franz Joseph.
3. Inspektion auf der Simmeringer Haide.
4. Pressebericht: »Der Kronprinz ist zum Mitglied der ungarischen Akademie der Wissenschaft ernannt worden, und wird im Laufe des nächsten Jahres seine erste Rede halten. Die Rede wird sich mit dem Thema *Die Bewohner der ungarischen Wälder* beschäftigen.«
5. Rudolf inspiziert im Prater. Rudolf besucht König Milan von Serbien.
10. König Milan ist bei Rudolf und Stephanie in Laxenburg.
12. Rudolf und Milan besuchen die *Freiwillige Rettungsgesellschaft*.
13. Eine Sitzung zum *großen Werk* unter dem Vorsitz Rudolfs.

19. König Milan von Serbien diniert bei Rudolf in Laxenburg.
20. Rudolf besucht Milan im *Hotel Imperial.*
21. Franz Joseph inspiziert die Wiener Garnison im Beisein Rudolfs.
25.–27. Der Kronprinz und seine Gemahlin besuchen Budapest und werden offiziell empfangen. Beide kommen am 27. zurück.

Juli

3. Kronprinz Rudolf inspiziert die technischen Truppen in Klosterneuburg.
13. Das Kronprinzenpaar kehrt von Brüssel nach Laxenburg zurück.
23. Rudolf inspiziert das Brucker Lager.

August

4. Rudolf inspiziert das Brucker Lager.
6. Rudolf reist nach Tulln und Neulengbach, um das Terrain für künftige Manöver zu besichtigen.
8. Rudolf inspiziert das Brucker Lager.
19. Das Kronprinzenpaar kehrt von Ischl nach Laxenburg zurück.
24. Prinzessin Stephanie reist nach Triest und bleibt bis Ende September in Miramare. Ihre Anwesenheit soll die Italiener beruhigen.
Kronprinz Rudolf begleitet seinen Vater zum Treffen mit Zar Alexander III. nach Kremsier.
26. Jagd und Déjeuner im Fürstenwalde mit Franz Joseph, dem Zaren, Rudolf und beiden Kaiserinnen. Abends Hoftafel.

Dezember

4. Rudolf ist auf Jagd in der Steiermark.
9. Audienzen bei Rudolf in der Hofburg.
23. Das Kronprinzenpaar begibt sich nach Gödöllö, um dort Elisabeths Geburtstag zu feiern.

Die folgenden Jahre wurden nach Möglichkeit noch genauer betrachtet, da ab Rudolfs Erkrankung (angeblich an Gonorrhöe) behauptet wird, daß eine ständige Abnahme seiner Kräfte zu beobachten gewesen sei und er ein zunehmend ausschweifendes Leben geführt habe. Man warf ihm immer wieder Vernachlässigung seiner Gesundheit vor: »Im Laufe des Sommers 1886 wurde das Verhalten des Kronprinzen in zunehmendem Maße ausgesprochen selbstzerstörerisch. Er trank beachtliche Quantitäten Wein, Champagner und Cognac und blieb fast jeden Abend bis nach Mitternacht auf. Gegen vier Uhr erhob er sich bereits wieder, um auf die Jagd zu gehen, an militärischen Übungen teilzunehmen oder zu schreiben.«[856] Dem ist entgegenzusetzen, daß Rudolf seine Verpflichtungen weiterhin pünktlich wahrnahm. In seinen Briefen erwähnte er gelegentlich, daß er – falls seine Zeit es erlaubte – bis zehn oder elf Uhr am Vormittag schlief, bzw. danach trachtete, mehr Schlaf zu bekommen, wenn er anstrengende Zeiten auf sich zukommen sah: »Heute habe ich keinen Brief von Dir bekommen; ich schreibe Dir auch nur kurz, da ich heute um 11 Uhr ins Bett gehen will; Onkel Albrecht ist hier und da muß man sehr solid sein; um 9½ Uhr war alles aus, und ich möchte diesen für lange nicht wiederkehrenden Tag benützen, wo ich vor Mitternacht ins Bett gehen kann.«[857] Und drei Wochen später: »Nach meiner Reise von Ischl fuhr ich ruhig, meistens schlafend bis Wien; am 22ten wurde das Maneuver wegen strömenden Regen abgesagt und so konnte ich bis gegen 10 Uhr ruhig im Bett bleiben, fuhr dann in meine Kanzlei, speiste mit Weilen, pürschte in den Donauauen ...«[858]

1886

Jänner

1. Familiendîner mit Rudolf und Stephanie.
3. Hofjagd in Mürzsteg.
13. Audienzen bei Rudolf.
17. Familiendîner mit Rudolf und Stephanie.
28. Großer Hofball mit Rudolf und Stephanie.

Februar

3. Ball bei Hofe mit Rudolf und Stephanie.
21. Familiendîner mit den Majestäten, Rudolf und Stephanie.

März

5. Rudolf und Stephanie fahren in Begleitung von Gräfin Sylva-Tarouca, Graf Bombelles und Leibarzt Dr. Auchenthaler nach Lacroma.
9. Ankunft auf Lacroma, Stephanie ist auf der Reise erkrankt.
11. Erzherzog Ludwig Victor kommt in Fiume an, um das Kronprinzenpaar zu besuchen.
18. Rudolf und Luwig Victor unternehmen auf dem Dampfer *Ragusa* einen Ausflug nach Cattaro.
23. Ludwig Victor fährt von Lacroma nach Fiume.

April

1. Rudolf jagt in Begleitung von Philipp Coburg auf Adler in der Nähe von Drieno.
19. Abreise des Kronprinzenpaares von Lacroma, Reise über Split, Sebenico und Zara.

Mai

3. Eröffnung des *Séjour* in Laxenburg.
21. Stephanies Geburtstag.

Juni

24. Fronleichnamsfeiern mit Rudolf.

Juli

6. Rudolf inspiziert in Bruck, danach trifft sich das Ehepaar in Laxenburg. Abschiedsvisite beim französischen Botschafter.
8. Rudolf und Stephanie fahren nach Reichenau zur Firmung zweier Kinder Karl Ludwigs.
13. Rudolf ist im Brucker Lager.
14. Rudolf und Philipp Coburg unternehmen einen Jagdausflug nach Mühlleiten.
15. Rudolf und Stephanie besuchen Erzherzog Ludwig Victor in Kleßheim. Weiterreise nach Ischl.

August

10. Rudolf fährt zum Manöver nach Hütteldorf.
15. Rudolf und Stephanie fahren nach Bruck.
17. Der Kaiser fährt ins Brucker Lager.
18. Rudolf und Stephanie besuchen die Wiener Oper (*Carmen*).
20. Der Namenstag Stephanies wird in Bruck gefeiert.
25. Allerhöchste Tafel mit dem Kaiser, Rudolf und Stephanie in Bruck/Leitha.
28. Soldatenfest in Bruck.

September

2. Geburtstag Elisabeth Maries, Rudolf und Stephanie besuchen die Messe in der Laxenburger Kapelle. Rudolf ist noch in Bruck.
5. Rudolf und Stephanie fahren nach Wien; Rudolf hat einen Termin bei Kálnoky. Mittags kehren beide nach Laxenburg zurück.
18. Rudolf wird Ehrenmitglied der Akademie der Wissenschaften in Lissabon.

Oktober

13. Galadîner bei Hofe, an dem das Kronprinzenpaar mit dem König von Sachsen teilnimmt.
27. Audienzen bei Rudolf in der Hofburg.

November

6. Das Kronprinzenpaar unternimmt einen Jagdausflug nach Orth/Donau.
13. Teile der Texte aus Rudolfs Buch »Jagden und Beobachtungen« werden in Zeitungen abgedruckt.

17., 20., 23. Rudolf inspiziert das Brucker Lager.

22. Audienzen bei Rudolf in der Hofburg.
27. Rudolf fährt nach Preßburg und besucht Erzherzog Friedrich.

Dezember

1. Rudolfs Aufsatz »Der Wienerwald« wird in Zeitungen abgedruckt.
13. Kronprinz Rudolf und seine Familie übersiedeln über den Winter in die Wiener Hofburg.

19. Familiendîner mit den Majestäten, Marie Valerie, Rudolf und Stephanie, Karl Theodor, Marie José, Marie Therese, Karl Ludwig etc.
25. Ein weiteres Familiendîner, an dem das Kronprinzenpaar teilnimmt.
26. Abreise des Kronprinzenpaares nach Abbazia.

1887

Jänner

2. Rudolf und Stephanie sind in Veglia (Dalmatien).
10. Rudolf und Stephanie kehren in Begleitung von Philipp und Louise Coburg nach vierzehn Tagen aus Abbazia zurück. Kanzlei. In der Hofburg findet ein Familiendîner mit Franz Joseph, Elisabeth, Marie Valerie und dem Kronprinzenpaar statt.
11. Erzherzog Rainers 60. Geburtstag; das Kronprinzenpaar besucht ihn, um zu gratulieren.
Um 6 Uhr findet ein Dîner bei Rudolf und Stephanie statt.
12. Divisions-Kanzlei.
13. Kanzlei, Privataudienzen.
14. Jagdausflug des Kronprinzen nach Aspern.
16. Jagd auf Fasane in Fischamend. Familientafel mit Rudolf und Stephanie.
18. Audienzen.
19. Gerüchte um Rudolfs Abreise nach Lacroma stellen sich als unwahr heraus. Rudolf erscheint beim Vortrag von Oberst Bolla.
20. Hofball; Rudolf nimmt teil, Stephanie muß wegen Unwohlseins (Grippe) absagen.
21. Kanzlei.
22. Kanzlei.
23. Rudolf diniert bei den Coburgs.
24. Kanzlei, Audienzen, Dîner *à la camera*. Rudolf besucht den Ball bei Erzherzog Ludwig Victor.
25. Kanzlei.
27. 10-16 Uhr in Mayerling, Rudolf nimmt an der Tanzsoirée von Marie Valerie teil.
28. Kanzlei.
29. Kronprinz Rudolf, Philipp Coburg und Graf Bombelles unternehmen einen Jagdausflug nach Abbazia.
30. Mit dem Präsidenten des österreichischen Touristenklubs, Anton Silberhuber, wird der Monte Maggiore in Istrien bestiegen.

Februar

2. Ball der Zöglinge der technischen Militär-Akademie, an dem Rudolf teilnimmt.
Das Kaiserpaar und Rudolf besuchen den Industriellenball.
4. Kanzlei, Rudolf und Philipp begeben sich mit kleinem Gefolge zur Jagd nach Mannswörth.
5. Kanzlei und Audienzen. Ball beim Corps Kommandanten.

6. Familiendîner bei Franz Joseph, Eisenbahnball.
7. Kanzlei, Rudolf besucht den Studentenball.
8. Kanzlei, Ausflug des Kronprinzen mit Philipp Coburg auf den Semmering.
9. Besteigung des Sonnwendsteins. Rückkehr nach Wien.
10. Kanzlei, Audienzen. Allerhöchste Tafel zu Ehren des Kronprinzenpaares von Japan, Rudolf nimmt daran teil.
12. Audienzen, der japanische Prinz besucht Rudolf. Der Patronessenball findet statt: »Der glänzend verlaufene Patronessen-Ball wies eine große und schmerzliche Lücke auf, die Abwesenheit ... der Erzherzogin *Kronprinzessin Stephanie* ... Seit der Rückkehr des durchlauchtigsten Kronprinzenpaares von dem letzten Aufenthalte in Abbazia ist Ihre kais. Hoheit Frau Erzherzogin Stephanie an das Zimmer gefesselt.«[859]
14. Rudolf besucht den Polenball und den Concordia-Ball.
15. Kanzlei. »Im Musikvereinssaale hat der Polenball gestern mit demselben Aufwande von Vornehmheit und Pracht stattgefunden, der das hervorragendste Charakteristikon dieses Balles bildet. Der Polenball ist der einzige große Wiener Eliteball, der ein ausgesprochen nationales Kolorit besitzt ... Sofort nach dem Erscheinen des Kronprinzen begann die berühmte Mazur.«
16. Rudolf am Ball des Markgrafen Pallavicini.
17. Rudolf und Philipp unternehmen einen Jagdausflug nach Mühlleiten.
19. Rudolf in Begleitung von Graf Bombelles am Ballfest von Graf Schönborn.
21. Ball beim Prinzen zu Hohenlohe, Rudolf kommt.
22. Kronprinz Rudolf nimmt am Ball bei Hof teil.
24. Rudolf hinterläßt seine Visitkarte beim japanischen Prinzenpaar, das am nächsten Tag abreist.
25. Der Kronprinz präsidiert einer Sitzung im Redaktionsbüro des *großen Werks* in der Stallburg.
26. Der an Grippe erkrankten Kronprinzessin geht es besser.
»Se. kais. Hoheit Kronprinz Rudolf beehrte gestern Nachmittags um 2 Uhr seine ehemalige Aja, die Palastdame Karoline Freiin v. Welden, in ihrer Wohnung, Predigergasse Nr. 3, mit einem längeren Besuche. Seit kurzer Zeit ist es das drittemal, daß Kronprinz Rudolf die hochbetagte Dame in ihrer Behausung aufsucht, um sich von ihrem Befinden persönlich zu überzeugen.«
28. Erste Spazierfahrt Stephanies im Prater.

März

1. Stephanie fährt wieder aus, die Pferde scheuen, sie muß mit einem Fiaker heimfahren.
2. Kronprinz Rudolf und Gemahlin fahren nach Abbazia. »Das Publikum akklamirte das hohe Paar und gab unverhohlen seiner Freude über das vorzügliche Aussehen der Kronprinzessin Ausdruck ... Kronprinz Rudolf begibt sich bekanntlich von Abbazia aus am 5. d. M. nach Pest.«[860]

5. Rudolf kehrt zurück, berichtet den Coburgs über Stephanies Gesundheitszustand und fährt nach Pest weiter.
6. Hofdîner in Pest mit dem Kaiser und Rudolf.
11. Rudolf fährt nach Abbazia, um seine Frau zu besuchen.
14. Rückkehr Rudolfs.
15. Rudolf fährt nach Berlin zu den Feierlichkeiten anläßlich des 90. Geburtstags Kaiser Wilhelms I.
18. »Der erste Wiener Hornistenklub unter der Leitung des Orchestermitgliedes der Hofoper, Professor Schantl, reist in der Stärke von 26 Mann ... am 24. d. Früh von hier nach Abbazia ab ... Nach stattgehabtem Empfang verfügt sich der Klub in den Garten der Villa *Angiolina*, um dem Kronprinzenpaar ein Ständchen zu bringen.«
23. Rudolf fährt nach Abbazia.
24. Rudolf hat ein Gespräch mit Erzherzog Albrecht und fährt nach Pest.
26. Konzert des *Ersten Wiener Hornistenclubs* in Abbazia. Anwesend ist auch das Kronprinzenpaar.
28. »Das Konzert des Udel-Quartetts unter Mitwirkung des Fräulein Standhartner und Herrn Karl Stieler fand gestern Abends im Beisein des Kronprinzenpaares, des Erzherzogs Josef sammt Gemahlin und Töchter ... und des gesammten Kurpublikums statt und nahm einen äußerst glänzenden Verlauf.«[861]
»Heute Früh um 6 Uhr fuhr Kronprinz Erzherzog Rudolf in Begleitung seines Adjutanten v. Wohlgemuth und des Präsidenten des Oesterreichischen Touristenklubs, Herrn Anton Silberhuber, auf dem Torpedoboot *Adler* nach Lussin.«

April

3. Rudolf kehrt nach Wien zurück.
4. Audienzen. Jagdausflug nach Mannswörth.
6. Rudolf macht einen Jagdausflug nach Absdorf, Niederösterreich.
7. Rudolf nimmt an den Karwochenandachten teil.
8. Karfreitag-Gottesdienst mit Rudolf.
10. Auferstehungsfeier in der Hofburg mit Rudolf.
12. Rudolf besucht das Künstlerhaus. Jagdausflug mit dem Kaiser nach Payerbach.
14. Rudolf reist mit Erzherzog Friedrich nach Abbazia.
19. Rudolf inspiziert im Prater.
20. Rudolf fährt zur Jagd nach Spital am Semmering.
21. Rudolf kehrt zurück und begrüßt mit Franz Joseph die Kaiserin am Staatsbahnhof.
22. Rudolf inspiziert im Prater. Jagdausflug Payerbach.
26. Rudolf nimmt an der Feier des 60jährigen Dienstjubiläums von Erzherzog Albrecht teil.
28. Rudolf unternimmt einen Jagdausflug nach Berzencze. Aus einem Telegramm erfährt man: »... der Kronprinz, der sich besonders wohl befindet ...«
30. Abreise Rudolfs nach Abbazia.

Mai

2. Rudolf kehrt nach Laxenburg zurück.
3. Beginn des *Séjour* in Laxenburg.
4. Trauergottesdienst für Kaiserin Maria Anna mit Rudolf.
6. Rudolf inspiziert auf der Schmelz, Arbeiten in der Divisions-Kanzlei. Jagdausflug nach Mannswörth.
7. Audienzen. Jagdsausflug nach Neuhaus am Semmering.
8. Rudolf kehrt zurück. Er holt seine Frau ab, um mit ihr nach Laxenburg zu fahren.
10. Rudolf auf Jagd in Mürzsteg.
13. Rudolf und Franz Joseph fahren nach Bruck.
17. Rudolf inspiziert in Krems.
18. Kaiserin Elisabeth kehrt aus Herkulesbad zurück.
19. Rudolf ist im Brucker Lager bei Schießübungen; über Himberg kehrt er nach Laxenburg zurück.
21. Geburtstag Stephanies. Dîner in Laxenburg. Es wird verlautbart, daß Stephanie Rudolf aus »Gesundheitsgründen« nicht nach London begleiten wird.
22. Rudolf besucht das Herzogspaar von Montpensier.
24. Audienzen. Franz Joseph inspiziert mit Rudolf im Prater.
26. Rudolf und Stephanie gestatten, daß der neue Aussichtsturm am Kahlenberg *Stephanie-Warte* genannt werden darf.

Juni

1. Allerhöchste Tafel für den Fürsten und die Fürstin von Montenegro mit Rudolf und Stephanie.
4. Rudolf nimmt am Frühlingsfest teil.
5. Rudolf ist auf Jagd in Alland.
7. Franz Joseph und Rudolf inspizieren auf der Schmelz.
9. Rudolf nimmt an der Fronleichnamsprozession teil.
10. Rudolf fährt zur Inspektion nach St. Pölten.
11. Die Majestäten und Marie Valerie fahren nach Ischl. Rudolf verabschiedet sie am Penzinger Bahnhof.
14. Audienzen. Rudolf besucht die Möbel-Ausstellung. Er spendet dem Komitée des Frühlingsfestes 250 Gulden.
15. Abreise Rudolfs nach London.
16. Rudolf ist in München, besucht seine Schwester und empfängt Künstler, die zum *großen Werk* beitragen.
18. Rudolf kommt in London an.
21. Rudolf wird der Hosenband-Orden verliehen.
25. Rudolf besucht den Außenminister Kálnoky.
27. Rudolf und Stephanie reisen nach Krakau.

Juli

4. Stephanie fährt nach Franzensbad.
12. Rückkehr des Kronprinzen von der Inspektionsreise in Galizien über Budapest.
15. Elisabeth Marie fährt nach Ischl.
16. Rudolf diniert im Sachergarten mit Philipp und Louise Coburg sowie Prinz Louis Esterházy.
20. Rudolf fährt nach Ischl, um Elisabeth Marie zu besuchen.
22. Rückkehr des Kronprinzen von Ischl nach Wien. Langer Besuch beim Außenminister Graf Kálnoky.
27. Rudolf fährt nach Bruck und wohnt in der Dienstbaracke.
28. Manöver in Anwesenheit Rudolfs, Arbeit in der Divisionsbaracke, Dîner in der Hofburg.
29. Rudolf um vier Uhr beim Schießen. Abends Tafel für 12 Couverts in der Hofburg für Generale und Oberste aus Bruck.
   Rudolf im Brucker Lager. »Die Lebensweise des Kronprinzen ist, wie uns geschrieben wird, eine überaus einfache. Derselbe verläßt um halb 5 Uhr das Lager und wohnt den militärischen Uebungen bei. Hierauf werden die Divisionsgeschäfte erledigt, ein kleines Dejeuner eingenommen und bis zum Diner in der Hofburg die vorliegenden Korrespondenzen erledigt. Der Nachmittag ist wieder durch militärische Geschäfte in Anspruch genommen; um 9 Uhr findet das Souper statt und um 10 Uhr begibt sich der Kronprinz zur Nachtruhe.«[862]

August

6. Rudolf kommt für zwei Rasttage nach Wien.
11. Stephanie kehrt aus Franzensbad zurück und fährt weiter nach Ischl.
14. Rudolf verläßt Bruck und fährt nach Ischl, um sich von Stephanie zu verabschieden, die nach Jersey fährt.
15. Kronprinz Rudolf kehrt am Nachmittag aus Ischl nach Bruck zurück.
17. »Ischl. Zur Vorfeier des kaiserlichen Geburtstages fand im hiesigen Theater eine Festvorstellung statt ... In der Hofloge befanden sich Kronprinzessin Stephanie, Prinzessin Gisela, Erzherzog Ludwig Victor und Prinz Leopold von Bayern.«[863]
18. »... die Feldmesse wurde in Anwesenheit des Kronprinzen abgehalten und sodann vor demselben defilirt ... An dem Festdiner des Officierscorps nahmen der Kronprinz, Erzherzog Friedrich, Erzherzog Leopold und Herzog Philipp von Coburg Theil. Bei demselben brachte der Kronprinz folgenden Toast aus: »Wir Soldaten, als der erste und vornehmste Stand, haben das Recht und die Pflicht, den heutigen Tag, unseren größten Festtag, besonders feierlich zu begehen. Darum stimmen wir in den Ruf ein: Unser allergnädigster Herr, dem wir angehören mit Leib und Seele, mit Gut und Blut, dem unsere ernste Arbeit gehört im Frieden wie in der Stunde der Entscheidung, Se. Majestät unser allergnädigster Kaiser und oberster Kriegsherr lebe hoch! hoch! hoch!«[864]

»Hierauf begab er [der Kronprinz] sich zum Souper in die Hofburg, woselbst Kapellmeister Ziehrer mit den *Deutschmeister-Schrammeln* und *Udel* sich producirten. Das ganze Lager ist glänzendst beleuchtet und findet um 10 Uhr der große Ball im zweiten Kasino statt, den auch der Kronprinz besuchen wird.«[865]

20. Rudolf übernimmt das Protektorat über den Schützenverein in Mittelberg. Stephanie fährt nach Jersey ab.
21. Der Kronprinz macht einen Ausflug in die Umgebung.
26. Rudolf gibt ein großes Offiziersdîner in Laxenburg.
28. Rudolf rückt mit seiner Division in Wien ein.

September

1. Elisabeth Marie kehrt nach sechs Wochen von Ischl nach Laxenburg zurück.
2. Erszis Geburtstag in Laxenburg.
3. Rudolf empfängt Generäle und Offiziere der diesjährigen Manöver.
16. Rudolf ist auf Jagd.
17. Rudolf fährt zu den Manövern nach Deva.
22. Rudolf kehrt zurück.
26. Rudolf eröffnet als Protektor den *Hygienischen Kongreß*.

Oktober

1. Prinz Wilhelm von Preußen kommt nach Wien.
3. Rudolf gibt seine Karte bei den griechischen Majestäten im Hotel Imperial ab. Der Kronprinz besucht Kálnoky.
4. Rudolf läßt in Laxenburg aus Anlaß des Namenstags des Kaisers eine Messe lesen.
5. Rudolf fährt zur Bärenjagd nach Görgeny Szt. Imre, Prinz Leopold von Bayern begleitet ihn.
13. Rudolf und Leopold kehren nach Wien zurück.
16. Rudolf und Leopold unternehmen einen Jagdausflug in Mannswörth. Dîner bei Franz Joseph in der Hofburg. Leopold reist ab.
19. Stephanie kehrt nach dreimonatiger Abwesenheit (Jersey, Belgien) nach Wien zurück und wird von ihrem Gatten am Bahnhof erwartet. Beide fahren nach Laxenburg.
20. Rudolf und Stephanie fahren nach Wien, am Nachmittag retour nach Laxenburg.
21. Sitzung der Fachreferenten für das *große Werk* unter Rudolfs Vorsitz.
24. Das Kronprinzenpaar reist nach Graz und in die Steiermark.
29. Rudolf fährt nach Wien in die Divisions-Kanzlei.
30. Rudolf unternimmt einen Jagdausflug nach Ebersdorf und kehrt nach Laxenburg zurück.

November

4. Rudolf inspiziert in Karlsburg.
6. Dîner beim Kaiser mit Rudolf und Leopold von Bayern.
12. Hofjagd im kaiserlichen Revier Hennersdorf mit Rudolf, Leopold und Philipp.

14. Rudolf, Stephanie, Louise, Philipp und Leopold fahren nach Orth zur Jagd.
19.–21. Das Kronprinzenpaar fährt von Laxenburg aus erstmals in sein neues Jagdschloß Mayerling. Rudolf beabsichtigt anschließend nach Wien zu fahren, Stephanie nach Laxenburg. Déjeuner am 21. in der Hofburg.
23. Parforce-Jagd, an der Rudolf teilnimmt.
24. Rudolf reitet im Prater aus und besichtigt Übungen einiger Regimenter seiner Division. Arbeit in der Divisons-Kanzlei.
25. Erzherzog Friedrich und Isabella besuchen Rudolf und Stephanie in Laxenburg.
28. Rudolf jagt mit Friedrich in Orth.
29. Rudolf, Friedrich und Franz Ferdinand jagen in Sitzenberg bei St. Pölten.
30. Rudolf jagt mit Friedrich, Franz Ferdinand und Josef Hoyos in Guntramsdorf.

Dezember

2. Rudolf und Stephanie besuchen in Wien ein Spitzengeschäft.
3. Der Kronprinz übersiedelt samt Familie in die Hofburg.
7. Die Rekruten rücken vor Rudolf aus.
10. Rudolf und Stephanie fahren mit kleinem Gefolge nach Mayerling.
13. Rudolf fährt nach Laxenburg.
18. Rudolf unternimmt einen Ausflug nach Preßburg, nachmittags retour. Um 10 Uhr abends Besprechung mit Kálnoky.
20. Rudolf fährt nach Mayerling.
21. Rückkehr, Divisons-Kanzlei, nachmittags Laxenburg.
22. Rudolf und Stephanie besuchen die Weihnachtsausstellung im österreichischen Museum.[866]
24. Rudolf, Stephanie und Elisabeth Marie nehmen bleibenden Aufenthalt in Wien.
25. Rudolf und Stephanie fahren nach Mayerling.
27. Kaiser Franz Joseph besucht das Kronprinzenpaar in Mayerling, Galadîner mit 14 Gedecken, Franz Joseph und Rudolf kehren abends nach Wien zurück.
28. Rudolf und Friedrich brechen nach Fiume auf, müssen wegen Schnees umkehren.
30. Rudolf und Stephanie sind zum Dîner bei Philipp und Louise.
31. Sylvesterfeier in der Hofburg in Anwesenheit des Kronprinzenpaares, anschließend Familiendîner.

1888

Auch das Jahr 1888 verlief für Kronprinz Rudolf und Stephanie recht unspektakulär. Das Kronprinzenpaar nahm gemeinsam oder getrennt verschiedene repräsentative Aufgaben wahr. Von einer Erkrankung Rudolfs oder einer Einschränkung seines Aufgabenbereichs ist nichts zu bemerken. Allerdings dürfte es kleinere Verstimmungen zwischen Rudolf und Stephanie gegeben haben, wie Marie Valerie bereits 1887 in ihrem Tagebuch vermerkt hatte: »Rudolf zu kurzem Besuch, erzählt, daß Stephanie in Laxenburg, noch gar nicht wohl, sprach sehr wenig erbaut von ihr und ihrer infamen durch Sich nicht Schonen-Wollens entstehenden üblen Laune ... merkt wohl gewaltig, daß sein häusliches Glück manches zu wünschen übrig lässt.«[867]

Die Zeitungen berichteten im Sommer 1888, daß das Kronprinzenpaar häufig den Sacher-Garten[868] im Prater besuchte, um ein Dîner oder Souper einzunehmen. Nicht immer waren sie in Begleitung von Gästen, häufig nur zu zweit – so zum Beispiel am 16. August.[869] Und einige Tage später hieß es in der Presse: »Das Kronprinzenpaar und Herr Erzherzog Otto sammt Gemahlin Frau Erzherzogin Maria Josepha sind gestern Nachmittags nach 4 Uhr aus Laxenburg hier eingetroffen und haben im Sachergarten diniert.«[870]

Diese Meldungen – wie auch solche, daß Rudolf und Stephanie immer wieder intim bei den Coburgs speisten – zeigen einerseits, daß die Ehe nicht vollkommen gescheitert sein konnte, andererseits aber, daß die Journalisten über alle Schritte Rudolfs Bescheid wußten, ihn daher auch bei exzessiven Heurigenbesuchen, die der Kronprinz manchen Autoren zufolge unternommen haben soll, wohl leicht ertappt hätten.

1888

Jänner

1. Gratulationsaufwartung bei Rudolf, Familiendîner. Kaiser Franz Joseph, Kronprinz Rudolf und die Jagdgäste begeben sich zur Hochwildjagd nach Neuberg. Stephanie hat sich mit dem Brenneisen die Hornhaut verletzt.
5. Dîner mit Leopold und den Coburgern.
6. Dîner mit Philipp und Louise Coburg.
8. Rudolf und Philipp Coburg begeben sich zur Jagd nach Orth an der Donau. Das Butschetty-Quartett und Bratfisch konzertieren.
10. Rudolf speist mit Stephanie *à la camera.*
11. Kronprinz Rudolf im Militärkasino bei einem Kriegsspiel. Dîner *à la camera.*
12. Rudolf gibt ein Dîner.
13. Audienz des Grafen Wilczeks bei Rudolf.
15. Familiendîner beim Kronprinzenpaar.
    Ballfest bei FZM Bauer in Anwesenheit des Kronprinzenpaares.
16. Das Kronprinzenpaar erscheint beim Ball des FZM Baron Bauer sowie bei der *Soirée dansante* bei Marie Valerie.
18. Audienzen beim Kronprinzen, Rudolf und Stephanie am Hofball.
20. Das Kronprinzenpaar diniert bei Erzherzog Rainer.
21. Rudolf ist auf Jagd bei Aspern.
22. Ball bei Erzherzog Albrecht, das Kronprinzenpaar nimmt daran teil.
24. Kriegsspiel im Militärkasino.
    Empfang der Deputation des Polenballkomitees.
25. Rudolf und Stephanie am Ball bei Hofe.

28. Das Kronprinzenpaar besucht den Ball bei Erzherzogin Marie Valerie.
29. Rudolf unternimmt einen Jagdausflug nach Mannswörth.
30. Dîner beim Kronprinzen, Stephanie ist unwohl.
31. Der Kronprinz besucht den Ball bei Erzherzog Ludwig Victor und den der Zöglinge der technischen Militärakademie.

Februar

1. Rudolf und Stephanie am Industriellenball.
2. Der Kronprinz besucht vormittags Graf Wilczek. Von 10 bis 11 Uhr ist er bei Latour. Dîner bei Erzherzog Wilhelm.
5. Rudolf und Stephanie nehmen an einem Familiendîner teil.
6. Rudolf besucht den Concordia-Ball.
   Rudolf und Stephanie besuchen den Ball beim englischen Botschafter.
7. Stephanie und Rudolf besuchen den Ball beim französischen Botschafter.
8. Rudolf und Stephanie dinieren bei Philipp und Louise. Abends besucht das Kronprinzenpaar den Ball bei Markgraf Pallavicini.
9. Audienzen beim Kronprinzen.
10. Rudolf und Stephanie fahren nach Budapest. Familiedîner.
11. Redaktionssitzung für das *große Werk*. Déjeuner bei Philipp; Dîner mit den Majestäten.
12. Rudolf gibt für die Mitarbeiter am *großen Werk* ein Déjeuner im Hotel *Königin von England*.
13. Intimes Familiendîner. Ball des National-Casinos.
14. Rudolf zum Déjeuner bei Philipp.
15. Rudolf und Stephanie kehren nach Wien zurück.
   »Das Interesse aller Bevölkerungs-Schichten der ungarischen Hauptstadt wird gegenwärtig durch den hiesigen Aufenthalt des Hofes in Athem gehalten. Das Auftreten des *Kronprinzenpaares* in der Oeffentlichkeit ruft allenthalben einen bezaubernden Eindruck hervor. Die Art des Verkehrs des Kronprinzen Rudolph mit ungarischen Schriftstellern, sein Erscheinen in Begleitung der Kronprinzessin Stephanie auf dem Balle des Siebenbürger Culturvereins, wie auch auf dem Casinoball haben die lebhaften Sympathien, die man in Ungarn dem Thronfolgerpaare entgegenbringt, bis zur Begeisterung gesteigert.«
16. Der Kronprinz besucht Erzherzog Karl Ludwig und dessen Frau Marie Therese.
17. Rudolf reist mit Friedrich und Franz Ferdinand nach Abbazia.
21. Sie kehren nach Wien zurück. Dîner *à la camera* mit Stephanie.
22. Rudolf erkrankt an Augenentzündung und kann bis 27. nicht ausgehen.
28. Déjeuner mit den Coburgs. Dîner bei Erzherzog Karl Ludwig.
29. »Kronprinz Rudolph übermittelte vor einigen Tagen dem naturhistorischen Hofmuseum zum Zwecke der Ausstellung das Präparat eines Elchkalbes, welches Kronprinz Rudolph von Reichsraths-Abgeordneten Grafen Hompesch als Geschenk erhalten hat.«[871]
   Déjeuner und Dîner *à la camera*.

März

2. Stephanie reist nach Abbazia. »Der Kronprinz konnte seine erlauchte Gemalin nicht, wie in Aussicht genommen war, nach dem Süden begleiten, da er in Folge einer leichten Entzündung eines Auges hier zurückbleiben mußte. Der Kronprinz gab jedoch der hohen Frau das Geleite bis auf den Bahnhof ...«[872] Rudolf besucht das Atelier Hodek und diniert bei Philipp und Louise Coburg.
6. »Kronprinzessin Stephanie, welche Freitag Abends im besten Wohlsein hier eingetroffen ist, hat auch diesmal in der unvergleichlichen *Villa Angiolina* Absteigequartier genommen ... Kronprinz Rudolph wird demnächst zu mehrtägigem Aufenthalte hier eintreffen. Ferner werden Prinz Philipp und Prinzessin Louise von Coburg einige Wochen in unserer Mitte verweilen.«[873]
13. Sitzung zum *großen Werk* unter Rudolfs Vorsitz.
14. Rudolf reist nach Berlin zum Begräbnis von Kaiser Wilhelm I.
17. Der Kronprinz kehrt zurück.
 Die Kronprinzessin unternimmt Ausflüge mit dem Schiff.
18. »Um der Infanterie als Hauptwaffe des Heeres einen Beweis Meiner besonderen Fürsorge zu geben, finde Ich die Stelle eines General-Infanterie-Inspectors zu systemisiren und ernenne hiezu Meinen Sohn, den Kronprinzen Feldmarschall-Lieutenant Erzherzog Rudolph.«[874]
21. Hofdîner zu Ehren des Königs von Rumänien, an dem Rudolf teilnimmt.
22. Der Kronprinz besucht Erzherzog Albrecht.
24. Kronprinz Rudolf spendet der Volksküche 100 Gulden.
25. Rudolf begibt sich auf Schnepfenjagd nach Mühlleiten.
 Abends nimmt er an einem Familiendîner teil.
28. Rudolf und Otto begeben sich zur Jagd in den Lainzer Tiergarten.
29. Familiendîner bei Ludwig Victor, an dem Franz Joseph und Rudolf teilnehmen. Karwochenandachten beginnen.
30. Familiendîner bei Kronprinz Rudolf.
31. Hochamt in Anwesenheit des Kaisers und des Kronprinzen.

April

1. Rudolf reist mit den Erzherzögen Franz Ferdinand und Otto nach Abbazia.
8. Familiendîner bei Kronprinz Rudolf.
9. Rudolf und Stephanie besuchen das Künstlerhaus.
12. Rudolf gibt Objekte aus seinem Privatbesitz für die Kaiserin Maria Theresia-Ausstellung.
13. Inspektionsreise nach Ungarn.
14. Inspektionsreise nach Marburg.
17. Rudolf jagt in Lainz, Namenstag Rudolfs.
18. Inspektion in Znaim.
19. Inspektionsreise nach Brünn.

22. Inspektion in der Steiermark.
25.–27. Inspektionsreise nach Troppau.
30. Dîner beim Kronprinzen in der Hofburg, unter den Gästen ist auch der Kaiser. Begrüßung der Kaiserin durch Franz Joseph und das Kronprinzenpaar am Westbahnhof.

Mai

1. Inspektionsreise Stuhlweissenburg, Miskolc und Kaschau.
3. Rudolf beruft Menger anstelle des verstorbenen Neumann-Spallat für die volkswirtschaftliche Abteilung des *großen Werks*.
5. Beginn des Laxenburger *Séjours*.
8. Rudolf präsidiert in der Stallburg eine Sitzung für das *große Werk*.
10. »Se. kaiserliche Hoheit war gegen 6 Uhr Nachmittags in der Reitallee des Nobelpraters zu Pferde erschienen. Das edle, gebräunte Gesicht des Kronprinzen wies eine auffallende Veränderung auf. Der dunkelblonde Vollbart ist verschwunden und nur der Schnurbart und ein ganz kurzes Backenbärtchen sind geblieben. Jugendlicher und blühender erscheint durch die Bartveränderung das Antlitz des Kronprinzen.«[875]
11. Inspektionsreise nach Preßburg.
14. Enthüllung des Maria-Theresien-Denkmals in Anwesenheit der kaiserlichen Familie.
18. Inspektion in Budapest.
Dîner in Mayerling mit Erzherzog Otto und Maria Josepha, bei dem Professor Udel, das Quartett Butschetty, Brady und Xandl konzertieren.
21. Stephanies Geburtstag. Das Kronprinzenpaar begibt sich nach Laxenburg und wohnt der Messe in der Kapelle bei. Dîner bei Rudolf und Stephanie.
22. Der Kaiser inspiziert in Rudolfs Anwesenheit die Wiener Garnison im Prater.
23. Rudolf auf Inspektion in Graz.
30. Rudolf im Brucker Lager.
31. Rudolf nimmt an der Fronleichnamsprozession teil.

Juni

3. Rudolf und Stephanie besuchen den Ball bei den Coburgs.
8. Kronprinz Rudolf erhält vom Fiaker Bratfisch ein Aquarell, das den siebzehnjährigen Franz Joseph zeigt, und ein Strohbild von Laxenburg. Rudolf revanchiert sich mit einem Brillantring.
9. Rudolf ist in Bruck.
10. Kronprinz Rudolf besucht die Jubiläums-Gewerbe-Ausstellung.
Abreise nach Bosnien.
26. Stephanie ist verkühlt.
30. Rudolf kehrt von seiner Inspektionsreise nach Bosnien-Herzegowina zurück. Stephanie begrüßt ihn in Wien.
Abends Dîner mit Erzherzog Friedrich und Stephanie im Sacher-Garten.

Juli

1. Rudolf besucht FZM Bauer. Stephanie fährt nach Laxenburg.
2. Rudolf unternimmt einen Jagdausflug nach Aspern. Abends Dîner mit Erzherzog Friedrich.
5. Rudolf begleitet seine Gemahlin zum Bahnhof, wo es eine »herzliche Verabschiedung vom Kronprinzen« gibt. Sie fährt nach Schemnitz, um dann mit ihrer Schwester Louise weiter nach Szent-Antal zu fahren.
6. Rudolf nachmittags in Mayerling.
9. Rudolf empfängt den Finanzminister Kallay in Audienz.
10. Rudolf besucht die Jubiläums-Gewerbe-Ausstellung. Inspektionsreise Linz und Salzburg.
15. Rudolf in Mayerling.
20. Rudolf hat sich auf der Inspektion leicht verkühlt.
25. Stephanie kehrt nach Wien zurück. Rudolf und Erszi erwarten sie in Laxenburg. Abends reist Rudolf zu einer Inspektion nach Galizien ab.
30. Rudolf reist nach Ungarn weiter.

August

4. Arbeit in der Militär-Kanzlei.
6. Stephanie kehrt nach Laxenburg zurück.
8. Rudolf besucht vormittags, Stephanie nachmittags Philipp von Coburg. Beiden kehren nach Laxenburg zurück.
9. Das Kronprinzenpaar begibt sich auf einen Tagesausflug nach Baden in die Weilburg.
10. Beide soupieren im Sacher-Garten.
11. Stephanie fährt über Salzburg, Kleßheim nach Ischl.
14. Der Kronprinz unternimmt einen Jagdausflug.
16. Der Kronprinz reist nach Salzburg, um am 17. gemeinsam mit seiner Gemahlin nach Ischl zu fahren.

16.–19. Rudolf und Stephanie fahren nach Ischl, um Franz Josephs Geburtstag zu feiern.

19. Rudolf und Stephanie kehren nach Wien zurück.
20. In Vertretung des Kaisers gibt Rudolf ein Dîner zu Ehren des portugiesischen Königspaars.
21. Das Kronprinzenpaar und Erzherzog Otto mit Maria Josepha sowie Erzherzog Friedrich und Isabella dinieren im Sacher-Garten.
22. Rudolf und Stephanie verabschieden sich vom portugiesischen Königspaar und fahren nach Laxenburg.

23.–25. Inspektion in Bruck.

26. Rudolf trifft FZM Bauer im Kriegsministerium.

28.–31. Das Kronprinzenpaar reist nach Tegernsee, um den 80. Geburtstag von Herzogin Ludovika zu feiern.

September

2. Abreise des Kronprinzen an die kroatische Militärgrenze.
3. »Gestern feierte die kleine Prinzessin Elisabeth, das reizende Töchterchen des Kronprinzenpaares, ihren fünften Geburtstag. Aus diesem Anlaß fand um 9 Uhr Vormittags in der Kapelle des alten Schlosses feierlicher Gottesdienst statt, welchem das Kronprinzenpaar mit seinem Hofstaate beiwohnte.«[876]
6. Manöver bei Pöchlarn/Wieselburg.
8. Rudolf fährt nach Wels, um an einem Volksfest aus Anlaß des Regierungsjubiläums teilzunehmen.
10. Rudolf besucht den Prinzen von Wales im Grand Hotel.
    Abends Dîner in der Hofburg. Rudolf und der Prinz von Wales besuchen die Jubiläums-Gewerbeausstellung.
11. Allerhöchste Tafel zu Ehren des Namenstags des russischen Zaren. Abreise des Kaisers, Rudolfs und des Prinzen von Wales mit Suiten nach Belovar zu den Manövern.
15. Rudolf ist in Gödöllö.
17. Rudolf fährt auf Einladung von Graf Potocki nach Galizien.
23. Rudolf und Otto déjeunieren mit dem Prinzen von Wales im Grand Hotel.
25. König Georg von Griechenland besucht Rudolf. Erzherzog Wilhelm gibt ein Dîner, an dem Rudolf und der Prinz von Wales teilnehmen. Rudolf und der Prinz von Wales fahren nach Weißenbachl bei Radmer.
26. Rudolf jagt mit dem Prinzen von Wales bei Laxenburg.
    Dîner im Appartement Rudolfs.
27. Rudolf und der Prinz von Wales dinieren im Sacher-Garten.
28. Rudolf besucht den Prinzen von Wales.
29. Rudolf verabschiedet sich vom Prinzen von Wales, der nach Görgény reist, im *Grand Hotel.*

Oktober

1. Franz Joseph und Rudolf begrüßen Kaiserin Elisabeth.
2. Empfang des deutschen Kaisers, Rudolf ist mit dabei. Rudolf ist bei der Eröffnung der Reichs-Obstausstellung.
3. Ankunft Stephanies aus Miramare. Rudolf holt sie vom Südbahnhof ab.
   Familiendîner mit dem Kronprinzenpaar.
4. Déjeuner in der deutschen Botschaft mit Prinz Wilhelm und Rudolf als Gästen. Rudolf und Wilhelm jagen im Lainzer Tiergarten. Abends Galadîner in den Redoutensälen mit dem Kronprinzenpaar.
5. Am Vormittag jagen Rudolf und Wilhelm in Lainz. Kaiser Wilhelm fährt mit Franz Joseph, Kronprinz Rudolf und anderen Gästen zur Jagd nach Neuberg und Mürzsteg.
6. Rückkehr des Kronprinzen.
7. Rudolf fährt nach Görgény.

9. Der Prinz von Wales trifft in Görgény ein. Bärenjagd.
11. Rudolf übernimmt das Protektorat für ein Waisenhaus in Gottschee.
12. Rudolf, Otto und der Prinz von Wales treffen in Wien ein. Rudolf fährt nach Laxenburg. Rudolf und Stephanie geben hier dem Prinzen von Wales ein Dîner.
13. Rudolf und Stephanie geben Wales ein Dîner in Laxenburg.
14. Eröffnung des neuen Hofburgtheaters, Stephanie und Rudolf nehmen daran teil.
15. Rudolf besucht den in Wien weilenden König Milan von Serbien. Stephanie ist zum Déjeuner bei den Coburgs.
16. Abschiedsvisite Rudolfs beim Prinzen von Wales.
Abends ist Milan zum Dîner bei Rudolf und Stephanie in Laxenburg.
17. Rudolf erledigt Akten in der Franz-Josephs-Kaserne.
21. Franz Joseph und Rudolf empfangen den Prinzen Heinrich von Preußen in der Station Rekawinkel. Der Kronprinz nimmt an der allerhöchsten Tafel zu Ehren des Prinzen teil.
22. Dîner bei Erzherzog Albrecht für den Prinzen mit Rudolf und Stephanie.
23. Rudolf spendet dem *Rudolfinum* 300 Gulden als Stipendium für Studierende.
26./27. Jagdausflug nach Eisenstadt.

November

2. Rudolf und Otto sehen sich im Theater in der Josefstadt Raupachs Volksdrama »Der Müller und sein Kind« an.
3. Stephanie fährt nach Reichenau. Rudolf spendet dem Wiener Wohltätigkeitsverein, dessen Protektor er ist, 50 Guldend.
4. Rudolf kommt ebenfalls nach Reichenau.
5. Der Kronprinz kehrt von Reichenau zurück und fährt nach Laxenburg.
6. Das Kronprinzenpaar diniert bei den Coburgs.
9. Prinz Philipp von Coburg mit Gemahlin besuchen das Kronprinzenpaar in Laxenburg und wollen vierzehn Tage bleiben. Jagdausflug nach Mannswörth. Rudolf und Karl Ludwig besuchen das Burgtheater.
11. Rudolf, Philipp und Leopold von Bayern fahren nach Orth an der Donau.
12. Stephanie, Gisela und Louise kommen nach. Hochwildjagd.
14. Rudolf und Stephanie kehren nach Wien zurück. Sie dinieren bei den Coburgs.
17. Franz Joseph und Rudolf fahren nach München zum Begräbnis von Herzog Max in Bayern.
20. Rudolf, Stephanie und Philipp kehren von Laxenburg nach Wien zurück.
21. Erste heilige Messe in der Kapelle des *Offiziers-Töchter Instituts* in Anwesenheit des Kaisers und des Kronprinzenpaars.
22. Rudolf und Stephanie machen einen Ausflug nach Auhof; abends Dîner bei den Coburgs.
Seelenamt für Herzog Max in Bayern, Rudolf nimmt daran teil.

23. Das Kronprinzenpaar gibt in der Hofburg ein Dîner für Philipp und Louise sowie für Leopold von Bayern.
27. Rudolf ist auf Jagdausflug in Mayerling, Stephanie kommt aus Laxenburg. Beide dinieren in der Hofburg.
28. Rudolf ist bei Mayerling auf Jagd.
29. Truppeninspektion in Krakau.

Dezember

1. Rudolf kehrt aus Krakau zurück.
3. Das Kronprinzenpaar erwartet das Kaiserpaar in der Hofburg. Es kommt von Miramare zurück. Rudolf fährt nach Laxenburg.
5. Jagdausflug Mannswörth. Rudolf fährt nach Laxenburg.
6. Stephanie fährt nach Laxenburg.
11. Rudolf ist kurz in Wien, kehrt dann nach Laxenburg zurück.
Fasanjagd in Guntramsdorf mit Erzherzog Rainer.
13. Inspektionsreise nach Preßburg.
14. Rudolf und Stephanie besuchen die Weihnachtsausstellung im österreichischen Museum.
16. Rudolf im Künstlerhaus.
19. Rudolf und Stephanie geben ein größeres Dîner in Laxenburg.
22. Ende des *Séjour* in Laxenburg, beide übersiedeln nach Wien.
23. Rudolf auf Jagdausflug in Lainz.
24. Gottesdienst zum Geburtstag der Kaiserin in Anwesenheit des Kronprinzenpaares. Nach der Bescherung findet im Speisesalon der Kaiserin ein Familiendîner statt, an dem das Kronprinzenpaar teilnimmt.
26. Abreise des Kronprinzenpaares nach Abbazia.
30. Rudolf kehrt von Abbazia zurück, Stephanie bleibt noch.

1889

Jänner

1. Familiendîner bei Erzherzog Albrecht mit Rudolf.
»S. k.u.k. Hoheit der durchl. Kronprinz empfingen die obgenannten Herren [oberste Hofämter, Obersthofmeister, Generaladjutanten], um ½11 Uhr V. M., zur Entgegennahme der Neujahrsgratulation im h. Wohnappartement.
Im Befinden von Erzherzog Ludwig Victor ist eine Besserung eingetreten.«
3.–5. Hofjagd in Mürzsteg.
6. Rudolf und Leopold von Bayern fahren im Prater aus.
7. Rudolf und Leopold von Bayern bei einer Vorstellung im Ronacher.
8. Audienzen, Leopold und Rudolf besuchen das Ronacher.
Rudolf empfängt die russische Grenadierdeputation.
9. Rudolf beim Dîner des Kaisers.

14. Rudolf und Stephanie nehmen am Dîner beim Kaiserpaar mit Marie Valerie und Erzherzog Franz Salvator teil.
15. Allerhöchste Tafel mit Rudolf und Stephanie.
17. »In den Appartements des Kronprinzenpaares in der Hofburg hat gestern Abends ein Diner stattgefunden, an welchem außer den Damen und Herren des Hofstaates theilgenommen haben: der Minister des Aeußern Graf Kálnoky, Ministerpräsident Graf Taaffe, Reichs-Finanzminister v. Kallay und Reichs-Kriegsminister Baron Bauer ...«[877]
18. Prinz Alexander von Battenberg besucht den Kronprinzen.
19. Dîner beim Kronprinzen.
21. Galadîner beim Kaiser in der Hofburg zu Ehren von Alexander von Battenberg; der Kronprinz nimmt daran teil.
22. Kronprinz Rudolf besucht die Brüder Hodek, die berühmten Tierpräparatoren, um die Adler von der Mannswörther Jagd anzusehen.
»In den während des ganzen Winters so stillen Räumen der Ofner Burg herrscht seit einigen Tagen reges Leben ... Am 31. d. M., oder spätestens am 3. Februar langen die Königin und Erzherzogin Marie Valerie an, denen nach einigen Tagen der König, sowie das Kronprinzenpaar folgen.«[878]
23. Kronprinz Rudolf besucht im Theater in der Josefstadt eine Vorstellung der »Gigerln von Wien«.
24. Dîner beim Kronprinzenpaar.
25. Rudolf schreibt Károlyi, daß Graf Teleki sich auf der Heimreise von Sansibar befindet.
26. Galadîner aus Anlaß des Geburtstages des deutschen Kaisers mit Rudolf.
27. Soirée bei Prinz Reuss.
28. Rudolf fährt nach Mayerling.
29. Allerhöchstes Familiendîner. »Die hier beiliegende ah. befohlene Sitzliste, wurde im letzten Momente umgestoßen, da der durchl. Kronprinz von Meierling absagen ließ.«[879]
31. »Entsetzliches ist geschehen. Kronprinz Rudolf ist todt. Nach einem Gerücht wurde er auf der Jagd durch eine Kugel getroffen ... Allein, ohne jede Begleitung jagte er heute zum frühen Morgen und um 6 Uhr fand ein Mann aus dem Gefolge den Prinzen ... im Walde entseelt ... Noch immer herrscht Ungewißheit über die Todesursache, trotz der offiziösen Meldung vom Herzschlag.«[880]

Februar

7. »Seine k.u.k. Apost. Majestät geruhten ag. anzuordnen, daß der Titel der Witwe weil. S. k.u.k. Hoheit zu lauten hat: *Ihre k.u.k. Hoheit die durchl. Kronprinzessin-Witwe Erzherzogin Stephanie.*«
18. Stephanie reist mit Erszi nach Miramare.
24. Franz Joseph beschließt, daß Stephanie »den Rang vor allen übrigen Erzherzoginnen beizubehalten hat«.[881]

Pressestimmen

Die folgenden Zeitungsberichte ab dem 24. Dezember 1888 sollen zeigen, daß sich in der Zeit vor dem Unglück am Arbeitspensum und dem Verhalten des Kronprinzen keine Veränderung feststellen ließ.

Extrapost, 24. Dezember 1888
»Kronprinz Rudolf hat sich gestern zu einem Jagdausflug nach Lainz begeben.«

Extrapost, 31. Dezember 1888
»Kronprinz Rudolf ist gestern Vormittags um 9 Uhr 50 Minuten mit der Südbahn in Begleitung des Obersthofmeisters Viceadmirals Grafen Bombelles und des Flügeladjutanten Majors Grafen Rosenberg aus Abbazia hier eingetroffen. Kronprinzessin Stephanie wird noch einige Tage im Süden verweilen.«

Pester Lloyd, 1. Jänner 1889
»Dem Grafen Stefan Károly wurde zu Neujahr eine ebenso ehrende wie freudige Ueberraschung zu theil. Kronprinz Rudolf hat ihm nämlich – wie wir erfahren – sein Porträt, ein von Julius Benczur meisterhaftes Kniestück, zum Geschenk gemacht und dasselbe mit einem in freundschaftlichstem Tone gehaltenen Brief begleitet.«

Illustriertes Wiener Extrablatt, 2. Jänner 1889
»Gestern Nachmittags fand unter dem Präsidium des Kaisers in der Hofburg eine Militärsitzung statt. An derselben nahmen außer dem Kriegsminister noch Theil: ... General-Infanterie-Inspector Erzherzog Kronprinz Rudolf ... Der Kaiser, Kronprinz Rudolf ... begeben sich heute Mittwoch, Nachmittags 3 Uhr, mit einem Separat-Hofzuge der Südbahn zu den Hochwildjagden nach Mürzsteg.«

Neues Wiener Tagblatt, 4. Jänner 1889
»Wie eine Lokalkorrespondenz meldet fanden in den letzten Tagen im Palais des Erzherzogs Albrecht wiederholt Militärberathungen statt, an welchen der General-Inspektor des Heeres Feldmarschall Erzherzog Albrecht, General-Infanterie-Inspektor FML Kronprinz Rudolf und der Chef des Generalstabes FZM. Freiherr von Beck theilnahmen.«

Wiener Allgemeine Zeitung, 5. Jänner 1889
»Der Kaiser wird sich, wie wir erfahren, demnächst zu kurzem Aufenthalte nach Abbazia begeben. Der Ausflug des Monarchen nach unserem neuesten Curorte wurde in erster Linie durch die wiederholten, mit großer Wärme gegebenen Schilderungen des Kronprinzen über Abbazia angeregt. Das kronprinzliche Paar, dessen Vorliebe für den schönen Flecken bekannt ist, soll gewillt sein, daselbst einen eigenen Besitz zu erwerben. Wie es heißt, wird die eben im Bau befindliche Villa *Schloß Abbazia* nach ihrer Vollendendung vom Kronprinzen angekauft werden.«

Neues Wiener Tagblatt, 5. Jänner 1889
»Der Kaiser hat die projektirte Dauer des steirischen Jagdausfluges um einen Tag verlängert.«

Neues Wiener Tagblatt, 6. Jänner 1889
»Der Kaiser, Kronprinz Rudolf, Erzherzog Ferdinand Großherzog von Toscana, Prinz Leopold von Bayern und die illustren Jagdgäste des Monarchen sind nach dreitägiger Jagd ... gestern Abends um 9 Uhr 10 Minuten mittels Separathofzuges der Südbahn hier eingetroffen.«

Wiener Sonn- und Montagszeitung, 7. Jänner 1889
»Kronprinz Rudolf und Prinz Leopold von Baiern haben gestern Nachmittags um ½ 4 Uhr eine Spazierfahrt in dem Prater unternommen.«

Neue Freie Presse, Abendblatt, 12. Jänner 1889
»Aus Mürzsteg wird uns geschrieben: Das Schußresultat der in der Zeit von 3. bis 5. d. bei Mürzsteg abgehaltenen Hofjagden war folgendes: Der *Kaiser* erlegte 8 Thiere, Kronprinz Rudolf 15 Thiere, 6 Kälber ...«

Salonblatt, 13. Jänner 1889
»Mittwoch Abends um 6 Uhr fand bei Sr. Majestät dem Kaiser in den Alexanderzimmern ein Diner statt; zu demselben waren erschienen: Se. kais. Hoheit Kronprinz Erzherzog Rudolf ... Ihre kais. Hoheit, Frau Kronprinzessin Stefanie ist nach zweiwöchentlicher Abwesenheit von Wien Freitag Vormittags [11. Jänner] um 9 Uhr 50 Min. mit der Südbahn aus Abbazia hier eingetroffen. Kronprinz Rudolf war durch die zur selben Stunde beginnende militärische Conferenz, bei welcher er dienstlich anwesend sein mußte, verhindert, seine erlauchte Gemahlin zu erwarten, und begrüßte sie daher erst später in ihrem Appartement.«

Illustriertes Wiener Extrablatt, 14. Jänner 1889
»Kronprinz Rudolf machte gestern früh einen Jagdausflug nach Mannswörth und kehrte gegen Abend wieder hieher zurück. Um 6 Uhr Abends nahm der Kronprinz mit der Kronprinzessin Stephanie am Diner beim Kaiserpaare ... Theil.«

Neuigkeits-Welt-Blatt, 15. Jänner 1889
»Wie verlautet, verbleiben die Majestäten bis Ende Jänner in Wien und werden erst in der ersten Hälfte des Monats Februar das Hoflager für längere Zeit nach Budapest verlegen. Im Laufe des Monats Februar wird auch das Kronprinzenpaar mehrere Tage in Budapest verweilen.«

Neuigkeits-Welt-Blatt, 15. Jänner 1899
»Morgen Abends 6 Uhr findet beim Kaiserpaar in der Hofburg aus Anlaß der Verlo-

bung der Erzherzogin Marie Valerie mit dem Erzherzog Franz Salvator ein Verlobungs-Diner statt, an welchem Kronprinz Rudolf und Kronprinzessin Stefanie … theilnehmen werden.«

Illustriertes Wiener Extrablatt, 16. Jänner 1889
»Gestern Abends fand bei Ihren Majestäten im Marmorsaale der Hofburg nach längerer Zeit wieder das erste Familien-Diner statt … nahmen an dem Diner Theil: Kronprinz Rudolf und Kronprinzessin Stephanie …«

Illustriertes Wiener Extrablatt, 17. Jänner 1889
»Kronprinz Rudolf machte gestern Vormittags einen Jagdausflug in den Lainzer Thiergarten und kehrte gegen 4 Uhr Nachmittags wieder hieher zurück. Abends fand beim Kronprinzenpaar diplomatisches Diner statt.«

Fremden-Blatt, 18. Jänner 1889
»In den Appartements des Kronprinzenpaares in der Hofburg hat gestern Abends ein Diner stattgefunden, an welchem außer den Damen und Herren des Hofstaates theilgenommen haben: der Minister des Aeußern Graf Kalnoky, Ministerpräsident Graf Taaffe, Reichs-Finanzminister v. Kallay und Reichs-Kriegsminister Baron Bauer; die Minister Graf Welfersheimb, Graf Falkenhayn, Marquis Bacquehem, Baron Prazak, Ritter von Dunajewski, Ritter von Zaleski, v. Gautsch und Graf Schönborn.«

Illustriertes Wiener Extrablatt, 19. Jänner 1889
»Nach einer vorgestern vorausgegangenen Vorbesprechung zwischen dem Kaiser, Erzherzog Albrecht und dem Kronprinzen Rudolph fand gestern im Besprechungszimmer der Hofburg unter dem Präsidium des Kaisers eine Militär-Conferenz statt. An derselben betheiligten sich der General-Inspector des Heeres, FM Erzherzog Albrecht, General-Infanterie-Inspector Kronprinz Rudolph … Die Sitzung, welche um halb 12 Uhr vom Kaiser eröffnet wurde, währte bis 2 Uhr Nachmittags.«

Salonblatt, 20. Jänner 1889
Donnerstag feierte Ihre kais. Hoheit Frau Erzherzogin Elisabeth ihren 58. Geburtstag … Die Frau Erzherzogin wurde von sämmtlichen hier weilenden kaiserlichen Familienmitgliedern, unter denen sich als die ersten Ihre kais. Hoheiten Kronprinz Rudolf und Kronprinzessin Stefanie befanden beglückwünscht … Freitag [18. Jänner] stattete Se. Hoheit [Prinz Alexander von Hessen] dem Kronprinzen Rudolf … Visiten ab … Ihre kais. Hoheiten, Kronprinz Rudolf und Erzherzog Friedrich haben Dienstag [15. Jänner] der Vorstellung von Offenbach's Operette *Pariser Leben* im Carltheater beigewohnt.«

Illustriertes Wiener Extrablatt, 20. Jänner 1889
»Vorgestern Nachmittags 2 Uhr traf, wie uns aus Breitenlee geschrieben wird, Kronprinz Rudolph in einem von ihm selbst kutschirten Phaëton in Begleitung des Prinzen von

Coburg und mehrerer Cavaliere dort ein, um nach Trappen zu jagen ... Bei einbrechender Dunkelheit begaben sich die hohen Jagdgäste nach Wien zurück.«

Fremden-Blatt, 20. Jänner 1889
»Gestern um 7 Uhr hat ein Diner in den Appartements des Kronprinzenpaares in der Hofburg stattgefunden. An demselben haben theilgenommen: der Minister des Aeußern Graf Kalnoky, der englische Botschafter Sir Augustus Paget mit Gemalin, der französische Botschafter Mr. Decrais mit Gemalin, der spanische Botschafter Don Merry del Val mit Gemalin, der russische Botschafter Fürst Lobanoff-Rostowsky, der italienische Botschafter Nigra, der türkische Botschafter Sadullah Pascha, der belgische Gesandte Graf de Jonghe, die Obersthofmeisterin Gräfin Sylva Tarouca, der Obersthofmeister Graf Bombelles, Oberst v. Spindler, Major Graf Rosenberg, Hauptmann Baron Giesl, Oberlieutenant v. Fritsche und die Hofdamen Gräfin Palffy, Gräfin Szechenyi und Gräfin Chotek.«

Pester Lloyd, 22. Jänner 1889
»In den während des ganzen Winters so stillen Räumen der Ofner Burg herrscht seit einigen Tagen reges Leben ... Am 31. d., oder spätestens am 3. Feber langen die Königin und Erzherzogin Marie Valerie an, denen nach einigen Tagen der König, sowie das Kronprinzenpaar folgen.«

Pester Lloyd, 25. Jänner 1889
»Kronprinz Rudolf hat das Erscheinen einer künstlerischen Publikation veranlaßt. In der Wiener Hof- und Staatsdruckerei sind von den vorzüglichsten bildlichen Darstellungen aus dem auf Anregung und unter Mitwirken des Kronprinzen erscheinenden Prachtwerke *Oesterreich-Ungarn in Wort und Bild* Kunstdrucke auf feinstem Japanpapier veranstaltet und zu einem Album vereinigt worden. Diese Sammlung von Abdrücken wurde nur in sechzig Exemplaren hergestellt, welche der Kronprinz in erster Reihe für Se. Majestät und die Mitglieder des Herrscherhauses bestimmt hat ... und endlich hat er die Anordnung getroffen, daß Exemplare dieses Holzschnitt-Albums auch in- und ausländischen Museen und Kunstsammlungen zugesendet werden.«

Fremden-Blatt, 25. Jänner 1889
»Gestern hat um 6 Uhr in den Appartements Ihrer kais. Hoheiten des Kronprinzen und der Kronprinzessin ein Diner stattgefunden. An demselben haben theilgenommen: Obersthofmeisterin Gräfin Sylva-Tarouca, die Hofdamen Gräfin Palffy, Gräfin Szechenyi und Gräfin Chotek, Obersthofmeister Graf Bombelles, die Feldzeugmeister Baron König, Baron Knebel, Baron Beck und Baron Döpfner, Admiral Baron Sterneck, Vize-Admiral v. Eberan, die Feldmarschall-Lieutenants Prinz Croy, Graf Graevenitz, Baron Salis, v. Galgotzy-Kreutz, Weigl, v. Kaiffl, Ritter von Rodakowski und Christianovic, die Oberste v. Horsetzky und von Spindler, die Oberstlieutenants Graf Rosenberg und v. Mayer, Hauptmann Baron Giesl und Oberlieutenant v. Fritsche.«

Fremden-Blatt, 26. Jänner 1889
»Aus Budapest wird vom 25. d. M. gemeldet: Graf Stefan Karoly erhielt heute ein Schreiben des Kronprinzen, dem ein vom 27. Dezember datirter Brief beilag, aus welchem hervorgeht, daß Graf Samuel Teleki von Zanzibar bereits auf der Heimreise begriffen ist. Graf Karoly wird mit einigen Freunden dem Grafen Teleki entgegenfahren.«

Salonblatt, 27. Jänner 1889
»Wie aus Budapest gemeldet wird, werden Anfangs Februar daselbst Ihre Majestät die Kaiserin und Frau Erzherzogin Valerie, und einige Tage später Kronprinz Rudolf und Kronprinzessin Stefanie, wie auch der Erzherzog Franz Salvator eintreffen ... Der Allerhöchste Sejour ist für längere Zeit berechnet und sind auch mehrere größere Diners in Aussicht genommen ... Vorigen Samstag, Dienstag und Donnerstag [19., 22. und 24. Jänner] haben größere Diners in den Appartements des Allerhöchsten Kronprinzenpaares in der Hofburg stattgefunden. – Ohne vorherige Anmeldung erschien Dienstag Nachmittag [22. Jänner] Se. kais. Hoheit Kronprinz Rudolf in dem bekannten Atelier der Brüder Rodek auf der Mariahilferstraße ... Der Kronprinz nahm zuerst die von ihm innerhalb weniger Tage in Mannswörth erlegten sechs Seeadler, die in verschiedenen Stellungen präparirt wurden, in Augenschein und sprach sich über die Ausführung derselben annerkennend aus. Das besondere Interesse des Kronprinzen erregte unter Anderem der kolossale Kopf eines Wapiti-Hirschen. Das Thier ist von dem Grafen Ernst Hoyos in Nordamerika erlegt worden ... Nach nahezu dreiviertelstündigem Besuche verabschiedete sich der Kronprinz und kehrte in die Hofburg zurück.«

Illustriertes Wiener Extrablatt, 27. Jänner 1889
»Gestern am 26. d., um 6 Uhr, fand aus Anlaß des Geburtstages des deutschen Kaisers und Königs von Preußen im Marmorsaale der Hofburg ein Diner statt zu welchem erschienen waren: Kronprinz Erzherzog Rudolph ... Kronprinz Rudolph hat sich jüngst im Atelier des Herrn Victor Angerer in verschiedenen Stellungen photographiren lassen.«

Neuigkeits-Welt-Blatt, 29. Jänner 1889
»Wie verlautet, kommt Kronprinz Rudolf nächster Tage nach Prag zum Besuche des Erzherzogs Franz Ferdinand von Este.«

Pester Lloyd, 29. Jänner 1889
»Heute Morgens um 6 Uhr ist der königliche Hofstaat mittelst Separatzug von Wien hier angelangt. In 36 Waggons kamen außer verschiedenem Hausrath auch 8 Hofwagen und 48 Pferde an.«

Wiener Abendblatt, 30. Jänner 1889
»Von Meierling nächst Baden, wohin sich Seine k. und k. Hoheit der durchlauchtigste Kronprinz Erzherzog Rudolf vorgestern Abend zu einem Jagdausfluge begeben hatte,

kommt uns soeben die tieferschütternde Nachricht zu, daß Seine k. und k. Hoheit einem plötzlichen Tode, wahrscheinlich in Folge eines Schlaganfalles, erlegen seien ... Der Kronprinz war offenbar während der Nacht einem Schlagfluß oder Herzschlag erlegen.«

Illustriertes Wiener Extrablatt, 30. Jänner 1889
»Soeben durchzieht die erschütternde Kunde die Stadt, Kronprinz Rudolph sei auf der Jagd in Maierling verunglückt ... Es heißt, der Kronprinz sei seiner Verwundung erlegen.«

Fremden-Blatt, 30. Jänner 1889
»In vorgerückter Stunde vernehmen wir die erschütternde, die Völker Oesterreichs mit namenlosem Weh' erfüllende Nachricht, daß Seine kaiserliche Hoheit Kronprinz Erzherzog Rudolf heute Vormittags in Mayerling am Herzschlage verschieden ist.«

Fremden-Blatt, 30. Jänner 1889, (2. Ausgabe, 7 Uhr)
»Der allverehrte Kronprinz Rudolf ist todt ... Als sich die Jagdgäste heute Morgens versammelten und Se. k. u. k. Hoheit der durchlauchtigste Kronprinz nicht erschien, wurden dieselben nach sofortiger theilnahmsvoller Erkundigung durch die entsetzliche Nachricht vom Schmerz überwältigt: Daß der durchlauchtigste Kronprinz in Folge eines Schlaganfalles seine edle Seele ausgehaucht habe.«

Neue Freie Presse, 30. Jänner 1889 (Abendblatt)
»Gegen 12 Uhr Mittags verbreitete sich plötzlich in der Stadt das Gerücht, daß dem Kronprinzen *Rudolf*, der sich seit vorgestern zur Jagd in *Meyerling* bei Baden befand, daselbst ein Unglück zugestoßen sei. Niemand wußte, woher dieses Gerücht eigentlich stamme, aber es tauchte an zahlreichen Punkten auf, es gelangte ins Parlament, an die Börse und erregte überall die größte Bestürzung und Aufregung ... *Er ist todt!* ... Heute hätte beim Kronprinzen in dessen Appartement ein Familien-Diner stattfinden sollen ... ½8 Uhr: Es ist noch immer nicht möglich, Authentisches über die Ursachen und den Verlauf der Katastrophe zu erfahren. Wie wir vernehmen, soll die Todesnachricht um 11 Uhr in der Burg eingetroffen sein. Man meldet, daß der *Kronprinz im Jagdschlosse zu Mayerling heute Früh todt in seinem Bette mit einer Schußwunde im Körper aufgefunden worden* ist. Auf welche Weise er verwundet worden ist, ist *nicht bekannt* ... Für heute Vormittags war eine Conferenz angesagt, an welcher der Kaiser, der Kronprinz, der Kriegsminister und FZM. Beck hätten theilnehmen sollen.«

Pester Lloyd, 31. Jänner 1889
»Entsetzliches ist geschehen. Kronprinz Rudolf ist todt. Nach einem Gerücht wurde er auf der Jagd durch eine Kugel getroffen; nach anderen Gerüchten, ist er einem Herzschlag erlegen ... In Meyerling, auf seinem Lieblings-Jagdrevier ... ließ er sein Leben. Allein, ohne jede Begleitung jagte er heute zum frühen Morgen und um 6 Uhr fand ein Mann aus dem Gefolge den Prinzen ... im Walde entseelt[882] ... Noch immer herrscht Ungewißheit über die Todesursache, trotz der offiziösen Meldung vom Herzschlag.«

Illustriertes Wiener Extrablatt, 31. Jänner 1889
»Das tückische Übel dem das theure Leben zum Opfer gefallen, war von der höchsten Umgebung des hohen Verblichenen kaum geahnt. Der Kronprinz war in den letzten Tagen besonders heiter und froh gemuthet.«

Neues Wiener Tagblatt, 31. Jänner 1889
»Was ihm geschehen, das wußte Niemand. Geheimnißvoll raunte Einer dem Anderen zu, daß der Kronprinz während der Jagd angeschossen worden sei ... Man erfuhr blos, daß der Kronprinz in der Nacht von Dienstag auf Mittwoch mit einer kleinen Jagdgesellschaft, unter welcher sich Graf Hoyos und Graf Wrbna[883] befanden, in der abseits vom Gasthause befindlichen Touristenherberge bis lange nach Mitternacht aufgehalten haben und daß die hohen Gäste fröhlich gestimmt waren. Spät nach Mitternacht habe sich der Kronprinz in sein Schloß zurückgezogen, wohin ihn die beiden genannten Kavaliere begleiteten. Gegen Morgens ... habe [man] nur den Grafen Hoyos mit verstörten Zügen das Schloß verlassen sehen ... Die Kommission, welche ihres traurigen Amtes im Schlosse waltete, hatte auf kaiserlichen Befehl die Bettwäsche des Todtenbettes in die Hofburg zu überbringen.«

Neuigkeits-Welt-Blatt, 31. Jänner 1889
»Ein furchtbares, unerhörtes Unglück hat das Kaiserhaus und das Vaterland betroffen ... Ueber die Todesursache kursiren bis zu dem Augenblicke, in welchem unser Blatt unter die Presse geht, zwei Versionen. Sicher ist, daß der Tod des Thronfolgers durch einen Unglücksfall auf der Jagd, welcher Kronprinz Rudolf heute auf seinem Jagdgebiete bei Meierling nächst Alland (bei Baden, Niederösterreich) anwohnte, ereilte. Einer Version nach soll der Kronprinz, durch einen Schlaganfall bewußtlos geworden, vom Pferde gestürzt und bald darauf verschieden sein. Wie andererseits behauptet wird, soll der Tod durch einen Jagdunfall herbeigeführt worden sein.«

Neue Freie Presse, 31. Jänner 1889
»Heute Nachmittags ist folgendes Extrablatt der kaiserlichen Wiener Zeitung erschienen: Ein fürchterlicher Schicksalsschlag hat das a.h. Kaiserhaus, hat alle Völker der österreichisch-ungarischen Monarchie, hat jeden *Oesterreicher* und *Ungar* betroffen. Der allverehrte Kronprinz *Rudolf* ist todt! ... Als sich die Jagdgäste heute Morgens versammelten und Se. k. und k. Hoheit der durchlauchtigste Kronprinz nicht erschien, wurden dieselben nach sofortiger theilnahmsvoller Erkundigung durch die entsetzliche Nachricht von Schmerz überwältigt, daß der durchlauchtigste Kronprinz in Folge eines Schlafanfalles seine edle Seele ausgehaucht habe ... Am Sonntag [27. Jänner], Nachmittags halb 5 Uhr, noch machte der Kronprinz die letzte Spazierfahrt in einem von ihm selbst gelenkten Phaëton im Prater ... Am selben Abend, 10 Uhr, erschien er mit der Kronprinzessin *Stephanie* bei der anläßlich des Geburtsfestes des *deutschen Kaisers* im deutschen Botschaftspalais in der Metternichgasse stattgehabten Soirée ... Der Kronprinz, welcher die Obers-

ten-Uniform seines preußischen zweiten brandenburg'schen Uhlanen-Regiments trug, sah vorzüglich aus.«

Neue Freie Presse, 31. Jänner 1889
»Der Kronprinz soll noch gestern eifrig gearbeitet und Briefe geschrieben haben. Unter den letzten befand sich ein Schreiben an den in Baden lebenden General der Cavallerie Baron Koller, den er für morgen [Donnerstag] zum Diner einlud. Baron Koller empfing dieses Schreiben heute um 10 Uhr Morgens – zu einer Stunde, in welcher der Kronprinz nicht mehr zu den Lebenden zählte.«

Neues Wiener Abendblatt, zweite Ausgabe, 1. Februar 1889
»Die Art und Weise, wie die Zugänge zum Schlosse in Mayerling bewacht und abgeriegelt wurden, der Umstand, daß selbst das Eingreifen von Behörden zurückgewisen wurde, die mindestens doch im öffentlichen Interesse zur Intervention berufen waren, die spät erfolgte Meldung über den eingetretenen Tod, die Zurückweisung telegraphischer Meldungen, der Umstand ferner, daß, wie wir berichtet haben, auf Anordnung des Kaisers *alle Effekten, darunter nicht nur die Bettwäsche, sondern auch die Bekleidung des Kronprinzen in die Hofburg überbracht werden mußten,* der Umstand, auf welchen wir ebenfalls hingewiesen haben, daß zwei Protokolle aufgenommen worden sind, zahlreiche andere Thatsachen, auf welche wir im Verlaufe unserer Ausführungen noch verweisen werden, bezeugten, daß es sich nicht um einen natürlichen jähen Todesfall handle und es waren auch Wenige, die an die Richtigkeit der ersten offiziellen Angaben unbedingt glaubten. Zu Vieles lag vor, was mit den offiziellen Meldungen sich nicht decken wollte, und es war selbstverständlich, daß das Publikum, im höchsten Grade von dem furchtbaren Vorfalle erschüttert und aufgeregt, sich in allerlei Vermuthungen ergehen mußte ...
Wer sich bei Wissenden informiren wollte, bekam den dunklen, für Mißtrauische allerdings ziemlich vielsagenden Bescheid: *»Fragen Sie nicht – Herzschlag.«* Heute Morgens haben wir erzählt, wie die Leiche des Kronprinzen im Todtengemach in der Burg gebettet ward, wir haben von dem *essiggetränkten* Tuch berichtet, das auf der Stirne der Leiche lag und das wie nun offen zugestanden wird, die Todeswunde bedeckte.«

Neue Freie Presse, Abendblatt, 1. Februar 1889
»Es kann nun leider nicht mehr bezweifelt werden, daß der unglückliche Kronprinz nicht einem Herzschlage, sondern einer *Schußwunde* erlegen ist, und daß der Tiefbetrauerte in einem Augenblicke unglückseliger Sinnesverwirrung *seinen Tod selbst herbeigeführt hat ...*
Ein Freund unseres Blattes theilt uns folgende Episode mit: Am Mittwoch der vorigen Woche [23. Jänner] bei der Vorstellung der *Drei Pintos* und des Ballets *Das übelgehütete Mädchen*, befand sich der *Kaiser* in der Hofloge; später trat Kroprinz *Rudolf* ein, küßte dem kaiserlichen Vater die Hand und nahm neben demselben Platz. Sofort war die Conversation zwischen Vater und Sohn eine sehr lebhafte, das Thema schien ein recht heiteres zu sein, denn der Kaiser und der Kronprinz lachten lebhaft und waren fortwährend in fröhlichster Stimmung.«

Wiener Abendblatt, 1. Februar 1889
»Als der Kaiser kam [zur Soirée beim Prinzen Reuss], fand eine außerordentlich herzliche Begrüßung statt, der Kronprinz küßte dem Kaiser die Hand und betrat den Saal ... Rudolf fühlte sich unwohl und übersandte durch den Herzog Phillip von Coburg ein Entschuldigungsschreiben an den Kaiser ... Mittwoch früh, als der Kronprinz schon todt war, telegraphierte der Prinz Coburg an den Erzherzog Karl Ludwig: *Kronprinz leidend, wird heute nicht kommen.*«[884]

Wiener Tagblatt, 1. Februar 1889 (Abendausgabe)
»Der Kronprinz hat den Revolver unter dem rechten Ohr am Hals angesetzt, den Lauf schief in die Höhe gerichtet.«[885]

Neues Wiener Abendblatt, 1. Februar 1889
»Und auf's Neue erschüttert fragen wir uns, wer war jene dämonische Macht, die zu solchem düsteren Entschlusse drängte, welch körperliche oder seelische Folter war stark genug, um dem Kronprinzen die Todeswaffe als Erlösung bringend in die Hand zu drücken. Wird dieses Räthsel schließlich noch seine letzte, geschichtlich treue Lösung finden? Werden die Zeugnisse der letzten Stunden Kronprinz Rudolfs jemals verläßlichen Aufschluß geben?«

Wiener Allgemeine Zeitung, 1. Februar 1889
»Als der Kronprinz Montag Mittags Wien verließ, war er frisch und gesund und bester Laune. Es war ein heller, freundlicher Wintertag und der Kronprinz beschloß, ihn durch eine Spazierfahrt auszunützen ... In Mayerling erwarteten ihn bereits die Jagdgäste, die er geladen hatte, sein Schwager Prinz Philipp von Coburg, und der Geheime Rath Graf Joseph Hoyos. Die Herren verbrachten den Nachmittag in angenehmster Stimmung. Der Kronprinz war sehr guter Laune und unterhielt sich mit seinen Jagdgästen vortrefflich.«

Le National, Paris, 1. Februar 1889
»Bismarcks schärfste Gegner scheinen alle von der politischen Bühne durch einen plötzlichen, mysteriösen Tod zu verschwinden, um die Bahn für seinen Ehrgeiz freizumachen. Wir erwähnen u.a. Gambetta, General Shobeleff, General Chanzy, Katloff (Professor und Herausgeber der russischen Zeitung *Sovremennik*), König Ludwig II. von Bayern und Friedrich III. von Preußen. Jeder von ihnen starb plötzlich unter mysteriösen Umständen.«

Berliner Tagblatt, 2. Februar 1889
»... man glaube bestimmte Anzeichen dafür zu haben, daß der Kronprinz, als er nach Meyerling fuhr, noch nicht den Entschluß gefaßt hatte, dort freiwillig sein Leben zu enden, sondern daß während des Aufenthaltes in Meyerling ein Ereignis eintrat, welches ihn zur entsetzlichen That drängte.«[886]

London Times, 2. Februar 1889

»Sogar jene, die Beweise für Rudolfs geistige Verwirrung beibringen wollen, werden jetzt von der Überlegung, daß sie zu viel sagen könnten, daran gehindert. Denn plötzlich taucht das naheliegende Argument auf, warum der Prinz nicht vor jedem impulsiven Schritt bewahrt und geschützt wurde, wenn sein geistiger Zustand wirklich so verwirrt war. Wenn Rudolf so lange Zeit vor der Tragödie Anzeichen von geistiger Verwirrung gezeigt hätte – wie es in der offiziellen Version behauptet wird –, dann liegt eine schwere Verantwortung auf jenen, die den Kaiser und die Kaiserin davon in Kenntnis hätten setzen sollen.«

London Times, 2. und 5. Februar 1889

»Die unbeholfenen Hofbeamten, die sich bemühten, die Schlaganfall-Version in Umlauf zu setzen, indem sie alle Meldungen verhinderten, die eine andere Version brachten, vergaßen, daß einige ehrenwerte Mediziner Rudolfs Tod bestätigen mußten. Sie vergaßen auch, daß der ungarische Ministerpräsident, Graf Tisza, das offizielle medizinische Attest akzeptieren mußte, bevor er es dem ungarischen Parlament präsentieren würde ... Am Montag, dem 4. Februar, sagte Dr. Hofmann, der an der medizinischen Fakultät in Wien vor seinen Studenten sprach, folgendes: *Wir haben diesen post-mortem Bericht unterzeichnet, ohne von politischem Druck oder politischer Überlegung beeinflußt zu sein, wir wollten nur die Wahrheit sagen.* Aber die öffentliche Meinung scheint weiter an diesem Bericht zu zweifeln, und die Ärzte, die ihn unterzeichneten, befinden sich in einem Dilemma. Sie werden von der Öffentlichkeit für zweideutige Aussagen und hypothetische Vermutungen über Rudolfs Tod verantwortlich gemacht, welche nicht überzeugend sind; und sie werden auch von den alten Höflingen beschuldigt, die bei der Schlaganfall-Version bleiben wollten und meinten, daß dem Volk nichts anderes hätte gesagt werden sollen.« [887]

Neue Freie Presse, 3. Februar 1889:

»Die letzte Depesche erhielt Graf Karolyi, am 28. Januar vom Kronprinzen mit dem Ersuchen, zum Zwecke einer schon früher beabsichtigten Unterredung nach Wien zu kommen. Darin sprach ihm der Kronprinz zugleich seinen Dank dafür aus, daß der Graf Karolyi ihm den Ausgang der Abstimmung über das Wehrgesetz telegraphisch mitgeteilt hatte.«[888]

Wiener Allgemeine Zeitung, 3. Februar 1889

»Vor Tagen sprach der Kronprinz über die Bälle, welche durch die Hoftrauer nach Herzog Maximilian in Bayern ein solche Beschränkung erfuhren. Der Kronprinz bemerkte, es sei ihm aber aufrichtig leid, daß er die öffentlichen, die Elitebälle, wie den Concordia-Ball, das Künstlerfest und das Touristen-Kränzchen nicht werde besuchen können.«[889]

The English Weekly Truth, 7. Februar 1889

»Rudolfs Tod ist zweifellos ein riesiger politischer Vorteil für Bismarck ... Es ist sicher, daß Rudolf nicht Selbstmord beging, sondern durch *Selbstmord getötet wurde.*«[890]

Ausgewählte Briefe des Kronprinzen

Um Kronprinz Rudolfs Charakter deutlicher hervortreten zu lassen, sollen hier einige wichtige Korrespondenzen, v. a. Schreiben an Stephanie, in voller Länge aufgenommen werden. Der Inhalt der rund 1200 für dieses Buch ausgewerteten Briefe enthüllen weder die Verzweiflung noch die Selbstmordabsichten des Kronprinzen. Auch von unüberwindlichen Eheproblemen kann hier nicht die Rede sein.

Ganz im Gegenteil: Die Briefe spiegeln Rudolfs Gedanken, seine Liebe zur Arbeit, seine Angst vor Überwachung, seinen Lerneifer, seine Freude an der Jagd und der Natur.

Ischl, 26. September 1872

Lieber Alterle!

Ich denke viel an ihn, jetzt hat er gewiß schon einige Gems geschoßen und denkt auch an mich; mir geht es sehr gut, hier ist es recht grau, aber angenehm, jetzt gleich werde ich ausreiten.
Dem armen Nehammer geht es eher schlechter, als beßer, er hustete viel während der Nacht und ist schrecklich entkräftet, ich verliere fast alle Hoffnung nach dem Aussagen aller, hauptsächlich der gute ... [Name unleserlich] kam ganz verstört zurück, denn er fand heute Nehamer so schrecklich aussehend. Dem lieben Papa küsse ich vielmals die Hände, ihn wünsche ich ein Weidmans Heil, und bitte ihn, etwas nachzusehen, ob noch Alpenlerchen, und Kreuzschnäbel da sind.

Sein dankbarer
Rudolf[891]

Ischl, 29. Juli 1877

Lieber Latour!

Zum ersten male, daß ich zur Feder greife, um ihnen zu schreiben, bis jetzt waren wir seitdem ich überhaupt Briefe schreibe immer zusam̄en; es kommt mir so eigenthümlich vor, sie nicht immer um mich zu haben, alle Augenblicke will ich sie bitten laßen herüber zu kommen, und erst langsam gewöhne ich mich an das neue Leben. Es ist keine Phrase, wenn ich sie versichere, daß trotz Selbständigkeit, ich die ersten Tage hindurch sehr traurig war, der Abschied in Schönbrunn ging mir garnicht aus dem Kopf; auf den Jagden gingen sie mir sehr ab, und am Stande hatte ich viel Zeit an sie und an verfloßene schöne Tage zu denken.
Meine Reise hierher legte ich in einer ziemlich aufgeregten Stimung zurück, die ich so viel es ging zu bemeistern suchte; nebenbei war auch eine drückende Hitze. Ich kam bei schönem Wetter an; gegen Mittag trübte es sich und abends begann ein Landregen, der

bis jetzt noch fort anhält. Die Hochkogl-Jagd mußte ich absagen; trotzdem fuhr ich aber in der Früh nach Offensee, wo ich bis gestern blieb; es war ein Unsiñ hin zu gehen, doch ich war nicht in der Stim̃ung die ersten Tage in Ischl zuzubringen. Leider konnte dem Edi Paar nicht mehr abgesagt werden, und so blieb er die ganze Zeit bei mir, nur kleine Hochwildtriebe mitmachend. Der Wind war consequent schlecht, und so brach immer das meiste zurück; ich erlegte 2 Thiere und 1 Gams, Waldburg 1 Gams, Bombelles einen starken Hirsch, der Oberforstmeister einen schwachen Hirsch. Edi Paar fehlte einen Hirsch und ein Thier, mehr kam ihm nicht zum Schuß, trotzdem er immer den zweit besten Stand hatte; es wurde im Ganzes einiges gefehlt.

Ihnen nochmals aus ganzem Herzen für Alles dankend,
bin ich Ihr
dankbarer
Rudolf[892]

Ischl, 20. August 1877

Lieber Latour!

Herzlichsten Dank für den lieben Brief und die Glückwünsche, die mir große Freude machten. Es fällt mir schwer den 21. August ohne Ihnen zuzubringen, ich war so gewohnt Sie immer als den Ersten zu sehen, der mir gratulierte, doch vielleicht ist es für uns Beide beßer, wenn wir uns an diesem Tage in diesem neuen Verhältniße heuer nicht widersehen; desto mehr freue ich mich, Sie in Schönbrunn sprechen zu können.
Wenn Sie am 23. Nachmittag um 4 Uhr hinauskommen, finden Sie mich gewiß.
Leider muß ich meinen Brief schließen, da schon heute nachmittags, bei mir alles voll von Telegram̃en und Briefen liegt, die ich größtentheils leider selbst beantworten muß. Jetzt geht es nicht mehr, so wie früher, wo der gute Latour Alles schrieb und ich mich einstweilen unterhalten konnte.

Also auf baldiges Widersehen! Bis dahin Sie herzlichst grüßend bin ich Ihr, Ihnen in treuer Freundschaft ergebener und dankbarer
Rudolf[893]

Queen Railway Hotel, Chester, 27. Jänner 1878

Lieber Latour!

Aus dem Grunde meines Herzens übersende ich Ihnen meine aufrichtigsten Glückwünsche zum Geburtstage. Zum ersten male seid einer Reihe von Jahren, muß ich zur Feder greifen, um Ihnen aus weiter Ferne Alles das Gute zu wünschen, das nur ich Ihnen wünschen kann, da niemand Ihnen so zu Dank verpflichtet ist, wie ich; sonst war ich immer der Erste der Ihnen seine Gratulation dargebracht hat; am Morgen des 2. Februar werde ich viel an Sie und verfloßene schöne Zeiten denken.
Mein Geburtstagsgeschenk wird bald meinem Briefe folgen, ich werde es gleich nach meiner Rückkehr nach London Ihnen übersenden.
Verzeihen Sie, daß ich Ihnen so lange nicht geschrieben habe, doch ich finde nur mit

Mühe Zeit Papa zu schreiben, da ich eigentlich außer zum Schlafen nie zu Hause bin. Ich benütze jeden Augenblick und sehe mir so viel als möglich an. England hat meine Erwartungen noch weit übertroffen, ich bin bis jetzt mit meiner Reise ungemein zufrieden und von England ganz entzückt, ohne die großen und sehr crass hervortretenden Schattenseiten dieses Landes zu verkennen. Das Leben hier ist so überaus großartig und intereßant und ich trachte es so viel als möglich nach allen Richtungen kennen zu lernen. Ich befinde mich jetzt auf einer Rundreise durch Schottland, Irland und einige der wichtigsten englischen Städte; 14 Tage bin ich schon unterwegs und denke in 8 Tagen wider in London zu sein. Ich danke vielmals für die Benachrichtigung über des armen Oberst Wagners Tod. Es hat mir um den alten treuen Freund sehr leid gethan.
Ich bitte alle unsere Bekannten besonders die gute Wowo von mir aus vielmals zu grüßen, ich werde ihr so bald als nur möglich schreiben.
Weitere Nachrichten über meine Reise mündlich, wenn ich wider einmal in das theuere Wien zurückkehre; jetzt muß ich schließen, um in wenigen Augenblicken nach Liverpool abzureisen.

Meine Glückwünsche widerholend und Sie herzlichst grüßend Ihr
dankbarer
Rudolf[894]

Prag, 8. Oktober 1878

Lieber Latour!

Innigsten Dank für Ihren Brief, der mich sehr gefreut hat; es thut mir sehr leid, daß Sie so wenig Glück auf der Hirschpürsche haben. Hoffentlich schießen Sie noch vor Ihrer Abreise von Ischl einige gute Hirsche.
Die Maneuver in Tyrol waren sehr intereßant und gut geleitet, die Marschleistungen wirklich magnifique; die Landesschützenbataillone sind eine außerordentliche Truppe, die wirklich den Feld-Jäger-Bataillonen nur um weniges nachsteht; und wirklich mit den übrigen auch die schmalspurigen Batterien bewährten sich sehr gut, und ich glaube, daß man mit aller Beruhigung einer Vertheidigung Süd-Tyrols gegen Italien entgegen sehen kann.
In ganz Süd-Tyrol wurde ich auf das herzlichste empfangen, was mich eigentlich gewundert hat.
Das Ende der Operationen in Bosnien war sehr schön, es ging die ganze Besitzergreifung auf die brillanteste Weise zu Ende, und jetzt sollen die Truppen auf den Wunsch der Herrn Ungarn hinaus. Gott gebe, daß jetzt Stärke, eiserner Wille, bis in die äußersten Consequenzen gezeigt wird. Wenn jetzt abermals, wie schon so oft dem Willen der Ungarn nachgegeben wird, dann müßen wir einen schlechten Geist eine Demoralisation in der Armee erwarten, dann geht aber auch unser ganzer Nimbus nach Außen, zum Teufel.
Die Ungarn haben sich jetzt sehr schlecht benom̄en, es müßen neue Verhältniße eine Umgestaltung der ganzen Staatsform eintreten; mit dem Dualismus geht es schon nicht

mehr. Auch in Cis-Leithanien sind jetzt recht confuse Zustände. Man spricht von einem Beamtenministerium Taaffe, aber zugleich ist auch Dr. Herbst von hier nach Wien berufen worden.
Für den armen Papa ist jetzt eine recht böse Zeit; zum Glück, hat er viel Freude an uns, an der Armee.
Ich weiß nicht ob es jetzt nicht das Beste wäre, die Reichstage in beiden Reichshälften einzuberufen; die Frage, an sie stellen, ob sie gewillt sind das Geld für die Sissek-Novi-Bahn und für weitere Vorwärts-Bewegungen der Truppen, beizustellen, und wenn nicht, dann die Kam̄ern für ein Jahr auflösen, 400 Millionen Banknoten drucken laßen[895], die Eisenbahn ausbauen, die Truppe auf Novi-Bazar fortmarschieren laßen. Ich möchte sehen, ob sich die Ungarn dagegen weigern werden?
In Croatien, und in allen unseren slavischen Provinzen herrscht ein Enthusiasmus für diese Ansicht, man erwartet das, was ich Ihnen eben geschrieben nun mit Bestimmtheit.
Auf diese Weise wäre auch der Weg gefunden, um dem Dualismus ein für alle Mal ein Ende zu machen.
Doch alles das sind Träume, denn gegen die Ungarn wird nichts geschehen, man wird sie damit zu beruhigen suchen, daß man den Stand der Truppen in Bosnien vermindert, die Eisenbahn nicht bauen wird, und die hiesige Reichshälfte wider von Neuem mit den Kosten des Krieges fast ganz ausschließlich belasten wird.
Für mich ist jetzt hier eine recht ruhige Zeit eingetreten. Die Rekrutenabrichtung gibt dem Stabsofficier weniger zu thun; dafür habe ich aber in meiner Kaserne, die ganze Unterofficiersbildungsschule des Regimentes unter meine Aufsicht bekommen, was mich sehr freut u. intereßiert.

Also nochmals herzlichsten Dank für Ihren Brief, Sie vielmals grüßend
Ihr dankbarer
Rudolf[896]

Prag, 31. Jänner 1879

Lieber Latour!

Vor allem meine herzlichsten, innigsten Glückwünsche zu Ihrem Geburtstage, Alles Gute wünsche ich Ihnen aus ganzen Herzen, Sie wißen es ja, so brauche ich es erst gar nicht zu sagen, wie sehr ich Sie gerne habe und wie ich Ihnen ewig dankbar bleiben werde. Herzlichsten Dank für Ihren Brief, der mich gar nicht gefreut hat, denn Sie sagen mir darin Dinge über die ich mich geärgert habe. Sie genießen im vollen Maaße das Vertrauen des Kaisers, der ganzen Bevölkerung, die Achtung der Parlamente. Ihre Stellung als Minister-Präsident wäre eine sehr gute und für das Ganze nutzbringend gewesen.
Ich sage es ja nicht um Ihnen Complimente zu machen, Sie kennen mich genug gut, um zu wißen, daß ich immer die Wahrheit sage, wenn Sie auch unangenehm ist, ich habe Ihnen dieß früher bewiesen, als Sie zur Armee nach Bosnien einrücken wollten.
Doch diesmal halte ich es für meine Pflicht, Sie inständigst darum zu bitten, falls der

Kaiser Sie nochmals fragen läßt, diesen Posten anzunehmen. Ein Minister-Präsident muß ein energischer geachteter Mann sein, der seine festen Ansichten zu vertheidigen weiß; er soll kein Ressort-Minister sein, er soll nicht als Fachmann in die Thätigkeiten der anderen Minister eingreifen, er darf sich nicht mit einzelnen Fächern beschäftigen, sondern soll nur Menschenkenntniß besitzen, den Leuten zu imponiren wißen und ein in jeder Beziehung achtbarer Charakter sein. Mit dem Monarchen muß sich der Minister-Präsident, leicht verstehen können, er muß die Eigenschaften desselben kennen, und es wißen, wie man mit ihm am leichtesten spricht um zu einem Resultat zu gelangen. Allen diesen Eigenschaften haben die letzten Minister-Präsidenten nicht entsprochen.
Sie besitzen Sie im vollen Maaße; daher finde ich Ihre nach meiner Ansicht falsch aufgefaßte Bescheidenheit, ein sehr bedauernswerthes Ereigniß. Wer soll jetzt dieses Portefeuille übernehmen? Nationale oder gar clerical gefärbte, ich möchte eher sagen angestrichene Gespenster tauchen auf. Ein Hohenwarth ist noch nicht für uns ein ganz überstandener Standpunkt. Die Reaktionsideen schleichen heute mehr als je in der Welt herum, je dümmer sich leider die Parlamente benehmen, je mehr die Socialisten zunehmen, desto größer werden die Gedanken der Reaktion, von Deutschland von Rußland her kom̄en diese verfluchten Anklänge zu uns herein und gefährlich wird nach meiner Ansicht nur dort die Socialisten-Frage, wo die politisch unzufriedenen, die vor den Kopf gestoßenen Liberalen ihnen in die Arme getrieben werden, wie es in Russland der Fall ist. Nur der Staat kann allen Crisen mit Ruhe entgegen sehen, wenn auch alle Nachbarn Reactions-Versuche anstellen, der fest und treu bei der beschworenen Verfaßung bleibt.
Und daher kommt meine Überzeugung, daß Sie für uns ein Glück gewesen wären; weil ich es hoffe und es sicher weiß, daß Sie bei allen Verwicklungen, möge da was immer geschehen, fest und treu an der Fahne eines gemäßigten, aber zugleich echt liberalen Constitutionalismus halten werden.
Das sind meine Ansichten darüber, es thut mir leid, daß ich da kom̄e als »Moutarde après diner«.
Ich habe viel zu thun, es geht mir gut, besonders da ich nicht Bräutigam bin und es auch noch lange nicht sein werde. Mein Dienst ist streng, oft wirklich hart, man muß jetzt fürchterlich arbeiten, doch das ist mein Element und je mehr ich zu thun habe, desto beßer geht es mit. Kom̄en Sie bald zu mir nach Prag, je früher desto beßer.
Unser Leben im Officierscorps, die Stunden, die wir in unserer Menage zu bringen, werden Ihnen sehr gut gefallen, es herrscht ein sehr guter Geist, ein schönes Verhältnis zwischen Vorgesetzten und Untergebenen, ein echt kameradschaftliches Leben.
Ich bitte Sie, diesen zweiten Carton, den Pausinger über meine Adlerjagd verfertigte, entgegenzunehmen. Wenn Sie Platz haben, denselben in Wien, oder in Ihrem Jagdhause aufzuhängen und ihn manchesmal ansehen, erinnern Sie Sich an die vielen Stunden, die wir zusammen in der Luderhütte zugebracht haben.

Meine Glückwünsche widerholend, mit herzlichstem Gruß Ihr
dankbarer
Rudolf[897]

Muichowitz, 8. Juli 1879

Lieber Latour!

Seid einer Woche bin ich nun ruhig hier im Lager. Am 1 Juli früh kam ich in Prag an, wo ich nur einige Stunden blieb, dann ritt ich den ziemlich langen und heißen Weg nach Muichowitz heraus. Das Widersehen nach so langer Zeit mit meinem Regiment war ein schöner Moment. Oberst Hotze und die anderen berittenen Herrn kamen mir ein gutes Stück entgegen, die übrigen Herrn des Regiments erwarteten mich mit der Musik am Platze des Dorfes. Die Mannschaft füllte den Weg vom Eingang des Dorfes bis zu meiner Wohnung aus. Sie drängten sich unaufhörlich rührend heran, ich dachte schon sie wollen mich mit sammt dem Pferde aufheben.
Das Dorf hier ist sehr klein und schmutzig; trotzdem sind 2 Bataillone in den Scheunen untergebracht. Das dritte Bataillon von uns u. ein Jäger-Baon sind in Ondiejow eine kleine halbe Stunde von hier. Es wird viel und gut gearbeitet, das Terrain ist für unsere jetzigen Zwecke sehr vortheilhaft, viel Wald, tiefeingeschnittene Thäler, steinige Hutweiden. Der Reitboden ist herzlich schlecht; in den Wäldern und auf den Wiesen kleine, aber ziemlich tiefe Sümpfe, man muß sich genau auskennen, sonst ist es recht schwer, ohne Weg zu Pferd weiter zu komīen, viele viele von die Herrn sind schon in diese merkwürdigen kleinen Waldsümpfe gerathen; man findet Gräben und Zeune, auch Hecken um die Felder, doch man [kann] gar nicht springen, weil entweder Sumpf oder Steine dahinter sind; überall, wo es nicht sumpfig ist, liegen große Steine herum; ich habe erst 2 krumme Pferde, was für hier wenig ist; einmal bin ich mit der Esmeralda roulirt, ohne daß wir uns beide, das mindeste gethan hätten, trotzdem sie unsanft auf meinem Fuße lag.
Um 5 Uhr früh stehe ich immer auf. Um 6 Uhr rückt die Truppe aus, bis 11 Uhr bleiben wir draußen, um 12 U. ist der Regimentsrapport, um ½1 Uhr speisen wir im Gasthaus, aber von unserer Menage, recht gut, um 3 Uhr rückt die Truppe wieder aus und jede Compagnie kehrt dann nach Ermessen ihres Chefs zwischen 6 u. ½8 Uhr zurück. Um 8 Uhr soupiren wir wider im Gasthaus und nach 9 Uhr herrscht Ruhe im Dorf.
Es ist ein gesundes, angenehmes Leben, die Mannschaft sieht, trotz ziemlicher Anstrengung und fortwährendem kalten Regenwetter gut aus, und wir haben nur sehr wenig marode.

Fürstin Mimi u. Grf. Baldine, meine Empfehlung. Mit den herzlichsten Grüßen Ihr
dankbarer
Rudolf[898]

Prag, 13. Oktober 1879

Lieber Latour!

Innigsten Dank für Ihre interessanten Briefe. Was Sie mir schreiben interessirt aber erschreckt mich sehr. Ist die ganze Richtung der maßgebenden Kreise jetzt gegen die Verfaßung gerichtet? Das hätte ich nicht geglaubt, doch auf die Zeitung kann man sich ja nicht verlaßen. Das wäre ein sehr großes Unglück.

Sie haben Recht, wenn Sie dagegen ankämpfen und sollte es weiter kom̄en, dann müßten Sie auch energisch auftreten für die Sache der Verfaßung. Das wäre eine schöne Geschichte! Wir könnten unseren Feinden im Ausland keine größere Freude machen, als wenn wir an der Verfaßung rütteln wollten. Also in dieses Horn bläst der große Taaffe. Der ist für alles zu haben, er kann an einem Tag Pfaffe und Democrat sein; glauben Sie das positive verfaßungsfeindliche Intentionen in der Regierung vorherrschen? Falkenhayn ist auch ein unheimlicher Name.
Ich glaube immer, daß Papa jetzt an der Verfaßung nichts ändern will, daß ist meine größte Hoffnung; bis jetzt war Andrássy in dieser Richtung ein schützender Genius, doch leider ist er nicht mehr da. Onkel Albrecht's in jeder Beziehung verderblicher Einfluß ist wenig zu fürchten. Ich glaube er hat beim Kaiser in jeder Beziehung stark abgekocht; auch in der Armee hat er sehr von seinem Ansehen verloren, ich habe vor Kurzem wider unglaubliche Sachen über ihn gehört, die er betreffs Fritz gemacht hat.
Ich sage, schade, trotzdem er mein Feind ist und ich ihm nie verzeihen werde, was er gegen mich gethan, doch er war einmal eine Größe und das so enden zu sehen als kindischen Greis ist schade.
Ich brachte den gestrigen Tag in Wlusim bei Carlos Auersperg zu; auch Adolph Auersperg mit Familie, er und sie Mansfeld und Fesztetics waren dort.

Mit den herzlichsten Grüßen
Ihr
dankbarer
Rudolf, Oberst[899]

Prag, 30. Oktober 1879

Lieber Latour!

Für Ihren Brief, in̄igsten Dank. Der Graf Taaffe ist ein ganz unverantwortlicher Mann, der wirklich noch viel schaden wird. Es scheint, daß er unseren gnädigsten Herrn schon ganz in diese, doch eigentlich verfaßungsfeindliche Richtung gebracht hat.
Ich habe einen langen Brief von Papa bekom̄en, in welchem er unter vielen Anderen auch erwähnt, daß Er Wien mit den besten Hoffnungen verlaßen hat, überzeugt, daß das Herrenhaus sich zu einer Adresse vereinigen werde, doch jetzt sei Er durch den Ausgang der Abstim̄ung sehr unangenehm berührt worden; er erwähnt, daß die <u>sogenannten</u> Verfaßungstreuen, über die Er Sich sehr abträglich äußert Ihm viel Kummer gemacht hätte; und warum? ich verstehe es nicht; doch begreife ich jetzt aus welchem Grunde die Erzherzöge hineingeschickt wurden; es sollte um jeden Preis gesiegt werden, und nun, wo es eine Niederlage war, ist die Blamage eine noch viel größere; eine Schädigung der Würde der Dynastie! Gott Lob, daß ich diesen Sachen so ferne stehe und mit Leib und Seele Soldat sein kann!
Das Einzige, was mich an der ganzen Sache ärgert ist der Taaffe; welcher doch einen bedeutenden Einfluß zu haben scheint; das kann noch recht gefährlich werden.

Von dem, was ich Ihnen wegen des Briefes, geschrieben habe, machen Sie natürlich keinen Gebrauch.

Mit den herzlichsten Grüßen Ihr
dankbarer
Rudolf[900]

Prag, 2. Februar 1880

Lieber Latour!

Meine herzlichsten, innigsten Glückwünsche zum heutigen Tage. Alles was man Gutes nur wünschen kann, das wünsche ich Ihnen aus ganzem Herzen. Dieses Bild, bitte ich als Andenken an das alte Regiment 36, an meine schönsten-Junggesellen-Zeiten, anzunehmen.
Ein neues Leben fängt für mich bald an und ich kann nicht läugnen, daß es mir noch einigermaßen unheimlich ist. In einer Stunde reise ich ab.

Hoffentlich auf ein baldiges Widersehen. Meine Glückwünsche widerholend,
Ihr dankbarer
Rudolf, Oberst[901]

Brüssel, 7. März 1880

Lieber Latour!

In aller Eile einige Zeilen. Ich habe gefunden, was ich gesucht habe. Stephanie ist hübsch, gut, gescheit, sehr vornehm; und wird eine treue Tochter und Unterthanin ihres Kaisers und eine gute Oesterreicherin werden. Ich bin sehr glücklich und zufrieden.
Verzeihen Sie, wenn ich schließe, doch ich muß eine Menge Telegramme schreiben, und möchte schnell zu Stephanie gehen; auch sollen wir in einer Stunde bei Ihrem Onkel Flandern speisen.

Herzlichste Grüße
von Ihrem
glücklichen
Rudolf[902]

Wien, Juni 1880

Herr Feldzeugmeister,

haben mir durch die Übersendung der Bilder und durch Ihren Brief eine große Freude bereitet, für die ich Ihnen vielmals danke.
Ich bin jetzt in der angenehmen Lage über Alexa vortheilhafteres zu schreiben. Er gewöhnt sich langsam an seine Stellung und ist in jeder Beziehung braver und vollkomen verläßlicher Mensch.
So viel ich bemerke plagt ihn das Heimweh schon gar nicht mehr, oder doch nur sehr selten; auch ist er lustig und vergnügt.
Die Jagden unterhalten ihn besonders, und da beurkundet er nicht nur eine ganz enorme

Paßion, sondern auch viel Geschick. Ich habe mich schon in jeder Richtung ganz an ihn gewöhnt, und glaube in der Erlernung der Sprache im Umgang mit ihm rasch Fortschritte zu machen. Unter jedem Fall will ich Alexa so lange behalten, als er selber bleiben will, und ihn erst vielleicht im Verlauf von Monaten in seine Heimat zurück senden.

Mit den herzlichsten Grüßen für Sie und die Baronin, bin ich
Ihr
Rudolf[903]

Prag, 23. November 1881

Lieber Menger!

Beiliegend die sieben Exemplare zur Vertheilung. Ich bitte Sie so zu handeln, daß mein Name nicht in's Spiel kommt. Ich darf doch nicht alle meine Standesgenoßen, an die ich durch so viele sociale Gesetze gekettet bin, nicht allzu arg vor den Kopf stoßen. Ich gelte ja ohne dieß schon als ein Aussätziger.
Ich bin sehr neugierig, was die fremden Blätter zu meiner Orientreise sagen werden.
In der »Neuen freien Presse« fand ich wieder einen Artikel ähnlichen Inhalts, wie jene von denen wir gestern sprachen.

Mit vielen Grüßen,
Ihr
Rudolf[904]

Prag, 5. Dezember 1881

Lieber Reinländer!

Innigsten Dank für Ihren Brief und die Übersendung des Aufsatzes betreffend die miskolczer-Maneuver. Ich freue mich sehr denselben durchzulesen; Sie können sich denken, wie mich diese Arbeit aus Ihrer Feder und nachdem ich weiß, daß es nicht für die Öffentlichkeit bestim̄t die bittere Wahrheit enthalten wird, intereßiren muß.

Nochmals herzlichsten Dank. Mit vielen Grüßen,
Ihr dankbarer
Rudolf[905]

Prag, 29. Jänner 1882

Lieber Hofrath!

Im Intereße des von Ihnen so rege unterstützten und geleiteten Krankenwärteriñen-Vereines, und um eben in der jetzigen, Ihren Bestrebungen nicht günstigen Zeit, dennoch muthvoll für das allgemeine Wohl hervorzutreten, drängt es mich, Ihnen heute zu schreiben.
An den Südgrenzen der Monarchie wird gekämpft, und nennt man es Kriegs-Aufstand oder Räuberunwesen, am Factum, daß Soldaten verwundet werden und der Hülfe bedürfen, ändert der Name nichts; auch scheint man in höheren Kreisen in Wien noch weitgehendere Complicationen zu befürchten, denn die Fürstin Metternich richtet an meine

Frau ein Schreiben, in welchem sie mittheilt, sie hätte barmherzige Schwestern in den verschiedenen Ordenshäusern geworben, um dieselben dann, im eventuellen Kriegsfall, auf Aufforderung des Kriegsministerium's hin, unter dem »Banner des rothen Kreuzes« nach dem Kriegsschauplatze zu senden.
Nun wird gewünscht, daß meine Frau auch der Großen Liste der an diesem Werke theilnehmenden Damen beitreten solle.
Als heute dieser Brief in unsere Hände gelangte, dachte ich gleich: »Wie wäre es, wenn jetzt der Krankenwärteriñen-Verein sich auch wieder rühren würde, um in der That Gutes zu leisten, und zugleich den Beweis zu liefern, daß die düsteren clericalen und reactionären Strömungen zurückzuschrecken und einzuschüchtern nicht in der Lage sind.
Diese Aufrufe der Fürstin Metternich sind aristokratische Spielereien, und wahrscheinlich wird das Ganze mit einer Theatervorstellung oder sonst einem Fest endigen.
Das rothe Kreuz wurde zu Parteizwecken benützt, und in Dingen die keinen anderen, als den rein humanitären Standpunkt vor Augen haben sollten, wird clericale Politik getrieben. Unser Verein wird verfolgt, weil keine Nonnen dabei sind und einige nicht als froṁ angeschriebene Namen an der Spitze stehen!
Wie wäre es jetzt, wenn der Krankenwärteriñen-Verein sich selbst in auffallender Weise an der Pflege der im jetzigen Aufstand verwundeten Soldaten betheiligen würde. Meine Frau könnte sich an die Spitze der Sache stellen!
Ich bitte Sie, mir diese Angelegenheit betreffend Antwort zu senden, oder falls Sie Zeit haben durch einen Besuch bei uns in Prag, eine alle diesbezüglichen Punkte genau berührende Unterredung zu ermöglichen.
Falls Sie kommen bitte ich nur Tag und Stunde Ihrer Ankunft bekannt zu geben, damit man Wagen & Wohnung bereit halten kann.
Unserem Freund Wilczek sollten Sie von meinem Briefe keine Erwähnung thun; er wird es seinerzeit von mir direct erfahren.
In jenen Kreisen, in denen die Fürstin Metternich und das rothe Kreuz mit den Klosterfrauen modern sind, hat auch Wilczek zu viele Bekannte, und könnte sich durch dieselben einschüchtern laßen.
Vorsicht ist eine schöne Sache, doch oft lähmt sie den raschen Entschluß, wo derselbe zum guten Ziele führen kann.

Mit vielen Grüßen,
Ihr
Rudolf[906]

Prag, 18. Februar 1882

Lieber Menger!

Beiliegend eine kleine Brochure, die ich schon anfangs Jänner »Über den Spiritismus« verfasste, aber nur für den engsten Kreis meiner Freunde und ganz sichere Bekannte bestiṁte. Ich bitte Sie niemand gegenüber, auch nur ein Wort diese Arbeit betreffend

fallen zu lassen, dieselbe auch nicht unserem gemeinschaftlichen Freunde, dem Maler Canon zu zeigen, da derselbe neben vielen sehr guten Eigenschaften den Fehler grosser Geschwätzigkeit hat.
Vor einigen Tagen speiste die einstens so gefeierte Schönheit Fürstin Léontine Fürstenberg bei uns; während des Diners sprachen wir über meine »Orientreise«; plötzlich sagte sie mir halblaut zum Glück: »Ich habe noch ein anderes Buch von ihnen gelesen, nähmlich eine vorzügliche Arbeit über die oesterreichische Aristokratie.«[907] Sie können sich mein Erstaunen denken, das ich aber zu verbergen suchte.
Auf meine Frage, wer dies behaupte, antwortete sie mir, niemand, doch hätte Sie es gleich am Styl erkannt, und fügte die Bemerkung hinzu: Wer sonst hätte, bei solcher Kenntniss der aristokratischen Verhältnisse, dies schreiben können!
Es ist der erste Fall, daß man mich mit dieser Brochure zusam̄enbringt. Ich bin neugierig, ob man diesen Glauben auch in weiteren Kreisen hegt.
Die Budgetdebatte verfolgte ich mit viel Interesse; bin begierig, was uns die Zukunft noch Alles bringen wird. Schreiben Sie mir, falls Sie Zeit finden einige Worte über die Situation in Wien.

Mit vielen Grüssen,
Ihr
Rudolf[908]

Prag, 24. Februar 1882

Lieber Menger!

Innigsten Dank für Ihren Brief und die Übersendung einiger sehr interessanter Brochuren.
Was mein Wirken hier zu Gunsten des Cabinettes Taaffe betrifft so begreife ich diesen Glauben ganz gut. Man wollte meinen Namen, wie es scheint auch gegen meinen Willen benützen.
In Böhmen giebt es jetzt höchst eigenthümliche Geschichten, die ich in einem Briefe nicht Alle erzählen kann; aus der Menge werde ich eine hervorholen, die Sie unterhalten wird.
Es giebt hier einen reichen Waggon-Fabrikanten Baron Franz Ringhoffer.
Ich bin mit ihm recht befreundet, er kommt zu meinen Jagden, und speist oft bei uns, ich gehe alljährlich zu ihm auf seine schönen Besitzungen um da zu jagen. Nebenbei bemerkt war dies schon lange dem hiesigen Adel, der mit Bürgerkreisen absolut nicht verkehrt ein Dorn im Auge. Dieser B. Ringhoffer stimmte immer mit der Verfassungspartei; der schon sein Vater angehörte.
Vor einem Monat sagte mir ein Mitglied der Verfassungspartei :I Fürst Carlos Auersperg I: Baron Ringhoffer werde sich bei der Wahl für den Grossgrundbesitz diesmal der Abstim̄ung enthalten, da ihm von Seite der Statthalterei gedroht wurde, daß, falls er für die Gegner der Regierung stim̄en würde, er mich dadurch verhindere mit

ihm jede Berührung fortzusetzen und ich auch dann niemals zu ihm auf seine Jagden komen würde.
Sie können sich denken wie sehr mich dieser Missbrauch meines Namens ärgerte. Ich bat Ringhoffer zu mir zu komen und frug ihn, ob dies wahr sei, und versicherte ihn, ich hätte mich niemals um die Abstimung gekümert und gewiss am allerwenigsten im Sinne der Regierung.
Ringhoffer versicherte mich nun, der Statthaltereileiter hätte ihm zwar nicht gedroht mich zu verhindern zu ihm auf die Jagden zu komen, habe aber ihm derartige Dinge betreffs der Wahl gesagt, daß er sich veranlasst sehe, der Wahl zu entsagen; Ringhoffer ist ein Mensch, der leicht zu beeinflussen ist; er erschrack über die Worte Fmltnt Kraus, der ihm schon lange zusetzte und enthielt sich der Abstimung; seinem Beispiel folgten leider mehrere seiner Standesgenossen. Da ich Ringhoffer gut kenne er niemals sich einer Abstimung entzog, immer für die Verfassungspartei früher muthig stimte, liegt der Verdacht sehr nahe mich mit dieser Wandlung im Betragen dieses Grossindustriellen in Verbindung zu bringen.
Daher stammt vielleicht die in verfassungstreuen Abgeordneten-Kreisen herrschende Meinung, ich sei ein hilfreicher Bundesgenosse des jetzigen Cabinettes eine Ehre, deren ich mich niemals würdig gezeigt hätte.
Wenn Sie etwas, ohne meinen Namen viel in das Spiel zu ziehen, benützen wollen, um gegen die irrigen Gerüchte anzukämpfen, so bin ich Ihnen dafür sehr dankbar.

In alter Freundschaft, mit vielen Grüssen,
Ihr
Rudolf[909]

Prag, 17. Mai 1882

Lieber Menger!

Als wir uns im Monate März einige Tage vor Ihrer Abreise nach Süd-Tyrol, zum letzten male sahen, gaben Sie mir ein Buch: Geschichte der Rechtsphilosophie, das ich nun ziemlich gründlich durchstudierte; ich stelle es Ihnen mit vielem Dank zurück. Das Capitel: »Die Schriftsteller der Contrerevolution« interessirte mich am meisten, da ich bis jetzt nie etwas aus dem gegnerischen Lager gelesen habe und eigentlich es gar nicht wusste, daß unsere reactionären Gegner sich ebenfalls auf eine ernste wissenschaftliche und gründlich bearbeitete Theorie stützen.
Da für mich keine Gefahr mehr besteht, ich könne mich zu sehr in die Richtung eines Haller oder Maistre hineinleben, wäre ich Ihnen sehr dankbar, wenn Sie mir die Werke Maistres, Hallers und wenn dieselben auch in deutscher Übersetzung zu bekommen sind, dann auch jener Burke's, verschaffen würden.
Ferners möchte ich sehr gerne ein gutes Werk der neuesten Zeit, der allerliberalsten Richtung lesen, um die Gegensätze vergleichen zu können; vielleicht wären Sie so gut mir auch ein solches zu schicken; Sie treffen ja darin gewiss die richtige Wahl.

Hoffentlich geht es Ihnen immer gut; schreiben Sie mir bald wieder, auch über die politische Situation, und Stimmung in Wien; ich sehne mich sehr nach Nachrichten von Ihnen.
Ich habe hier jetzt viel in militärischen Dingen zu thun und lebe sonst ruhig und glücklich, alle 14 Tage beiläufig, wenn ich Zeit habe gehe ich hinaus und bringe einen Tag auf der Fischotterjagd zu, die in der That sehr anregend ist und ein Gemenge von Jagd und Fischerei bietet; ganz eigenthümliche Beobachtungen lassen sich dabei anstellen, über die Bedingungen, welche die Ottern für ihr häufiges Vorkommen stellen; Fischreichthum, gewisse Fischarten, und Qualität und Klarheit des Wassers spielen da eine grosse Rolle, desgleichen die Uferbeschaffenheit; der Forellenbach ist stets der Lieblingsplatz der Ottern.
Eine merkwürdige Ansicht fand ich bei den unteren Schichten der Bevölkerung in Böhmen, mit denen man bei der Otterjagd viel in Berührung kommt; sie glauben nähmlich der Fischotter sei ein Fisch!
Vielleicht sehen wir uns anfangs Juni in Wien wieder, doch gewiss weiss ich es noch nicht, ob ich dahin koñen werde.

Mit vielen Grüssen, in alter Freundschaft
Ihr
Rudolf[910]

Prag, 19. Jänner 1883

Lieber Menger!

Verzeihen Sie, wenn ich mich an Sie mit einer Frage wende, doch ich kenne niemand, der mir dieselbe so leicht und gut beantworten könnte.
In Ihrer Stellung, als vielgesuchter und an Hörern reicher Universitätsprofessor kennen Sie sehr viele junge Leute und kommen mit denselben häufig zusañen.
Vor Allem bitte ich Sie über den Inhalt meines Briefes niemand gegenüber Erwähnung zu thun, da ich jetzt nur noch eine ganz allgemeine Frage an Sie stelle.
Da meine Correspondenz immer grösser wird, meine militärischen Geschäfte andererseits mit dem Emporkommen in höhere Chargen auch wachsen, ich nebstbei oft litterarisch arbeite, sehr viel lese, täglich einige Zeitungen durchblicken muss, werden meine Tage immer ausgefüllter. Von ½8 Uhr früh bis 12 Uhr mittags sitze ich theils an meinem Schreibtisch zu Hause, theils in der Kanzlei; dann arbeite ich von ½1 Uhr bis ½3 Uhr, und nach einer einstündigen Promenade wieder von ½4 Uhr bis½ 6 Uhr. Von ½8 Uhr lese ich noch Zeitungen, und leichte Bücher.
Das ist mein gewöhnlicher Tag – nur oft, da mich das Ausgehen, ohne Zweck um diese Jahreszeit giebt es keine Jagd, langweilt, koñe ich mehrere Tage nach einander nicht zu Fuss in's Freie.
Dieses Leben auf die Länge ist ungesund und muss noch lange Jahre mich vollkommen frisch zur Arbeit erhalten. Sehr leicht könnte ich mir durch kleine Erleichterungen abhelfen und dadurch freie Zeit gewinnen, doch dazu brauche ich einen Famulus und das ist es eben was ich suche.

Die Bedingungen, die ich stelle sind sehr grosse:
Er muss 1. jung sein, in meinem Alter. 2. ganz gesund, gute Augen haben und sehr arbeitsfähig sein. 3. Er muss absolvirter Jurist sein. 4. Er muss sehr geschickt in der Feder sein und sehr rasch arbeiten können.
5. Er muss geschmeidig sein und auf alle meine Ideen eingehen könne. 6. Er muss geschickt sein im Nachahmen von Schriften sein, denn oft wird er meine Schrift so copiren müssen, um Briefe an meiner Stelle schreiben zu können.
7. Er muss wo möglich ungarisch können, wo möglich auch schreiben.
8. Er muss, wo möglich auch stenographiren, oder gar auch telegraphiren können.
9. Er darf absolut nicht clerical sein, wo möglich vollkom̄en Freidenker sein.
10. Er muss eine sehr rasche Auffassung haben.
11. Er muss verschwiegen und vollkom̄en verlässlich sein.
12. Er muss einen Charakter haben, der zu grosser Anhänglichkeit neigt, damit er mir immer sehr gut diene.
13. Er muss mit Freude auf diesen Plan eingehen, und wissen, welche vielleicht grosse Laufbahn ihm dadurch offensteht, wenn er von Jugend auf sich vollkom̄en in meine Ideen einlebt und mein vollkom̄enster Vertrauensmann wird.
14. Er darf keine Anlagen zu Intriguen haben und muß ein verträglicher Mensch sein.
Es ist viel, was ich von diesem Muster-Mann verlange, doch hoffentlich lasst sich ein solches Individuum finden; für mich wäre dies von grossem Vortheil und würde sehr zur Erhaltung meiner Gesundheit beitragen, denn viel unnütze Arbeit könnte ich von mir abwälzen.
Ich bitte mit keinem jungen Menschen noch darüber zu sprechen, bevor Sie mir nicht geschrieben haben.
Ich glaube Sie werden unter den vielen Studenten mit denen Sie zusam̄en kom̄en vielleicht den richtigen Mann für diese unleugbar schwierige Stellung finden.

Mit vielen Grüssen,
Ihr treuer
Rudolf[911]

Prag, 3. Februar 1883

Lieber Menger!

Heute finde ich endlich Zeit Ihnen in bewusster Angelegenheit zu schreiben.
Mit Bombelles sprach ich darüber; er ist ganz derselben Ansicht und sagte mir wie sehr er begreife, daß ich einen gebildeten und in jeder Beziehung tüchtigen jungen Mann zu mir nehme, nur meint er auch man solle in der Auswahl sehr vorsichtig sein.
Ich bitte mir, wegen der zwei jungen Männer, die Sie am meisten empfahlen, zu schreiben, ob dieselben Israeliten seien. Was in diesem Moment, angesichts der antisemitischen Bewegung nicht wohl gienge, und ob keiner von ihnen welch' immer geheimer Gesellschaft angehört, was für mich sonst leicht Unannehmlichkeiten mit sich bringen könnte.

Am besten wäre es wenn einer der jungen Männer nach Prag komen würde, unter dem Titel meine in der That grosse Bibliothek wissenschaftlich zu ordnen; doch bevor Sie einen hierher schicken, bitte ich mir noch früher zu schreiben und mir die Namen der Beiden zu senden; auch würde ich Ihnen dann antworten an welchem Tage der junge Mann komen und an wen er sich gleich bei seiner Ankunft wenden könnte; selbstverständlich würde er gleich bei mir wohnen.

Mit vielen Grüssen,
Ihr treuer
Rudolf[912]

Prag, 19. Februar 1883

Lieber Menger!

Innigsten Dank für Ihren Brief; ich bin sehr froh zu sehen, daß Ihr Rheumatismus wieder gewichen ist; hoffentlich kehrt er auch nicht zurück, denn es wäre für Sie ein höchst fatales Leiden. Was Sie mir über den jungen Mataja sagen interessirte mich sehr; mit der Polizei kann ich mich in dieser Angelegenheit nicht in Verbindung setzen und gern will ich glauben, der junge Mann gehöre weder einer geheimen politischen Gesellschaft an, noch sei er ein Lump, vulgär ausgedrückt.

Wenn wir die Polizei zu Erkundigungen versenden, so weiss es Graf Taaffe denselben Tag noch, da er mit der jetzigen Polizei unter Krtičzka von Jaden fortwährend in Verbindung ist und sich Alles & glaube gerade auch über mich rapportiren lasst.

Eigentlich könnte es mir gleichgiltig sein ob man es erfährt, ich hätte einen jungen Mann als Hilfsarbeiter zu mir genomen, Geheimnis ist es ja nicht; doch wie Sie wissen, wird in der Aristokratie fürchterlich viel geplauscht und diesen Kreisen gehört ja Graf Taaffe an, man würde die abenteuerlichsten Combinationen an meinen Entschluss knüpfen und die unsinnigsten Dinge erzählen; darum halte ich es für besser die Polizei nicht mit in das Vertrauen zu ziehen. Von Wien bekome ich die schlechtesten Nachrichten. Die Kaminzky-Affäre und das Fortbestehen der so arg compromittirten Minister scheint viel böses Blut zu machen.

Falls Sie wieder einen längeren Brief schreiben können, wäre ich Ihnen sehr dankbar für einige Nachrichten aus Wien und über die Stimung daselbst.

Den jungen Mann möchte ich erst im März kennen lernen, da ich Ende dieses Monates nach Berlin reisen muss und auch Bombelles, nicht vor den ersten Tagen März wieder hier eintreffen dürfte & seine Geschicklichkeit und sein Takt beim ersten Eintreffen Matajas von Nutzen sein können; die anderen Herren will ich jetzt noch nicht in Kenntniss setzen, auch sind sie alle zu stolz und unfähig auf eine passende Weise mit einem jungen Bürgerlichen zu verkehren, ehe sie seine wahre Stellung kennen.

Mit vielen Grüssen und Dank,
Ihr
treuer
Rudolf[913]

Laxenburg, 19. Mai 1883

Geehrter Herr!

Mit innigstem Dank war ich erfüllt, als ich Ihren Brief las, und die Brochure erhielt; stets wird sie mir eine werthe Erinnerung an Sie, und zugleich an einen ernsten Moment sein, der aber die gleich denkenden und fühlenden Menschen sich näher gebracht hat.
Ihre Rede kenne ich genau. Ich verschaffte mir die stenographischen Protokolle aller Sitzungen, in denen über die Schulgesetznovelle verhandelt wurde.
Es ist keine leere Phrase, wenn ich Sie versichere, wie sehr ich mit pochenden Herzen, Ihre Worte las, und wenn ich in meiner Unerfahrenheit Ihnen überhaupt eine Antwort sagen darf, so sei es ein Glückwunsch zur Art und Weise, in der Sie die Gefühle und Gesinnungen jedes Grossoesterrreichers, jedes wahren, patriotisch denkenden, fortschrittlichen Mannes zum Ausdruck brachten.
Von all' den düsteren Erfahrungen, die wir schon machen mussten, hat mich keine so sehr ergriffen, als dieser Anlauf gegen die liberale Schule, als dieses Zurückdrängen in längst vorüber geglaubte schlimme Zeiten.
Als Oesterreicher war ich stolz auf die so vorgeschrittenen, wahrhaft modernen Institutionen, die wir nach langen Kämpfen, in cultureller Beziehung erworben hatten, und stolz bin ich auf die Bildung, die ich selbst dem oesterreichischen Lehrer und Gelehrtenstande, der dieser Aera entstam̃te, zu verdanken habe.
Daher fühlte ich in diesem Kampfe, den Sie und Ihre Collegen für die Principien des Fortschrittes so glänzend durchkämpften, lebhaft mit, und eine Entrüstung, ein Eckel, vor den jetzigen Zuständen hat sich meiner bemächtigt, den nur gute Tage einmal wieder zu verwischen im Stande sein können.
Ich glaube jeder, der auf die Stellung seines Vaterlandes unter den Culturstaaten bedacht ist, und auf seine Heimath gerne stolz sein möchte, dürfte in derselben Weise über die momentane Lage der Dinge denken.
Ein Trost bleibt, und zwar die sichere Aussicht auf baldige Änderung. Feudale-Aristokraten, Clericale und dergleichen Elemente, und alle jene, die es jetzt noch für gut finden, ihnen zu folgen, können für eine kurze Spanne störend auf die Entwicklung eines Reiches einwirken, doch den grossen Strom fortschrittlicher Bewegung, die Annahme liberaler Institutionen, auf die Länge einzudämmen, das sind sie nicht, und werden es auch Gott Lob zu thun nicht im Stande sein.
Wie lange soll es noch dauern, daß die Slaven alle jener reaktionären Richtung folgen? Giebt es denn keine liberalen Slaven? Ist eine Verständigung zwischen den liberalen deutschen und liberalen slavischen Elementen ein Ding der Unmöglichkeit?
Das sind Fragen, die uns die Zukunft beantworten wird. Doch meiner Ansicht nach werden sie einmal zur Sprache kom̃en, wenn die jetzige reaktionäre Strömung noch weitergehende Forderungen stellen wird.
In der Natur der Dinge liegt es aber, daß bessere Zeiten kom̃en müssen, doch dann wird es zur Pflicht werden weiter zu gehen in den liberalen Forderungen, insbesondere die

Schule vor Clericalen Einflüssen zu schützen, um Garantien zu bekom̄en, daß derartige Zeiten, wie es die jetzigen sind, nicht wiederkehren können.

Nochmals herzlichsten Dank; mit den innigsten Grüßen, Ihr
Rudolf[914]

Laxenburg, 17. November 1884

Lieber Latour!

Innigsten Dank für zwei liebe Briefe, die mich sehr freuten, und für die guten Wünsche zum Namenstage unserer Kleinen. Gott-Lob geht es ihr und auch Stéphanie sehr gut.
Es thut mir leid zu hören, daß Ihnen die ungarische Luft auch heuer wieder schlecht anschlägt; Ihre Reden in den Delegationen, sowohl die Antwort für den Dr Greuter, als auch Ihr Eintreten für die Artillerie haben mich lebhaft intereßirt. Ich hoffe, Sie bald in Wien wiedersehen und über manches sprechen zu können.
Der Kaiser soll auch in den nächsten Tagen nach Wien kommen; desgleichen Mama und Valerie.
Von hier laßt sich wenig intereßantes berichten. Militärisch ist es eine für Generäle ruhige Zeit, die Rekruten werden fest gedrillt, und die gewöhnlichen Kanzleiarbeiten laufen ihren gewöhnlichen Gang, einen Tag, wie den anderen; für unser großes Werk giebt es recht viel zu thun, doch die Sache geht unberufen gut vorwärts.
Die rumänischen Majestäten schienen mit ihrem Aufenthalte in Wien sehr zufrieden zu sein; Giesela war auch einige Tage bei uns; Leopold blieb länger, ist aber auch schon nach Hause gereist.
Der Tod des armen Brehm ist mir sehr nah gegangen. Durch viele gemeinschaftliche Arbeiten, zusammen verlebte Tage, zu Waßer und zu Land, auf Expeditionen und Reisen, war ich mit ihm eng befreundet, und trotz mancher Fehler war er ein großer, tüchtiger Mann.

Auf baldiges Widersehen. Mit den herzlichsten Grüßen von uns Beiden, bin ich in treuer Freundschaft,
Ihr dankbarer
Rudolf[915]

Lacroma, 15. Mai 1886

Lieber Latour!

Zu Ihrem Namenstag senden Stéphanie und ich Ihnen unsere herzlichsten Glückwünsche.
Mögen Ihnen gute Gesundheit und frohe, angenehme Tage beschieden sein.
Stéphanie geht es Gott-Lob wieder recht gut; gestern konnte sie zum erstenmal wieder aufstehen und heute darf sie auch schon in die frische Luft hinaus; ich hoffe, daß sie sich schnell erholen wird. Das ganze Leiden bestand in einer sehr heftigen Kolik in Folge Verkühlung während der Bora auf dem Schiff.
In den ersten Tagen trat die Krankheit so vehement auf und waren die Fiebererscheinun-

gen so arg, daß wir an den Beginn einer Bauchfellentzündung glauben mußten. Sie können sich denken was ich da zum Beginn meiner Erholungscur für böse Stunden durchmachen mußte.
Mir geht es unberufen sehr gut; ich bin so viel als nur möglich im Freien; die Luft ist herrlich und warm; heute 7 Uhr früh hatten wir im Garten, nicht in der Sonne 14° Wärme. Onkel Ludwig kam gestern an und ist ganz entzückt über die Schönheit der Insel.
Jetzt muß ich meinen Brief schließen um ihn nach Gravosa zu schicken, denn der Sturm und die See nehmen stündlich zu und ich fürchte wir werden heute noch vom Festland abgeschnitten sein.

Unsere Glückwünsche wiederholend, bin ich mit den herzlichsten Grüßen,
Ihr treuer, dankbarer
Rudolf[916]

Abbazia, 2. Jänner 1887

Lieber Szeps!

Innigsten Dank für Ihre guten Wünsche, welche ich aus ganzem Herzen für Sie, die Ihrigen, und für die Erfüllung all' Ihrer Wünsche und Bestrebungen erwidere. Wir haben ein ernstes, finsteres Jahr begonnen.
Vielleicht bringt es uns große Entscheidungen, weltgeschichtliche Umwälzungen, wenn dies eintrifft, dann kann es nur mit dem Nichts, mit unserem physischen und geistigen Ende aufhören, oder mit dem Beginne einer großen, von mir lange erträumten Zeit den Beginn bilden zu herrlichen Tagen.
Hoffen wir auf das letztere; all' die Arbeit, und die Thatsache, daß hinter uns, die, nach dem Osten vordringende Cultur steht, können wir nicht unterliegen der Cäsarenlaune, eines mongolischen Staates.
Wir genießen sehr den herrlichen Süden, und freuen uns der ruhigen Tage an dieser schönen Küste.
Am 8ten sind wir wieder in Wien.

Mit herzlichsten Grüße,
Ihr
Rudolf[917]

Wien, 12. Februar 1887

Lieber Philipp!

Willst Du morgen um 9 Uhr früh bei mir frühstücken und dann mit mir in die Lobau fahren auf Fischottern? Ich bitte Dich nur ein Schrottgewehr mitzunehmen. Es würde uns sehr freuen, wenn Du & Louise um 7 Uhr abends mit uns speisen wollt.

Mit der Bitte um Antwort und mit den herzlichsten Grüßen Dein treuer Schwager
Rudolf[918]

Wien, 8. März 1887

Liebe Stéphanie!

Innigsten Dank für Deinen Brief, der mich sehr freute; ich bitte Dich mit dem Schifferlfahren sehr vorsichtig zu sein, damit Du Dich ja nicht verkühlst; lieber wäre es mir, wenn Du bis zu meiner Samstag früh erfolgenden Ankunft diesen Sport ganz aufgeben würdest; besonders auch, da der Kaiser sehr damit beschäftigt ist, ob Du Dich denn wirklich schonst. Er frug mich einigemale darüber und, wie Du weißt, erfährt er alles.
Du mußt in Abbazia als Kranke sein und nur Deiner Gesundheit leben; denn wärest Du ganz wohl, dann müßtest Du in dieser ernsten Zeit in Wien sein. Also ich halte es für besser, wenn man so wenig als möglich von Wasser- und Wagenfahrten aus Abbazia hört, denn es würde überall, besonders aber beim Kaiser einen sehr ungünstigen Eindruck machen.
Gestern hatte ich noch einen sehr gehetzten und mühsamen Tag; von früh bis abends sah ich fort Leute; mit Andrassy, Kalnoky hatte ich lange Unterredungen, und der Kaiser behielt mich zwei Stunden bei sich. Die Soirée dauerte nur bis 11 Uhr, dann mußte ich aber noch eine Menge Schriften, die mir Kálnoky zur schleunigen Durchsicht übersandte, lesen, so daß ich erst nach 1 Uhr in das Bett kam. Um 8 Uhr früh reiste ich von Budapest ab; in Preßburg sah ich Fritz[919] nur für einen Moment; ich konnte mich nicht länger aufhalten, da ich hier wieder viel zu thun hatte. Die Kleine fand ich unberufen sehr wohl und lustig. Sie läßt Dich umarmen. Valerie sah ich auch schon für einen Moment. Heute abends speise ich mit Latour allein, um mit ihm ruhig plauschen zu können, dann dürfte ich sehr bald ins Bett gehen, denn ich bin etwas müde. Morgen und übermorgen habe ich die Übungsmärsche, welche den Tag nehmen, daher auch viel von der Nacht, weil, was sonst am Tag erledigt werden kann, dann später abgemacht werden muß. Szögyény kommt heute abends hier an; Kálnoky vielleicht auch. Die Situation kann durch die bulgarischen Ereignisse und deren blutigen Abschluß, welcher in Petersburg große Aufregung hervorrufen dürfte, wieder interessanter werden.
Ich glaube, daß ich Dir morgen und übermorgen kaum werde schreiben können, da ich viel zu thun haben dürfte.

Aus ganzem Herzen Dich umarmend
Dein treuer Coco[920]

Wien, 15. März 1887

Liebe Stéphanie!

Herzlichen Dank für Dein Telegramm, das ich erst nachmittag über Korfu etc.etc. erhielt; ich erwarte mit Sehnsucht einen Brief. Gestern hast Du mir nicht geschrieben! Warum? Schreibe mir bald, wie es Dir geht, wie das Wetter ist, ob alles erfroren ist. Ich möchte sehr gern bald wieder hinunter; sehne mich sehr Dich wiederzusehen.
Hier ist es garstig und kalt; der Schnee liegt in der inneren Stadt so tief, daß man kaum fahren kann. Heute hatte ich einen mühsamen Tag. Von acht Uhr früh an mußte ich

Leute sehen, nebstbei viel schreiben, dann fuhr ich in meine Kanzlei, von dort zu Fzmst.[921] Bauer, von da zu Onkel Albrecht, der mir viele Aufträge mitgab. Um ein Uhr dejeunirte ich bei Philipp und Louise; sie reisen von hier direct nach Florenz oder nach Cannes, wann ist noch nicht bestimmt, vielleicht sehe ich sie noch, wenn ich von Berlin zurückkomme. Nachmittag waren Hohenlohe und Latour bei mir, dann schickte mir Kálnoky viele Schriften, um fünf Uhr ging ich einen Moment zu Valerie, dann mußte ich schreiben, auch dem Kaiser in einigen Angelegenheiten. Um sieben Uhr saß ich in der Burg, um zur Abwechslung die zwei kleinen Stücke anzusehen. Stella verdrehte die Augen wie gewöhnlich nach allen Richtungen; in der Nebenloge saßen Onkel Carl, Marie Therese, ihre Schwester Anna, Ferdinand, Margarethe und die bayrische Prinzessin. Ich sprach sie nicht, weil es mich langweilte hinüberzugehen. Zum dritten Stück kam Valerie, da ging ich nach Hause, da ich noch zu schreiben hatte; um 10 einhalb Uhr speiste ich allein mit Cigán; jetzt ist es gleich 11 einhalb Uhr und bald muß ich auf die Bahn fahren, da mein Zug um 12 Uhr weggeht.

Wenn ich Dir gar nichts Besonderes schreibe, bedeutet es, daß ich die Situation für friedlich halte, wenn ich schreibe: *Das Wetter ist schlecht*, dann ist es kriegerisch.

Der Kleinen geht es unberufen ganz gut. Ich habe sie nur heute früh gesehen, und auch da bloß von weitem; nachmittag meinte Dr. Kerzel, ich solle nicht hinüber gehen; mein Husten ist nämlich wieder um vieles stärker, ohne mich besonders zu geniren, einige Stunden ist immer ganz Ruhe, dann kommt ein kurzer, aber jetzt schon sehr böser Krampf. Berlin muß ich übertauchen, weil es zu wichtig ist, dann aber dürfte ich, falls ich noch huste, für länger nach Abbazia kommen, um mich gründlich auszucuriren. Abgesehen vom Husten geht es mir sehr gut. Heute habe ich durch Silberhuber, der bei mir war, Udel bitten lassen, das Konzert erst am 26. zu geben, da ich kaum vor dem 26. früh in Abbazia sein dürfte, weil ich wahrscheinlich über Budapest dahin kommen werde.

Aus ganzem Herzen Dich umarmend Dein Dich liebender
Coco[922]

Wien, 17. Mai 1887

Lieber Udel!

Es würde mich sehr freuen, wenn Sie am 21ten zum Geburtstag meiner Frau, um 7 Uhr abends in Laxenburg bei uns speisen wollten. Wohnung wird bereit sein, auch zum Übernachten.

Mit herzlichsten Grüßen und mit der Bitte um Antwort bin ich,
Ihr
Rudolf[923]

Laxenburg, 27. Mai 1887

Lieber Udel!

Es würde uns sehr freuen, wenn Sie mittwoch den 1ten Juni um 2 Uhr hier in Laxen-

burg speisen und dann den nachmittag und Abend hier zubringen wollten. Wohnung zum Übernachten wird bereit sein.
Falls Sie nicht kom̄en könnten, oder etwas anderes vor haben, bitte ich es mir zu schreiben.

Mit herzlichsten Grüßen,
Ihr
Rudolf[924]

Laxenburg, 26. Juni 1887

Lieber Graf![925]

Innigsten Dank für Ihren intereßanten Brief und für die Übersendung des Bildes, das mich sehr freute.
In England ist Alles sehr gut gegangen. Die preußischen Herrschaften, so wohl die kronprinzlichen, als auch Prinz Wilhelm, also die beiden Lager welche auch dort demonstrativ getrennt waren, überhäuften mich mit Liebenswürdigkeiten. Den Kronprinz habe ich sehr schlecht gefunden, übel aussehend und ganz ohne Stimme.
Die Engländer, von der alten Königin angefangen waren alle ungemein herzlich und freundlich mit mir und ich hatte Gelegenheit mit der Monarchie sowohl, als auch mit Lord Salisbury sehr intereßante Gespräche zu führen.
Verzeihen Sie die Kürze meines Briefes, doch aus England gestern zurückgekehrt, fand ich hier ziemlich viel zu thun, darunter auch den unglücklichen König Milan; und morgen muß ich meine 15 tägige polnische Reise, antreten.

Sehr froh war ich, daß Ihr charmanter Neffe[926] mit mir in London war.
Mit herzlichsten Grüßen, bin ich
Ihr
Rudolf[927]

O. O., o. J. (Juli 1887)

Lieber Udel!

Der 18te August rückt heran und meinem Versprechen gemäß bitte ich Sie mich im Brucker Lager zu besuchen.
Bombelles schrieb an Rosenberg, daß Sie in Franzensbad sagten, es wäre Ihnen recht mit den anderen Herrn Ihres Quartett's zu kommen; selbstverständlich freut mich dies sehr.
Ich möchte sehr gerne mit Ihnen noch früher über Alles sprechen, und bitte Sie mir mitzutheilen, wann Sie nach Wien kommen und wo wir uns sehen könnten.
Ich bin gern bereit nach Wien für einige Stunden zu fahren.

Mit herzlichsten Grüßen,
Ihr
Rudolf

Laxenburg, 4. Dezember 1887

Lieber Udel!

Meinem Versprechen gemäß, Ihnen einmal Bratfisch, Hungerl, Pradi & Xandel, diese großen Künstler, vorzuführen, frage ich Sie, ob es Ihnen gelegen ist Samstag 10ten zum Diner nach Mayerling zu kommen; allein, ohne Klavierbegleitung und Quartett; ich würde auch die Schrammeln hinausbestellen.
Für Wohnung zum Übernachten ist selbstverständlich gesorgt; am Soñtag früh könnten wir dann zusammen nach Wien fahren.

Mit der Bitte um Antwort und mit herzlichsten Grüßen, bin ich,
Ihr
Rudolf[928]

Wien, 3. März 1888

Liebe Stéphanie!

Herzlichsten Dank für Deine Telegrame. Der Kleinen geht es unberufen sehr gut; sie ist auf und hetzt herum, wie immer.
Mir geht es mit den Augen recht gut; die Doctoren sehe ich nicht mehr und seit der Zeit geht es mir noch viel beßer.
Ich bitte Dich sage Bombelles, daß ich am 10ten oder 11ten, früher kann ich nach ärztlichen Ausspruch nicht reisen, nach Abbazia kommen werde, mit Otto; er soll so gut sein für Otto eine Wohnung zu bestellen; er braucht nur ein Zimmer für sich und eines für seinen Jäger.
Auch laße ich bitten, Bombelles soll so gut sein nachzufragen, ob für Otto und seine Frau in Abbazia, oder Ika, oder Volosca eine Villa zu haben ist, nur soll er nicht sagen für wen, sonst ist es zu theuer. Maria-Josepha, der es recht schlecht geht, muß nach den Süden, und möchte sich in der Gegend von Abbazia niederlaßen. Otto kommt mit mir früher hinunter, um das Haus anzusehen.
Schreibe mir über die ganze Sache einige Zeilen.
Hier war es von gestern abends bis heute mittag plötzlich warm, dann kam ein Schneegestöber, und jetzt ist es wieder kalt. Fritz ist heute nachmittag abgereist, jetzt ist Otto hier beim Dienst bei mir; morgen mittag wird Udel am Wiener-Theater, nicht nur singen, sondern auch spielen; ich werde für einen Moment hingehen.

Aus ganzem Herzen Dich umarmend Dein Dich liebender
Coco[929]

Wien, 5. März 1888

Liebe Stéphanie!

Herzlichsten Dank für Deinen Brief, der mich sehr freute. In Abbazia muß es sehr kalt sein und die Reise kann auch nicht angenehm gewesen sein. Ich bin recht froh, daß ich hier geblieben bin; ich hätte mich gewiß wieder verdorben. Meine Augen sind viel beßer,

aber ich gebe auch sehr acht; auf der Jagd war ich noch immer nicht und überhaupt fast gar nicht spazieren.
Das Wetter ist sehr schlecht; heute früh wurde es plötzlich wärmer, jetzt ist es wieder eiskalt; in der Nacht schneit es immer und es wird von Tag zu Tag winterlicher.
Samstag und Soñtag speiste ich zu Hause, einmal mit Otto das andere mal mit Pausinger.
Heute dinire ich bei Philipp & Louise mit Onkel Carl, Marie-Therese und Onkel Ludwig.
Im ganzen führe ich ein ruhiges Garcon-Leben, schlafe sehr lange und sehe nachmittag sehr viele Leute. Die Polizei hat mir schlechte Stunden bereitet; sie haben die Spuren entdeckt und auch das Regiment von welchem die Prügel ausgegangen sind.
Die Leute konnten sie nicht finden, denn die haben wir den Einen in Süd-Ungarn, den Andern in der Hercegowina angebaut. Es hat meine ganze Frechhheit und Findigkeit dazu gehört um mich und Bolla aus Allem zu salviren; jetzt sind wir ganz in Sicherheit.
Gestern waren die Todfeinde bei mir; zuerst Morspurgo und dann Kuranda; letzterer erzählte mir einiges aus Abbazia, auch daß Du sehr gut aussiehst und daß Du mit ihm und seiner Frau sehr freundlich warst.
Zum Diner sollst Du sie aber nicht einladen, sonst bekommen die Suiten & die aristocratischen Curgäste das Gallenfieber.
Gestern war ich für eine halbe Stunde nachmittag im Theater an d. Wien, wo Udel sehr gut spielte und mit einer großen blonden Perücke kaum zu erkennen war.
Onkel Albrecht bei dem ich einen langen Besuch machte, fand ich recht elend, matt, zerstreut und herabgestimmt; er will bald nach Arco reisen.
Die Kleine ist eigentlich, unberufen, ganz wohl und hetzt wieder herum. Ich glaube, falls ich abkommen kann, am 9ten abends von hier abzureisen; ich werde noch rechtzeitig schreiben und telegraphieren.

Aus ganzem Herzen Dich umarmend bin ich, Dein Dich innigst liebender
Coco[930]

Wien, 10. März 1888

Liebe Stéphanie!

Herzlichsten Dank für Deinen Brief.
Schreibe der alten Kaiserin Victoria sehr herzliche Briefe.
Ich weiß noch nicht wann ich nach Berlin reisen werde. Ich hoffe es morgen, längstens übermorgen zu erfahren.
Der neue Kaiser ist am Wege nach Berlin und scheint bedeutend selbst regieren zu wollen, was auch das Beste ist.
Ich bitte Dich ruhig in Abbazia zu bleiben, denn nach meiner Rückkehr aus Berlin möchte ich gleich hinunter kommen.
Und nach Ostern für länger, mit Maler Pausinger, Otto, vielleicht auch Franzi[931].

Ich glaube die Berliner Expedition sehr schnell abmachen zu können, da es dort auch bequemer ist, wenn man nur ganz kurz bleibt; Reuß hat mir diess schon gestern gesagt.

Ich umarme Dich herzlichst und bin Dein Dich innigst liebender
Coco[932]

Wien, 13. März 1888

Liebe Stéphanie!

Herzlichsten Dank für Deinen Brief. Ich erfuhr heute durch den Kaiser und durch ein Telegram̄ Bombelles, das Du auf dem »Greif« reisen wirst und auch auf demselben in Pola wohnen willst. Ich bitte Dich sage Bombelles, daß ich ihm für seinen Brief danken laße und sagen laße, daß ich gleich nach meiner Rückkehr aus Berlin mit Giesl nach Abbazia komme, weil Rosenberg hier noch bleiben und einpacken wird und daß nach den am 22ten & 23ten stattfindenden Übungsmärschen also am 23ten abends Rosenberg von hier abreisen wird, um Bombelles in Abbazia abzulösen.
Heute hatte ich einen sehr bewegten Tag; ich stand für meine Verhältniße früh auf, etwas vor 10 Uhr; um 10½ Uhr war schon Minister Gautsch bei mir; ich hatte eine Angelegenheit mit ihm, wo er mir helfen muß; ich helfe ihm dafür jetzt, wo seine Stellung sehr erschüttert ist, nur pracktisch und da waren wir bald in Ordnung; um 11 mußte ich viele Leute in meiner Kanzlei sprechen; um 12½ war ich beim Kaiser wegen einer Menge Sachen; um 1 Uhr hatte ich eine Sitzung; von 2 bis 3 Uhr sah ich bei mir verschiedene Herren, um 3 Uhr fuhr ich in den Prater, wo bei dem warmen Wetter sehr viele Leute waren; ich ritt bis gegen 5 Uhr auf der Lori, in einem sehr schönen blauen Pelz spazieren, sehr fesch!
Um 5½ Uhr war Chlumecky bei mir, den ich reden mußte wegen der Auslieferung Schönerers durch das Parlament an das Gericht; diesmal dürfte die Canaille politisch und social umstehen; um 7 Uhr speiste ich mit Szögyenyi; um 8½ Uhr beglückte mich Kuranda, der mir eine Menge Geschichten aus Abbazia erzählte, ich gab ihm einen Brief an Br[933] Hirsch mit; morgen reist er nach Paris und London; und jetzt ist es 10 Uhr und da gehe ich mich noch mit etwas Champagner erholen.
Morgen werde ich sehr lange schlafen und dann viel zu thun haben und abends 10 Uhr nach Berlin fahren; es kann sehr intereßant, aber zugleich mühsam werden; ich hoffe am 17ten abends in meiner guten Weanerstadt und am 19. früh in Abbazia zu sein.

Aus ganzem Herzen Dich umarmend, bin ich Dein Dich innigst liebender
Coco[934]

Wien, 22. März 1888

Lieber Reinländer!

Innigsten Dank für Ihre guten Wünsche, die mich sehr freuten.
Ich beginne nun eine höchst intereßante und ehrende, zugleich aber auch sehr verant-

wortungsvolle Thätigkeit, der ich meine besten Kräfte und meinen ganzen Eifer widmen werde.
Vielleicht gelingt es mir mit der Zeit in dieser Stellung Gutes zu leisten.

Mit herzlichsten Grüßen bin ich in treuer Kameradschaft,
Ihr dankbarer
Rudolf[935]

Wien, 23. März 1888

Liebe Stéphanie!

Verzeihe, daß ich Dir nicht früher schrieb, aber zwischen Rumänen, Übergeben der Division, Gründen und Antreten meiner neuen Stellung, hatte ich keinen freien Augenblick. Diesen Brief gebe ich dem dicken Rosenberg mit.
Der Kleinen geht es, unberufen, sehr gut. Sie sieht gut aus und geht viel an die Luft. Das Wetter ist noch immer recht schlecht, manchesmal durch Stunden gut, dann wieder kalt; es regnet viel; gestern war es ganz warm und schön, so daß ich im einfachen Rock beim Übungsmarsch meiner alten Division reiten konnte; abends wurde es plötzlich kalt und heute früh lag recht viel Schnee auf den Gaßen; jetzt ist Alles weggeschmolzen und die Luft wieder warm.
Vorgestern hatten wir ein großes Diner, gestern ein Familiendiner für den König von Rumänien; außerdem Soiréen bei Onkel Carl und Onkel Ludwig; heute ist ein kleines Diner bei Naßau und abends gehe ich mit den Rumänen in die electrisch beleuchtete Kunstausstellung.
Gestern und vorgestern war Fritz, jedesmal nur für einige Stunden in Wien, um Onkel Albrecht zu sehen, der gestern abends glücklich nach Arco abgereist ist.

Aus ganzem Herzen Dich umarmend, bin ich Dein Dich innigst liebender
Coco[936]

Wien, 26. März 1888

Liebe Stéphanie!

in aller Eile, denn meine neue Stellung und besonders die Sicherstellung und der Kampf um meine Rechte, die ich dringend brauche um etwas gutes leisten zu können geben mir schon vieles zu thun; diese Zeilen bringt Dir Széchényi mit die heute abreist.
Hier ist es warm und ziemlich hübsch; leider sind die Morgen und Abende noch kalt und neblig, so daß sich die Vegetation fast gar nicht rührt.
Heute habe ich sehr viel zu thun; nachmittag reite ich im Prater aus um 7 Uhr speise ich mit Szögyényi.
Otto wird auch mit mir hinunter reisen, bleibt aber, wie ich glaube in Volosca und dürfte nicht mit uns am Meer herumfahren.

Aus ganzem Herzen Dich umarmend bin ich Dein Dich innigst liebender
Coco[937]

Wien, 9. April 1888

Liebe Stéphanie!

Herzlichsten Dank für zwei Briefe; ich bitte Dich mir zu meinem Namenstag zu schenken, was Du willst; ich habe keinen bestimmten Wunsch; gebe mir nur nicht viele und nicht theuere Sachen, da die Finanzen ohnehin leidend sind.
Was meine Pläne betrifft kann ich noch nichts Genaues angeben, da ich selber noch nichts definitives bestimmt habe.
Eines ist gewiß, daß ich, falls morgen, wie ich vermuthe, meine organischen Bestim̄ungen im Verordnungsblatt erscheinen sollten, in wenigen Tagen meine Reisen beginnen werden und dann den Rest des April auf der Bahn zuzubringen gedenke.
Es ist ganz gut, wenn Du nach dem 20ten nach Wien kommst, nur solltest Du Dich nicht an einen bestim̄ten Tag binden und die Rückreise nach der Witterung in Wien einrichten, sonst verkühlst Du dich, so wie es mir jetzt gelungen ist.
Hier haben wir eigentlich wieder Winter; der Wienerwald, selbst die niedrigen Berge sind voll Schnee und heute ist es trüb und rauh, auch rührt sich die Vegetation noch fast gar nicht. Der Kleinen geht es, unberufen, ganz gut; sie spielt immer mit meinem Dachserl, den sie heiß liebt; und der sie auch sehr gern hat.
Gestern war Familiendiner bei mir; Fritz & Isabelle sind auch in Wien und reisen in einigen Tagen nach Brüßel.
Deinem Papa habe ich gratulirt und auch dem Yonghe heute eine Gratulationsphrase gemacht, den ich im Künstlerhause sah.
Heute muß ich leider zu den langweiligen Vorstellungen im Lichtensteinischen Palais, weil der Kaiser auch hingeht.

Aus ganzem Herzen Dich umarmend bin ich Dein Dich innigst liebender
Coco[938]

Wien, 12. April 1888

Liebe Stéphanie!

Herzlichsten Dank für Deinen Brief, der mich sehr freute. Ich werde wegen des Greif morgen den Kaiser bitten, doch ich glaube Er wird es nicht sehr gut aufnehmen; die Officiere müßten alle gewechselt werden und die ganze Sache würde Sterneck viel Schereien bereiten; versuchen werde ich es unter jeden Fall, weil es Dir Spaß macht.
Hier ist es hundskalt; gestern und heute Nacht schneite es in der Stadt; und der Schnee blieb sogar durch kurze Zeit liegen; im Wienerwalde ist alles so tief verschneit, daß meine Auerhähne aufhörten zu melden; ich wollte hinaus, mußte aber absagen. Der Kleinen geht es ganz gut. Ich habe Schnupfen, Husten, Halsweh, Rheumatismus, und einen großen blutunterlaufenen Fleck auf der Hüfte, den ich mir durch eine Ungeschicklichkeit zugezogen; lebe aber ganz so fort wie immer und gebe gar nicht acht.
Morgen reise ich nach Comorn, Budapest und Gran; am 17ten bin ich hier, doch ganz incognito, um allen Gratulationen und dem Auerspergischen Ball auszukommen, ich will

auch nicht in der Stadt bleiben, sondern mich irgendwo am Land herumtreiben, am 18ten reise ich in aller früh wieder auf Inspicirungen weiter.
Die Frau vom Giesl hat ein Mädchen bekomen, um 14 Tage zu früh, ein so schwaches Kind, daß man es in Baumwolle einwickeln mußte.
Die Niederkunft war sehr schwer; 2 Ärzte haben herumgearbeitet und auch genäht, da das Kind nicht mit dem Kopf, sondern mit dem Popo zuerst das Licht der Welt erblickt hat; er ist ganz bestürtzt über diese Operation.
Gestern hat Hoyos bei mir gespeist; ich habe ihm meine Wienerwald Auerhähne und Rehböcke übergeben, da ich selbst keine Zeit habe; heute speist Gundacker Wurmbrand bei mir; vorgestern gab ich Fritz, Isabelle & Szögyényi ein Diner und war dann mit ersteren im Theater an der Wien.
Wenn ich morgen vom Kaiser eine Antwort erhalte, werde ich Dir dieselbe gleich mittheilen.

Aus ganzem Herzen Dich umarmend bin ich Dein Dich innigst liebender
Coco[939]

Wien, 13. April 1888

Liebe Stéphanie!

Innigsten Dank für Deinen Brief; ich kann Dir nur einige Zeilen in aller Eile schreiben, da ich heute einen sehr gehetzten Tag habe; ich fuhr herum, hatte lange im Kriegsministerium und beim Kaiser zu thun; dienstlich nur angenehmes & schmeichelhaftes; privatim manchen Ärger und Scherereien.
Mit dem alten Hirsch gehen die Sachen nicht vorwärts; Szeps jammert, Kuranda seccirt mich, am Ballplatz setze ich für Hirsch nichts durch, darum thut er wieder so wenig als wie möglich für mich etc. etc.
Das sind lauter langweilige Geschichten.
Heute speise ich beim Onkel Wilhelm und reise dann ab.
Der Kaiser wäre sehr froh, wenn Du den Greif jetzt in Ruhe laßen würdest; Er hat Angst vor diesem Schiff; außerdem soll jetzt eine sehr brillante Escade nach Barcelona fahren, für die man Officiere und viel Mannschaft braucht.
Du solltest Landpartien in Istrien und im Quarnero machen und zurückkom̄en, wenn es warm geworden ist; jetzt ist es hier wie im November, trüb, kalt und eisiger Nordwind, die Vegetation rührt sich gar nicht und von Schwalben oder anderen Zugvögeln bemerkt man auch nichts; der Kahlenberg ist heute wieder weiß und in Alland liegt so viel Schnee, daß man nicht auf Auerhähne jagen kann. Ich habe etwas ähnliches noch nie erlebt; ich sehne mich nach Wärme, da ich elend friere.

Ich umarme Dich aus ganzem Herzen, Dein Dich liebender
Coco[940]

Wien, 17. April 1888

Liebe Stéphanie!

Inngisten Dank für Glückwünsche, Brief, Blumen, Bilder und für das Schwert; es hat mich Alles sehr gefreut; gestern Abends kam ich hier an, heute hatte ich sehr viel zu thun; die Kleine fand ich, unberufen, ganz wohl. Morgen früh reise ich wieder ab.
Es ist ein mühsam gehetztes Leben, aber für mich, wie geschaffen. In wenigen Tagen dürfte ich auch wider nach Berlin fahren müßen; dem Kaiser geht es sehr schlecht man erwartet stündlich seinen Tod.
Hier ist das Wetter sehr schön; früh und abends kalt, bei Tag recht warm; nur die Vegetation will noch immer keine Fortschritte machen.
Mir geht es momentan wieder recht gut; ich huste wieder weniger und die Rheumatismen sind fast weg.

Aus ganzem Herzen Dich umarmend bin ich Dein Dich innigst liebender
Coco[941]

Wien, 18. April 1888

Liebe Stéphanie!

Besten Dank für Dein Telegram̄.
Gestern und heute hatten wir hier wundervolle und sehr warme Tage; jetzt gegen Abend kam ein Unwetter mit Sturm und Regen und momentaner Abkühlung; leider dürfte das wieder einige kalte Tage bringen.
Ich war heute in Znaim und machte einen Übungsmarsch und eine Übung des Regimentes 3 und eines Bataillones von 99 mit; es ist ein intereßantes, aber mühsames Leben, jeden Tag andere Pferde, oft fürchterliche Thiere, reiten und meistens sehr schlecht eßen das ist weniger angenehm; sonst aber bin ich über meine Stellung sehr zufrieden, sie bringt Bewegung in mein Leben und paßt sehr gut für mich. Morgen reise ich nach Brünn um dort gründlich zu inspiciren.
Gestern war ein großer Ball bei Auersperg, von der Familie durfte niemand gehen, wegen Kaiser Friedrich's Zustand; es scheint ihm schon sehr schlecht zu gehen.
Von Verwandten und Bekannten sehe ich gar niemand; entweder bin ich auf Inspicirung, oder nur für wenige Stunden in Wien und dann meide ich die officiele Langeweile, und erhole mich für die nächsten Strapazen.

Aus ganzem Herzen Dich umarmend bin ich Dein Dich liebender
Coco[942]

Wien, 21. April 1888

Liebe Stéphanie!

Eben aus Brünn zurückgekehrt, eile ich Dir einige Zeilen zu schreiben, und für Deinen Brief zu danken.
Leider hat das Wetter ganz umgeschlagen; bis gestern abends war es ganz warm, fast unnatürlich heiß; in der Nacht kam ein Sturm, dann Regen und heute früh fror ich

bei der Inspicirung jämmerlich. Hier in Wien ist es auch kalt, grau und regnerisch, ich fürchte wir werden wieder einige kalte Tage bekommen.
Übermorgen den 23ten fahre ich wieder auf Inspicirung, komme in der Nacht vom 24ten auf den 25ten nach Wien. Die Parade soll am 25ten stattfinden, wenn es morgen noch so wie heute regnet dürfte die Schmelz zu sehr aufgeweicht sein, um die Truppen dort ausrücken zu laßen; am 25ten Abends reise ich ab und komme am 28ten wieder in Wien an.
Ich bitte Dich schreibe mir Deine Pläne, welchen Tags Du ankömmst ob Du auf warmes Wetter warten willst etc. etc. ?

Aus ganzem Herzen Dich umarmend bin ich Dein Dich innigst liebender
Coco[943]

Wien. 26. April 1888

Liebe Stéphanie!

Besten Dank für Deinen Brief; ich habe Dir in den letzten Tagen nicht geschrieben, da ich nicht wußte, wann Du ankömmst.
Ich bin ganz einverstanden mit Deiner Ankunft am 30ten Montag früh. Ich bitte Dich jetzt dabei zu bleiben, da ich es schon dem Kaiser gemeldet habe; ich bitte nicht früher, aber auch <u>nicht später</u> zu kommen.
Mir paßt der 30te auch am besten, da ich am 29ten erst hier ankom̄e, abgehetzt von 3 Eisenbahnnächten und hier sehr viel zu thun finde; Baron Hirsch soll auch in den nächsten Tagen kommen; ich kann dann den 29ten aber Alles erledigen und am 30ten Dich mit Ruhe erwarten und sehen. Da meine eigenen Geschäfte nicht abgenom̄en und noch weniger sich angenehm gestaltet haben, und dazu das Inspectorat eine ganz coloßale Sache ist, die eine große Arbeitskraft verlangt, muß ich meine Tage und Pläne schon voraus genau festsetzen; daher bitte ich Dich an Deinem Program̄ genau festzuhalten und am 30ten früh hier zu sein.

Aus ganzem Herzen Dich umarmend bin ich Dein Dich innigst liebender
Coco

Ungvár, 3. Mai 1888

Liebe Stephanie!

Heute Abends bin ich hier angekommen. Die Eisenbahnfahrten und Exerzierplätze waren furchtbar heiß und das Eßen sehr schlecht und ungesund.
Mayer hat eine Halsentzündung und schleppt sich mit aller Mühe weiter; morgen visitire ich hier und fahre nachmittag nach Kapkan. Am 7ten steige ich nicht in Wien, sondern schon in Himberg aus, sodaß das Diner für uns Allein schon etwas früher sein kann.
Wenn Du von wem immer, auch von den Majestäten eine Einladung für den 8ten oder 9ten bekommst, so sage oder schreibe daß ich mit Dir am 8ten nach Mayerling fahren will, um etwas Ruhe zu haben.

Aus ganzem Herzen Dich und die Kleine umarmend bin ich, Dein Dich innigst liebender
Coco[944]

Neuberg, 4. Mai 1888

Liebe Stéphanie!

Ich habe noch keinen Brief von Dir bekommen; Du mußt schon einen von mir haben. Heute früh hatten wir Kirchendienst; um 1 Uhr reiste ich allein mit Fritzi Beck hierher nach Neuberg.
Momentan sind nur Leopold und sein Herr, der dicke Hartmann hier. Leopold sieht recht gut aus, war aber eher schlechter Laune. Jetzt ist es 8 1/2 Uhr, Alles schlaft schon; um 12 Uhr muß ich hinausfahren; um 7 Uhr reise ich mit dem gewöhnlichen Abbazia-Zug nach Wien, wo ich den Tag über zu thun habe.
Die morgige Auerhahnanspringerei dürfte für mich nicht ganz leicht werden. Ich bin nämlich gestern in Laxenburg über einen Graben gefallen und habe mir am Rücken etwas gezerrt, sodaß ich mich kaum bücken und schlecht setzen kann; auch die rechten Halsmuskeln sind etwas steif; durch Bewegung wird es wieder bald gut werden.

Ich freue mich schon sehr, Dich am Montag in Mürzzuschlag abzuholen. Heute war hier ein sehr stürmischer und heißer Tag. Aus ganzem Herzen Dich umarmend, Dein Dich liebender
Coco[945]

Budapest, 18. Mai 1888[946]

Liebe Stéphanie!

Eben komme ich aus Pilis-Csala nach Hause. Die Hitze, der Gestank und der Staub hier sind fürchterlich, schon wie im Hochsommer. Ich habe hier sehr viel zu thun, mehr als ich dachte, da viele und einer Nachhülffe sehr bedürftige Truppen in Pest sind.
Károlyi Pista und Szechényi Béla sind nicht hier, daher war ich auch nicht im Casino. Den ersten Tag speiste ich bei Philipp, gestern gab ich ihnen hier im Hôtel ein Diner heute speise ich wieder bei ihnen.
Ich komme morgen nach einer langen Inspicirung hier erst abends nach Wien, wo ich zu thun habe; ich kann abends nicht mehr nach Laxenburg fahren. Ich möchte Dich am Soñtag früh dort finden.
Gestern war ich einen Moment beim Rennen, wo ich sehr viele Bekannte fand.
Im ganzen ist hier für mich sehr viel Arbeit und Plage und ich bin ziemlich müde.

Ich umarme Dich und die Kleine aus ganzem Herzen und bin Dein Dich innigst liebender
Coco[947]

Sarajewo, 17. Juni 1888

Liebe Stéphanie!

Eben bin ich hier angekom̃en, nach einer sehrintereßanten Reise; die Fahrt nach Grazda führt fast immer durch Tannen, Fichten, Buchen, Birken und Eichenwälder, es ist das schönste, was man sich denken kann. Die Aussicht vom Banjen-Sattel, auf die ganz weiße Alpenkette, von den Bergen der Bocche und Trebinje, durch Montenegro, den Dormitor,

die Mittelgebirge des Sandschaks, und weite Strecken der Gebirge Serbiens, ist eines der schönsten Bilder, die ich noch jemals gesehen habe.
Grazda selbst ist ein langweiliges Nest; die Fahrt von da nach Forâ ist hübsch; man merkt an den großen Sicherheitsmaßregeln, daß es eine recht unheimliche Gegend ist, auch hat man an der Grenze seit einigen Tagen keine guten Nachrichten aus dem Sandschak & Montenegro; mit unserer Reise hängen sie gar nicht zusam̄en, aber in den Balkanländern beginnt überhaupt wieder eine Bewegung sich vorzubereiten.
Forâ ist das orientalischeste Nest, was ich bis jetzt hier gesehen habe; superbe Costume, ein sehr schmutziger, aber intereßanter Bazar, und schöne Moscheen, wie in Sarajewo, da sie nicht weiß angestrichen wurden und mit schönen Sculpturen in grauem Stein gehaut sind; auch war ich über die ganz dünnen, viel eleganteren Minarets erstaunt.
Heute hatten wir eine sehr heiße und staubige Fahrt; morgen 6 Uhr früh reisen wir nach Travnik, und dann geht es weiter nach dem Program̄.
Vergeße nicht auf das Diner im Prater am 30ten; Fritz könntest Du sagen, er soll am 31ten nach Wien kommen, um auch mit uns zu speisen, wenn Isabelle will mit ihm, dann müßte Weilens Einladung unterbleiben.

Euch aus ganzem Herzen umarmend, Dein Dich innigst liebender
Coco[948]

Mostar, 21. Juni 1888[949]

Liebe Stéphanie!

So eben erhalte ich Dein Telegram̄, mit der Nachricht Deiner schon vor 2 Tagen erfolgten Erkrankung an Mundentzündung; was ist das für ein Leiden? ich habe noch nie davon gehört.
Wann fahrst Du mit der Kleinen nach Mayerling? Telegraphire mir das; wenn es zu kalt noch ist, dann bleibe in Laxenburg, bestelle aber dann Alles für Mayerling ab; falls Du genug wohl bist erwarte mich in Wien; denn ich habe viel in der Stadt zu thun, nach so langer Abwesenheit.
Ich kann Dir in den nächsten Tagen nicht mehr schreiben, da die Briefe nach mir ankommen würden.
Die Reise von Sarajewo bis Travnik war recht hübsch, Travnik selbst, so wie auch Jaice sind landschaftlich sehr schön und intereßant.
Die Fahrt von Jaice bis Mostar war ungemein mühsam, aber sehr lohnend; man paßirt alle Gattungen Gegenden; Urwälder von verschiedenen Baumgattungen, Mittelgebirge, Hügelland, Ebene, Sumpfstrecken, dann superbes Hochgebirge mit Wald, und oben Felsenwände, ganz Steyermark und nach Jablanica, das Narentathal, eine vollkommene Photographie vom Gesäuse.
Die Ankunft in Mostar in die feenhaft beleuchtete Stadt war superb.
Hier, im reinen Karst ist es drückend heiß, eine matte, dumpfe Luft; ich habe furchtbar

viel zu thun, muß daher schließen, Dich und die Kleine aus dem ganzen Herzen umarmend, Dein Dich liebender
Coco[950]

Wien, 8. Juli 1888

Liebe Stéphanie!

Innigsten Dank für Deinen Brief, der mich sehr freute, ich konnte nicht früher schreiben, da ich seit Deiner Abreise immer in Bewegung war; nur in der Umgebung Wiens; im Thiergarten, Rothen-Stadl, Mayerling; sehr viel war ich auf meinen Ausflügen mit Szögyényi zusammen, der ohne Familie hier in Wien sitzt.
Heute fahre ich nach Laxenburg; die Kleine soll morgen nach Mayerling; ich weiß nicht, ob es dazu kommt, da es sehr oft, aber immer nur durch kurze Zeit regnet; jeden Tag haben wir ein Gewitter, dabei aber immer eine schwere, warme Luft. Dinstag abends fahre ich nach Linz, Salzburg, Ischl, da der Kaiser morgen abends zurückkommt.
Meine polnische Reise habe ich auch schon zusammengestellt; ich werde so weit es sich berechnen läßt am 1. August wieder in Wien sein.
Da kannst Du ganz gut zwischen 1. und 18. August Deine Ausflüge nach Bayern etc. etc. unternehmen, da ich nach Galizien auch noch nach Ungarn und Tyrol fahren möchte.
Philipp & Louise laße ich vielmals grüßen.

Aus ganzem Herzen Dich umarmend bin ich Dein Dich innigst liebender
Coco[951]

Wien, 13. Juli 1888

Lieber Menger!

Innigsten Dank für Ihren freundlichen Brief, der mich sehr freute.
Die Reise ist vorzüglich gelungen und ich halte dieselbe für einen Erfolg unserer Orientpolitik. Die Strapazen, die Hitze, das schlechte Leben und die geistigen und körperlichen Anstrengungen waren sehr groß, doch war man hiefür reichlich belohnt auch durch die vielen intereßanten Beobachtungen, die man anstellen konnte.
Gehen Sie wieder nach Ischl? Da sehen wir uns vielleicht schon bald wieder, denn ich möchte auch für einige Tage dahin.

Mit herzlichsten Grüßen, Ihr dankbarer
Rudolf[952]

Wien, 16. Juli 1888

Liebe Stéphanie!

Wie ich aus Zeitungen, von Journalisten und anderen Bekannten erfahre, empfängst Du Deputationen, besuchst Volksfeste und Bälle, reitest viel, machst hübsche Excursionen, so daß officielles Auftreten mit Unterhaltung angenehm gemischt ist, wie Du es gerne hast und das freut mich für Dich; ich habe mich inzwischen bei eisigkalten Inspicirungen geplagt, andererseits aber auch viel und sehr gut unterhalten.

In Linz und Salzburg fror ich elend; überall auf den Bergen liegt der Schnee bis tief herab. In Ischl hatte ich das denkbar schlechteste Wetter; fand den Kaiser, Gott-Lob, sehr wohl und lustig und brachte dort zwei sehr angenehme Tage zu.
Leider verkühlte ich mich auf der Jagd, so daß ich jetzt einen fürchterlichen Husten und Schnupfen herumschleppe.
Vorgestern abends kam ich in meinem liaben Wean an, blieb hier bis gestern nachmittags, fuhr dann per Wagen Dank meinem guten Bratfisch, in unglaublich kurzer Zeit nach Mayerling. Der Kleinen geht es, unberufen, sehr gut, doch muß sie weg; Auchenthaler hätte beßer gethan, sie schon früher nach Laxenburg zu führen, denn in Mayerling ist es feucht, alle Promenaden fehlen bei und nach schlechtem Wetter, und für das arme Kind ist es zu einsam dort zu sitzen in diesem engen, langweiligen Haus; ich habe auch gleich auf Anrathen Auchenthalers die Rückkehr nach Laxenburg für morgen den 17ten angeordnet.
Abends fuhr ich gestern wieder mit Bratfisch nach Wien zurück, wo ich heute den ganzen Tag zubringe; in der früh ließ ich mich durch Wiederhofer untersuchen, der Alles in Ordnung fand, bis auf Schnupfen und Bronchialcartarrh, letzterer ist aber diesmal merkwürdig stark. Morgen fahre ich nach Laxenburg, um die Kleine bei ihrer Ankunft zu sehen.
Am 22ten reise ich nach Gallizien; Du würdest gut thun schon am 26ten von hier abzureisen, vielleicht früher nach Salzburg, oder irgendwo anders hin zu fahren, damit Du nicht im Moment abreisest, wo ich ankomme. Ich bin am 31ten nachmittag aus Polen kom̄end, hier; am 1ten solltest Du in München sein, da Gisela sich sehr darauf freut, wie sie es dem Kaiser, Mama und mir geschrieben hat und wenn Du dann nicht hinkömmst, giebt es wieder ein endloses Fragen, warum und wozu, etc. etc. – am 5ten reist Gisela für längeren Aufenthalt nach Ischl.
Ich werde nach meiner Rückkehr von Polen mit Széchényi Béla hier jagen, in Bruck, vielleicht auch in Ungarn Truppen ansehen, und Mitte August so nach Tyrol & Vorarlberg fahren, daß ich auf der Rückreise am 17ten oder 18ten früh in Ischl bin.

Jetzt weißt Du meine Pläne genau. Besten Dank für Deinen Brief. Ich umarme Dich herzlichst, als Dein Dich innigst liebender
Coco[953]

Laxenburg, 24. Juli 1888

Liebe Stéphanie!

Wenn es nicht gelungen ist mich aufzuwecken, wie es meine Absicht wäre, um zur rechten Zeit am Bahnhof zu sein, komme ich bald darauf 7 oder 7½ Uhr nach Laxenburg.

Dich vielmals umarmend, Dein Dich liebender
Rudolf[954]

Lemberg, 30. Juli 1888

Liebe Stéphanie!

Besten Dank für Brief und Telegram̄e. Ich bin sehr abgehetzt; die letzten Tage waren ungemein mühsam.
Von früh bis abends in Bewegung, dabei den Tag über fürchterliche Hitze, Staub, Gestank, elendes Eßen; jeden Abend coloßales Gewitter, aber immer ohne Abkühlung; so geht es fort in angenehmer Abwechslung.
Das Land hat sich seit vorigen Sommer ganz geändert; man glaubt schon im Beginn der kriegerischen Operationen zu leben; überall Zelt und Barakenlager, Befestigungen, Depots und neue Bahnen, dabei ist Alles vollgepfropft mit Soldaten, die mehr oder weniger eine recht elende Existenz führen.
Bei Potocki erlegte ich einen recht guten Hirsch; ich konnte nur sehr kurze Zeit pürschen, da ich zu viel zu thun hatte.
Morgen inspicire ich noch hier und übermorgen in aller früh fahre ich nach Ungarn. Hoffentlich hast Du gutes Wetter und unterhältst Dich gut in Bayern.

Dich und die Kleine aus ganzem Herzen umarmend, bin ich Dein Dich liebender
Coco[955]

Laxenburg, 13. August 1888

Liebe Stéphanie!

Besten Dank für Dein Telegram̄. Ich reise am 16ten Abends von Wien ab; bin am 17ten früh in Salzburg, schlafe im Waggon weiter und komme gegen 7 Uhr nach Kleßheim. Ich bitte Dich sage das Onkel Ludwig; auch laße ich ihn bitten ja nicht wegen mir aufzustehen, da 7 Uhr eine frühe Stunde ist; Am 17. nachmittag um 6 Uhr 55 M. reisen wir von Salzburg ab, denn da ist es schon weniger heiß und treffen um 11 U 15 m Abends in Ischl ein.
Heute bin ich hier um die Kleine zu sehen; gestern war ich mit Potocki in Fischamend; die Rehböcke springen schon schlecht auf den Ruf, da die Hitze eine zu fürchterliche ist.
Heute war ich mit meinen Dienstreglementarbeiten sehr beschäftigt, bin ganz fertig geworden; der Minister kommt nicht am 15ten sondern erst am 22ten, so daß ich bis auf eine kleine Übung am 16ten früh, sonst gar nichts zu thun habe, nur faulenzen, das ist sehr angenehm.
Morgen jage ich in den Auen auf Hirsche. Onkel Ludwig laße ich vielmals grüßen.

Wir umarmen Dich herzlichst und ich bin,
Dein Dich liebender
Coco[956]

Wien 7. September 1888

Liebe Stephanie!

Ich habe Dir nicht früher schreiben können, da ich wirklich nicht einen Moment der Ruhe hatte. In Böhmen war es hundskalt und regnete in Strömen; nur 2 Paraden, die erste bei Platzregen. Die Truppen waren magnifique; dann sah ich noch mit dem Kaiser eine sehr arge Überschwemung in Budweis und Umgebung; es war recht intereßant, die Bahn war unterbrochen, der Dam̄ abgerißen, Brücken eingestürzt, wir mußten mit Umwegen ein Stück im Wagen fahren, und kamen mit Ach und Krach nach Wien. Jetzt hatten wir 2 Tage sehr hübsche Maneuvers, in einer wundervollen Gegend südlich der Westbahn an der oberoesterreichischen Grenze, leider bei drückender Hitze. Ich mußte um 3 Uhr gestern und heute aufstehen, dann stundenlang auf einem Dragonerkrampen hinter dem Kaiser herumgaloppiren; eben jetzt komme ich vom zweiten Maneuver zurück; morgen ist Ruhe; morgen muß ich in Stellvertretung des Kaisers zur Ausstellung nach Wels, Abends aber in Wien zurück sein, da Tags darauf früh der Wales ankommt. Dann geht wieder eine Hetze los; Kroatien dürfte heiß und mühsam werden. Der Kleinen geht es unberufen sehr gut.

Ich umarme Dich aus ganzem Herzen und bin Dein Dich innigst liebender
Coco[957]

Belovár, 12. September 1888

Liebe Stephanie!

Endlich kann ich Dir wieder schreiben. Ich hatte in den letzten Tagen wirklich keinen freien Augenblick. Am 9ten mußte ich in Stellvertretung des Kaisers bei der Ausstellung in Wels sein, am 10. kam der Wales an, und da hatte ich die Aufgabe mich mit ihm zu beschäftigen; gestern und vorgestern waren große Diners, dann Ausstellungsbesuch im Prater, Schützenfest, Visiten etc. etc.; ich bin müde und sehne mich nach Ruhe. Gestern Abends reisten wir von Wien ab; heute früh trafen wir hier ein; großer Empfang, viel Spektakel, dieselben Leute alle, wie in Agram und Hetze ohne Ende; morgen und übermorgen sind Maneuvers; dann reise ich nach Wien und gleich weiter nach Orth; am 17ten fahre ich zu Potocki nach Galizien
Wann kommst Du in Wien an?
Wales geht auch nach Rumänien und dann nach Görgény; er ist der besten Laune und will Alles sehen, Alles mitmachen; unermüdlich bleibt er immer der Alte.

Aus ganzem Herzen Dich umarmend bin ich Dein Dich innigst liebender
Coco[958]

Görgény Szt. Imre, 8. Oktober 1888

Liebe Stéphanie

Wales kommt mit mir am 12ten um 7½ Uhr Abends in Wien an. Ich bitte Dich im Burgtheater zu sein, und nicht mich zu erwarten; ich ziehe mich so schnell als möglich um und komme dann hinab zur Abschiedsvorstellung in das Burgtheater; am 13ten will Wales nachmittag nach Laxenburg kom̄en, den Park und das Schloß ansehen und um 6 Uhr mit uns und seinen Herren & unseren Suiten speisen; bestelle die Musik vom Komzak 84; Streichinstrumente.
Nach dem Speisen fahrt Wales nach Wien in das Theater.

Wo das Diner am 14ten ist, haben wir noch nicht bestimmt.
Hier ist das Wetter herrlich, heiß, wie im Sommer; leider sieht es mit den Bären sehr schlecht aus.

Aus ganzem Herzen Dich und die Kleine umarmend bin ich Dein Dich liebender
Coco[959]

Wien, 31. Dezember 1888

Liebe Stephanie!

Zum Jahreswechsel wünsche ich Dir Alles erdenklich Gute; Gesundheit und angenehme Tage, frohe Zeiten und Alles was Du Dir wünscht soll in Erfüllung gehen. Hier ist es nicht kalt, aber lange nicht so warm wie in Abbazia; dabei leiden wir unter fortwährendem Nebel und Näße. Die Kleine hat Schnupfen, aber Gott-Lob ohne Halsweh; ist dabei lustig und sehr ausgelassen. Onkel Ludwig hat gestern sterben wollen. Der Burgpfarrer hat ihn versehen und die nähere Familie den Kaiser an der Spitze war am Sterbebett versam̄elt; ich glänzte durch meine Abwesenheit, da wie es scheint man nicht recht wußte, ob ich schon in Wien sei und wo und ob man mich überhaupt findet; daher erfuhr ich diese Tragödie die aus koloßalen Eruptionen nach zwei Richtungen zusam̄engesetzt war, erst heute früh. Ich fuhr gleich an das Schmerzenslager und fand ihn in einem eleganten Schlafcostume in einem parfümierten Zimmer, wie eine alternde Cocotte aufgebahrt, Wiederhofer und den Burgpfarrer bei ihm; er sieht schwach aus, bis auf die Zunge, die hat keine Diarrhöe gehabt, sondern hat noch die Sprechruhr. Wiederhofer findet ihn außer aller Gefahr; morgen steht er auf und übermorgen dürfte er mit gewöhnlichen Appetit diniren.
Jetzt muß ich mit Pausinger auf Adler fahren. Meine Glückwünsche wiederholend und Dich umarmend, Dein Dich liebender

Coco[960]

Mürzsteg, 2. Jänner 1889

Lieber Szögyényi!

Vor allem wünsche ich Ihnen und Ihrer Familie ein fröhliches neues Jahr. Ich hoffe, daß Sie das Jahr 1889 angenehm verbringen werden. Ich freute mich sehr zu hören, daß es Ihrer Tochter gut geht.

Mit herzlichsten Grüßen,
Rudolf[961]

Mürzsteg, 2. Jänner 1889

Liebe Stefanie!

Die Skambis, sind drei Tage auf der Post, oder weiß Gott wo herumgekugelt und kamen ungenießbar, stinkend an. Ich bitte Dich schicke welche am 6ten oder 5ten Abends weg, so daß sie sicher gut ankommen, man müßte sie einem Conducteur übergeben.
Gestern hatten wir noch ganz mildes Wetter, spät Abends einige Grade Wärme, heute früh wachten wir bei Hundekälte 6 Grad unter Null in der inneren Stadt auf.

Hier trafen wir bei Schandwetter ein; es heult der Sturm und beginnt dabei zu schneien. Ich glaube aber an keine große Kälte mehr; vorgestern sah ich noch Wildgänse an der Donau und das ist ein sicheres Zeichen für warmes Wetter.
Wenn es so kalt bleibt, solltest Du etwas länger wie bis zum 7ten in Abbazia bleiben, sonst verkühlst Du Dich so wie vor 2 Jahren; es ist nur eine Sache von einigen Tagen, denn lange dauert eine Kälte die erst im Jänner beginnt nicht; ich werde Dir telegraphieren.
So wie es jetzt ist, würdest Du Dich auf der Reise und dann auch in Wien unfehlbar verderben; ich habe heute elend gefroren; über die Jagden bin ich eigentlich desperat; nur frieren von früh bis Abends und wenig schießen, dabei nur Thiere, das ist nicht sehr erfreulich.
Der Kleinen geht es Gott-Lob mit dem Schnupfen beßer, nur darf sie bei der infamen Temperatur nicht hinaus. Onkel Ludwig[962] ist wieder ganz wohl und beabsichtigt fort zu leben.
Gestern war eine mühsame, erfolglose Sitzung, dann ein miserables Familiendiner bei Onkel Albrecht.

Aus ganzem Herzen Dich umarmend, bin ich Dein Dich liebender
Coco[963]

Zur Krise Gondrecourt – Latour

Wie das berühmte *Ultimatum* der Kaiserin zeigt, ist die Frage nach Rudolfs Erziehern nicht so einfach zu klären. Nach langem Tauziehen blieben zunächst beide Protagonisten – Gondrecourt und Latour – einige Zeit im Ungewissen, wie es mit dem Auftrag, den Kronprinzen zu erziehen, weitergehen würde. Offenbar waren alle, die Gondrecourt untergeben waren, mit ihm verfeindet und bildeten eine Front gegen ihn.

Die These, daß Elisabeth nach ihrem Ultimatum an den Kaiser im Einklang mit Latour die Berufung der *liberalen* Lehrer durchsetzte, muß relativiert werden. Denn offenbar waren diese Lehrer schon vorher tätig. Als bekannt wurde, daß nicht Gondrecourt den Kronprinzen nach Ischl begleiten würde, beklagt er sich bei Crenneville bitter über das Verhalten *aller* ihm gegenüber. Es scheint als ließe man es beim wenig geschätzten Gondrecourt an *Subordination* fehlen.

Aufschluß über die Situation geben die Briefe Gondrecourts und Latours an Crenneville, für den die Lage äußerst peinlich wurde, da er mit Gondrecourt enger bekannt, vielleicht sogar befreundet war.

1866 wurde Gondrecourt zu einem Militärarrest verurteilt, den Kaiser Franz Joseph auf vier Monate reduzierte. Möglicherweise wurde diese Strafe aufgrund des Verhaltens Gondrecourts in der Schlacht bei Königgrätz verhängt. Im Zorn hieb der General einem Soldaten ein Ohr ab – peinlicherweise handelte es sich um einen Priester. [964]

Nancy, 8. Juli 1865

Hochverehrter Freund!

... Nachdem Königsegg in diesem Augenblicke nicht mehr in Ischl sich befindet, so kann ich mich nicht mehr, wie bisher, an ihn wenden um Nachrichten über das Befinden des Kronprinzen zu erhalten, und da ich keine Lust habe meinem Herrn Stellvertreter zu schreiben, so muß ich Dich bitten so gut zu sein mir durch wenige Zeilen wissen zu lassen wie es dem kleinen Herrn geht? Ich hoffe jetzt wohl viel besser, da es nicht mehr kalt ist und Er genug im Freien sein kann. – Ich mache mir keine Vorwürfe Dich ohngedacht Deiner vielen Geschäfte darum zu bitten, da es sich nur um einen Zettel mit wenigen Worten handelt, und ich ohnehin ein zweitesmal nicht bitten werde, weil ich in den ersten Tagen des August in Wien sein werde ... [965]

Salzburg, 5. August 1865

Hochverehrter Freund!

Du hast zwar wenig Zeit lange Briefe zu lesen, allein ich hoffe daß bei der Wichtigkeit des Gegenstandes der mich veranlaßt Dir zu schreiben, Du meinem Brief Deine Aufmerksamkeit nicht versagen wirst.

Seine Majestät der Kaiser haben, wie Du weißt, die Güte gehabt mir zu sagen daß ich, während des Sommers, nach Ischl kommen soll um den Kronprinzen zu sehen und ich kann hierin nur einen erneuerten Beweis der Allerhöchsten Gnade und Wohlwollens Seiner Majestät erblicken, welches mich zum tiefsten Dank verpflichtet.

Bevor jedoch die Zeit nach Ischl zu kommen heranrückt, will ich meine Lage mit Dir besprechen und mir Deinen freundlichen Rath erbitten.

Die letzten Tage meines Aufenthaltes in Schönbrunn waren für mich in Folge der vorgefallenen und der gewiß sehr unangenehmen, offen gesprochen, demüthigenden Verhältnisse in welchen ich mich nicht allein den mir untergeordneten Offizieren, sondern auch den Professoren und selbst der Dienerschaft gegenüber befand, in dem Alle sehr wohl wußten daß ich nicht nach Ischl gehen dürfte und daß mir somit die Leitung der Erziehung des Kronprinzen vorläufig entzogen sei, so peinlich, daß ich um keinen Preis die Widerholung ähnlicher Momente erleben möchte.

Wenn Du dieses Gefühl begreifst, so wirst Du wohl ferner begreifen daß ein Besuch in Ischl mir nur dann Freude machen kann, wenn ich die bestim̄te Aussicht habe die Leitung der Erziehung des Kronprinzen im künftigen November oder sonst zu der Zeit wo Höchstdeßen Gesundheitszustand es zulässig erscheinen lassen wird, wieder übernehmen zu können, während im entgegengesetzten Falle dieser Besuch nur geeignet wäre mir unnützer Weise höchst unangenehme Momente in's Gedächtnis zurückzurufen.

Eben das Vorgefallene macht es mir unmöglich die Leitung der Erziehung des Kronprinzen wieder zu übernehmen wenn nicht vorher ein theilweiser Wechsel der mir unterstehenden Offiziere stattfindet.

Ich habe nur Seiner Majestät dem Kaiser allerunterthänigst die Gründe auseinandergesetzt die mir die Einrückung des Herrn Rittmeisters Grafen Palffy unumgänglich nothwendig erscheinen lassen. Ich hatte diesen Schritt wohl überlegt und that denselben erst dann als ich mir die vollkommene Uiberzeugung verschafft hatte daß Rittmeister Graf Palffy wegen seiner Jugend, seiner Eitelkeit und des Mangels an Pflichtgefühl nicht geeignet sei beim Kronprinzen zu verbleiben. –

Ich weiß nicht gut, in derlei Fällen, dasjenige was ich fühle zu verbergen, und Rittmeister Graf Palffy hat ohne Zweifel in den letzten Tagen, recht gut bemerkt und bemerken müssen daß ich mit ihm besonders unzufrieden sei. Der Grund meiner Unzufriedenheit wird ihm, eben so wenig als diese letztere verborgen geblieben sein.

Was müßte er nun von mir denken und müßte ich nicht mich vor mir selbst schämen, wenn ich mich entschließen könnte, nach wenigen Monaten den Rittmeister Graf Palffy von dessen Untauglichkeit ich noch immer überzeugt bin, noch dort zu finden, wo ich seine Belassung als unzulässig erklärt habe? Bezüglich des Herrn Oberstlieutenant v. Latour, wirst Du Dich wohl erinnern daß ich, nicht erst in der letzten Zeit, sondern schon im Winter auch Dir gegenüber zu wiederholten Malen geäußert habe daß ich ihn für einen nicht aufrichtigen Menschen halte, dessen Verbleiben beim Kronprinzen gegenwärtig allerdings nicht schädlich sei, jedoch nicht sehr lange dauern dürfe, wenn dieß nicht der Fall sein solle.

Der Herr Oberstlieutenant mag die Eignung haben den Kronprinzen zu pflegen und in so lange der Kronprinz einer solchen Pflege bedarf, kann ich gegen die Belassung des Herrn Oberstlieutenants auf seinem Posten nichts einwenden.

Sobald jedoch die Gesundheit des Kronprinzen sich derart gekräftigt haben wird daß man mehr an den Geist als an den Körper denken kann … daß der Herr Oberstlieutenant einen Nachfolger erhalte, weil ich der vollen Uiberzeugung bin daß er weder den erforderlichen ritterlichen Sinn, noch die Aufrichtigkeit und die nöthigen distinguirten Formen besitzt, um durch den täglichen Umgang mit dem Kronprinzen auf die Ausbildung des Geistes und des Charakters einen günstigen Einfluß zu nehmen.

Es wäre mein Wunsch daß Seine Majestät der Kaiser dieß alles was ich hier erwähnt habe bald erfahren möchten und Du würdest mich sehr verbinden wenn Du mir sagen wolltest wie Du glaubst daß ich am besten meine Wünsche und Bitten zur Allerhöchsten Kenntniß bringen kann.

Ich möchte einerseits nicht von Seiner Majestät mißverstanden werden und andererseits muß ich doch offen reden und eben diese Bitte vorbringen, da in deren Gewährung das

einzige Mittel für mich liegt meinen Posten wieder antreten und meine so wichtige Aufgabe mit Ehre lösen zu können.
Bin ich so glücklich das Vertrauen Seiner Majestät in dem für mich, als Erzieher des Kronprinzen, erforderlichen Grade zu besitzen, so werden Seine Majestät meinen Worten glauben und gewiß meine Bitte allergnädigst berücksichtigen ... Ich verbleibe mit aller Hochachtung Dein Dir ganz ergebener

Gondrecourt[966]

Wien, 9. Oktober 1865

Hochverehrter Freund!

Ich habe seit Du mir die Mittheilung gemacht hast daß ich während des Winters die Leitung der Erziehung des Kronprinzen nicht übernehmen werde, darüber nachgedacht ob nicht besondere, wohl ohne mein Verschulden entstandene Hinderniße den Wiederantritt meines Postens überhaupt entgegenstehen, und ob ich es nicht der besonderen Güte und dem gnädigen Wohlwollen Seiner Majestät des Kaisers zuschreiben soll, daß Allerhöchstdieselben aus Schonung, mir dieß durch Dich nicht jetzt schon haben sagen lassen? Ich habe das beruhigende Bewußtsein jederzeit nur das gethan zu haben was Seine Majestät mir befohlen haben und weiß mir hinsichtlich meines Verfahrens mit dem Kronprinzen keinen Vorwurf zu machen. Auch war ich so glücklich jederzeit meine Ansichten über die Erziehung des Kronprinzen, von Seiner Majestät gebilligt zu sehen, und kann daher Theils aus diesem Grunde, Theils in Folge der mehrfälligen gnädigen Aeußerungen Seiner Majestät nicht besorgen die Unzufriedenheit Allerhöchstdesselben mir zugezogen zu haben. Ich kann daher keine Ursache sehen aus eigenem Antriebe um meine Enthebung zu bitten. Es wäre mir überdies der Gedanke unerträglich, daß Seine Majestät glauben könnten, es fehle mir an der nöthigen Hingebung um durch einige Zeit eine weniger angenehme Lage zu ertragen, und daß mein Anhänglichkeit an Seine Majestät und den Kronprinzen diese geringe Probe auszuhalten nicht vermocht hat.
Ein Anderes wäre es jedoch, wenn ich mit Bestim̄theit wüßte daß ich durch die Bitte um meine Enthebung einem Wunsche Seiner Majestät entgegenkomme, denn in diesem Falle aber auch einzig und allein in diesem Falle, würde ich mich selbstverständlich nicht besinnen und sogleich diese Bitte in tiefster Ehrfurcht stellen, in der Hoffnung, daß Seine Majestät in diesem Schritte nur einen Beweis meiner pflichtschuldigen unbegränzten Ergebenheit zu erblicken die allerhöchste Gnade haben würde.
Solltest Du in der Lage sein mir hierüber bestim̄ten Aufschluß geben zu können, so würde ich Dir sehr dankbar sein, da ich nichts sehnlicher wünsche als stets Seiner Majestät Willen zuvor zu kommen, besonders wenn es sich darum handelt Seiner Majestät etwas Unangenehmes zu ersparen. Ich verbleibe mit aller Hochachtung

Dein Dir ergebener
Gondrecourt[967]

Ischl, 22. Juli 1865

Euer Excellenz!

… Gegen 6 Uhr, als die kaiserlichen Hoheiten im Vestibule (der kühlste Raum der Villa) zusam̄en spielten, kam die Nachricht von der Entstehung eines Feuers im Markte.
Die kais. Kinder begaben sich in den Pavillon oberhalb der Cotage, um den Brand zu sehen, der Kronprinz blieb bis 7 ¼ Uhr , dan̄ in die Zimer, um 8 ¼ zu Bette – schlief bis 6 ¼ früh, er war nicht ängstlich …
Latour[968]

Ischl, 9. September 1865

Euer Excellenz!

Der Wagen für den Kronprinzen ist angekom̄en und wird bereits benützt … Die kaiserlichen Kinder befinden sich ganz wohl und sind gestern Nachmittag mit beiden Majestäten auf der Traun von Steg nach Ischl gefahren.
Mit ausgezeichneter Hochachtung und in̄igster Dankbarkeit

Euer Excellenz
gehorsamster
Latour[969]

Ischl, 1. Oktober 1865

Euer Excellenz!

… Der Kronprinz fühlte heute früh einen Drang zum Erbrechen, ist aber jetzt schon wieder ganz wohl. Ich wollte heute auf einen Tag auch pürschen gehen, habe aber die Pürsche abgesagt, da ich dort nicht ganz ruhig sein könnte …
Latour[970]

Ischl, 12. Oktober 1865

Euer Excellenz!

… Majestät der Kaiser haben mich beauftragt, für die Wohnung des Kronprinzen in Schönbrunn Sorge zu tragen, eine Stunden Eintheilung zu entwerfen, welche bereits die Genehmigung erhalten hat und Mehreres.
Dies in Uebereinstimung mit Äußerungen Ihrer Maj. der Kaiserin muß mich glauben machen, daß das gegenwärtige Provisorium noch einige Monate andauert.
Ich glaubte, daß der Herr Generalmajor Graf Gondrecourt sich in Böhmen noch auf Urlaub befindet, gestern Abends hörte ich aber, daß er in Wien gegenwärtig sei.
Da er Obersthofmeister des Kronprinzen ist, so gebiethet mein militärisches Gefühl, ihm als Vorgesetzten über die Ankunft des Kronprinzen eine dienstliche Meldung zu erstatten. Andererseits wäre es denkbar, daß eine solche Meldung nicht angezeigt ist.
Da ich nun die bestehenden Verhältnisse durchaus nicht kenne, so erlaube ich mir an Eure Excellenz die gehorsamste Bitte zu stellen, die beiliegende Meldung über die Ankunft des

Kronprinzen Sr. Excellenz dem Grafen Gondrecourt zusenden zu lassen oder selbe zu vertilgen ...
Mit ausgezeichneter Hochachtung und der iñigsten, aufrichtigsten Dankbarkeit

Euer Excellenz
gehorsamster
Latour
Obtlt.[971]

Schönbrunn, 21. November 1865

Euer Excellenz!

Als ich so eben den Kronprinzen zu Sr. Majestät den Kaiser brachte, wurde mir meine Beförderung zum Obersten bekannt gegeben.
Es drängt mich in diesem Augenblicke Euer Excellenz, dem ich alles zu danken habe, meinen ehrerbietigsten, aber auch iñigst und herzlichst gefühlten Dank auszusprechen.
Ich werde bemüht sein in treuer Pflichterfüllung mich der ah. Gnade und des gnädigen Wohlwollens Euer Excellenz stets würdig zu zeigen.
Da ich zur Jagd nach Reichenau befohlen bin, so kañ ich erst Donnerstag persönlich Euer Excellenz danken.
Mit bescheidener Verehrung und der ergebensten Dankbarkeit

Euer Excellenz
gehorsamster
Latour
Oberst[972]

Aus den Tagebüchern Crennevilles

15. Mai 1865
Der Kaiser vertraut mir seine Sorgen über des Kronprinzen Behandlung durch Gondrecourt.

22. Mai 1865
Peinliche Unterredung mit Gondrécourt. Dr. Löschner angetragen Leibarzt zu werden.

23. Mai 1865
Obstlt. Latour u. Gondrécourt schütten ihr Herz aus – Letzterer geht nicht nach Ischl.

11. Juli 1865 (Ischl)
Kronprinz der vortrefflich aussieht nach Ebensee entgegen gekom̄en.[973]

Stimmen und Meinungen zu Mayerling

Die hier angeführten Meinugen und Erinnerungen zu Mayerling stammen von Clemens Gruber, aus der Lloyd/Mitis Collection (Mikrofilm 1614), aus dem Archiv der Polizeidirektion Wien und aus diversen Zeitungen und Tagebüchern. Sie zeigen, wie unsicher die gängigen Theorien zu den Geschehnissen im Jagdschloß des Kronprinzen waren und sind. Überdies muß man alle Zeugenaussagen, Berichte, Beschreibungen des Sterbezimmers etc. berücksichtigen, die sich im Laufe des 20. Jahrhunderts noch gefunden haben und die Mitis natürlich nicht berücksichtigen konnte. Diese wurden besonders akribisch von Clemens M. Gruber zusammengetragen.

Hildegard Gruber, 25. August 1955
»Mein Vater, der am 22. 10. 1921 in Oberwaltersdorf verstarb, war dort von etwa 1885 bis zu seinem Tode Schullehrer. Neben dem Schulhaus lag das Wohnhaus des nach 1889 pensionierten Försters und Vertrauten des Kronprinzen Rudolf, Johann Loschek. Er war mit meinem Vater gut bekannt. Eines Tages, etwa im Jahr 1891, kam Loschek verängstigt ins Schulhaus gelaufen und raunte meinem Vater zu: ›Ich bitt' Sie, Herr Lehrer, verstecken Sie mich schnell, die Kronprinzessin Stephanie ist schon wieder von Laxenburg herübergeritten gekommen zu mir, um zu erfahren, wie es wirklich in Mayerling gewesen ist, und ich darf es doch nicht sagen!‹ Daraufhin versteckte ihn mein Vater in einem Lehrmittelkasten ... Warum hat man, wenn die offizielle Darstellung richtig war, die wirklichen Mitwisser alle vereidigt?«

Graf Josef Hoyos zu Johann Salvator
»Seine Hoheit ist tot. Das ist alles, was ich sagen kann. Fragen Sie mich nicht um Details. Es ist zu schrecklich. Ich gab dem Kaiser mein Wort, daß ich über das, was ich sah, nicht ein Wort sagen werde!«

Marie von Ebner-Eschenbach, 30. Jänner 1889
»Nachmittag kommt die erschütternde Nachricht, daß Kronprinz Rudolph todt im Bette gefunden worden, in seinem Jagdschloß Meyerling. er fühlte sich gestern schon unwohl und nahm nicht Theil an dem Brautdiner, das zu Ehren seiner Schwester in der Burg stattfand.« [974]

Marie von Ebner-Eschenbach, 31. Jänner 1889
»Kaum mehr ein Zweifel, daß der Kronprinz durch Selbstmord geendet hat. Was jetzt ekelhaft ist – die Lobhudelei der Zeitungen. Der Kronprinz hätte ein Heiliger, ein Held, ein Halbgott sein müssen, um das zu verdienen.«

Paget an Salisbury, Wien, 1. Februar 1889, über die erste Aufbahrung Rudolfs
»Er war mit einem Leintuch bedeckt; nur das Gesicht war sichtbar, und über den Kopf hatte man eine weiße baumwollene Nachthaube gestülpt. Ich muß gestehen, daß dieses

Arrangement – gemeinsam mit bestimmten anderen Umständen – in mir ein unbehagliches Gefühl auslöste und meinen andauernden Verdacht zu bestätigen schien ... und die überwiegende Ansicht in der Bevölkerung war, daß S.K.H. das Opfer eines Anschlags geworden war.«[975]

Johannes Brahms an Fritz Simrock, Wien, 1. Februar 1889
»Die Neue Freie Presse ist heute konfisziert, weil sie den (ganz unzweifelhaften) Selbstmord des Kronprinzen erzählt. Wir werden hier also nur von Herzschlag lesen. Möchten Sie nicht in gewohnter Freundlichkeit mir gelegentlich dortige Blätter (aber wohl im Kuvert) schicken? Die Nachricht kam grade, als wir mit Joachim in seine Konzertprobe gingen! Das Wort, es ist alles schon dagewesen, darf abgeschafft werden! Wie heutzutage Kaiser und Könige sterben, ist doch neu. In die Luft fliegen, ins Wasser gehen, sich selbst töten, dazu unsre Kaiser-Tragödie!«[976]

Wildon Llyod über die Hoyos-Denkschrift
»Die offizielle Version einer wahren Lüge.«

Graf Josef Hoyos zu Baron Doblhoff, 30. Jänner 1889
»Rudolf wurde erschlagen.«

Marie von Ebner-Eschenbach, 2. Februar 1889
»Die unerhörtesten unglaublichsten Gerüchte über den Tod des Kronprinzen colportirt. Seitdem die *Wiener Zeitung* die Nachricht des Selbstmordes verbreitet, glaubt *das Volk* nicht mehr daran.«

König Leopold II. der Belgier an seinen Bruder, Februar 1889[977]
»In den Augen unserer katholischen Völker mag es schwer sein zu erleben, daß ein Haus mit den Ansichten des Hauses Habsburg die Version des Selbstmords bekräftigt. Der Selbstmord und die Geisteskrankheit waren die einzigen Mittel zur Vermeidung eines unauslöschlichen Skandals, dessen Details ich Dir erst Samstag mitteilen kann.«[978]

Marie von Ebner-Eschenbach, 5. Februar 1889
»Heute wird der arme unglückliche Kronprinz begraben.«

Marie von Ebner-Eschenbach, 8. Februar 1889
»Die wahre Ursache des Todes Kronprinz Rudolphs, wird ewig ein Geheimnis bleiben.«

Frankfurter Zeitung, 8. Februar 1889
»Es gibt viele Leute, welche nicht an einen Selbstmord glauben, sondern einen Racheakt als das Wahrscheinlichste betrachten ... und die Selbstmordscene erst nachher arrangirt worden sei(n). Ein Revolverschuß könne nicht die Wirkung haben, welche aus dem ersten ärztlichen Befunde zu entnehmen sei.«

Johann Carl Khevenhüller, Bombay, 12. Februar 1889
»Man sagt mir, daß der Kronprinz die Kleine Auersperg Gespielin der Tochter des Kaisers entjungfert hat ... dañ der Bruder zu ihm kam und die Alternative stellte entweder sich mit ihm zu schiessen, oder sich zu erschiessen, der Kronprinz wählte das Leztere.«[979]

Johann Carl Khevenhüller, Wien, 6. April 1889
»Ich bin nach Allem überzeugt, dass der Kronprinz in der Waldhütte entweder durch die Baltazzis oder durch einen Jäger durchgeprügelt worden ist, und dann sich entweder selbst erschoss und die Vecsera sich vergiftete, und nicht von ihm erschossen worden ist, oder gar nicht erschossen sondern erschlagen wurde, und dann hineingelegt wurde, es ist gar kein Grund vorhanden dass sich ein Mensch wie Rudolf, für ein Mensch erschiesst, nachdem er sie bereits gehabt hat.«[980]

Alfred Frisch, 1992
»Marie Larisch wußte unter anderem aus Gesprächen mit Rudolf, daß für den Fall, daß Boulanger in Paris am 28. 1. 1889 gewählt werden würde, Bismarck dies für eine augenblickliche Kriegssituation erachte. Deshalb waren wohl preußische Agenten mit Aufträgen bezüglich Rudolf von Habsburg bereits am 29. 1. 1889 in Mayerling eingelangt (Darüber schreibt auch Rudolf-Biographin Brigitte Hamann). Diese preußischen Agenten dürften es auch gewesen sein, die Rudolf den Schädel eingeschlagen haben.«

Graf Rudolf Taaffe an Clemens Gruber, 11. Oktober 1978
»1. Ich bin nicht in der Lage, Ihnen irgendeine Information zu geben, wo sich die Mayerling/Taaffe Papiere befinden. Ich weiß es nicht. Sie existieren, das weiß ich sicher. Eduard sprach über sie mit mir.
2. Ich bin der Ansicht, diese Papiere würden bestätigen, daß Rudolf ermordet wurde; sicherlich nicht von den Baltazzis, aber wahrscheinlich von Österreichern. Eduard sagte mir, daß Rudolfs Tod *schrecklicher war als man sich vorstellen kann*. Daher wollte der Kaiser diese Papiere, nicht in den offiziellen Akten, die mit der Affaire in Zusammenhang standen.«[981]

Gräfin Zoë Wassilko-Serecki, 5. September 1955
»Ich befand mich im Oktober 1919 auf Schloß Ellischau, Graf Heinrich Taaffe erzählte mir, daß er Akten verwahre, die sein Vater beim Weggange aus dem Staatsdienst aus dem Staatsarchiv mitgenommen habe ... Er händigte mir ein längliches Kouvert aus, das 20–30 Bogen starkes Papier enthielt ... Es war der Notenwechsel zwischen dem Ministerpräsidenten Graf Taaffe und dem Polizeipräsidenten Baron Krauß. Die einzelnen Stücke waren mit »Streng reservat« bezeichnet. Es ist mir in Erinnerung, daß in den Noten hauptsächlich von den polizeilichen Maßnahmen und den Eindrücken der nach Mayerling gesandten Kommission die Rede war. U. a. waren das Todeszimmer und die Lage der

Leichen beschrieben. Als besonderes Detail ist mir in Erinnerung, daß von Gehirnspritzern des Kronprinzen an den Wänden die Rede war. Aus dem Munde der Baronin Vetsera führte ein gestockter Blutstrom bis zu den Füßen. Die Stücke enthielten auch einen Obduktionsbefund beider Leichen durch einen Polizeiarzt. Ich weiß nicht mehr, ob es ein Original oder eine Abschrift war. Jedenfalls ist mir der eine Umstand in sicherer Erinnerung, daß sich Baronin Vetsera im 5. Monat der Schwangerschaft befand.«

Der Graphologe Rafael Schermann über einen Brief Rudolfs aus dem Jahr 1886, den er in den 1920er Jahren untersuchte – ohne über den Schreiber informiert zu sein
»Ich sehe ein trauriges Ende voraus. Sterben will der Mann absolut nicht, denn er hat einem Amte, einer Sendung zu leben, da er sich aber vom Teufel nicht losmachen will und sich der Leidenschaft hingibt, wird er eines schönen Tages in eine unheimliche Situation geraten, sagen wir, in eine sogenannte Mausefalle, aus der es kein Befreien mehr gibt. Sterben will er nicht ... und so wird er ganz einfach hingerafft, umgebracht, erschossen ...«

Eva Dietrich, Graphologin, über die Schrift des Thronfolgers
»Die Mutmaßungen über die Ursache und den Ablauf der Tragödie von Mayerling, die das Leben des dreißigjährigen Kronprinzen und seiner Geliebten Mary von Vetsera beendete, sind fast stets mit einem negativen Urteil über den Charakter des Thronfolgers verbunden. Man hat ihn als sittlich verkommen und seelisch zerrüttet, sogar als geistesgestört bezeichnet. All das ist indessen mit seiner Schrift nicht zu vereinbaren. Wie konnte es zu einer solchen Fehleinschätzung kommen?«

Moritz Szeps in der Abendausgabe des ›Wiener Tagblatts‹ unmittelbar nach dem Tod Rudolfs
Er sei überzeugt, »daß niemand an die Möglichkeit eines Selbstmordes glaube, da man einen Selbstmord mit einem kaiserlichen Prinzen nicht recht in Einklang bringen könne. Er bedaure, daß etwas verschwiegen werden könne«.

Brief Rudolfs an Hofrat von Weilen, 25. Jänner 1889
»Lieber Weilen! Es war mir bisher nicht möglich, die Skizze von Gödöllö [für das Kronprinzenwerk] niederzuschreiben. Ich war, wie Sie wissen, die Zeit über mit vielen namentlich militärischen Arbeiten überhäuft ... Aber ich werde, wenn ich Montag nach Mayerling komme, dort einige Stunden Muße finden, um den Aufsatz über Gödöllö fertigzustellen ... Ich hoffe, Sie Mittwoch oder Donnerstag zu sehen und Ihnen dann das Manuskript zu übergeben. Mit besten Grüßen Ihr Rudolf«

Die Tochter des Kammerdieners Karl Nehammer gab am 22. März 1951 folgende Erklärung ab
»Zur Zeit der Kronprinzen-Katastrophe lag mein Vater mehrere Wochen hindurch krank in unserer Wohnung, damals Wien VII, Lerchenfelderstraße Nr. 63 II 17. Der Kronprinz,

der meinen Vater schätzte und den er trotz dessen Hochbetagtheit nicht in Pension gehen ließ, ließ an diesem historischen 29. Jänner (sic! richtig: 28. Jänner), an dem der Kronprinz nach Mayerling fuhr, in der Wiener Hofburg seinen Hausdiener Krause rufen und sagte ihm (wie dieser uns am gleichen Tag berichtete) folgendes:
Wie geht es Nehammer? Krause antwortete: Leider immer noch gleich. – Dann gehen Sie, antwortete der Kronprinz gleich nachmittags hin, damit ich, wenn ich von Mayerling zurückkomme, weiß, wie es ihm geht.«

Herr Josef Por aus Klosterneuburg berichtete,
daß sein Großvater, der Musiker Karl Por, in der Brunnengasse wohnte und mit Bratfisch bekannt war. Von seiner Großmutter erfuhr er anfangs der dreißiger Jahre, daß ihr Bratfisch anvertraut habe, Rudolf sei bei einem Raufhandel erschlagen worden.

Aus der Denkschrift des Tischlermeisters Friedrich Wolf, 6. Februar 1951
»Über 8 Tage lang bemerkte man, was sonst nie so lange der Fall war, aus dem Rauchfang des Schlößchens, das von Gendarmen bewacht wurde, Rauch aufsteigen. Es hieß, daß dort ein Schwerverwundeter liege. Nach dieser Zeit wurden endlich mein Vater und ich zum Herrichten der Schloßräume geholt. Wir erschraken. Es sah wüst aus, wie nach einem Kampf. Etwa 5 Kugeln steckten in den Möbeln. An den Wänden und an der Decke des Zimmers waren Kugelspuren. Das Gassenfenster des Parterrezimmers war von außen eingedrückt, ebenso die Tür vom Nebenraum her, Teppich und Parketten an vielen Stellen blutig, ebenso die Bettmatratzen, die arg nach Blut stanken. Die Teile von 3 zertrümmerten Sesseln aus hartem Nußholz sind im Zimmer herumgelegen.
Der Kronprinz ist ja wirklich erschlagen worden in der Rauferei und die Vetsera dabei auch getötet worden im Tumult mit den Leuten, die durch das erbrochene Fenster oder die Türe eingedrungen sind. Meine auf persönlichem Augenschein beruhenden Angaben entsprechen der reinen Wahrheit.«

Leopold Hirschhofer in der »Wiener Sonn- und Montagszeitung«, 20. April 1931
»Es war, als der Kaiser befohlen hatte, aus dem Jagdschloß eine Kapelle zu machen. Mein Freund, der Sedlak war Hausmeister im Jagdschloß. Der Sedlak kommt zu mir und sagt: ›Leopold, du mußt hinaufkommen und mir helfen. Ich und ein Tischlermeister, ein gewisser Wolf, gingen hinauf ins Schloß. Dort haben wir den Befehl erhalten, mit einer Hacke die Möbel zu zerschlagen. Es waren sehr schöne, wertvolle Möbel. Mir war besonders leid um eine schöne Ottomane, die voll Blut war. Ich bat Sedlak, er möge mir die Ottomane schenken. Sedlak sagte aber, dies sei unmöglich ... Zwei Teppiche waren im Zimmer, der eine zusammengerollt, der andere ausgebreitet. In dem ausgebreiteten Teppich waren Löcher, die mit Scheren verursacht wurden ... Ich habe sofort gesehen, daß man Blutflecken aus dem Teppich herausgeschnitten hat. Trotzdem sah ich rundherum noch weitere Blutflecke. Die Möbel waren auch mit Blut bedeckt. Die zwei Zimmer wurden mit weißem Kalk bestrichen, doch fiel an einigen Stellen der Kalk ab, und man

sah das Blut. Wir, Wolf und ich, haben die Möbel alle zerschlagen, haben die Reste ins Armenhaus hinuntergeführt. Am nächsten Tag kamen Wagen aus Wien, und wir trugen die Reste fort ... Ich kann mich erinnern, daß in dem zusammengerollten Teppich blutige Glassplitter waren. Der Sedlak hat das alles zusammengekehrt.«

Der Maurer Franz Lindner
»Des Kronprinz Rudolf Leibkutscher, Bratfisch, ist kartenspielend im Gasthaus des Karl Grandl ... an der Strasse nach Reisenmarkt, gesessen, als er von einem aufgeregten Boten in das Jagdschloß gerufen wurde, es sei ein großes Unglück geschehen.
Am anderen Morgen wurden aus Alland der Tischler und Zimmermann Ernst Kurzbauer und aus Mayerling Franz Lindner gerufen. Kurzbauer, der 1951 verstorben ist, hat damals den Parkettboden im Jagdschloß abgezogen, während Lindner als Maurer bei dauernden Umbauten mitarbeitete. Sie hatten den Auftrag, das Tatzimmer zu reinigen. Sie fanden die Türfüllung eingetreten vor, überall lagen zersplitterte Champagnerflaschen herum, der große Teppich und selbst die Wände waren mit Blut bespritzt.«

Der Förster Moritz Löffler, 1943
»... das ganze Zimmer, das Mobilar, sofern es nicht zertrümmert war, voller Blut, überall Blut, die Sessel meist zerschlagen, um die Füße davon zum Zerschlagen zu benutzen, Champagnerflaschen, womit auch zugeschlagen wurde, lagen zertrümmert umher. Das Fenster war eingeschlagen ... obzwar ich anfänglich all diesen Schilderungen etwas bezweifelnd gegenüber stand, so fand ich nach 14 Tagen die volle Bestätigung durch den nach Klausen-Leopoldsdorf zurückgekehrten Gendarmen, welcher mir, nachdem ich mit ihm sehr gut befreundet war, unter ehrenwörtlicher Verschwiegenheit erzählte, was er im Mordzimmer gesehen hatte ...«

»Das Fenster war eingeschlagen und wie die Spuren im Schnee zeigten, wurde daselbst eingestiegen ... Es ist bis heute unerklärlich geblieben und wird es auch bleiben, wieso der in nächster Nähe des kronprinzlichen Schlafgemachs, wo das Gemetzel stattfand, schlafende Loschek nichts gehört haben soll.«

»Im Gasthof Jahn in Alland war unter den einheimischen Gästen auch ein Bauernknecht, welcher schon ein Glas zuviel getrunken hatte und die Bemerkung machte, daß er vor einigen Tagen spät nachts mit seinem Fuhrwerk durch Heiligenkreuz nach Alland nach Hause gefahren sei und dabei zufällig gesehen habe, wie man um Mitternacht zwei Särge in den Friedhof trug, um sie geheim zu beerdigen; so etwas habe er noch nie gesehen. Der Detektiv, der diese Worte am Nebentisch hörte, gebot ihm sofort ganz energisch ruhig zu sein und solche Äußerungen nicht zu machen, das kümmere ihn einfach nichts. Der Knecht aber, im vollen Recht seiner Sache, ließ sich nicht einschüchtern und wiederholte ganz ungeniert, bestimmt habe er noch nie gesehen und gehört, daß man Leichen in aller Stille um Mitternacht beerdigt.«

Der Ofenheizer Baumgartner
»Der Schauplatz habe fürchterlich ausgesehen, an den Wänden klebte Blut, Gehirnteile, Glasscherben, Haare und desgleichen mehr lagen am Boden ...«

Der Sohn Anton Karrers, eines Fiakers, der Rudolfs Jagdgäste oft beförderte, gab 1952 zu Protokoll
»... auch sagte mir die Bedienerin im Jagdschloß des Kronprinzen, die N. Strubreiter, bereits gestorben, daß, als sie in der Früh in das Schlafzimmer des Kronprinzen kam, um zusammenzuräumen, alles darin durcheinander war. Die Bilder von den Wänden sollen alle am Fußboden zerschlagen gelegen sein. Auch andere Möbelstücke sollen am Boden gelegen haben, so daß, wie sie mir sagte, in dem Zimmer ein schwerer Kampf stattgefunden haben muß. Weiters waren auch der ganze Fußboden und der Teppich voll mit Blut beschmiert.«

Baron Robert Doblhoff schrieb 1951 in einem Memorandum
»In einer Tramway Hotel Sacher-Bahnhof in Baden sprach ich später einmal mit einer Frau, die damals in Mayerling als Aufräumefrau bedienstet war, das Speisezimmer in Ordnung bringen mußte. Sie erzählte mir, daß der Fußboden voll Blut und sogar am Plafond Blutspritzer und Gehirnteile von dem tödlichen Hieb mit der Champagnerflasche herrührten, ihr große Mühe bereiteten, um sie zum Verschwinden zu bringen ...«

Der Hoftelegraphist Julius Schuldes
»Blut am Boden, an den Wänden und bis hinauf an der niedrigen Wölbung des Zimmers.«

Laurenz Lebert, Gendarme, war nach dem Vorfall im Sterbezimmer
»Es sah schrecklich aus, alles war voller Blut.«

Kaiser Franz Joseph soll Herzogin Maria José, Gemahlin von Herzog Carl Theodor in Bayern, folgendes mitgeteilt haben
»Ich konnte nicht anders handeln. Es ging um die Existenz des Thrones, um das Schicksal der gesamten Monarchie. Wenn ich die Wahrheit gesagt hätte, wäre ein schwerer politischer Konflikt ausgelöst worden. Und das konnte ich nicht. Und deshalb mußte ich alles auf dem armen Rudolf sitzen lassen ... Nach meinem Tod wird alles veröffentlicht. Dann wird der arme Rudolf rehabilitiert.«

Marie Stubel, die Schwester Milli Stubels, in ihren Memoiren 1923
»Nie habe ich einen Mann so in Schmerz aufgelöst gesehen wie Gianni [Erzherzog Johann Salvator] ... Er tritt bei uns ein, leichenblaß, sinkt in einen gelben Seidenfauteuil. Sein Atem geht stürmisch, seine Brust bewegt sich wie in einem unterdrückten Schluchzen. Es ist furchtbar, wenn Männer weinen. Ich fragte ihn: Gianni, was ist Ihnen. Woher kommen Sie?

Aus der Hofburg.
Um Gottes willen, was ist geschehen?
Sie haben ihn erschlagen...
Wen?
Rudolf! Brüllt er und heult los wie ein kleines Kind. Und dann fügte er hinzu, aber so, daß man ihn kaum hat verstehen können: Draußen ... mit der kleinen Vetsera ... Kinder, laßt mich ausatmen.«

Wochenschau, 7. Jänner 1979
»Ernst Oser war in Jahre 1889 als Bezirkshauptmann in Baden bei Wien der erste Behördenvertreter, der mit dem Tod des Kronprinzen zu tun hatte, und er führte, als ihm die Aufgabe von der Hofkommission aus der Hand gewunden wurde, seine persönlichen Recherchen noch weiter fort ... Schockierend war jedoch die Nennung der mutmaßlichen Täter! Niemand anderer als der Jagdfreund des Kronprinzen, der Graf Josef Hoyos, sollte derjenige gewesen sein, der unter Mithilfe des Kammerdieners, des *k.u.k. Saal[tür] hüters* Johann Loschek, und einiger namentlich nicht mehr feststellbarer Offiziere, seinen Freund und Gönner, den Kronprinzen Rudolf, durch Schläge und schließlich einen Revolverschuß getötet habe(n)!«

Wochenschau, 4. Februar 1979
»Der Arzt Dr. Wolfgang Oser entdeckte auf dem Dachboden seines Hauses einen uralten Koffer, der Schriftstücke seines längst verstorbenen Großvaters, Ernst Oser, enthielt ... Aus diesen Unterlagen ... wird ein eigenartiges Licht auf die Rolle des Grafen Hoyos und des Kammerdieners Loschek geworfen. Hinzu kommen noch verschiedene Augenzeugenberichte, wie des Großherzogs von Toskana, der die Leiche Rudolfs noch vor dem Wirken der Maskenbildner gesehen hatte, aber auch des Heizers der Hofburg, der die zerfetzte und blutbesudelte Uniform[982] des Kronprinzen zu verbrennen hatte.«

Johanna Högler, Oberin des Karmeliterklosters St. Josef in Mayerling, 1983
»Wir im Kloster haben schon immer gewußt, daß der Thronfolger ermordet worden ist. Das haben wir von jenen Schwestern erfahren, die nach dem Umbau des Jagdschlosses nach Mayerling gezogen sind.«

Constantin Graf Nigra, italienischer Botschafter in Wien, im »Corriere della Serra«, dreißiger Jahre des 20. Jahrhunderts
»Er wurde getötet – und auf eine gräßliche Weise. Durch einen glücklichen oder unglücklichen Zufall – ich weiß nicht, wie ich es nennen soll – war ich als erster unter den Botschaftern an diesem Unglücksmorgen in Mayerling (recte: in der Hofburg) angekommen. Der Kaiser war noch nicht zugegen. Der Kronprinz lag auf dem Bett. Eine breite weiße Binde bedeckte ihm Stirn und Schläfe. Loschek kam mir entgegen und geleitete mich bis in die Nähe des Leichnams. Mit Blicken mehr als mit Worten fragte ich nach

der Ursache der Tragödie, und um das Gerücht des Selbstmords Lügen zu strafen, das schon verbreitet worden war, hob der treue Diener die Binde von der Stirne. An der rechten oder linken Schläfe – genau vermag ich dies nicht anzugeben – war ein Loch, so groß, daß man seine Faust hätte hineinlegen können. Der Schädel schien zertrümmert, wie von einem Schlag mit einer Flasche oder einem dicken Prügel. Es war entsetzlich. Haare und Knochensplitter waren in das Gehirn eingedrungen. Die Wunde klaffte unter und hinter dem Ohr derart, daß sie unmöglich von einer Selbstverletzung herrühren konnte. Ein Selbstmord? Gänzlich ausgeschlossen. Es war ein Mord, davon bin ich überzeugt.«

Peter Czernin, Sohn des ehemaligen Außenministers Ottokar Graf Czernin, 1./2. Februar 1964 in »Der Presse«
»Was sich wirklich in Mayerling zutrug, muß also dem Ansehen des Kaiserhauses noch abträglicher gewesen sein als die auch nicht sehr schöne Version vom sündhaften Doppelselbstmord des Thronerben. Was gäbe es wohl Entsetzlicheres und dem Ansehen des Kaiserhauses Abträglicheres, als etwas, daß der Sohn und Erbe der gottbegnadeten, apostolischen Majestät bei einem Trinkgelage von einem eifersüchtigen Oheim der Geliebten mit einer Champagnerflasche jähzornig erschlagen worden sei – wie dies die Kirchenchronik der Stadtpfarre von Baden aus diesen Tagen zu berichten weiß?«

Ein Leibgardist berichtete am 2. Oktober 1927 in der »Deutschösterreichischen Tageszeitung«
»Daß die Garden permanent im Dienste waren, läßt sich denken ... ich bin als Posten bei seinem Kopf gestanden, und wenn zufällig niemand da war, so habe ich mir den Kopf genau angesehen. Mit der Champagnerflasche war die rechte Stirnseite ganz zertrümmert, und der Kaiser, der sich die Leiche angesehen hatte, sagte in seiner Erregung: ›Aber der Kopf, der Kopf‹.«

Luise Toskana, Tochter des Großherzogs von Toskana, Berlin 1911
»Er [Luises Vater] durfte die Leiche, die in Rudolfs Schlafzimmer in der Hofburg lag, gleich sehen und war entsetzt über den Anblick, der sich ihm darbot. Der Schädel war eingeschlagen und Stücke zerbrochenen Glases steckten an verschiedenen Stellen fest in demselben ... Als man den Leichnam für die Paradeausstellung herrichtete, wurden das Gesicht und der Kopf völlig mit einer Wachsmaske überzogen, damit das Publikum verhindert würde, die Wahrheit der furchtbaren Tragödie, die sich abgespielt hat, zu ahnen.«

Die Münchner »Neue Freie Volkszeitung« vom 11./12. Februar 1889 berichtete
»Bemerkenswert ist auch, daß man bisher verschwieg, daß der Kronprinz zwei Schußwunden hatte: eine in der Brust ...«

Kaiser Franz Joseph beim Besuch des Klosters Mayerling, 1889
»Die Wahrheit ist viel ärger als alle Versionen.«

Eduard Graf Taaffe, 1937
»Die Umstände des Falles von Mayerling sind viel ärger, als sich irgendjemand denkt.«

Kaiser Franz Joseph an Leopold II. von Belgien
»Alles ist besser als die Wahrheit!«

Erzherzog Karl Ludwig, der Bruder des Kaisers, an Herzogin Ludovika in Bayern
»Die Wahrheit ist so schrecklich, daß niemand darüber sprechen kann!«

Prinz Philipp von Coburg an seine Frau Louise in deren Lebenserinnerungen, 1926
»Das was ich dort gesehen habe ist furchtbar, furchtbar, ich kann Dir nichts darüber sagen, außer daß sie beide tot sind!«

Louise Prinzessin Coburg in ihren Lebenserinnerungen, 1926
»Man kam, um mir zu sagen, daß der Prinz von Koburg meinen Schwager ermordet habe, denn es fanden sich in Wien und bei Hof gute Seelen, die es nicht glauben wollten, daß Rudolfs Zuneigung zu mir nur eine brüderliche war ... Ich antwortete dem Adjutanten, daß ich außer der entsetzlichen Nachricht vom Tode Rudolfs und der Vecsera nichts Näheres wisse, und daß mein Mann, der heute früh um 6 Uhr nach Mayerling gefahren war, noch nicht zurück sei.«

Ida von Ferenczy an Emil Szomory
»Kaiserin Elisabeth forderte damals, daß man öffentlich die Wahrheit sage, daß man der Bevölkerung mitteile, was sich in Mayerling zugetragen habe. Aber der Wunsch der Kaiserin wurde nicht erfüllt. Das waren die bittersten Stunden der Kaiserin.«

Prinz Philipp von Coburg
»Fragen Sie nicht, wie es geschah, traurig genug, daß es geschah.«

Der Prince of Wales an seine Mutter, Königin Victoria
»Salisbury [der englische Premierminister] ist sicher, daß der arme Rudolf und die unglückliche junge Lady ermordet wurden.«

Die Tochter Alois Zieglers, 1919
»Der Leibgardist Alois Ziegler hatte am Vormittag des 30. Januar 1889 Dienst in der Hofburg. Zu jener Zeit erzählte ihm Loschek (der demnach mit oder kurz nach Hoyos nach Wien gekommen sein mußte), daß in der Nacht Hoyos, Henry Baltazzi und der Bankier Baron Springer, ein glühender Verehrer Marys, nach Mayerling gekommen seien. Sie verlangten stürmisch Einlaß und konnten von Loschek nicht daran gehindert werden. Als sie in Rudolfs Zimmer eindrangen, fanden sie ihn mit Mary im Bett. Es entstand ein heftiger Wortwechsel, im Verlauf dessen Rudolf eine Flasche ergriff und gegen die Eindringlinge schleuderte, wobei er Baltazzi am Kopf verletzte. Darauf folgten Schüsse und weitere Flaschenwürfe. Eine Flasche traf Rudolf

am Kopf und tötete ihn. Mary wurde von einem Querschläger am Hals getroffen und verblutete.«

Isabella Vasak, Gastwirtin, Denkschrift 1954, über die Erzählung des Tischlermeisters Kurzbauer
»So besuchte ich mehrmals das Grab der Vetsera und brachte ihr stets ein Kerzchen zu Allerheiligen. Bei einem solchen Besuch sprach ich 1949 mit dem Totengräber von Heiligenkreuz ... Auf meine weitere Frage, ob damals (1889) gleichzeitig am selben Friedhof auch eine zweite Bestattung stattgefunden habe, bejahte er dies ebenfalls. Es waren zwei Bestattungen nebeneinander, getrennt, an der Friedhofsmauer, die Vetsera und eine männliche Leiche. Die Stelle ist dort, wo jetzt ein großes Gemeinschaftsgrab aus dem letzten Krieg sich befindet.«

Anton von Mailly, Schriftsteller, vor 1950
»Nun lebte in Heiligenkreuz eine alte Lehrerin, Susanne von Breand-Zaluzen [die Handarbeitslehrerin Susanne von Prean, Edle von Zallauzen] ... So erzählte sie, daß der Jäger Bauer am darauffolgenden Tag neben der Vetsera beerdigt wurde, was sich auch mit glaubwürdigen Aufzeichnungen des Dramas deckt, aus dem man annimmt, daß Samstag, dem 2. Februar der Förster Bauer in Heiligenkreuz begraben wurde. Als Trauergäste fanden sich nur seine Frau, seine Schwester und seine Schwägerin. Gleich nach dem Begräbnis fuhren die Hinterbliebenen nach Steiermark, woher sie stammten. Nach der Exhumierung der Baronesse erhielt das Jägergrab ein kleines schwarzes Holzkreuz, und es gibt noch alte Leute, die sich erinnern können, auf das Grab des Jägers aufmerksam gemacht worden zu sein. Fest steht, daß die alte Lehrerin die Grabstelle des Jägers als Sensation jedermann gezeigt hat.«

Erzherzog Ludwig Viktor, der jüngste Bruder des Kaisers, vermutlich zu Herzogin Ludovika in Bayern
»Die ganze Wahrheit ist so schrecklich, daß man sie nie gestehen kann!«

Carl Hoyos, der Sohn von Josef Hoyos
»Die offizielle Lesart ist Mumpitz – in Wahrheit war es anders.«

Erzherzog Albrecht an Fürst Hohenlohe, Wien, 31. Jänner 1889
»Lieber Hohenlohe!
Der furchtbare Schicksalsschlag, der den Kaiser und uns alle betroffen hat, hat mein Inneres auf's tiefste erschüttert, selbst der schreckliche Tod meines Kindes [seine Tochter Mathilde starb 15jährig an den Brandwunden nach einer unter dem Kleid versteckten Zigarette im Jahr 1867] konnte mich kaum mehr niederdrücken. Aber eine andere Sache bewegt mich ebenso nämlich, daß erst das ›Woran‹ unser Kronprinz gestorben, bestimmt und stabilisiert werden soll. Hält man wirklich Selbstmord für das richtige, um das Ärgernis zu verringern? In der Hofburg fand ich keine Gelegenheit meine Ansicht zu sagen und

überhaupt die Sprache darauf zu bringen. Kommen Sie deshalb heute noch zu bekannter Zeit zu mir, um mich zu orientieren, da Sie doch über Alles wie ich annehme au fait sind. Meine Ansicht können Sie dann auch hören.
Ihr Albrecht.«

Alexander Lernet-Holenia, 1960
»Rudolph, der Kronprinz von Österreich, habe dort, heißt es, eine seiner Freundinnen, eine Baronesse Vetsera, und dann sich selbst aus unglücklicher Liebe erschossen. Nichts könnte sentimentaler und alberner, vor allem jedoch falscher sein. Auf Alt-Heidelberg und den Erben eines deutschen Duodezfürstentums, der sich in eine Kellnerin verliebt, könnte derlei Unsinn noch zutreffen ... In betreff des Erben einer Großmacht jedoch, wie dies die Österreichisch-Ungarische Monarchie damals immerhin noch war, ist eine solche Legende nur dadurch entschuldbar, daß den Schranzen am Kaiserhof einfach nichts Besseres einfiel, als es sich darum handelte, die Wahrheit um jeden Preis zu vertuschen ... Die – zumindest in der Eile – geradezu schwachsinnige Einfallslosigkeit der Hofkamarilla, all dieser Gautsche und Bolfrasse, dieser Paars und Montenuovos, schändet immer noch die – freilich ganz unhabsburgische – Intelligenz des letzten rechtmäßigen Erben von Österrreich, dem der Tod die Thronrechte aus der Hand gewunden hat, um sie einer alles eher als würdigen Nebenlinie in den Schoß zu werfen.«

Theodor Brantner, General der Kavallerie
»Herzog Miguel von Braganza, Freund des Kronprinzen Rudolf, war für den 29. Januar nach Mayerling eingeladen. Der Herzog war damals in Graz in Garnison und hatte wegen eines Vorfalles von seinem Kommandanten Stationsarrest bekommen ... Später einmal bei einer Tafel erzählte mir der Herzog, der sich schon in einer Weinlaune befand, folgendes: Nach Mayerling war für den 29. Januar eine Gesellschaft von Freunden des Kronprinzen geladen, darunter sein eifersüchtiger Nebenbuhler, Prinz Philipp von Coburg, der sehr in die Baronesse Vetsera verliebt war. Auch Herr von Baltazzi, der Onkel der Vetsera, war zugegen. Der Kronprinz ist während des Abends heimlich verschwunden. Um Mitternacht, wo es schon in der Gesellschaft infolge des Champagners sehr toll zuging, rief der Prinz Coburg: ›Wo ist Rudolf?‹ Mit einer Champagnerflasche in der Hand gingen der Prinz und die ganze Gesellschaft den Kronprinzen suchen. Sie fanden ihn in Gesellschaft der Baronesse im Bett. Prinz Coburg schleuderte die Flasche dem Kronprinzen so wuchtig auf den Kopf, daß er sofort zurücksank. Die Baronesse hat sich nach diesem Erlebnis selbst den Freitod gegeben. Graf Hoyos ließ sofort das Schloß sperren und erstattete nächsten Morgen dem Kaiser Meldung.«

Dr. Cajetan Felder, Wiener Bürgermeister, in seinen Lebenserinnerungen, 1890
»Zu der Verlautbarung Selbstmord wurden in Kreisen der Hofdienerschaft und der Dienerschaft im Palais Coburg die Achseln gezuckt, ja in schwachen Augenblicken dem direkt widersprochen. Ein Universitätsprofessor, der im herzoglichen Schlosse ein- und

ausgeht, brachte von dort die Nachricht, daß kein Selbstmord sondern ein Totschlag stattgefunden habe, und ein alter Hofbediensteter äußerte sich, die Leiche des Kronprinzen zeige nicht eine Schußwunde, sondern mehrere Wunden am Körper.
Diejenigen der Hofdienerschaft, die die Leiche von Mayerling überbracht und in den Nachtstunden sich mit ihr beschäftigt hatten, behaupteten bündigst, daß die Größe der Kopfwunde unmöglich von einem Revolverschuß herrühren könne, die Leiche hätte auch andere Verwundungen am Unterleibe und an den Fingern der Hand gehabt ... Die Jugendfreundin meiner Tochter, die Witwe Marie von Stoffella war 1889 in Mayerling. Sie saß, auf eine Fahrgelegenheit wartend, mehrere Stunden im Gasthaus. Der Bauernwirt erzählte ihr dabei folgendes: ›Die Nacht vom 30. Jänner war eine außerordentlich stürmische und wir gingen deshalb aus Besorgnis, das Unwetter könnte Unheil anrichten, nicht schlafen. Nach Mitternacht hörten wir auf der Straße zwei Wagen ankommen, der eine, in dem sich ein Herr befand, hielt vor dem Schlosse, der andere, aus welchem zwei Herren stiegen, fuhr zur rückwärtigen Mauer. Das fiel uns nicht auf, denn es war etwas ganz Gewöhnliches, daß Gäste zu allen Stunden zu- und abgingen. Ebensowenig, daß Fenster beleuchtet waren und später, daß Schreien und Lärmen hörbar wurde. Als aber das Getöse immer stärker ward, ein Zerschmettern und Zerschlagen, Scheibengeklirre, ärger als wenn der Feind darinnen wüthete, herüberdröhnte, ein Gebrülle losging wie bei einer Schlägerei auf Leben und Tod, sogar Schüsse fielen, da konnten wir nicht länger zuwarten und stürmten alle wie wir waren ins Schloß. Als wir ans Haus herankamen, hatte sich der Lärm bereits gelegt und wir fanden die Türen offen. Im Schlafzimmer des Kronprinzen war alles verwüstet, zerschlagen und zerschmettert, Fenster, Spiegel, Gläser, Geschirr, selbst die Zimmergeräthe zersplittert in Haufen übereinander und zu unserem unsäglichen Entsetzen sahen wir im Bette eine tote junge Person liegen und quer über derselben am Rücken den Kronprinzen todt mit einer großen Kopfwunde und blutüberströmt.«

Bogdan Graf von Hutten-Czapski, 1936
»Die einen hoben hervor, diese Katastrophe bedeute eine große Erschütterung des monarchischen Prinzips, andre wandten ein, es sei der gefährlichste Feind Deutschlands aus dem Leben geschieden. Diese letzte Ansicht teilte Fürst Hohenlohe, der mir später oft von dem Unglück sprach. Er sagte mir, sein Bruder Konstantin habe ihm mitgeteilt, Kaiser Franz Joseph und zwei andere Menschen kennten allein den ganzen Sachverhalt; der Kaiser aber hätte beiden den Eid abgenommen, niemals darüber zu sprechen ... Das einzige, was Prinz Konstantin hinzugefügt hätte, war, daß es etwas Entsetzliches gewesen sein müsse, wenn ein so katholischer Hof wie der österreichische dem Publikum gegenüber die unrichtige Version eines Selbstmordes zugäbe.«

Marie Gräfin Festetics am 6. Mai 1913 zu Heinrich Friedjung
»Obwohl amtlich versichert worden war er (Rudolf) habe sich selbst den Tod gegeben, sprach man unaufhörlich davon, daß er ermordet worden war. Merkwürdigerweise sagte

die Obersthofmeisterin der Kaiserin, Gräfin Goess zu mir: ›Marie, ich habe eine Gewissensfrage an Dich zu stellen.‹ ›Nun, um was handelt es sich?‹ ›Glaubst Du wirklich, der Kronprinz sei durch eigene Hand gestorben?‹ ›Gewiß Marie!‹ ›Nun denn‹, erwiderte die Gräfin Goess, ›mein Bruder hat von einem kaiserlichen Förster, der selbst der furchtbaren Szene anwohnte, gehört, daß die Brüder Baltazzi in Mayerling eingetroffen seien, daß eine Prügelei entstanden wäre und daß die Baltazzis, um ihre Nichte zu rächen, den Kronprinzen erschlagen hatten.‹«

Emanuel Urbas an Oskar Freiherrn von Mitis, 3. September 1931
»Ich gebe Ihnen auch zu, daß sich alle Widersprüche teils durch Gedächtnisfehler teils durch das Bestreben des Hofes erklären lassen, den Mord des Kronprinzen an Mary Vetsera zu vertuschen. Aber es bleibt, wie Sie mir selbst bei unserer letzten Konversation gesagt haben, dann noch immer: der Zustand des Schädels.«

Oskar Freiherr von Mitis an Emanuel Urbas, 4. September 1931
»Mein Schweigen. Ich kann von gewissen Dokumenten, die ich kenne, keinen Gebrauch machen, das heisst: nicht den positiven der Veröffentlichung. Aber selbstverständlich wirkte die Kenntnis jener Dokumente auf meine Gedankengänge *ordnend* ein.«

Marie Freiin von Redwitz, Hofchronik, München 1924
»Die traurige Katastrophe, die sich in Wien ereignete, musste begreiflicherweise diejenigen besonders erschüttern, welche der betreffenden Persönlichkeit nahe gestanden sind und so ging es auch mir, die den jungen Prinzen erst einige Wochen früher, anscheinend in voller körperlicher und geistiger Gesundheit verlassen hat ... Als man von Selbstmord sprach, erzählte man mir im Hause, wie der Kronprinz noch im Sommer in Tegernsee gesagt habe: ›So drei Jahrhunderte möchte ich leben.‹«

Prinz Heinrich von Reuß, deutscher Botschafter in Wien, an Fürst Bismarck, 5. Februar 1889
»Der päpstliche Nuntius [Luigi Galimberti] hat mir von der großen Verlegenheit gesprochen, in welcher sich der Papst befunden hat, seine Zustimmung zu dem kirchlichen Begräbnis des Kronprinzen zu gegeben ... ›Mein Gewissen ist rein‹, setzte der Nuntius hinzu, ›ich brauche nur zu glauben, was der Minister des Äußern mir erzählt. Aber es ist wohl das erste Mal in der Geschichte, daß der päpstliche Nuntius in *Pontificalibus* dem Begräbnis eines Mörders und Selbstmörders beiwohnt.‹«

Prinz Reuß an Bismarck, 9. Februar 1889
»Ich muß auf die Sache nochmals zurückkommen, weil von sehr ernsten Leuten auch hier daran gezweifelt wird und man immer wieder auf das Gerücht zurückkommt, daß der Kronprinz sowie die auf seinem Bette gefundene junge Dame ermordet worden seien. Hiefür sprächen folgende Umstände: Man habe, nachdem die Angabe des Herzschlags nicht haltbar gewesen, den Selbstmord vorgegeben, um die Thatsache der Gegenwart

einer weiblichen Leiche nicht einzugestehen und zwar nicht allein aus Schonung für die Kronprinzessin und aus Rücksicht für die öffentliche Moral, sondern auch weil man befürchtete, die Kirche könne beim Begräbniß Schwierigkeiten machen. Der Beweis, daß der Ermordete im Konkubinat betroffen, hätte die kirchlichen Ehren ebenfalls schwierig, wenn nicht *unmöglich* gemacht. Wenn der Mord eingestanden würde, so hätte die öffentliche Meinung die Ermittlungen des Thäters und dessen Bestrafung gefordert; hiezu sei aber eine genaue gerichtliche Erhebung der Umstände nöthig gewesen und der ganze wenig moralische Thatbestand wäre an's Licht gekommen. Um dies zu vermeiden, hätte sich der Kaiser entschlossen, das vielleicht viel schlimmere und beschämendere Eingeständniß des Selbstmordes zu machen, welcher durch Wahnsinn erklärt werden konnte.«

Stephanie an ihre Schwester Louise, 30. Jänner 1889
»Kaum kann ich die Feder halten um Dir mitzuteilen, daß ich am Schmerz zerbrochen bin, der uns durch durch das schreckliche Unglück erschüttert hat. Komme morgen – egal wann. Ich brauche Dich mehr als jemals. Bete für mich und für ihn, der so gut war. Bleib in der Nähe der unglücklichsten Frau, die Deine Schwester ist und Dich liebt …«

Stephanie an ihre Schwester Louise, Miramar, 1. März 1889
»Es kann nicht anders sein, denn man hat seine Zukunft in Scherben zerbrochen, seine Hoffnungen zerschlagen und man fragt sich, für wen und wofür man sich 8 Jahre aufgeopfert hat, daß man gearbeitet hat, um die Wertschätzung und die Liebe eines Volkes zu gewinnen, das von einem Tag auf den anderen einen nicht mehr beschäftigen darf. Diese Gedanken sind genau so traurig wie die Wahrheit und machen mich manchmal zutiefst unglücklich.«

Stephanie an ihre Schwester Louise, Miramare, 9. Mai 1889
»… Sein Jäger! Das scheint mir unmöglich …«[983]

Baron Cappy an den Badener Bezirkshauptmann Oser, 31. Jänner 1889
»Überhaupt geht alles so geheimnisvoll vor sich, daß mir die furchtbarsten Gedanken aufsteigen.«

Franz Joseph zu Prinz Reuss, Februar 1889
»Ich glaube nicht wirklich an die nach dem Tod festgestellten pathologischen Veränderungen in Rudolfs Gehirn.«

Wildon Lloyd
»About the Mayerling drama everything has been told – except the truth … No doubt some deep founded reasons affecting the dignity and prestige of the Imperial House of Habsburg sealed the secrets of that ghastly drama within the minds of its participants who carried their secrets with them to the grave.«

Neues Wiener Journal, 7. August 1932
»Ich [Leo Diet, ein Maler aus der Schule Canon] war eben beim Friseur, als mir dieser berichtete, der Kronprinz wünsche, ich möchte sogleich zu ihm kommen. Diese unzeremonielle Art des Kronprinzen war bei Hofe ebenso unbeliebt wie im Kreise seiner Anhänger populär ... Einige Tage vor der Tragödie von Mayerling ließ mir der Kronprinz sagen, er werde als Präsident des Heeresmuseum am nächsten Mittwoch [30. Jänner] in das Arsenal kommen.«

Liebe oder Wahnsinn, Wien o. J. (aus dem Krauss Akt)
»Irgendeine auffällige Beobachtung will Bratfisch, der noch am selben Abend nach Wien zurückgekehrt ist, weder bei Seiner kaiserlichen Hoheit noch bei der Baronesse gemacht haben ...«

Wiener Montag, 9. Mai 1939
Hoyos soll am 31. Jänner 1889 an eine Verwandte in Ungarn folgendes geschrieben haben:
»... Rudolf lag mit zerschmettertem Schädel vor dem Mayerlinger Forsthaus im Schnee. Der Kronprinz wurde das Opfer eines vorsätzlichen Mordes, oder eines Totschlages – ausgeführt im Affekt.«

Danksagung

Die Autorin bedankt sich herzlichst bei:

ihrem Mann, Herbert Haslinger
Hofrat Dr. Leopold Auer, Haus-, Hof- und Staatsarchiv, Wien
MR Dr. Ilsebill Barta, wiss. Leiterin der Museen des Mobiliendepots, Wien
Peter Bertha, Bundespolizeidirektion Wien, Bibliothek-Archiv
Prof. Dr. Otto Biba, Archiv der Gesellschaft der Musikfreunde, Wien
Mag. Christel Bosseloo, Brüssel
Dr. Paolo Budroni, Universitätsbibliothek Wien
Dr. Gertrud Baronin Buttlar von Elberberg, Horn
Miss Pam Clark, Royal Archives, Windsor Castle
Dr. Mag. Julia Danielczyk, Wienbibliothek
Dr. Tamás Dénesi, Archivar der Erzabtei Pannonhalma
Ingrid Fritz, Wien
Dr. Ingrid Fuchs, Archiv der Gesellschaft der Musikfreunde, Wien
Dr. Gerhard Gonsa, HHStA, Wien
Andrea Gyimesi, Mosonmagyaróvár (Ungarn)
DI Hans Graf Hoyos, Horn
Markus Graf Hoyos, Horn
Dr. Gerhard Immler, Geheimes Hausarchiv, München
Dr. Gustaaf Janssens, Köngliches Archiv, Brüssel
Mag. Thomas Just, HHStA, Wien
Max Fürst von Khevenhüller-Metsch, Niederosterwitz
Mag. Stefan Körner, Eisenstadt
Sabina Lorenz, Stadtmuseum/Rollett-Museum, Baden
Dr. Rudolf Maurer, Stadtarchiv Baden
Dr. Iris Morchar-Kircher, Wiener Volkslied-Werk, Wien
Mag. Irmgard Pangerl, HHStA, Wien
Wolfgang Ploy, Amtsleiter, Alland
Mag. Harald Schmid, Lilienfeld
Dr. Asztrik Várszegi, Abt der Erzabtei Pannonhalma
Dr. Martina Winkelhofer, Wien

Quellen und Literatur

Quellen

Haus-, Hof- und Staatsarchiv, Wien

Administrative	Registratur, F1
Familienarchiv	FA
	FA Coburg, Karton Louise Coburg
GDPFF	Generaldirektion der privaten Familienfonde
Hap	Hofapotheke
HS	Handschriften
HWA	Hofwirtschaftsamt
OMaA	Obersthofmarschallamt
OMeA	Obersthofmeisteramt
NL	Nachlaß
	Arneth
	Baumgartner-Manussi
	Braun
	Conte Corti
	Crenneville
	Erzherzog Albrecht (Mikrofilm, Original in Ungarn)
	Erzherzog Franz Ferdinand
	Khevenhüller-Metsch
	Mitis
	Plener
	Denkschrift Vetsera, Abschrift 1889, Selekt Kronprinz Rudolf, K24
	Schager-Eckartsau
	Wölfling
NZA	Neuere Zeremonialakten
	Selekt Kronprinz Rudolf
SR	Sonderreihe
ZA Prot.	Zeremoniell-Protokolle

Archiv der Erzabtei Pannonhalma (AP)
NL Stéphanie Lonyáy

Archiv der Gesellschaft der Musikfreunde, Wien
Brief Johannes Brahms

Bundespolizeidirektion Wien, Bibliothek und Archiv (BPD)
Kartons zu Mayerling

Geheimes Hausarchiv München (GHM)
NL Prinzessin Gisela von Bayern
König Ludwig II, 55

Gräflich Hoyos'sches Familienarchiv, Horn (GHF)
Briefe Kronprinz Rudolfs an Graf Hoyos, Fach 358, K 96 b

Handschriftensammlung der Österreichischen Nationalbiblithek (ÖNB/HS)
Diverse Briefe Rudolfs

Königliches Archiv Brüssel (KAB)
Akten zur Verlobung, Briefe
Sammlung »Autriche«

Musiksammlung der Österreichischen Nationalbibliothek
HS 42.481

NL Judtmann, Privatbesitz Frau Ingrid Fritz
Briefe, Lloyd/Mitis Collection, Mikrofilm 1674

Österreichische Nationalbibliothek (ÖNB)
Lloyd/Mitis Collection, Microfilm 1614

Preußischer Kulturbesitz, Staatliche Bibliothek Berlin
Briefe des Kronprinzen Rudolf von Österreich an Dr. A.E. Brehm,
Sammlung Darmstaedter: Lc 1880, 77 Briefe

Rollett-Museum / Stadtarchiv Baden
NL Schuldes

Universitätsbibliothek Wien
Manuskripta II 828, Eigenhändige Studienhefte des Kronprinzen 1872,
Photos aus dem NL Zhismann

Wienbibliothek (WB/HS)
Diverse Briefe des Kronprinzen

Wiener Stadt- und Landesarchiv
Totenbeschauprotokolle
NL Chaurand-Mailly
Kronprinzenwerk, B 1; Schachtel 1, 2 Briefe

Zeitungen:
Berliner Börsen-Courier
Deutsches Tagblatt, Berlin
Extrapost, Wien
Die Fackel
Frankfurter Zeitung
Fremden-Blatt, Wien
Illustriertes Wiener Extrablatt
Konstitutionelle Vorstadtzeitung, Wien
Neue Freie Presse, Wien
Neues Wiener Tagblatt
Neuigkeits-Welt-Blatt, Wien
Pester Lloyd, Budapest
Die Presse, Wien
Das Vaterland, Wien
Vasárnapi ujsag
Wiener Abendpost, Beilage zur Wiener Zeitung
Wiener Allgemeine Zeitung
Wiener Arbeiter Zeitung
Wiener Extrablatt
Wiener Zeitung

Literatur

Arneth, Alfred Ritter von: Aus meinem Leben, Bd. 2, Wien 1892

Baltazzi-Scharschmied, Heinrich und Hermann Swistun: Die Familien Baltazzi-Vetsera im kaiserlichen Wien, Wien 1980

Barta, Ilsebill (Hg.): Kronprinz Rudolf, Lebensspuren, Wien 2008

Bibl, Viktor: Kronprinz Rudolf, Die Tragödie eines sinkenden Reichs, Leipzig 1938

Bled, Jean-Paul: Kronprinz Rudolf, Wien 2006

Borgese, C. A.: Die Tragödie von Mayerling, Heidelberg 1927

Der Bockkeller, 12/3, Wien, Juli 2006

Die Botschaft der Musik, 1000 Jahre Musik in Österreich, Wien 1996

Cormons, Ernest Urbas: Schicksale und Schatten, Eine österreichische Autobiographie, Salzburg 1951

Corti, Egon Caesar Conte: Elisabeth *die seltsame Frau*, Wien 1934

Corti, Egon Caesar Conte: Menschen und Herrscher, Wege und Schicksale Kaiser Franz Josephs I. zwischen Thronbesteigung und Berliner Kongreß, Graz 1952

Czerny, Heimo (Hg.): Die Jugend-Tagebücher Franz Josephs (1843–1848), Wien 2003

Dombrowski, Raoul Ritter von: Rudolf, Kronprinz von Oesterreich-Ungarn als Forscher und Weidmann, Wien o. J.

Egger, Margarethe: Die Schrammeln in ihrer Zeit, Wien 1989

Enan, Mohamed A.: The Tragedy of Mayerling, o. O., o. J.

Frei, Anna Elisabeth: Die Wiener Straßensänger- und Musikanten im 19. und 20. Jahrhundert, Diss., Wien 1978

Flesch-Brunningen, Hans: Die letzten Habsburger in Augenzeugenberichten, Düsseldorf 1967

Friedjung, Heinrich (Hg.): Benedeks nachgelassene Papiere, Dresden 1904

Frisch, Alfred: Der Mayerlingkomplex, Wien 1992

Fritz, Elisabeth Th. und Helmut Kretschmer (Hg.): Wien, Musikgeschichte, Volkslied und Wienerlied, Wien 2006

Golling, Hans: Die Schrammeln und andere Wiener aus der guten, alten Zeit, Wien o. J.

Gruber, Clemens: Die Schicksalstage von Mayerling, Neue Erkenntnisse zum Tod Kronprinz Rudolfs und Mary Vetseras, Judenburg 1989

Haemmerlein, Hans-Dietrich: Kronprinz Rudolf – geboren vor 150 Jahre., Bl. Naumann Mus. 27, 2008: 107-114

Hamann, Brigitte: Elisabeth, Kaiserin wider Willen, Wien 1982

Hamann, Brigitte: Kronprinz Rudolf, Wien 1980

Hamann, Brigitte: Meine liebe, gute Freundin, Die Briefe Kaiser Franz Josephs an Katharina Schratt, Wien 1992

Hanslick, Eduard: Aus meinem Leben, Berlin 1894

Hennings, Margit: Sichtweisen und Beurteilung eines historischen Ereignisses im Spiegel der Literatur über den Zeitraum von hundert Jahren am Beispiel des Geschehens von Mayerling, Dipl., Klagenfurt 1989

Hofkalender/Hofschematismus 1858–1889

Hollaender, Albert E. J.: Streiflichter auf die Kronprinzen-Tragödie von Mayerling. In: Hugo Hantsch/ Alexander Nowotny, Festschrift für Heinrich Benedikt zum 70. Geburtstag, Wien 1957

Holler, Gerd: Mayerling, Neue Dokumente zur Tragödie 100 Jahre danach, Wien 1988
Hummelberger, Walter: Kronprinz Rudolfs Prager Jahre 1878–1883, Ein unveröffentlichtes Manuskript von Oskar Freiherr von Mitis. In: MÖStA, Wien 1986, S. 276 ff
Judtmann, Fritz: Mayerling ohne Mythos, Wien 1968
Koburg, Louise: Throne die ich stürzen sah, Wien 1926
Koller-Glück, Elisabeth (Hg.): Meine Jagderlebnisse mit Kronprinz Rudolf. Die bisher unveröffentlichten Memoiren des Leibjägers Rudolf Püchel, St. Pölten 1978
Kronprinz Rudolf von Österreich: Eine Orientreise, Wien 1884
Kronprinz Rudolf von Österreich: Fünfzehn Tage auf der Donau, Wien 1878
Baron Laufaurie: Mes souvenirs. La vérité sur Meyerling, Paris 1937
Listowell, Judith: A Habsburg Tragedy. Crown Prince Rudolf, London 1978
Loehr, Clemens: Mayerling, Eine wahre Legende, Wien 1968
Lonyáy, Stéphanie Fürstin: Ich sollte Kaiserin werden, Leipzig 1935
Maßl, Rudolf Alexander: Die Schrammel-Dynastie, o. O., o. J.
Das Mayerling-Original, Offizieller Akt des k.k. Polizeipräsidiums, Wien, 1955
Mayr, Angelika: Das Feld der Unehre war ein französisches Bett. In: Michael Gehler/Hubert Sickinger (Hg.), Politische Skandale als Forschungsgegenstand, Wien 1995
Miller, Hermann: Schrammel Quartett, Wien 1943
Mitis, Oskar Freiherr von: Das Leben des Kronprinzen Rudolf. Mit Briefen und Schriften aus seinem Nachlaß. Neu herausgegeben und eingeleitet von Adam Wandruszka, Wien 1971
Mitis, Oskar Freiherr von: Das Leben des Kronprinzen Rudolf, Wien 1928
Neck, Rudolf: Josef Bratfisch und Mizzi Caspar, MÖStA, Wien 1958
Neue österreichische Biographie. Bd. 1, Wien 1923
Niedoba, Walter: Die Legendenbildung um den Tod des Kronprinzen Rudolf im Spiegel der Presse, Diss., Wien 1950
Nostitz-Rieneck, Georg von: Briefe Kaiser Franz Josephs an Elisabeth, 1859–1898, 2 Bde., Wien 1966
Oberkofler Gerhard und Peter Goller (Hg.): Alfons Huber Briefe (1859–1898). Ein Beitrag zur Geschichte der Innsbrucker Historischen Schule um Julius Ficker und Alfons Huber, Innsbruck/Wien 1995
Paget, Walpurga: Embassies of Other Days, o. O., 1923
Paupié, Kurt: Moritz Szeps, Diss., Wien 1949
Planitz, Ernst Edler von der: Denkschrift der Baronin Helene von Vetsera über die Katastrophe in Mayerling, Berlin 1889
Plener, Ernst von: Erinnerungen, Stuttgart 1911–1921, Bd. II.
Polzer, Wilhelm: Licht über Mayerling, Graz 1954
Polzer-Hoditz, Arthur: Kaiser Karl. Aus der Geheimmappe seines Kabinettchefs, Wien 1980
Das Quartett Udel in Wien, Wien 1896
Redwitz, Marie Freiin von: Hofchronik 1888-1921, München 1924
Rudolf, Ein Leben im Schatten von Mayerling, Ausst. Kat., Historisches Museum der Stadt Wien, Wien 1889
Salburg, Edith: Das Enkelkind der Majestäten, Dresden 1929
Salvendy, John T.: Rudolf, Psychogramm eines Kronprinzen, Wien 1987
Schad, Martha und Horst (Hg.): Marie Valerie, Das Tagebuch der Lieblingstochter Kaiserin Elisabeths, München 1998

Scharding, Carlo: La tragédie d'Elisabeth, Aubange 1979
Schedtler, Susanne (Hg.): Wienerlied und Weana Tanz, Wien 2004
Schiel, Irmgard: Stephanie, Kronprinzessin im Schatten von Mayerling, Wien 1978
Schneider, Bernhard und Ernst Bauernfeind (Hg.): Kronprinz Rudolf von Österreich, Sein Briefwechsel mit Dr. G.A. Girtanner, Wien 1999
Schnürer, Franz (Hg.): Briefe Kaiser Franz Josephs I. an seine Mutter, 1838-1872, München 1930
Sexau, Richard: Fürst und Arzt, Dr. med. Herzog Carl Theodor in Bayern, Wien 1963
Skedl, Arthur (Hg.): Der politische Nachlaß des Grafen Eduard Taaffe, Wien 1922
Sobotka, Katharina: Darstellung des Wienerliedes am Beispiel der Wiener Schrammeln, Dipl., Graz 2005
Stockhausen, Juliana von: Im Schatten der Hofburg, Puppen und Gespenster, Aus meinen Gesprächen mit Prinzessin Stephanie von Belgien, Fürstin Lonyáy, der letzten Kronprizessin von Österreich-Ungarn, Heidelberg 1951
Swistun, Hermann: Mary Vetsera, Gefährtin für den Tod, Wien 1983
Szeps, Julius (Hg.): Politische Briefe an einen Freund 1882-1889, Wien 1922
Szeps-Zuckerkandl, Berta: Ich erlebte fünfzig Jahre Weltgeschichte, Stockholm 1939
Unterreiner, Katrin: Kronprinz Rudolf, *Ich bin andere Bahnen gegangen*, Wien 2000
Vasili, Paul: Die Wiener Gesellschaft, Leipzig 1885
Vetsera, Helene: Denkschrift, Druck Johann N. Vernay, Wien, Juni 1889
Weimar, Anton: Die Kindheit unseres Kaisers, Briefe der Baronin von Sturmfeder, Aja Seiner Majestät, Wien 1910

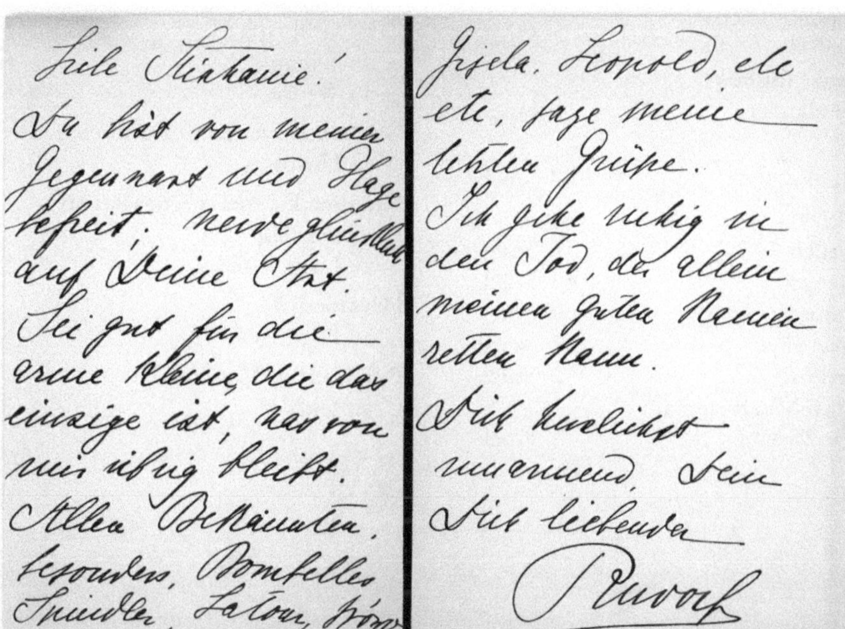

Liebe Stefanie!
Du bist von meiner Gegenwart und Plage befreit; werde glücklich auf Deine Art. Sei gut für die arme Kleine, die das einzige ist, was von mir übrig bleibt. Allen Bekannten, besonders Bombelles, Spindler, Latour,
Gisela, Leopold, etc. etc., sage meine letzten Grüße. Ich gehe ruhig in den Tod, der allein meinen guten Namen retten kann. Dich herzlichst umarmend, Dein Dich liebender Rudolf

Undatierter Abschiedsbrief Rudolfs an Stephanie, Photographie um 1933

Benutzte Briefe Rudolfs

Girtanner[984] 45 Stück

Archiv der Erzabtei Pannonhalma
- an Ehz. Albrecht 6 Stück
- an Stephanie 150 Stück

Geheimes Hausarchiv, München
- an Pr. Leopold 17 Stück
- an Pr. Adelgunde 1 Stück
- an Ludwig II. 33 Stück

HHStA
- an Bombelles 40 Stück
- an Frischauer 12 Stück
- an Futtaki 1 Stück[985]
- an Szeps 111 Stück
- an Szögyény 154 Stück
- an Kálnoky 10 Stück
- an Hohenlohe 16 Stück
- an Latour 150 Stück
- an Clementine Taaffe 1 Stück

Polizeiarchiv Wien
- an General Philippovich 2 Stück

Antiquariat Inlibris
- an Reinländer 5 Stück

Berlin
- an Brehm 77 Stück

ÖNB/HS
- an Weilen 5 Stück
- an Menger 40 Stück
- an Chlumetzky 9 Stück
- an Szechényi 2 Stück
- an Brehm 2 Stück
- an einen Mitarbeiter am *großen Werk* 1 Stück
- an Billroth 17 Stück
- an Ludwig II. 1 Stück
- an Baron Rodich 2 Stück
- an Baron ? 1 Stück
- an Nono 1 Stück
- an Baron Haymerle 1 Stück
- an einen General 1 Stück
- an Dr. G. Hayek 1 Stück
- an Philipp Coburg 1 Stück
- an Hofrat A.B. Mayer, Dresden 4 Stück
- an Widerhofer 1 Stück
- an Graf Saurma 4 Stück
- an die *theure Freundin* 1 Stück
- Abschiedsbrief an Stephanie

Wienbibliothek/HS
- an Krist 8 Stück
- an Udel 10 Stück
- an Nordmann 4 Stück
- an Hofrath ? 4 Stück
- an Franzos 2 Stück
- an Grillparzer 1 Stück
- an Canon 1 Stück
- an Weilen 1 Stück

Gräflich Hoyos'sches Familienarchiv, Horn
- an Hoyos 99 Stück

Fürstlich Esterházy'sches Archiv, Forchtenstein
- an Louis Esterházy 13 Stück

Privatbesitz
- an Pausinger[986] 9 Stück

Publiziert in Ungarn
- an Jokái 1 Stück

Personen- und Sachverzeichnis

Personen

Ereignisse, Orte etc.

Bosnien, Herzegowina	Die beiden Provinzen wurden 1878 von der Monarchie okkupiert.
Güldene Waldschnepfe	Bekanntes Ausflugs- und Heurigenlokal in Wien Hernals (17. Bezirk), das Haus steht heute unter Denkmalschutz, ist aber kein Lokal mehr.
Kämpfe im Süden	18881/82 brachen im Süden der Monarchie Aufstände aus, besonders in Cattaro.
Rudolfiner-Haus	1882 gegründet, Direktor Theodor Billroth; hier hatten die Pflegerinnen ihren praktischen Dienst zu versehen. 1885 wurden der Rudolf-Pavillon, 1891 das Zentralgebäude mit Operationssaal und der Ambulanz eröffnet. 1895 folgten der Billroth-Pavillon, 1905 das Wirtschaftsgebäude und 1907 der Wilczek-Pavillon.
Rudolfiner-Verein	Wurde von Gustav Jurié 1875 als *Krankenwärterinnenverein* gegründet, 1879 konstituierte sich der Verein neu, Graf Wilczek wurde erster Präsident, Kronprinz Rudolf war Protektor. Treibende Kraft wurde nun Theodor Billroth. Ab 1880 nannte sich der Verein *Rudolfiner-Verein zu Erbauung und Unterhaltung eines Pavillon-Krankenhauses behufs Heranbildung von Pflegerinnen für kranke und Verwundete in Wien.*
Spichern	Eine Schlacht im Deutsch-Französischen Krieg (6. August 1870), benannt nach dem Schauplatz, dem Dorf Spichern bei Saarbrücken. Trotz unübersichtlicher Lage erfochten die Deutschen einen Sieg, der ihnen den Weg nach Metz freimachte.
Das große Werk	Kronprinz Rudolf initiierte die Herausgabe einer Serie von Bänden über die Habsburgermonarchie unter dem Titel *Die österreichisch-ungarische Monarchie in Wort und Bild.*

Bildnachweis

Archiv Ingrid Fritz: S. 73, 124, 125, 156, 160, 163, 179, 199, 209, 212

Archiv Ingrid Haslinger: S. 30, 33, 34, 35, 51, 59, 61, 64, 69, 80, 81, 83, 85, 87, 109, 111, 117, 120, 122, 129, 131, 133, 136, 158, 159, 166, 172, 173, 186, 196, 207, 208, 213, 333, Vor- bzw. Nachsatz rechts

Haus-, Hof- und Staatsarchiv, Wien: S. 126

Stadtmuseum Baden/Rollet Museum: S. 37, 79 158, 159

Wiener Volksliedwerk: 141, 142, 143, 144, 145, 148, Vor- bzw. Nachsatz links

Der Verlag hat alle Rechte abgeklärt. Konnten in einzelnen Fällen die Inhaber der reproduzierten Bilder nicht ausfindig gemacht werden, bitten wir Sie, dem Verlag bestehende Ansprüche zu melden.

Anmerkungen

Vorwort

[1] Vgl. *Berliner Börsen-Courier* vom 24. Februar 1889.

[2] Mitis, S. 194.

[3] »Vollkommen kopflos und verwirrt, aus heutiger Sicht sogar volksfremd, versuchte der Wiener Hof und die kaiserliche Regierung, Tat und Begleitumstände zu vertuschen« (Baltazzi/Swistun, S. 189).

[4] Rudolf Taaffe an Fritz Judtmann, NL Judtmann, Privatbesitz Frau Ingrid Fritz.
1. Ich bin nicht in der Lage, Ihnen irgendeine Information zu geben, wo sich die Mayerling/ Taaffe Papiere befinden. Ich weiß es nicht. Sie existieren, das weiß ich sicher. Eduard sprach über sie mit mir.
2. Ich bin der Ansicht, diese Papiere würden bestätigen, daß Rudolf ermordet wurde; sicherlich nicht von den Baltazzis, aber wahrscheinlich von Österreichern. Eduard sagte mir, daß Rudolfs Tod *schrecklicher war, als man sich vorstellen kann.* Daher wollte der Kaiser diese Papiere nicht in den offiziellen Akten, die mit der Affaire in Zusammenhang standen.
3. Die geschiedene Frau des verstorbenen Grafen Taaffe weiß nichts von diesen Papieren. Ich habe ihr genau diese Frage gestellt, und sie sagte, daß sie diese niemals gesehen hätte und nichts über sie wisse. Überdies wurden die Papiere nie nach Irland gebracht. Das sagte mir der verstorbene Graf. Sie wurden von Ellischau (Böhmen), als Eduard das Schloß 1939 verließ, an einen anderen Ort gebracht.« (Übersetzung aus dem Englischen durch die Autorin)

[5] Skedl, S. 7.

[6] Edward Charles Graf von Taaffe an Fritz Judtmann, Dublin, 12. August 1964, NL Judtmann.

[7] Ibd., Swobodne slovo, o. D., vermutlich Herbst 1937.

[8] Zit. in: Polzer, S. 31.

[9] Nach einer Mitteilung von Miss Pamela Clark, Royal Archives, Windsor Castle.

[10] Erschienen am 24. Februar 1889 in Berlin, in Wien sofort konfisziert.

[11] Deutsches Tagblatt, Berlin, 22. November 1888. Über Szeps hatte Rudolf tatsächlich Kontakte zu Clemenceau. Besonders peinlich war Kaiser Franz Joseph die Tatsache, daß sein Sohn im deutsch-französischen Krieg (1870/71) die Partei der Franzosen ergriffen hatte.

[12] Kronprinz Rudolf an Szeps, Wien, 8. November 1888, Selekt Kronprinz Rudolf, K 17.

[13] Baltazzi/Swistun, S. 189.

[14] Schmeykal an Plener, Prag 2. Februar 1889, FA NL Plener, K 19.

[15] Erzherzogin Elisabeth Marie bemühte sich in den dreißiger Jahren um ein Verbot des Buches ihrer Mutter, weil sie fürchtete, daß diese das Andenken ihres Vaters schlecht mache. In Österreich wurde die Autobiographie unter Schuschnigg tatsächlich verboten (vgl. Bibl, S. 51 ff.).

[16] NL Conte Corti, K 29. (Übersetzung aus dem Englischen durch die Autorin)

Die Ungereimtheiten

[17] NL Conte Corti, K 29.

[18] Mitis/Wandruschka, S. 13.

[19] MÖStA 1958, Neck, S. 495 ff.

[20] Mayerling-Original, S. 112.

[21] Gegen die Hoyos-Denkschrift bestehen schon längere Zeit größere Bedenken. Wildon Lloyd bezeichnete sie in den 1940er Jahren als »official version of a true lie« (Wildon/Mitis Collection, MF Nr. 1674). Dieser Mikrofilm war im Besitz von Fritz Judtmann, wurde von ihm aber nicht berücksichtigt.

[22] Loscheks Aussagen sind ebenfalls problematisch: Während er unmittelbar nach der Katastrophe zu Graf Hoyos meinte, Rudolf sei mit Zyankali vergiftet worden (war die große Kopfwunde nicht sichtbar?), diktierte er 1928 seinem Sohn: »Ich war noch nicht im Hof draußen, als ich zwei Detonationen hörte ...« (Neues Wiener Tagblatt, 24. April 1932). Es besteht die Möglichkeit, daß Hoyos in seiner Denkschrift die Aussage Loscheks veränderte, um sich für seine Falschmeldung zu rechtfertigen, die er dem Kaiser überbracht hatte.

[23] Slatin, der der Hofkommission angehörte, verhielt sich bei seinen Mitteilungen ganz loyal. Erst nach dem Zusammenbruch der Monarchie

äußerte er Zweifel an der offiziellen Version: »Diese Darstellung hätte jemand für wahr halten sollen? Die nächste Umgebung sollte nur nach oberflächlichem Anblick die schauderhafte Meldung nach Wien erstattet haben? Sie habe Herzschlag konstatiert. Sie habe nicht bemerkt, daß die Schädeldecke abgelöst ist! Sie habe die Türe versperrt gefunden und mußte sie vorerst sprengen? Die ganze Dienerschaft soll abwesend gewesen sein?« (zit. in: Loehr, S. 64.)

[24] Kopie der Denkschrift in Selekt Kronprinz Rudolf, K21.

[25] Vgl. Mitis, S. 17.

[26] Ibd.

[27] Der Zimmerwärter Alois Zwerger durfte auf allerhöchsten Befehl Mayerling nicht verlassen (GDPFF, K603, 1. April 1889); die verstärkte Bewachung des Schlosses mußte bis zum vollständigen Umbau aufrecht bleiben (Ibd., 19. April 1889).

[28] »Dies um so mehr, als Bratfisch bei seinem durchaus gutmütigen Wesen einer Leidenschaft sich hinzugeben scheint, die so harmlos sie ist, zur Quelle von *Unwahrheiten* werden muß (er ist Quartalstrinker). Hiedurch könnte dem ansonst verschwiegenen Mann leicht eine Äußerung entfahren, die er später bereut. Der letztgenannte Umstand veranlaßte mich auch, Bratfisch neuerlich im Sinne Eurer Exzellenz nahezulegen, gegen entsprechende *Garantierung* einer auskömmlichen Existenz sich nach auswärts zu begeben. Diesem Ansinnen jedoch leistet er entschieden Widerstand.« (Bericht des Polizeipräsidenten Krauss an den Ministerpräsidenten Graf Taaffe, zit. in: Bibl, S. 131/132.)

[29] Dazu meinte Slatin (ebenfalls nach 1918): »Und das Allerwichtigste: Das Gerücht von einer zweiten, und zwar weiblichen Leiche hatte bereits festere Gestalt angenommen und war schon sehr verbreitet. Aber immer noch hoffte man, den Tod der Vetsera verheimlichen zu können, eine ganz unglaubliche Kopflosigkeit der hohen Herren, und infolgedessen später die scheußlichen Erfindungen ...« (zit. in: Loehr, S. 64).

[30] Mitis, S. 15.

[31] Vgl. Enan, S. 119.

[32] Im Jahr 1932 berichtete ein Archivar im belgischen Außenministerium einem Kollegen folgendes: »Einer unserer alten Diplomaten, der zu jener Zeit unserer Gesandtschaft in Wien zugeteilt war, erzählte mir, daß man ihm ein geheimes Telegramm zum Chiffrieren übergeben hatte, das an Brüssel adressiert war. Er mußte unter Eid versprechen, daß er niemals über dessen Inhalt sprechen würde. Letztes Jahr fühlte er sich noch immer an diesen Eid gebunden. Von diesem Telegramm habe ich keine Spur in unseren Archiven gefunden.« (zit. in: Scharding, S. 149.) (Übersetzung aus dem Französischen durch die Autorin)

[33] Mitis, S. 195.

[34] Hennings, S. 26/27.

[35] Mayerling-Original, S. 40.

[36] Ibd.

[37] Ibd., S. 42. Überdies meinte Taaffe zur Baronin Vetsera, daß er das »an jenem Abend angesetzte Familiendîner abwarten« müsse. Darüber hinaus erfuhr die Baronin durch Nachfrage, daß »der Gf. [Hoyos] nicht auf der Jagd sei« (Selekt Kronprinz Rudolf, K24).

[38] Salburg, S. 117.

[39] Wiener Arbeiter Zeitung, 8. Dezember 1928.

[40] Zit. in: Mitis, S. 28.

[41] Zit. in: ibd., S. 30.

[42] Vgl. Kapitel *Chronologie*.

[43] Bei Personen, die über längere Zeit an starken Depressionen leiden, tritt häufig völlige Teilnahmslosigkeit und Passivität ein. Eine solche Person könnte weder so viele *klare Briefe* schreiben, noch so aktiv zahlreichen Verpflichtungen nachkommen (nach einer mündlichen Mitteilung von Frau Mag. Christel Bosseloo, Medizinerin in Brüssel).

[44] Vgl. den vorletzten Brief an Szögyényi im Kapitel *Die angebliche Selbstmordmanie*.

[45] Kronprinz Rudolf an Menger, Prag, 19. Jänner 1883, ÖNB HS, 1311/10.

[46] Ibd. Dieser Brief ist im Anhang ganz abgedruckt.

[47] Über allerhöchstes Handschreiben des Kaisers hatte ab November 1868 die Bezeichnung des Staates entweder »Österreichisch-Ungarische Monarchie« oder »Österreichisch-Ungarisches Reich« zu lauten (Wiener Zeitung, 15. Nov. 1868).

[48] Eine Auswahl von Personen mit denen Kronprinz Rudolf mehr oder weniger intensiven

Briefkontakt bis zu seinem Tod hatte: Stephanie, Latour, Bombelles, Szögyényi, Szeps, Frischauer, Erzherzog Franz Ferdinand, Pausinger, Billroth, Hohenlohe, Leopold II. von Belgien, Ludwig II. von Bayern, Reinländer, Kálnoky, Baronin Welden, Erzherzog Albrecht, Andrássy, Arthur Edward und Albert Edward von England, Futtaki, Girtanner, Brehm, Lassalle, Milan von Serbien, Philipp Coburg etc.

49 Lloyd/Mitis, Mikrofilm 1674, deutsche Übersetzung des englischen Textes aus dem Mikrofilm.

50 Ibd., deutsche Übersetzung des englischen Textes aus dem Mikrofilm.

51 Ibd.

52 Ibd.

53 Der Wohnsitz der Kronprinzentochter und ihres Gatten in Böhmen.

54 Selekt Kronprinz Rudolf, K21.

»Quellen« für die Nachwelt

55 NL Conte Corti, K29, Brief vom 21. September 1946.

56 Der Kammerdiener des Kronprinzen.

57 Mappe 5, NL Judtmann.

58 Schmeykal an Plener, Prag, 6. Februar 1889, FA NL Plener, K19.

59 Zit. in: Hollaender, S. 140.

60 Ibd.

61 Ibd., S. 142.

62 Zit. in: Mitis, S. 382/383.

63 Tagebuch Marie Valerie, 29. Jänner 1889 ff.

64 Familien-Archiv Coburg, Karton »Louise Coburg«.

65 Stephanie, S. 200.

66 Illustriertes Wiener Extrablatt, 16. Dezember 1888, Hervorhebung durch die Autorin.

67 Vgl. Neck, MÖStA, S. 499.

68 Vgl. auch die Briefe an Szeps und Szögyényi, Selekt Kronprinz Rudolf, K16 und 17.

69 Selekt Kronprinz Rudolf, K16.

70 Kronprinz Rudolf an Szeps, Wien, 29. November 1888. Ibd.

71 Vgl. Gelehrt/Sickingen, S. 61.

72 Lloyd/Mitis Collection, Mikrofilm 1674. (Übersetzung aus dem Englischen durch die Autorin)

73 Tagebuch Marie Valerie, 30. Jänner 1889. Diese Eintragung wurde so datiert, Marie Valerie nahm aber ihre Aufzeichnungen erst nach Rudolfs Begräbnis am 5. Februar wieder auf.

74 Ibd., 14. März 1889.

75 Bibl, S. 17.

76 Salvendy, S. 162.

77 Mitis, S. 13.

78 Vgl. Bibl, S. 13.

79 Volkszeitung, 30. Jänner 1934.

80 Neue Freie Presse, 31. Jänner 1889.

81 Ibd.

82 Ibd.

83 Ausgabe vom 10. Februar 1889.

84 Kaschauer Zeitung, 7. Februar 1889.

85 Ibd.

Rudolfs Kindheit

86 Vgl. die Jugendtagebücher Franz Josephs, die Briefe der Baronin Sturmfeder sowie NL Erzherzogin Sophie, Briefe an Königin Karoline von Bayern, 1830-1839.

87 Zur Kindheit Elisabeths vgl. Conte-Corti und Hamann/Rudolf.

88 FA Crenneville, K16; Grobben an Crenneville, Funchal, 22. April 1869.

89 Schnürer, S. 298, Brief aus dem Herbst 1860.

90 Kronprinz Rudolf an Brehm, Wien, 19. März 1878, Berlin, HS Brief No. 3.

91 Schnürer, S. 385, Kronprinz Rudolf an Erzherzogin Sophie, Gödöllö, 7. April 1872.

92 Rudolf, Ausst. Kat., S. 14.

93 NL Conte Corti, Ischl, 20. August 1869, K32.

94 Selekt Kronprinz Rudolf, K20.

95 Kronprinz Rudolf an Bombelles, Schönbrunn, 24. September 1878, ibd., K16.

96 Kronprinz Rudolf an Szeps, 29. November 1888, ibd., K17.

97 Kronprinz Rudolf an Szeps, 11. Dezember 1888, ibd.

98 Kronprinz Rudolf an Latour, Laxenburg, 8. Juli 1886, ibd., K16.

99 Zit. in: Ausst. Kat., S. 14.

100 Zit. in: Sexau, S. 341, Tagebuch Amélie und Skizzen Urach.

101 Ibd., S. 299.

102 Marie José, 29. August 1888, zit. in: Sexau, S. 345ff.

103 Redwitz, S. 45.

104 Mitis, S. 328/329.

105 Ibd., S. 329.

106 Ibd., S. 330.

[107] Kaiser Franz Joseph an Elisabeth, Wien, 18. Oktober 1887.
[108] Kaiser Franz Joseph an Elisabeth, Wien, 24. Oktober 1887.
[109] Kaiser Franz Joseph an Elisabeth, Mürzsteg, 10. Oktober 1887.
[110] Kronprinz Rudolf an Latour, Queen Railway Hotel, Chester, 27. Jänner 1878, Selekt Kronprinz Rudolf, K 16.
[111] Kronprinz Rudolf an Latour, Prag, 12. Dezember 1878, ibd.
[112] Tagebuch der Baronin Welden.
[113] Zit. in: Rudolf, S. 19.
[114] Kronprinz Rudolf an *Nono*, Prag, 24. Februar 1882, ÖNB, HS, 1121/35.
[115] OMeA 1864, 87/6.
[116] Tagebuch der Baronin Welden.
[117] Ibd.
[118] *Wowo* an Kronprinz Rudolf, Wien 16.1. o. J., Selekt Kronprinz Rudolf, K. 18.
[119] Schnürer, S. 341, Brief vom 1. November 1864.

Gondrecourt, Latour und Bombelles

[120] OMeA, 1864, 62/3, K795.
[121] Plener, 2. Bd., S. 127.
[122] »Es ist charakteristisch für Franz Josephs Starrsinn, daß er dem General trotzdem nicht seine Gunst entzog; vielmehr machte er ihn am 2. Juli 1866 zum kommandierenden General des schon in den Einleitungskämpfen des Feldzugs geschlagenen und zerrütteten I. Armeecorps.« (Richter, S. 29). Zur Situation Gondrecourt – Latour vgl. Anhang, Abschnitt *Zur Krise Gondrecourt – Latour.*
[123] Hamann, Diss., S. 41.
[124] Kaiser Franz Joseph an Kronprinz Rudolf, Laxenburg, 26. Juli 1865, Selekt Kronprinz Rudolf, K. 18.
[125] OMeA 1865, 87/12, Brief Gondrecourts an Graf Franz von Kuefstein, 27. Mai 1865.
[126] Vgl. Conte Corti, S. 132.
[127] NL Sophie, Tagebuch, 24. Mai 1865. (Übersetzung aus dem Französischen durch die Autorin)
[128] OMeA 1870, 87/5.
[129] Zit. in Plener, S.127.
[130] Ibd.
[131] Hier irrte der Kronprinz. Der Tag der *Übergabe* war der 1. November 1864; Tagebuch Baronin Welden.
[132] Vgl. Fn. 131.
[133] Zit. in: Polzer, S. 31.
[134] Neue Freie Presse, 31. Jänner 1889.
[135] Zit. in: Polzer, S. 31.
[136] Zit. in: Flesch-Brunningen, S. 143.
[137] Ibd.
[138] Plener, 2. Bd., S. 127.
[139] Kronprinz Rudolf an Chlumetzky, Laxenburg, 19. Mai 1883, ÖNB HS 1283/30.
[140] NL Conte Corti, K 32. Dieser Charakterzug Franz Josephs ist bereits in seinen Jugendtagebüchern erkennbar.
[141] Ibd.
[142] Kronprinz Rudolf an Latour, Ischl, 29. September 1872, Selekt Kronprinz Rudolf, K 16.
[143] Ibd.
[144] Latour an Crenneville, 25. Juli 1877, FA Crenneville, K 14.
[145] Selekt Kronprinz Rudolf, K 21.
[146] Der spätere Kaiser von Mexiko.
[147] Vgl. die Tagebücher von Franz Joseph und Ferdinand Max, letztere erstmals in einer Transkription der Autorin vorliegend.
[148] Vgl. Mitis, S. 52.
[149] Bombelles an Latour, An Bord, 15. August 1877, Selekt Kronprinz Rudolf, K 21.
[150] Vgl. Plener, 2. Bd., S. 128.
[151] Vgl. Illustriertes Wiener Extrablatt, 30. Juli 1889, S. 2/3.
[152] Gemeint sind die Schönheit der Natur, die Gewalt des Meeres etc.
[153] Bombelles an Latour, Zur See vor Korfu, 27. August 1877, Selekt Kronprinz Rudolf, K 21.
[154] Ibd., Bombelles an Latour, Wien, 14. November 1877.
[155] Richter, S. 87.

Wenige Vertraute

[156] Zit. in: Welt am Abend, 21. September 1948, S. 4, BPD, Bibliothek und Archiv, K Mayerling alt 29.
[157] Mitis/Wandruschka, S. 382.
[158] Vgl. Kapitel *Rudolf und die Presse.*
[159] Selekt Kronprinz Rudolf, K 21. Hervorhebung durch die Autorin.
[160] Tagebuch Marie Valerie, 24. Dezember 1886.
[161] Ibd., 13. Mai 1888.
[162] Ibd., 6. Februar 1887.

[163] Ibd.
[164] Ibd., 30. Mai 1888.
[165] Ibd., 6. Februar 1887.
[166] Kronprinz Rudolf an König Ludwig II., Ischl, 15. Juli 1874, GHM, NL Ludwig 55.
[167] Vgl. Kapitel *Kirche und Klerus*.
[168] Kronprinz Rudolf an Philippovich, Wien, 7. Jänner 1884, BPD, Bibliothek und Archiv, Mayerling alt 29.
[169] Plener, 2. Bd., S. 127.

Rudolf und seine Vettern

[170] Kronprinz Rudolf an Franz Ferdinand, Laxenburg, 25. Oktober 1883, NL Franz Ferdinand, K5.
[171] Ibd.
[172] Bibl, S. 21.
[173] Vgl. Salvendy, S. 163.
[174] Franz Ferdinand war nach Rudolf und seinem Vater Karl Ludwig der dritte in der Rangfolge zum Thron.
[175] Kronprinz Rudolf an Franz Ferdinand, Laxenburg, 25. Oktober 1883, NL Franz Ferdinand, K5.
[176] Franz Ferdinand an Kronprinz Rudolf, Enns, 7. Februar 1887, Selekt Kronprinz Rudolf, K19.
[177] Ibd.
[178] Ibd., Franz Ferdinand an Kronprinz Rudolf, Enns, 17. März 1887. »Wunderschöne« ist im Original drei Mal unterstrichen.
[179] Ibd.
[180] Ibd., Leopold an Kronprinz Rudolf, Hôtel de Luxembourg, Nizza, 6. März 1878.
[181] Kronprinz Rudolf an Franz Ferdinand, Laxenburg, 24. November 1887, NL Franz Ferdinand, K5.
[182] Ibd., Kronprinz Rudolf an Franz Ferdinand, Wien, 10. September 1888.
[183] Neue österreichische Biographie, I, Bd. 2, S. 192.
[184] Pester Lloyd, 19. Juni 1888. In Wiener Zeitungen hätte dies wohl nicht abgedruckt werden dürfen.
[185] Spitzname für Erzherzog Otto.
[186] Mayerling Original, S. 40.
[187] HA NL Wölfling, K2.
[188] Ibd.
[189] Ibd.
[190] Kronprinz Rudolf an Franz Ferdinand, Laxenburg, 22. Juli 1886, NL Franz Ferdinand, K5.
[191] HA, NL Wölfling, K2.
[192] Ibd.
[193] Ibd.

Von der Kindskammer zum eigenen Hofstaat

[194] Der Hofstaat bzw. dessen Änderungen sind im kaiserlichen Hofschematismus nachzulesen.
[195] Hofkalender 1860.
[196] OMeA, 1864, 87/5/b.
[197] Ibd., 1870, 87/6.
[198] Ibd., 1864, 87/6.
[199] Ibd., 87/8.
[200] Ibd., 87/12.
[201] ZA Prot., 24. Juli 1877.
[202] Ibd.
[203] OMeA 1877, 132/1.
[204] Ibd., 1881, 132/3.
[205] Selekt Kronprinz Rudolf, K17.
[206] Vgl. den Hofschematismus/Hofkalender nach Jahren.
[207] Ibd.
[208] HWA 1884, 31½, K169.
[209] Instruktion vom 8. August 1886, GDPFF, SR, K4.
[210] Ibd.
[211] Ibd.
[212] Hofschematismus.
[213] HWA 1884, 31½, K169.
[214] Ibd., 1883, K167.
[215] Hofkalender 1884.
[216] OMeA, 1883, 132/8.

Kronprinzlicher Haushalt und Wohnorte

[217] Der böhmische Maler Johann Wenzel Bergl stattete im letzten Drittel des 18. Jahrhunderts zahlreiche Räume im Erdgeschoß von Schloß Schönbrunn mit exotischen Landschaftsmalereien aus, die Kaiserin Maria Theresia sehr schätzte.
[218] ZA Prot., 1. August 1878.
[219] Hohenlohe an Franz Joseph, Wien, 24. November 1877, OMeA SR, K398.
[220] OMeA, 1877, 132/1.
[221] Ibd., 1880, 132/3.

[222] Vgl. Schiel, S. 157/158.
[223] OMeA SR 398. Kronprinz Rudolf an Hohenlohe, Prag, 6. April 1880.
[224] Kronprinz Rudolf an Bombelles, Prag, 21. April 1880, Selekt Kronprinz Rudolf, K16.
[225] Vgl. das Kapitel *Rudolf und die Presse.*
[226] NL Conte Corti, K30.
[227] Wiener Abendpost, Beilage zur Wiener Zeitung, 20. Dezember 1880.
[228] Kronprinz Rudolf an Bombelles, Gödöllö, 14. Dezember 1880, Selekt Kronprinz Rudolf, K16.
[229] Schiel, S. 151.
[230] Möglicherweise handelte es sich um den französischen oder belgischen Koch, der auf Veranlassung Stephanies eingestellt wurde.
[231] Kronprinz Rudolf an Bombelles, Prag, 4. April 1883, Selekt Kronprinz Rudolf, K16.
[232] Der Name deutet eher auf einen Flamen hin.
[233] OMeA 1889, 132/5.
[234] Kronprinz Rudolf an Hohenlohe, Wien, 19. März 1884, OMeA SR 398.
[235] Rudolf gab diese Räume nie auf; möglicherweise hatte er hier seine geheimen Damenbesuche.
[236] Lebensspuren, S. 44.
[237] Vgl. Kapitel *Von der Kindskammer zum eigenen Hofstaat.*
[238] ZA Prot., 24. Juli 1877.
[239] Vgl. ibd.
[240] GDPFF, SR K66.
[241] Kronprinz Rudolf an Stephanie, Laxenburg, 30. August 1887, AP.
[242] Stephanie, S. 105.
[243] GDPFF, SR K66.
[244] HWA 1881, K163, 25.
[245] NL Franz Ferdinand, K5.
[246] HWA 1884, K169, 36/2.
[247] Ibd., 1881, K163, 27.
[248] Orientreise, S. 41.
[249] Ibd., S. 98, 124 und 125.
[250] Ibd., S. 154.
[251] Kronprinz Rudolf an Stephanie, Wien, 29. April 1883, zit. in: Stephanie, S. 108.
[252] Damit meinte Rudolf nicht den Kirschenbrand, sondern Sherry.
[253] Kronprinz Rudolf an Stephanie, o. O., o. J., AP.
[254] Erzherzog Franz Ferdinand.
[255] Kronprinz Rudolf an Stephanie, Radmer, 5. Oktober 1885, zit. in: Stephanie, S. 156/157.
[256] AP, Wien, 25. April 1887, Kronprinz Rudolf an Stephanie.
[257] Ibd.
[258] Ibd., Wien, 2. Oktober 1887.
[259] Ibd., Budapest, 18. Mai 1888.
[260] Vgl. Judtmann, S. 121.
[261] Selekt Kronprinz Rudolf, K21.
[262] Nach einer Mitteilung des Amtsleiters von Alland, Herrn Wolfgang Ploy.
[263] Kronprinz Rudolf an Szeps, Alland, 12. September 1886, Selekt Kronprinz Rudolf, K17.
[264] Vgl. Holler, S. 119, bzw. das Kapitel *Beziehungen zu Frauen.*
[265] Kronprinz Rudolf an Bombelles, 21. Juli 1887, Selekt Kronprinz Rudolf, K16.
[266] Ibd., Kronprinz Rudolf an Bombelles, Wien, 27. Juli 1887.
[267] Ibd.
[268] Ibd., Kronprinz Rudolf an Szeps, Wien, 22. März 1885, K17.

Von Bernhardine bis Mary Vetsera

[269] Selekt Kronprinz Rudolf, K20.
[270] Zit. in Hamann, S. 70.
[271] Selekt Kronprinz Rudolf, K20.
[272] Zit. in: Corti, Mensch, S. 533.
[273] Schiel, S.127.
[274] Fremden-Blatt, 14. Mai 1881, S. 1.
[275] Stephanie, S. 82/83.
[276] Selekt Kronprinz Rudolf, K19, Erzherzogin Marie Therese an Rudolf, o. J.
[277] Ibd.
[278] Ibd., Leopold an Kronprinz Rudolf, Windsor Castle, 23. März 1878.
[279] Ibd., Leopold an Kronprinz Rudolf, Hôtel de Luxembourg, Nizza, 6. März 1878.
[280] Neues Wiener Journal, 15. August 1923, S. 9.
[281] Kronprinz Rudolf an Bombelles, Wien, 22. September 1887, Selekt Kronprinz Rudolf, K16.
[282] Ibd.
[283] Ibd.
[284] Stephanie an Louise, Abbazia, Villa Angiolina, 25. März 1888, FA Coburg, K Louise Coburg. (Aus dem Französischen durch die Autorin)
[285] Selekt Kronprinz Rudolf, K19, Kuranda an Rudolf, Ischl, 23. August 1888.
[286] Ibd.

287 Hier kann Bratfisch nur andere Auftraggeber meinen, denn er kannte den Kronprinzen erst seit Mitte November 1887.
288 BPD, Bibliothek und Archiv, Polizeibericht, S. 78.
289 Dies scheint nicht korrekt zu sein, weil die Dame ja bereits in England verheiratet war.
290 Zit. in: Mailer, Bd. 4, S. 278; vermutlich ein Brief vom 4. Februar 1889.
291 Ibd.
292 Ibd.
293 Salvendy, S. 163.
294 Richter, S. 93.
295 Franz Ferdinand an Rudolf, Enns, 17. März 1887, Selekt Kronprinz Rudolf, K 19.
296 ÖNB HS 112736, Wien, o. J.
297 Vgl. Conte Corti, S. 312.
298 Vgl. Swistun, S. 128 ff.
299 Vgl. ibd., S. 196 ff.
300 Vgl. Neck, MÖStA, S. 284.
301 Mayerling-Original, S. 32 und 34.
302 Ibd., vgl. S. 199.
303 Vgl. Vetsera, Juni 1889.

Die Ehe des Kronprinzenpaares

304 Tagebuch Marie Valerie, 7. März 1880.
305 Kronprinz Rudolf an Latour, Prag, 31. Jänner 1879, Selekt Kronprinz Rudolf, K 16.
306 Vgl. Salvendy, S. 135.
307 Ibd.
308 Vgl. Schiel, S. 163.
309 Selekt Kronprinz Rudolf, K 16.
310 Kronprinz Rudolf an Brehm, Brüssel, 13. März 1880, Berlin Br. No. 42.
311 Kronprinz Rudolf an Girtanner, Brüssel, 13. März 1880, Schneider/Bauernfeind, S. 26.
312 Zit. in: Sexau, S. 268.
313 Kronprinz Rudolf an Krist, Prag, 17. April 1880, WB HS 59729 Ja.
314 Lloyd/Mitis Collection, Mikrofilm 1614.
315 Königliches Archiv Brüssel, *Österreich.*
316 Selekt Kronprinz Rudolf, K 16.
317 NZA 1881, K 255.
318 NL Khevenhüller, Tagebuch, 7. Mai 1881, K 176.
319 Sammlung Leuthardt, Ehem. Hofsilber- und Tafelkammer.
320 Stephanie, S. 116.
321 Vgl. Silberkammer Katalog, Bd. 2.
322 Kronprinz Rudolf an Brehm, Laxenburg, 16. Mai 1881, Berlin, Br. No. 51.
323 Tagebuch Valerie, 2. Juni 1881.
324 Ibd., 15. Februar 1882.
325 Salvendy, S. 134.
326 Tagebuch Marie Valerie, Eintragungen vom 11. März und 17. August 1885.
327 Salvendy, S. 129.
328 Tagebuch Marie Valerie, 23. Dezember 1882.
329 Ibd., 20. Mai 1884.
330 Admin. Reg., F1, K76.
331 Tagebuch Marie Valerie, 26. Dezember 1886.
332 Ibd., 26. Dezember 1887. (Übersetzung aus dem Französischen durch die Autorin).
333 Ibd., 27. November 1888.
334 Ibd., 16. Dezember 1888.
335 Kronprinz Rudolf an Widerhofer, Wien, 1. Februar 1884, NB HS 125/48.

Der junge Hausstand

336 Selekt Kronprinz Rudolf, K 16.
337 Kronprinz Rudolf an Stephanie, Berlin, 28. Februar 1883, AP.
338 Kronprinz Rudolf an Stephanie, Haidedörfel, 10. März 1883. AP.
339 Tagebuch Marie Valerie, 21. August 1887.
340 Selekt Kronprinz Rudolf, K 16.
341 Ibd., Kronprinz Rudolf an Latour, Prag, 14. April 1883.
342 Ibd., Kronprinz Rudolf an Szeps, Laxenburg, 10. Mai 1886, K 17.
343 Ibd., Kronprinz Rudolf an Latour, Abbazia, 2. Jänner 1887, K 16.

Rudolf als Vater

344 *Waclaw*, tschechische Umgangssprache, bedeutet so viel wie *Michl*; damit war der erhoffte Sohn gemeint.
345 Kronprinz Rudolf an Stephanie, Wien, 29. April 1883, AP.
346 Kronprinz Rudolf an Latour, Prag, 16. April 1883, Selekt Kronprinz Rudolf, K 16.
347 Stephanie, S. 107.
348 Vgl. Kapitel *Die Ehe des Kronprinzenpaares*.
349 Anfang Februar war Erzherzogin Maria Antonia von Toskana verstorben, von welcher behauptet wurde, sie sei Rudolfs geheime Ehefrau und Mutter seines legitimen Sohnes gewesen.

[350] Kronprinz Rudolf an Latour, Prag 16. April 1883, Selekt Kronprinz Rudolf, K 16.
[351] Vgl. Schiel, S.168.
[352] Kronprinz Rudolf an Szeps, Laxenburg, 1. September 1883 und 4. September 1883, Selekt Kronprinz Rudplf, K 17.
[353] Stephanie, S. 111.
[354] Kronprinz Rudolf an Brehm, Laxenburg, 9. September 1883, Berlin, Sammlung Darmstädter, Lc 1880, Brief No. 74.
[355] Kronprinz Rudolf an Szeps, Mürzsteg, 5. Oktober 1883, Selekt Kronprinz Rudolf, K 17.
[356] Ibd., Kronprinz Rudolf an Latour, Laxenburg, 17. November 1884, K 16.
[357] Kronprinz Rudolf an Girtanner, Wien, 3. September 1884, Schneider/Bauernfeind, S. 45.
[358] Kronprinz Rudolf an Latour, Wien 14. Jänner 1884, Selekt Kronprinz Rudolf, K 16.
[359] Ibd., Kronprinz Rudolf an Latour, Wien, 3. Oktober 1886.
[360] Ibd., Kronprinz Rudolf an Latour, Wien, 22. Dezember 1887.
[361] Illustriertes Wiener Extrablatt, 3. September 1888, S. 5.
[362] Kronprinz Rudolf an Stephanie, Wien, 7. September 1888, AP.
[363] Zit. in: Schiel, S. 204.
[364] Tagebuch Hübner, 12. Mai 1891, zit. in: NL Conte Corti, K 30.
[365] Illustriertes Wiener Extrablatt, 22. Dezember 1888, S. 3.

Die späteren Ehejahre

[366] Schiel, S. 172.
[367] Marie Henriette an Rudolf, Pavillon d'Ostende, 19. August 1887, NL Schager-Eckartsau, K 1.
[368] Familien-Archiv Coburg, K Louise Coburg, Laxenburg o.D. (1887/88).
[369] Ibd.
[370] Salvendy, S. 143.
[371] Kronprinz Rudolf an Latour, Wien, 1. März 1887, Selekt Kronprinz Rudolf, K 16.
[372] Kronprinz Rudolf an Stephanie, Orth, 6. September 1887, AP.
[373] Ein von Pferden gezogener, langer Wagen, der oben offen ist.
[374] Bombelles an Kronprinz Rudolf, Jersey, September 1887, Selekt Kronprinz Rudolf, K 19.
[375] Stephanie an Kronprinz Rudolf, Franzensbad, 16. Juli 1887, AP.
[376] Vgl. Rudolfs Briefe an Stephanie im AP.
[377] Kronprinz Rudolf an Stephanie, Wien, 9. April 1888, AP.
[378] Ibd.
[379] Ibd., Kronprinz Rudolf an Stephanie, Wien, 12. April 1888.
[380] Kaiser Franz Joseph an Hohenlohe, Wien, 10. Februar 1888, OMeA SR 398; offenbar speiste Erzherzogin Marie Valerie mit.
[381] Kronprinz Rudolf an Szeps, Abbazia, 2. Jänner 1888, Selekt Kronprinz Rudolf, K 17.
[382] AP.
[383] Kronprinz Rudolf an Stephanie, Potsdam, 20. März 1887, zit. in: Salvendy, S. 159.
[384] Ibd.
[385] Ibd., S. 163.
[386] Ibd., S. 163/164.
[387] Kronprinz Rudolf an Stephanie, Wien, 31. März 1888, zit. in: Salvendy, S. 172.
[388] Erzherzog Franz Ferdinand.
[389] Zit. in: Schiel, S. 174.
[390] Kopie der Denkschrift von Joseph Graf Hoyos, Selekt Kronprinz Rudolf, K 22.
[391] Kronprinz Rudolf an Stephanie, Mürzsteg, 2. Jänner 1889, AP.
[392] Ibd.
[393] Salvendy, S. 158.
[394] Kronprinz Rudolf an Stephanie, Laxenburg, 25. Juli 1887. AP.
[395] Ibd.
[396] Ibd., Kronprinz Rudolf an Stephanie, Bruck, 1. August 1887.
[397] Ibd., Bruck, 16. August 1887.
[398] Ibd., Laxenburg, 24. August 1887.
[399] Ibd., Laxenburg, 30. August 1887.
[400] Ibd., Orth, 6. September 1887.
[401] Ibd., Wien, 18. Juli 1888.
[402] Illustriertes Wiener Extrablatt, 2. Februar 1889, S. 4.
[403] Vgl. Kapitel *Die angebliche Selbstmordmanie.*
[404] Kronprinz Rudolf an Stephanie, Unvár, 3. Mai 1888, AP.
[405] Selekt Kronprinz Rudolf, K 13.

Stephanie als Kronprinzessin

[406] Vgl. Schiel, S. 147.
[407] Zit. in: ibd., S. 129.

[408] Stephanie an Louise, Prag, 23. Februar 1882, FA Coburg, K Louise Coburg.
[409] Ibd., Stephanie an Louise, Prag, 22. März 1882 bzw. 28. April 1882.
[410] Ibd., Stephanie an Louise, Alland, 23. Juni 1886.
[411] Ibd.
[412] Ibd., Stephanie an Louise, 24. April 1882.
[413] Stephanie, S. 105.
[414] Stephanie an Louise, 24. April 1882, FA Coburg, K Louise Coburg.
[415] Ibd., Stephanie an Louise, Alland, 23. September 1886.
[416] Ibd., Stephanie an Louise, Laxenburg, 1. Juni 1886.
[417] Stephanie, S. 99.
[418] Vgl. Schiel, S. 151.
[419] Stephanie an Louise, Laxenburg, 1. Juni 1887, FA Coburg, K Louise Coburg.
[420] Zit. in: Schiel, S. 226/227.
[421] Kronprinz Rudolf an Szögyényi, Wien 29. Dezember 1887, Selekt Kronprinz Rudolf, K 23.
[422] Schiel, S. 227.
[423] Vgl. Mitis, S. 205.
[424] Siehe Kapitel *Krankheiten und Verschreibungen der Hofapotheke*. Stephanies Mutter, Marie Henriette, brachte vier Kinder zur Welt, drei Mädchen und den belgischen Kronprinzen, der in seiner Kindheit verstarb.
[425] Stephanie an Louise, Ischl, 21. August 1887, FA Coburg, K Louise Coburg.
[426] Vgl. Salvendy, S. 48.
[427] Stephanie an Louise, Abbazia, Villa Angiolina, 4. März 1888, FA Coburg, K Louise Coburg.
[428] Ibd., Stephanie an Louise, Abbazia, 25. März 1888. – Ibd., Miramare, 7. Mai 1889: »Was weißt Du von Hamlet?«; Wien, 19. September 1889: »Wenn es möglich ist, möchte ich Hamlet wenigstens noch einmal sehen. Es ist nötig für meine Ruhe. Es scheint, als ginge es ihm ein wenig besser. Armer Märtyrer! Welch bewundernswerter Mut. Welche erhabene Geduld.«; Laxenburg, 4. Oktober 1889: »Hamlet wurde nach Hause gebracht.«; Preßburg, 1. November 1889: »Infomiere Dich ob es wahr ist, daß Hamlet neuerlich in Wien ist und wie es ihm geht.« – In all diesen Wochen und Monaten erwähnte Stephanie Rudolf ihrer Schwester Louise gegenüber kein einziges Mal. Nicht einmal am 21. August 1889 fand sie Worte über ihn an Louise.
[429] Ibd.
[430] Ibd., Stephanie an Louise, Abbazia, 6. April 1887.
[431] Ibd., Stephanie an Louise, Franzensbad, 23. Juli 1887.
[432] Ibd., Stephanie an Louise, Abbazia, 4. März 1888.
[433] (Schafs)Herde.
[434] Stephanie an Louise, Jersey, 29. September 1887, FA Coburg, K Louise Coburg.
[435] Ibd., Stephanie an Louise, Abbazia, 6. April 1888.
[436] Ibd., Stephanie an Louise, Abbazia, 10. März 1887.
[437] Ibd., Stephanie an Louise, Ischl, 13. August 1887.

Die Kronprinzessin-Witwe

[438] Ibd., Stephanie an Louise, Abbazia, 5. Jänner 1889.
[439] Ibd., Stephanie an Louise, Ischl, 13. August 1887.
[440] »Frau Kronprinzessin-Witwe Stefanie fuhr vorgestern Abends ohne Begleitung bei der kleinen Klosterpforte des Konvents der PP. Kapuziner vor, gab sich dem Pförtner zu erkennen und begehrte Einlaß in die Gruft. Der Pater Guardian ... führte dieselbe ... an den Sarg des verewigten Kronprinzen Rudolf« (Neues Wiener Tagblatt, 19. Februar 1889, S. 3).
[441] NL Conte Corti, K 30.
[442] Ibd.
[443] FA Coburg, K Louise Coburg.
[444] Zit. in: Schiel, S. 227, Stephanie an Louise, Miramare, 1. März 1889.
[445] Zit. in: ibd., S. 219.
[446] Ibd., S. 237. (Übersetzung aus dem Französischen durch die Autorin)
[447] Tagebuch Marie Valerie, 31. Jänner 1889.
[448] Ibd., 1. Februar 1889
[449] Ibd., 5. Februar 1889.
[450] Ibd., 24. Mai 1889.
[451] Kaiser Franz Joseph an Stephanie, Wien, 25. September 1904, Selekt Kronprinz Rudolf, K 23.

Die Liebe zur Wissenschaft

452 Vgl. dazu das Kapitel *Die Umgebung des Thronerben.*
453 Schnürer, S. 328.
454 Die Aufsätze des Kronprinzen befinden sich in ÖNB, HS 540/15.
455 Zit. in: Hamann, S. 210.
456 Dombrowski, S. 4, Selekt Kronprinz Rudolf, K. 22.
457 Kronprinz Rudolf an Brehm, Wien, 8. Jänner 1877, Berlin, Sammlung Darmstaedter, Lc 1880, Brief No. 1.
458 Ibd., Kronprinz Rudolf an Brehm, Schönbrunn, 17. Juni 1878, Br. No. 5.
459 Ibd., Kronprinz Rudolf an Brehm, Prag, 20. März 1883, Br. No. 68.
460 Dezember 1873, Selekt Kronprinz Rudolf, K2.
461 Haemmerlein, S. 106.
462 Kronprinz Rudolf an Girtanner, Prag, 12. Dezember 1878, Schneider/Bauernfeind, S. 11.
463 Ibd., S. 12, Brief undatiert, vermutlich Anfang 1879.
464 Ibd., S. 56, Brief Laxenburg, 7. Dezember 1888.
465 Ibd., S. 58, Brief vom 16. Jänner 1889.
466 Reste dieser Aufzeichnungen finden sich in: Selekt Kronprinz Rudolf, K14.
467 Ibd.
468 Kronprinz Rudolf an Krist, Gödöllö, 11. Dezember 1875, WB, HS 59729 Ja; die Briefe Rudolfs wurden der Bibliothek der Stadt Wien, heute Wienbibliothek, am 14. Juni 1891 von Krist übergeben.
469 Ibd., Kronprinz Rudolf an Krist, Prag (?), 16. Dezember 1878.
470 Hummelberger, MÖStA 1986, S. 277.
471 WB, HS 59729 Ja, Kronprinz Rudolf an Krist, Laxenburg, 20. Juni 1884.
472 Kronprinz Rudolf an Szeps, Wien, 14. Juni 1884, Selekt Kronprinz Rudolf, K17.
473 Kronprinz Rudolf an Billroth, Laxenburg, 23. Oktober 1887, ÖNB, HS 1283/23.
474 Kronprinz Rudolf an Billroth, Prag, 29. März 1879, zit. in: Mitis, S. 367.

Das Kronprinzenwerk

475 Monarchie, Übersichtsband, 1. Abt., S. 5 ff.
476 Wiener Zeitung, 15. November 1868.
477 Konzept liegt in Selekt Kronprinz Rudolf, K15.
478 Vgl. z. B. Johanns Aufsatz über die Villen im Salzkammergut, Band Oberösterreich.
479 Kronprinz Rudolf an Szeps, Wien, 29. März 1884, Selekt Kronprinz Rudolf, K17.
480 Arneth, S. 537/538.
481 Wienarchiv, Kronprinzenwerk, B 1, Sitzungsprotokoll, S. 1.
482 Hanslick, S. 238.
483 Wienarchiv, Kronprinzenwerk, Schachtel 2, Brief von Myrbach an von Weilen, 27. Februar 1889.
484 Ibd., Leoben, 6. Februar 1889.
485 Ibd., Prohaska an von Weilen, Ottenschlag, 5. Februar 1889.
486 Ibd., Erber an von Weilen, Zara, 21. Februar 1889.
487 Ibd., Ditschheim an von Weilen, München, 2. Februar 1889.

Die Jagd

488 Illustriertes Wiener Extrablatt, 2. Februar 1889, S. 4.
489 Ibd.
490 Kronprinz Rudolf an Menger, Prag, 2. Februar 1882, ÖNB HS, 1311/9.
491 OMeA, Index 1864, Stichwort *Pausinger.*
492 Selekt Kronprinz Rudolf, K19.
493 Kronprinz Rudolf an Pausinger, Wien, 16. Juni 1881, Privatbesitz.
494 Das Kronprinzenpaar und die Ärzte glaubten damals an eine Schwangerschaft Stephanies.
495 Kronprinz Rudolf an Pausinger, Prag, 5. September 1881.
496 Stephanie, S. 169.
497 Selekt Kronprinz Rudolf, K22; Dombrowski, S. 6.
498 Telegramm, 22. August 1867, Selekt Kronprinz Rudolf, K12.
499 27. Mai 1871, Selekt Kronprinz Rudolf, K2.
500 Schnürer, S. 362, Brief vom 26. November 1866.
501 Kaiser Franz Joseph an Kronprinz Rudolf, Ofen, 29. März 1868, Selekt Kronprinz Rudolf, K18.
502 Schnürer, S. 371.
503 Selekt Kronprinz Rudolf, K18.
504 Ibd., Kronprinz Rudolf an Latour, Laxenburg, 14. August 1884, K16.

[505] Zit. in: Salvendy, S. 146. Diese Abkürzung wurde von Salvendy übernommen.
[506] Stephanie an Louise, Alland, 6. Juni 1886, FA Coburg, K Louise Coburg.
[507] Stephanie an Louise, Görgeny Szt. Imre, 18. Oktober 1885, zit. in: Schiel, S. 141.
[508] Selekt Kronprinz Rudolf, K21.
[509] Ibd.
[510] Kronprinz Rudolf an Philipp Coburg, Wien, 12. Februar 1887, ÖNB HS, 125/48.
[511] Kronprinz Rudolf an Hohenlohe, Wien, 20. November 1888, OMeA SR 398.
[512] Kronprinz Rudolf an Latour, Wien, 21. Oktober 1888, Selekt Kronprinz Rudolf, K16.
[513] Ibd., K19, Karl Theodor an Kronprinz Rudolf, Fürth im Wald, 10. September 1888.
[514] Redwitz, S. 44.
[515] Berliner Börsen-Courier, 24. Februar 1889, S. 3.
[516] Graf Saurma an Kronprinz Rudolf, Wien, 22. September 1888, Selekt Kronprinz Rudolf, K19.
[517] Mitis, S. 224.
[518] Dombrowski, S. 76/77.

Das Reisen

[519] Vgl. seine Tagebücher.
[520] Neue Freie Presse, 31. Jänner 1889.
[521] Vgl. Hamann, S. 97.
[522] Albrecht an Kronprinz Rudolf, Weilburg, 7. November 1877, NL Albrecht, Rolle 31.
[523] Donau, S. 14.
[524] Vgl. Selekt Kronprinz Rudolf, K14.
[525] Dombrowski, S. 31.
[526] Zit. in: Salvendy, S. 159.
[527] Vgl. Kapitel *Chronologie*.
[528] Vgl. Schiel, S. 189.

Repräsentation und Militär

[529] Französischlehrerin der Kinder.
[530] Tagebuch Welden, Kronprinz 1863.
[531] Ibd.
[532] Zit. in: Hamann, S. 79.
[533] Kronprinz Rudolf an Latour, Prag, 5. August 1878, Selekt Kronprinz Rudolf, K16.
[534] Ibd., Kronprinz Rudolf an Latour, Prag, 7. November 1878.
[535] Maria Christina (1858-1929), Tochter von Erzherzog Karl Ferdinand, heiratete 1879 König Alfons XII. von Spanien.
[536] Kronprinz Rudolf an Szeps, Laxenburg, 18. Mai 1883, Selekt Kronprinz Rudolf, K17.
[537] Ibd., Wien, 31. Dezember 1883.
[538] Ibd., Kronprinz Rudolf an Krist, Gödöllö, 11. Dezember 1875, K22.
[539] Ibd., Kronprinz Rudolf an Bombelles, Gödöllö, 29. Dezember 1878, K16.
[540] Ibd., Kronprinz Rudolf an Latour, Prag, 31. Jänner 1879, K16.
[541] Vgl. z. B. ZA Prot. 1888.
[542] OMeA 1885, 132/1.
[543] NL Arneth, K20.
[544] OMeA 1885, 132/1.
[545] Kronprinz Rudolf an Latour, Schönbrunn, 23. September 1878, Selekt Kronprinz Rudolf, K17.
[546] Ibd., Kronprinz Rudolf an Bombelles, o. D. (nach1881), K16.
[547] Kronprinz Rudolf an Hohenlohe, Wien, 4. November 1884, OMeA SR 398.
[548] Vgl. ibd., Kronprinz Rudolf an Hohenlohe, Wien 22. November 1884 bzw. 21. Jänner 1885.
[549] Kronprinz Rudolf an Mayer, Laxenburg, 14. August 1884, ÖNB/HS 125/48.
[550] Kronprinz Rudolf an Hohenlohe, Wien, 2. April 1885, OMeA SR, K398.
[551] Kronprinz Rudolf an Latour, Muichowitz, 8. Juli 1879, Selekt Kronprinz Rudolf, K16.
[552] Ibd., Kronprinz Rudolf an Latour, Prag, 9. September 1879.
[553] Kronprinz Rudolf an Latour.
[554] Ibd., Kronprinz Rudolf an Latour, Bruck, 8. August 1887.
[555] Ibd.
[556] Ibd., Leopold an Kronprinz Rudolf, Fürth im Wald, 10. September 1888, K19.
[557] NL Conte Corti, K30.
[558] Die Tagebücher der Flügeladjutanten liegen im Selekt Kronprinz Rudolf, K13.
[559] Kronprinz Rudolf an Stephanie, Bruck/Leitha, 4. August 1887, AP.
[560] Selekt Kronprinz Rudolf, K16.
[561] Ibd., Kronprinz Rudolf an Szeps, Laxenburg, 13. Oktober 1884, K17.
[562] Ibd., Kronprinz Rudolf an Latour, Prag, 4. April 1879, K16.

[563] Plener, Bd. 2, S. 285.
[564] Kronprinz Rudolf an Szeps, Budapest, 1. Jänner 1885, Selekt Kronprinz Rudolf, K 17.
[565] Mitis, S. 227/228.
[566] Vgl. Kapitel *Chronologie.*

Wienerlied und Volkssänger

[567] Hanslick, S. 244.
[568] Kronprinz Rudolf an Szögyényi, Wien, 22. Jänner 1886, Selekt Kronprinz Rudolf, K 23.
[569] Gartenlaube 1887, S. 192.
[570] Mitis/Wandruschka, S. 373.
[571] Kronprinz Rudolf an Stephanie, Görgeny Szt. Imre, 8. Oktober 1888, AP.
[572] Prinz Arthur Edward an Kronprinz Rudolf, Osborne, 14. April 1878, Selekt Kronprinz Rudolf, K 19.
[573] Konstitutionelle Wiener Vorstadtzeitung, 19. November 1887.
[574] NL Khevenhüller, Tagebücher, K 176, 10. Februar 1886.
[575] Elisabeth Th. Fritz, Helmut Kretschmer (Hgg.), Musikgeschichte, S. 236.
[576] Bockkeller, S. 4/5.
[577] Fritz/Kretschmer, S. 241.
[578] NL Schager-Eckartsau, K 1.
[579] Vgl. Egger, S. 174.
[580] Golling, S. 62.
[581] Miller, S. 128.
[582] Ibd., S. 130.
[583] Wiener Extrablatt, 18. November 1887.
[584] Wiener Fremdenblatt, 15. Dezember 1887.
[585] Vgl. das Kapitel *Kontakte mit weiteren Wiener Musikern.*
[586] Egger, S. 184.
[587] Familien-Archiv Coburg, K Louise Coburg.
[588] Ibd., Kronprinz Rudolf an Louise, Laxenburg, 24. November 1887.
[589] Wiener Vorstadtzeitung, 19. November 1887.

Bratfisch

[590] Vgl. Miller, S. 134.
[591] Golling, S. 64. Golling behauptete, Rudolf sei *öfters* bei Bratfisch gewesen. Bratfischs Tochter berichtete nur von zwei Besuchen.
[592] Krauss-Akt. Hervorhebung durch die Autorin. Offenbar verkehrte der Polizeipräsident das alte Sprichwort *in vino veritas* ins genaue Gegenteil!

Kontakte mit weiteren Wiener Musikern

[593] Wienbibliothek, HS, 74394-74402.
[594] Kronprinz Rudolf an Udel, Wien, 17. Mai 1887, Wienbibliothek, HS, 74394.
[595] Fremden-Blatt, 23. Mai 1887, S. 2.
[596] Kronprinz Rudolf an Udel, o. O., o. J. (Bruck, nach dem 8. August 1887), Wienbibliothek, HS 74394
[597] Wiener Fremden-Blatt, 19. August 1887, S. 3.
[598] Zit. in: Quartett Udel, S. 2.
[599] Vgl. Schedtler, S. 73.
[600] Die Fackel, Nr. 269, 31. Dezember 1908, X. Jahr.
[601] Wienbibliothek, HS 74394, Kronprinz Rudolf an Udel, Laxenburg, 4. Dezember 1887.
[602] Ibd., Kronprinz Rudolf an Udel, o. O., o. J. (Dezember 1887).
[603] Fremden-Blatt, 28. März 1887.
[604] Mailer, Bd. 4, S. 8.
[605] Illustriertes Wiener Extrablatt, 8. Juni 1888, S. 3.
[606] Zit. in: Schedtler, S. 84.
[607] Vgl. Fritz/Kretschmer, S. 268.
[608] Zit. in: Schedtler, S. 84.

Krankheiten und Verschreibungen der Hofapotheke

[609] GHM, NL Prinzessin Gisela von Bayern, Tagebuch Baronin von Welden, 21. August 1858.
[610] Ibd., Kronprinz 1859.
[611] Ibd., Kronprinz 1861.
[612] Schnürer, S. 289, Brief vom 25. September 1858.
[613] Ibd., S. 295, Brief vom 1. September 1859.
[614] GHM, NL Gisela von Bayern, Tagebuch Baronin von Welden, Juli 1861.
[615] Hap, Bd. 54.
[616] Schnürer, S. 354/355, Franz Joseph an Sophie, Schönbrunn, 11. Mai 1866.
[617] Tagebuch Welden.
[618] Ibd.
[619] Schnürer, S. 381/382, Franz Joseph an Sophie, Salzburg, 26. Jänner 1872. Kurze Zeit später berichtete der Monarch über seine Kinder: »Unsere Kinder hier sind Gottlob sehr wohl,

Gisela blühend wie immer und auch Rudolph, der sich lange herumgezogen hat, sieht wieder gut aus, reitet fleißig und ist wieder so frisch wie sonst. Er bereitet sich jetzt für seine Prüfung vor, die am 15. und 16. stattfinden soll, worauf er einige Tage Vakanzen mit uns in Gödöllö zubringen wird« (Ibd., S. 383, Ofen, 4. April 1872).

Die Kindheitskrise

620 Selekt Kronprinz Rudolf, K1, 22. Mai 1865.
621 Ibd.; Ragoczy war ein Heilwasser (Bitterwasser) aus Bad Kissingen.
622 Ibd.
623 Latour an Crenneville, Ischl, 1. Juli 1865, FA Crenneville, K17.
624 Selekt Kronprinz Rudolf, K1.
625 Vgl. ZA Prot. 1870.
626 Latour an Crenneville, 22. Februar 1872, FA Crenneville, K17.
627 Selekt Kronprinz Rudolf, K18.
628 Latour an Crenneville, 10. Juli 1875, FA Crenneville, K14.
629 Ibd., Ischl, 11. Juli 1875.

Der erwachsene Rudolf

630 Selekt Kronprinz Rudolf, K13.
631 König Ludwig II. an Kronprinz Rudolf, 19. November 1877, NL Judtmann.
632 Kronprinz Rudolf an Reinländer, Schönbrunn, 22. Mai 1878, nach freundlicher Mitteilung durch das Antiquariat *Inlibris*.
633 Kronprinz Rudolf an Latour, Wien, 22. Jänner 1885, Selekt Kronprinz Rudolf, K16.
634 Ibd., Kronprinz Rudolf an Latour, Wien, 23. April 1885.
635 Hap, Bd. 72: Man findet u.a. 1886 Stuhlzapferln, Salmiakpulver, Jodkalisalbe, Copaivabalsam, Verdauungspräparate; 1887 Augentropfen, Reichenhaller Latschenöl, Weingeist zum Inhalieren, Ischler Latschenöl zum Inhalieren; 1888 Augensalbe, Augenwasser, Kokainlösung; letzte Verschreibung, 1. Jänner 1889: Hydrarg, pp. flav., Vaseline. pur. alb, Salbe.
636 Selekt Kronprinz Rudolf, K13.
637 Kronprinz Rudolf an Szögyényi, Wien, 14. Februar 1886, K23.
638 Hap, Bd. 72; Holler, S. 71 ff.
639 Tagebuch Marie Valerie, 6., 11. und 12. Februar 1886.
640 Tagebuch des Flügeladjutanten, Selekt Kronprinz Rudolf, K13.
641 Kronprinz Rudolf an Szögyényi, Lacroma, 15. April 1886, Selekt Kronprinz Rudolf, K23.
642 Ibd., Kronprinz Rudolf an Szeps, Lacroma, im März 1886, K17.
643 Ibd., Lacroma, 11. April 1886.
644 Wildon/Lloyd, NL Judtmann, Mikrofilm 1674.
645 AP.
646 Tagebuch des Flügeladjutanten, Selekt Kronprinz Rudolf, K13.
647 NL Braun, K32.
648 Selekt Kronprinz Rudolf, K16.
649 Pester Lloyd, 18. Dezember 1888.
650 Kronprinz Rudolf an Latour, Wien, 2. März 1888, Selekt Kronprinz Rudolf, K16.
651 Vgl. Holler, S. 88.
652 Kronprinz Rudolf an Szeps, Alland, 28. September 1886, Selekt Kronprinz Rudolf, K17.
653 NL Franz Ferdinand, K5.
654 Selekt Kronprinz Rudolf, K16.
655 FA Coburg, K Louise Coburg, Stephanie an Louise, o. D., 1887 oder 1888.
656 Kronprinz Rudolf an Stéphanie, Wien, 7. September 1888, AP.
657 Ibd., Wien 10. Juli 1888.
658 Kronprinz Rudolf an Graf Saurma, Prag, 21. September 1881, ÖNB/HSB 540/15.
659 Richter, S. 57.
660 Kronprinz Rudolf an Latour, Prag, 12. Dezember 1878, Selekt Kronprinz Rudolf, K16.
661 Ibd., Prag, 15. Dezember 1878.
662 Kronprinz Rudolf an Girtanner, Prag, 17. Dezember 1878, Schneider/Bauernfeind, S. 10.
663 Kronprinz Rudolf an Szeps, Bruck, 22. August 1884, Selekt Kronprinz Rudolf, K17.
664 Ibd., Kronprinz Rudolf an Latour, Bruck, 22. August 1884, K16.
665 Kronprinz Rudolf an Stephanie, Wien, 16. Juli 1888, AP.
666 Ibd., Bruck, 28. Juli 1887.
667 Pester Lloyd, 8. Oktober 1888.
668 Denkschrift, S. 3, Selekt Kronprinz Rudolf, K23.

Drogen und Alkohol

[669] Sexau, Fürst und Arzt bzw. Hofchronik.
[670] Publiziert in Mitis, S. 205.
[671] Vgl. Holler, S. 89.
[672] Holler, S. 83.
[673] Ibd., S. 84.
[674] Ibd., S. 85.
[675] Ibd.
[676] Ibd., S. 89/90.
[677] Széchényi an Kronprinz Rudolf, Berlin, 8. April 1887, Selekt Kronprinz Rudolf, K 19.
[678] Kronprinz Rudolf an Stephanie, Laxenburg, 24. August 1887, AP.
[679] Vgl. Kapitel *Krankheiten und Verschreibungen der Hofapotheke.*
[680] GDPFF, SR K 66.
[681] NL Julius Schuldes, K 12.
[682] Vgl. Holler, S. 91.
[683] Borgese, S. 126.

Der Adel

[684] Khevenhüller Tagebuch, 3. Juli 1879, NL Khevenhüller, K 175.
[685] Ibd., 1. Februar 1889, K 177.
[686] Szápáry an Mitis, Abony, 15. November 1922, Selekt Kronprinz Rudolf, K 21.
[687] »Der Fortschritt ist ein Naturgesetz.« Ibd., Kronprinz Rudolf an Szeps, Laxenburg, 3. November 1884, K 17.
[688] Vgl. Kapitel *Ausgewählte Briefe.*
[689] Kronprinz Rudolf an Latour, Laxenburg, 15. Juni 1882, Selekt Kronprinz Rudolf, K 16.
[690] Kronprinz Rudolf an Brehm, Prag, 17. April 1883, Berlin, Br. No. 70.
[691] Vgl. Kapitel *Chronologie.*
[692] Kronprinz Rudolf an Szeps, Prag, 16. März 1883, Selekt Kronprinz Rudolf, K 17.
[693] Ibd., Kronprinz Rudolf an Szeps, Reichstadt, 28. Juni 1882.
[694] Ibd.
[695] Zit. in: Richter, S. 75.

Kirche und Klerus

[696] Kronprinz Rudolf an Ludwig II., London, Jänner/Februar 1878, GHA, Ludwig 55.
[697] Ludwig an Kronprinz Rudolf, München, 9. März 1878, zit. in: Mitis, S. 225.
[698] Kronprinz Rudolf an Latour, Prag, 23. März 1883, Selekt Kronprinz Rudolf, K 16.
[699] Ibd., Kronprinz Rudolf an Latour, 4. April 1879.
[700] Zit. in: Schiel, S. 141/142.
[701] »... dann hatte ich Audienz beim Kronprinzen-Paar, er begann mir gleich vom Spiritisten Bastian zu reden, ich erklärte daß wir diesen Menschen schon längst misstrauten, was dem Kronprinzen nicht zu gefallen schien, er will gewiss den Bastian selber fangen« (NL Khevenhüller, Tagebuch, 5. März 1884, K 176).
[702] Ibd., 26. Dezember 1881.
[703] NL Plener, K 17, Plener an seinen Vater, Prag, 20. Oktober 1881.
[704] Selekt Kronprinz Rudolf, K 11.
[705] Mitis/Lloyd, Mikrofilm 1258, NL Judtmann, Elisabeth an Rudolf, 31. März 1865.
[706] Selekt Kronprinz Rudolf, K 11, Bericht vom 4. Jänner 1875.
[707] Ibd., K 2, *Diversa.*
[708] Richter, S. 75.
[709] Kronprinz Rudolf an Bombelles, Prag, 21. April 1880, Selekt Kronprinz Rudolf, K 16.
[710] Ibd.
[711] Kronprinz Rudolf an Billroth, Prag, 8. Oktober 1879, ÖNB, HS 1283/21.
[712] Ibd., Kronprinz Rudolf an Billroth, Prag, 29. Jänner 1882, 1283/22.
[713] Ibd., Kronprinz Rudolf an Billroth, Prag, 31. Mai 1882.
[714] Kronprinz Rudolf an Taaffe, Prag, 31. Jänner 1882, zit. in: Skedl, S. 354/355.
[715] Kronprinz Rudolf an Taaffe, Prag, 6. Februar 1882, ibd., S. 355/356.
[716] Kronprinz Rudolf an Billroth, Palais de Bruxelles, 17. Oktober 1880, ÖNB HS 1283/21.
[717] Richter, S. 141.

Die Überwachung

[718] Kronprinz Rudolf an Reinländer, Brüssel, 15. Oktober 1880, Antiquariat Inlibris.
[719] Kronprinz Rudolf an Széchényi, Palais de Bruxelles, 27. Jänner 1881, ÖNB, HS 1127/36.
[720] Kronprinz Rudolf an Philippovich, Laxenburg, 17. März 1883, BPD Wien, Bibliothek und Archiv, Mayerling, alt 29.
[721] Kronprinz Rudolf an Szeps, Mürzsteg, 5. Oktober 1883, Selekt Kronprinz Rudolf, K 17.

[722] Kronprinz Rudolf an Baron Haymerle, Wien, 26. April 1881, ÖNB HS, 125/48.
[723] Kronprinz Rudolf an Szeps, Prag, 19. April 1882, Selekt Kronprinz Rudolf, K17.
[724] Ibd., Prag, 2. Juni 1882.
[725] Ibd., Reichstadt, 28. Juni 1882.
[726] Ibd., Kronprinz Rudolf an Szögyényi, Budapest, 25. März 1887, K23.
[727] Ibd., K17.
[728] Ibd., K23.
[729] Ibd., Kronprinz Rudolf an Szeps, 17. Jänner 1883, K17.
[730] Ibd., Kronprinz Rudolf an Latour, Prag, 17. Februar 1883, K16.
[731] Ibd., Kronprinz Rudolf an Szögyényi, 15. April 1886, K23.
[732] Ibd., Kronprinz Rudolf an Szögyényi, 30. März 1887.
[733] Ibd., Kronprinz Rudolf an Szeps, Wien, 7. Februar 1885, K17.
[734] Gruber, S. 44.
[735] Vgl. ibd., S. 40.
[736] Zit. in: ibd., S. 42.
[737] Ausst. Kat., Nr. 16/31.
[738] NL Schager-Eckartsau, K1.

Rudolf und die Presse

[739] Erzherzog Albrecht an Rudolf, Weilburg, 7. September 1877, Rolle 50.
[740] Paupié, S. 71/72.
[741] »Lieber Szeps! ... Ich gratuliere Ihnen, daß Sie frei sind und unabhängig ein neues Unternehmen beginnen können. Sehr gerne bin ich bereit etwas zu liefern, doch müßten Sie mir sagen: was?«; Kronprinz Rudolf an Szeps, Wien, 17. Oktober 1886, Selekt Kronprinz Rudolf, K17.
[742] Ibd., Kronprinz Rudolf an Szeps, Laxenburg, 23. November 1886.
[743] Vgl. Hamann, S. 43.
[744] Kronprinz Rudolf an Erzherzog Albrecht, AP.
[745] Morgenausgabe, 10. Dezember 1880.
[746] Ibd.
[747] Kronprinz Rudolf an Szeps, Schönbrunn, 16. August 1883, Selekt Kronprinz Rudolf, K17.
[748] Ibd., Kronprinz Rudolf an Szeps, Wien, 2. Jänner 1884.
[749] Ibd., Kronprinz Rudolf an Szeps, Wien, 7. Jänner 1884.
[750] Ibd., Wien, 12. Jänner 1884.
[751] Ibd., Wien, 4. Februar 1884.
[752] Ibd., Wien, 6. Februar 1884.
[753] Ibd., Wien, 29. Mai 1886.
[754] Kronprinz Rudolf an Menger, Prag, 25. Jänner 1882, ÖNB HS, 1298/15.
[755] Kronprinz Rudolf an Futtaki, Laxenburg, 9. Juli 1884, Selekt Kronprinz Rudolf, K21.
[756] »Vertrag, abgeschlossen zwischen dem Vorstand der Presseleitung im Ministerratspräsidium, Ministerialrat Freiberg und Samuel Ritter v. Hahn, dto. 1. Februar 1882, betreffend die Haltung des Illustrierten Wiener Extrablattes, der Presse Kikeriki usw. der Regierung Taaffe gegenüber.« – Der Originalvertrag befindet sich unter den im Nachlaß des Grafen Taaffe vorhandenen Dokumenten (Skedl, S. 356).
[757] Ibd.
[758] Kronprinz Rudolf an Szeps, Graz, 3. Juli 1883, Selekt Kronprinz Rudolf, K21.
[759] Kronprinz Rudolf an Billroth, Prag, 29. Jänner 1882, ÖNB HS, 1283/22.
[760] Ibd., Kronprinz Rudolf an Billroth, Prag, 14. Februar 1882.
[761] Kronprinz Rudolf an Szeps, Wien, 3. Februar 1887, Selekt Kronprinz Rudolf, K17.
[762] Ibd., Kronprinz Rudolf an Szeps, 24. August 1888.
[763] Kalnoky an Franz Joseph, 4. September 1888, Kab. Kanzlei, Geheimakten, K19.
[764] Ibd.
[765] Deutsches Tagblatt, Berlin, 22. November 1888.
[766] Pester Lloyd, 18. November 1888.
[767] Kronprinz Rudolf an Szeps, 29. November 1888, Selekt Kronprinz Rudolf, K17.
[768] Vgl. Holler, S. 14.
[769] Vasárnapi ujság, S. 97.
[770] Ibd., S. 77.
[771] Ibd.

Die angebliche Selbstmordmanie

[772] Kronprinz Rudolf an Szeps, Laxenburg, 21. August 1888, Selekt Kronprinz Rudolf, K 17.
[773] Ibd., Wien, 18. April 1887.
[774] Prince Arthur Edward an Kronprinz Rudolf, Marlborough House, 14. August 1888, Selekt Kronprinz Rudolf, K19.

[775] Ibd., Kronprinz Rudolf an Szögyényi, Wien, 8. Dezember 1888, K23.
[776] Kronprinz Rudolf an Chlumetzky, Wien, 3. November 1888, ÖNB HS, 1283/30.
[777] Die Stelle in Rudolfs Brief lautete: »... doch diese unnatürliche Ruhe, macht mir den Eindruck der Gewitterschwüle vor dem Sturm. So geht es nicht weiter; das ist mein Trost ... Wir fahren heute nach Abbazia, nach meiner Rückkehr hoffe ich Sie zu sehen« (Kronprinz Rudolf an Szeps, Wien, 27. Dezember 1888, Selekt Kronprinz Rudolf, K17).
[778] Ibd., Szeps an Kronprinz Rudolf, Wien, 1. Jänner 1889.
[779] Ibd., Szeps an Kronprinz Rudolf, 4. Jänner 1889.
[780] Mitis, S. 204/205.
[781] Wildon Lloyd/Mitis Collection, Mikrofilm 1674. (Übersetzung aus dem Englischen durch die Autorin)
[782] Arneth, S. 546.
[783] Ibd.
[784] Ibd., S. 546/547.
[785] Abgedruckt in Mitis/Wandruschka, S. 365–384.
[786] In der Familie Billroths wurde immer erzählt, daß dieser nach Mayerling gerufen wurde. Ob dies stimmt oder nicht, Billroth erzählte niemals was er ihn Mayerling gesehen hatte, falls er tatsächlich dort gewesen war.
[787] Mitis/Wandruschka, S. 382.
[788] Kronprinz Rudolf an Latour, Prag, 2. Dezember 1881, Selekt Kronprinz Rudolf, K16.
[789] Kronprinz Rudolf an Szögyényi, Mitte Jänner 1889, Selekt Kronprinz Rudolf, K23.
[790] Ibd.
[791] Ibd., Szögyényi an Mitis, Csór, 31. März 1922.
[792] Hanslick, S. 237/238.
[793] Kaiser Franz Joseph an Katharina Schratt, 5. Oktober 1889.
[794] Vgl. Kapitel *Chronologie.*
[795] Kronprinz Rudolf an Szögyényi, Mürzsteg, 2. Jänner 1889.
[796] NL Schuldes, K12.
[797] Mayerling-Original, S. 46.
[798] Neue Freie Presse, 28. April 1922.
[799] ÖNB HS, Cod. Ser. n. 38.018.
[800] Püchel, S. 149.
[801] Ibd.
[802] Wiener Allgemeine Zeitung, 3. Februar 1889, S. 1.
[803] Dieser Brief befindet sich in englischer Übersetzung bei Lloyd/Mitis, Mikrofilm 1674.
[804] Neue Freie Presse, 3. Februar 1889.
[805] Schiel, S. 200.
[806] NL Conte Corti, K30.
[807] NL Judtmann, Brief vom Februar 1969.
[808] Illustriertes Wiener Extrablatt, 2. Februar 1889, S. 4.
[809] Ibd.
[810] Gehler/Sickinger, S. 57.
[811] Latour an Krist, Wien, 23. Februar 1889, WN HS 59729 Ja.
[812] Selekt Kronprinz Rudolf, K23.
[813] Zit. in: Scharding, S. 152.
[814] Ibd., S. 152/153.
[815] Ibd.
[816] Neue österreichische Biographie, I, Bd. 2.
[817] Rudolf, Ausst. Kat. 1989, S. 31.
[818] Püchel, S. 151.
[819] Zit. in: Rudolf, Ausst. Kat. S. 28.
[820] Schiel, S. 211.
[821] MÖStA 1958, S. 495.
[822] Tagebuch Marie Valerie, 24. Dezember 1888.
[823] Ibd., 20. Jänner 1889.
[824] Ibd., 21. August 1889, an seinem 31. Geburtstag dachte Marie Valerie an ihren Bruder.
[825] Ibd., 1. Februar 1890. Man muß allerdings die Tagebücher Marie Valeries, gerade was die Geschehnisse rund um den Tod ihres Bruders anlangt, kritisch beurteilen. Das Manuskript lag der Herausgeberin, Martha Schad, nur in einer Abschrift vor. Möglicherweise wurde das Original – wie so vieles, was Rudolf betrifft – hinterher manipuliert.
[826] Ibd.
[827] Ibd., 25. Mai 1889.
[828] Vgl. Mayerling-Original, S. 22.
[829] Selekt Kronprinz Rudolf, K21.
[830] Neue Freie Presse, 21. August 1921.
[831] Koburg, S. 149.
[832] Hamann, S. 441.

Der Jänner 1889

[833] Neues Wiener Abendblatt, zweite Ausgabe, 1. Februar 1889, S. 1.
[834] Prager Tagblatt, 31. Jänner 1889, S. 7/8, 1. Februar 1889, S. 2.

[835] Ibd., 2. Februar 1889, S. 1.
[836] Wienbibliothek, Tagebuch, 30. 1., 31. 1., 2. 2., 5. 2. und 8. 2. 1889.
[837] Vgl. z. B. den Bericht in der *Extrapost* vom 4. Februar 1889, S. 3.

Chronologie

[838] Richter, S. 91/92.
[839] ZA, Prot. 83.
[840] Die Informationen zu diesem Kapitel stammen aus dem Tagebuch des Flügeladjutanten, den Zeremoniell-Protokollen, diversen Zeitungen (z. B. *Neue Freie Presse, Illustriertes Wiener Extrablatt, Fremdenblatt, Wiener Tagblatt*), dem NL Conte Corti, etc.
[841] ZA, Prot. 74.
[842] Ibd., 76.
[843] Am ersten Mai jedes Jahres gab Erzherzog Franz Karl in seinem Garten im Prater ein Familiendîner.
[844] Stadt am Westufer des Starnberger Sees.
[845] Zu den obersten Hofämtern zählten das Obersthofmeisteramt, das Oberstkämmereramt, das Obersthofmarschallamt und das Oberststallmeisteramt. Die Obersten dieser Ämter gratulierten traditionsgemäß der kaiserlichen Familie an bestimmten Festtagen; sie brachten ihre *Gratulationsaufwartung* dar. Zu diesen Festlichkeiten gehörte auch der Jahreswechsel.
[846] ZA Prot. 85.
[847] An den großen Dîners anläßlich der Wiener Weltausstellung nahm der Kronprinz noch nicht teil (vgl. ZA Prot., 86, 87).
[848] Die *Vossische Zeitung* wurde in Berlin herausgegeben.
[849] Deutsch-französischer Krieg, 1870.
[850] Als »Graf von Flandern« wird der jüngere Bruder des Königs der Belgier bezeichnet.
[851] Fremden-Blatt, 14. Mai 1881, S. 2.
[852] Kronprinz Rudolf an Josef Krist, Wien, 14. Dezember 1881, Wienbibliothek, HS 59729 Ja.
[853] Quartiermacher, sorgt auch für den Ordnungs- und Sicherheitsdienst bei Hof; hat Aufgaben im Zeremonialbereich.
[854] Stadt ca. 50 km nördlich von Magdeburg; in der Nähe befand sich ein Truppenübungsplatz.
[855] Stadt in Rumänien.
[856] Salvendy, S. 158.
[857] Kronprinz Rudolf an Stephanie, Bruck, 4. August 1887, AP.
[858] Ibd., Laxenburg, 24. August 1887.
[859] Fremden-Blatt, 13. Februar 1887, S. 4.
[860] Ibd., 3. März 1887, S. 3.
[861] Ibd., 29. Juli 1887, S. 2.
[862] Ibd.
[863] Die Presse, 18. August 1887, S. 3.
[864] Ibd., 19. August 1887, S. 1.
[865] Fremden-Blatt, 19. August 1887, S. 3.
[866] Österreichisches Museum für Kunst und Industrie, heute MAK.
[867] Tagebuch Marie Valerie, 26. Mai 1887.
[868] Der Sacher-Garten befand sich in der Krieau (vgl. ZA Prot., 86).
[869] Illustriertes Wiener Extrablatt, 17. August 1888.
[870] Ibd., 22. August 1888.
[871] Ibd., 29. Februar 1888, S. 4.
[872] Ibd., 2. März 1888, S. 1.
[873] Ibd., 6. März 1888, S. 2.
[874] Ibd., 21. März 1888, S. 2.
[875] Ibd., 11. Mai 1888, S. 4.
[876] Ibd., 3. September 1888, S. 5.
[877] Fremden-Blatt, 18. Jänner 1889.
[878] Pester Lloyd, 22. Jänner 1889.
[879] Offenbar kam das Telegramm mit Rudolfs Absage sehr spät an, sonst wäre die Tafel schon früher umgedeckt worden.
[880] Pester Lloyd, 31. Jänner 1889.
[881] Zeremoniell-Protokoll, Februar 1889.

Pressestimmen

[882] Telegramm an den Pester Lloyd vom 30. Jänner 1889.
[883] Hier irrte der Journalist; es war Philipp Coburg.
[884] Der Kronprinz war den Einladungen seines Onkels Karl Ludwig immer nachgekommen, vielleicht auch, um die Gesellschaft seiner Tante Marie Therese zu genießen. Als ihn Karl Ludwig zu diesem Dîner einlud, hatte er offenbar noch nichts von Rudolfs angeblich »zerrüttetem Zustand« gemerkt.
[885] Mit dieser Feststellung widerlegte Szeps indirekt die offizielle Selbstmordversion des Hofs, denn so wie beschrieben kann man sich nicht *selbst* erschießen. Diese Ausgabe des *Tagblatts* fiel sofort der Konfiskation zum Opfer.
[886] Diese Mitteilung soll dem Blatt eine *hochgestellte* Persönlichkeit gemacht haben.

[887] Selbst die ausländischen Zeitungen konnten ihre Verwunderung über die Umstände um Rudolfs Tod nicht verbergen. (Übersetzungen aus dem Englischen durch die Autorin).
[888] Graf Karolyi reiste nach Wien; in Preßburg stieg Erzherzog Friedrich in denselben Zug ein und teilte dem Grafen den Tod Rudolfs mit.
[889] Diese Zeitungsnotiz soll auf einer Mitteilung von Professor Udel beruhen.
[890] Im Original heißt es: »Rudolf's death is no doubt an immense political advantage to Bismarck ... It is certain that Rudolf did not commit suicide, but ***was suicided.***« (Übersetzung aus dem Englischen durch die Autorin).

Ausgewählte Briefe des Kronprinzen

[891] Selekt Kronprinz Rudolf, K16.
[892] Ibd.
[893] Ibd.
[894] Ibd.
[895] Diese Meinung Rudolfs, einfach die Notenpresse in Gang zu setzen, ist reichlich naiv. Sein Lehrer Menger hätte sich in Kenntnis dieses Briefs wohl die Haare gerauft.
[896] Selekt Kronprinz Rudolf, K16.
[897] Ibd.
[898] Ibd.
[899] Ibd.
[900] Ibd.
[901] Ibd., Latours Geburtstag.
[902] Ibd.
[903] ÖNB HS 439/6. Brief an Baron Rodich in Zara. Rudolf wollte Kroatisch lernen.
[904] Ibd., 1311/8; Rudolf gab Menger seine Broschüre gegen den Adel. Offenbar war bereits im folgenden Jänner seine Autorenschaft bekannt. Siehe den Brief vom 18. Februar 1882.
[905] Antiquariat *Inlibris.*
[906] ÖNB HS, 1238/22. Brief an Billroth.
[907] Damit ist Rudolfs und Mengers Denkschrift *Der österreichische Adel und sein constitutioneller Beruf* gemeint.
[908] ÖNB HS, 1311/9
[909] Ibd., 1311/10
[910] Ibd., 1311/10.
[911] Ibd., 1311/10.
[912] Ibd., 1311/11.
[913] Ibd.
[914] Ibd., 1283/30, an Johann Ritter von Chlumetzky.
[915] Selekt Kronprinz Rudolf, K16.
[916] Ibd.
[917] Selekt Kronprinz Rudolf, K17.
[918] ÖNB HS, 125/48.
[919] Erzherzog Friedrich.
[920] Zit. in: Stephanie, S. 163/164.
[921] Feldzeugmeister.
[922] Zit. in: Stephanie, S. 165/166.
[923] WB/HS, 74394
[924] Ibd., 74395.
[925] Der österreichisch-ungarische Botschafter in Berlin, Graf Széchényi.
[926] Géza Széchényi.
[927] ÖNB HS, 1127/36
[928] WB/HS, 74401.
[929] AP.
[930] Ibd.
[931] Erzherzog Franz Ferdinand.
[932] AP.
[933] Baron.
[934] AP.
[935] Antiquariat Inlibris.
[936] AP.
[937] Ibd.
[938] Ibd.
[939] Ibd.
[940] Ibd.
[941] Ibd.
[942] Ibd.
[943] Ibd.
[944] Ibd.
[945] Ibd.
[946] Ibd.
[947] Ibd.
[948] Ibd.
[949] Ibd.
[950] Ibd.
[951] Ibd.
[952] ÖNB HS, 131177
[953] AP.
[954] Ibd.
[955] Ibd.
[956] Ibd.
[957] Ibd.
[958] Ibd.
[959] Ibd.
[960] Ibd.

[961] Selekt Kronprinz Rudolf, K 23.
[962] Erzherzog Ludwig Victor war Ende Dezember an einem Virus erkrankt.
[963] AP.

Zur Krise Gondrecourt – Latour

[964] FA Crenneville, K 16.
[965] Gondrecourt an Crenneville, ibd.
[966] Gondrecourt an Crenneville, ibd.
[967] Ibd.
[968] Latour an Crenneville, FA Crenneville, K 17.
[969] Ibd.
[970] Ibd.
[971] Ibd.
[972] Ibd.

Aus den Tagebüchern Crennevilles

[973] FA Crenneville, K 12.

Stimmen und Meinungen zu Mayerling

[974] Tagebücher, III.
[975] NL Conte Corti, K 30. (Übersetzung aus dem Englischen durch die Autorin).
[976] Das Original des Briefes befindet sich im Archiv der *Gesellschaft der Musikfreunde*, Wien. Brahms spielt auf die Ermordung von Zar Alexander II. (1818-1881), den Tod von König Ludwig II. (1886), den Tod Rudolfs und das frühe Ableben Kaiser Friedrichs von Preußen an, dem sein Sohn Wilhelm II. nachfolgte.
[977] Jules Rateau, Revue Artistique & Littéraire, 1 Décembre 1896, S. 7.
[978] Übersetzung aus dem Französischen durch die Autorin.
[979] NL Khevenhüller, K 177.
[980] Ibd.
[981] Übersetzung aus dem Englischen durch die Autorin.
[982] Bei diesem Besuch in Mayerling trug Rudolf allerdings Jagdkleidung!
[983] »... Son Jäger! Me semble impossible ...« (Übersetzung aus dem Französischen durch die Autorin)

Benutzte Briefe Rudolfs

[984] Veröffentlichungen Naturhistorisches Museum, neue Folge, 25.
[985] Nach dem Tod des Kronprinzen wollte der Hof in den Besitz der Briefe an Szeps, Futtaki und Frischauer kommen. Sie traten die Briefe ab, nur Szeps verlangte für seine 20.000 Gulden. Die Briefe wurden durchgesehen und etliche vernichtet, sodaß der Bestand nicht vollständig ist. Die Briefe an Futtaki wurden bis auf einen verbrannt.
[986] Es handelt sich hier um Joseph von Pausinger, den Bruder des Malers.

Personen- und Sachverzeichnis

[987] Vgl. Szeps, S. 148.